Karl F. Kohlenberg

Enträtselte Vorzeit

MOEWIG

Genehmigte Taschenbuchausgabe
Umschlagfoto: Erich Lessing
Umschlagentwurf und -gestaltung: Franz Wöllzenmüller, München
Verkaufspreis inkl. gesetzl. Mehrwertsteuer
Auslieferung in Österreich:
Pressegroßvertrieb Salzburg, Niederalm 300, A-5081 Anif
Printed in Germany 1981
Druck und Bindung: Mohndruck Graphische Betriebe GmbH, Gütersloh
ISBN 3-8118-3111-9

Ihr guten Götter! Arm ist, wer euch nicht kennt,
Im rohen Busen ruhet der Zwist ihm nie,
Und Nacht ist ihm die Welt, und keine
Freude gedeihet und kein Gesang ihm . . .

Hölderlin

Inhalt

Die Stunde Null

Macht und Dauer mythischer Erinnerungen

Millionen Fernsehzuschauer erlebten es in atemloser Spannung mit: Von Flammen und Rauch umhüllt, hebt sich die riesige, glänzende Saturn-V-Rakete vom Boden ab, steigt langsam, majestätisch, auf einer Säule von Feuer und Qualm, nicht unähnlich einem im Zeitraffertempo wachsenden Baum, zum Himmel, während die Erde auf Meilen im Umkreis erbebt, die Luft erfüllt ist von berstendem Krachen, Kreischen, Dröhnen und Donnern der Maschine, dieses technischen Wunderwerkes, das die Raumkapsel Apollo 8 und in ihr drei Menschen hinaus in die dunklen Weiten des Universums trägt, damit sie auf genau berechneter Bahn den Mond umrunde.

Und es gelingt. Zum ersten Male – oder wenn man so will: zum ersten Mal wieder nach zwölftausend Jahren – vermag es der Mensch, das Schwerefeld der Erde zu verlassen. Er reist zum Mond. Wann er andere Gestirne ansteuern wird, ist – so scheint es in diesem Augenblick – nur mehr eine Frage der Zeit. Unser Planet ist nicht länger ein Kerker, in den uns ein unbegreifliches Geschick geboren. Das größte Abenteuer der Menschheit hat begonnen: die Eroberung des Alls!

Freilich, manch einer unter den Hunderttausenden, die am Strande des Atlantischen Ozeans, in Cocoa Beach, am Bananenfluß, am Indian River, rund um das John-F.-Kennedy-Raumflugzentrum, zusammengeströmt sind, um den Start zu dieser phantastischsten Entdeckungsreise der Menschheitsgeschichte mitanzusehen, mag sich in einem Gefühl, aus Grausen und Bewunderung gemischt, die Frage gestellt haben: Warum? Wozu? Wann, wo und wie wird das einmal enden?

Es stimmt zwar, ein uralter, mythischer Menschheitstraum – die Himmelssehnsucht, der unbegreifliche Drang nach den Sternen – ist seiner praktischen Erfüllung nahegerückt. Bei manchem der realistisch denkenden Physiker des NASA-Projektes mag dieser Kindertraum der geheime Impuls seines Handelns gewesen sein. Doch rechtfertigt das die ungeheuren Kosten des Unternehmens? Sind nicht viel gewichtigere, realere Gründe maßgebend für die außerordentlichen Opfer an Kapital und Arbeitskraft, die der Raumflug immer wieder fordert?

Vor zwölftausend Jahren wurde die Menschheit auf einen Weg gedrängt, der sie – oder doch Teile von ihr – auf die Höhen einer technischen Entwicklung führte, deren letzte unausweichliche Konsequenz die Notwendigkeit einer Expansion in den Weltraum ist. Nein, mehr noch . . . Schon heute werden von durchaus ernst zu nehmenden Wissenschaftlern, dem bedeutenden amerikanischen Physiker Freeman Dayson etwa, Pläne zur Umgestaltung unseres Sonnensystems erarbeitet[1] – ein Gedanke, der manchem Zeitgenossen frevelhaft erscheinen mag. Ist der Mensch den Göttern gleich?

Vier Tage nach dem Start, am 24. Dezember 1968, dem Weihnachtsabend, zieht Apollo 8 über dem Mondkrater Mare Tranquillitatis, dem „Meer der Ruhe", dahin und die drei Astronauten geben in einer „Live"-Sendung ihre Eindrücke wieder; irgendwie wirken sie inhuman in ihrer nüchternen Sachlichkeit: „Eine gewaltige, einsame, abschreckende Ausdehnung von Nichts", urteilt Frank Borman, der Kommandant, über den Mond. „Von hier aus gesehen, ist die Erde eine grandiose Oase in der weiten Wüste des Alls", fährt Jim Lovell fort. Und Bill Anders fügt noch hinzu: „Dieser Planet wurde seit Äonen von ungezählten Meteoriten bombardiert. Auch der Himmel ist eine abschreckende, drohende, grenzenlose Unermeßlichkeit von Finsternis, düster und wenig ansprechend."

Doch während nun Millionen Menschen auf der Erde die ausgeglühte, wie pockennarbige Kraterlandschaft des Mondes über die Bildschirme gleiten sehen, geschieht etwas Merkwürdiges. Bill Anders sagt mit ungewohnt verhaltener Stimme: „Wir nähern uns dem lunaren Sonnenaufgang. Und für alle Menschen drunten auf der Erde hat die Besatzung der Apollo 8 eine Botschaft, die wir euch jetzt übermitteln möchten:

Am Anfang schuf Gott Himmel und Erde. Und die Erde war wüst und leer, und es war finster auf der Tiefe, und der Geist Gottes schwebte auf den Wassern . . . Und Gott sprach: Es werde Licht! Und es ward Licht!"

Jim Lovell spricht die folgenden Verse; Frank Borman schließt:

„Und Gott sprach: Es werde eine Feste zwischen den Wassern; und die sei ein Unterschied zwischen den Wassern. Da machte Gott die Feste und schied das Wasser unter der Feste von dem Wasser über der

Feste ... Und Gott sprach: Es sammle sich das Wasser unter dem Himmel an besonderen Orten, daß man das Trockene sehe. Und es geschah also. Und Gott nannte das Trockene Erde; die Sammlung der Wasser aber nannte er Meer. Und Gott sah, daß es gut war."[2]

Ein merkwürdiger Vorgang, in der Tat, – merkwürdig in mehr als einer Beziehung. War es ein vorausberechneter Gag, so traf er genau ins Ziel. Nicht wenige Zuschauer bei dieser spektakulären Weltraumfahrt starrten betroffen auf die öden Bimssteinwüsten des Mondes und dann auf unseren blauen Planeten, der eben jetzt über dem Rande des fremden Gestirns erschien; sie wurden sich des Wunders, das er darstellt, bewußt. Eine Oase ist die Erde – kein Zweifel; eine blühende Insel im kalten Nachtmeer des Universums. So bekunden es ja auch die Mythen der Völker; von einer „Insel" sprechen sie, von Midgard, dem „mittleren Garten", von Mirtlok, der „mittleren Welt". In diesem Augenblick erwies es sich, wie lebendig sie sind, welche Macht über die Herzen und Sinne der Menschen sie selbst heute, im Zeitalter der Technik, noch immer üben. Unwillkürlich wachsen die Gedanken des einen oder anderen über das Alltägliche hinaus; er beginnt sich nach dem Ursprung der Dinge zu fragen, nach dem Rätsel seiner Herkunft, nach dem Sinn des Lebens.

Mit diesem Sachverhalt auf solch drastische Weise konfrontiert, erkennen wir unversehens, wie stark die Vergangenheit unser Leben und Denken bestimmt – eine Vergangenheit überdies, die wir gar nicht kennen. Denn – weder die verschiedenen Religionssysteme, noch die Forschungsergebnisse der Naturwissenschaften vermögen eine befriedigende Antwort auf die Frage zu geben: Was ist der Mensch? Wo kommt er her? Wie entstanden seine Kulturen?

Je mehr sich die Kommunikationsmöglichkeiten zwischen den Völkern und damit unsere Kenntnisse erweitern, desto klarer zeigt sich, daß manches bislang Geglaubte nicht stimmt, daß die eine bewiesene Tatsache durch andere beweisbare Tatsachen in Frage gestellt oder gar aufgehoben wird. Manche Vorstellung, mit der wir aufgewachsen sind, die das Denken und Verhalten breiter Volksschichten beeinflußt, mag auf Irrtümern, Mißverständnissen oder auf bewußten Verfälschungen beruhen. Betrachten wir zwei extreme Fälle unter Tausenden:

Die Schöpfungsgeschichte der Genesis beginnt mit den erhabenen Worten: Am Anfang schuf Gott Himmel und Erde! Die Genesis, deren Autorschaft man unrichtigerweise dem Mose zuschreibt, ist erst zu Beginn des 6. Jahrhunderts v. Chr., während der babylonischen Gefangenschaft, aufgezeichnet worden; in einem langwierigen Angleichungsprozeß erhielt sie ihre gegenwärtige Form, die zwar als Dichtung eindrucksvoll, als historische Aussage hingegen durchaus fragwürdig ist[3]. In der Urfassung, den Büchern von Bereshith, heißt es: Die Götter – Elohim – machten Himmel und Erde! Das ist ein großer, ein entscheidender Unterschied, vor allem dann, wenn man Aussagen anderer Völker über das Entstehen der Himmelskörper und über die Menschwerdung zum Vergleich heranzieht. Doch auch diese, wie alle mythischen Überlieferungen, sind mit Vorbehalt aufzunehmen, da sie – durch viele Jahrtausende von Mund zu Mund weitererzählt – mancherlei Wandlungen durchgemacht haben, wobei allerdings immer noch ein Körnchen Wahrheit, ein Nachhall des Urerlebnisses, erhalten blieb.

Die Vertreter der Evolutionstheorie hingegen bestreiten die Möglichkeit eines spontanen göttlichen Schöpfungsaktes ganz entschieden. Seit Lamarck[4] und Charles Darwins bahnbrechendem Werk über die „Entstehung der Arten“[5] versuchen sie, unter Berufung auf unbezweifelbare Entwicklungsvorgänge in der Natur wie auch auf die Vernunft, nachzuweisen, daß alles Leben auf unserem Planeten aus kleinsten Anfängen entstanden sei, daß es sich durch natürliche Auslese im Kampf ums Dasein zu den höheren Formen fortentwickelt habe, daß also auch der Mensch nichts anderes als das Produkt eines solchen Entwicklungsprozesses sei. Dies scheint – auf den ersten Blick – eine einleuchtende Erklärung für das Rätsel der menschlichen Existenz zu sein, der dann freilich bei näherer Betrachtung einige gewichtige, nicht fortzuleugnende Tatsachen entgegenstehen. Zunächst einmal fehlt das sogenannte „missing link“, jenes Übergangsglied zwischen den Hominiden und ihren hypothetischen nichthominiden Vorfahren. Sodann klaffen in der auf naturwissenschaftlichen Schautafeln so überzeugend sich ausnehmenden Entwicklungsreihe derartige zeitliche und räumliche Lücken, daß es dem gemeinen Verstande schwerfällt, die eleganten Geistessprünge der Anthropologen von einem Kieferstück hier zu einem Schlüsselbein dort, noch dazu über Jahrzehntausende hin, mitzumachen. Nicht zuletzt aber wurden die Erinnerungen der Menschheit, alle die vielen übereinstimmenden Mythen, Sagen und Legenden, vollkommen unberücksichtigt gelassen, wurden als „wertlose Phantasieprodukte“ mit Verachtung abgetan.

Wie aber, wenn nun beide Seiten bis zu einem gewissen Grade mit ihren Meinungen recht hätten und nur in dem Maße irrten, wie sich ihre Erkenntnisse oder ihr Glaube allein auf das kleine Feld „Erde“ beziehen? Nähme man zum Beispiel an – und nach dem Stande unseres heutigen Wissens spricht manches für die Richtigkeit dieser Annahme –, daß das Universum eine große Einheit sei, in der unser Planet nur ein durch zahllose Fäden mit dem übrigen verknüpftes Glied darstellt, und daß sich die Entwicklungen auf ihm, mit nur geringen, durch seinen insularen Charakter bedingten Abweichungen, im Einklang mit dem Ganzen vollzogen hätten, wie es Teilhard de Chardin mit seinem Buch „Der Mensch im Kosmos“[6] begreiflich zu machen versucht, – unter solcher Voraussetzung erhielten die alten Geschichten über die Götter, ihre Herkunft, ihr Erscheinen und über ihre kolonisatorische Tätigkeit auf Erden ein sehr viel größeres Gewicht.

Die uns gegenwärtig noch bekannten Überlieferungen stellen nur mehr Bruchstücke eines zertrümmerten Bildes dar, jedes einzelne für sich allein unverständlich, märchenhaft, in seiner Isoliertheit ganz und gar sinnlos erscheinend. Bisher wurde noch nicht versucht, dergleichen Fragmente und Splitter zu einem Ganzen zusammenzufügen, wie es der Archäologe mit den Scherben einer antiken Vase zu tun pflegt. Es schien der Mühe nicht wert. Denn wer vermochte sich bis vor wenigen Jahrzehnten überhaupt auch nur vorzustellen, was die Mythen mit aller Bestimmtheit bekunden: Flugzeuge, Schnell- und U-Boote, submarine Stützpunkte, Funk und Fernsehen, Vernichtungswaffen wie Atombombe oder Laserstrahl, oder gar Raumfahrt und Astrophysik? Es liegt ja kaum sechzig Jahre zurück, daß die amerikanischen Flugpioniere Wilbur und Orville Wright ihre ersten motorisierten Luftsprünge unternahmen. Leben auf fremden Gestirnen? Bewohner anderer Welten hätten die Erde kolonisiert? Welch eine absurde Idee! So urteilten Wissenschaft und Öffentlichkeit noch vor einem halben Jahrhundert, ohne Ahnung von dem, was sich anbahnte. Nicht wenige denken auch heute noch so, sei es, daß sie einer Entwicklung, die sie zu überrollen droht, ablehnend gegenüberstehen, sei es, daß sich ihr Denken aus der traditionellen Vorstellungswelt nicht zu lösen vermag.

Diese Vorstellungswelt – worauf beruht sie denn? Welches sind ihre Grundlagen? Da wären zunächst einmal die griechisch-römischen und die germanischen Sagen, sodann die Biblische Geschichte, die

Philosophen aus Hellas: Platon und Aristoteles, die, jeder auf seine Weise, noch heute nachwirken, nach ihnen die mittelalterlichen Theologen. Sie alle schufen den geistigen Unterbau für die durch Jahrhunderte von der übrigen Welt getrennte und ihre Denkmodelle konservierende abendländische Zivilisation. Es ist kein Zufall, wenn das Aufbegehren der Geister in etwa mit der Zeit der Konquista, mit dem explosiven Aufbruch ins Weite, zusammenfiel. Doch braucht man nicht erst an Giordano Bruno, an Galilei, an Keppler, an Schliemann zu erinnern, um darzutun, daß sich das geistige Beharrungsvermögen der Menge anfangs immer als stärker erweist als die Einsichten eines weitblickenderen einzelnen. Und doch ist bei Vermehrung der Kenntnisse ein Wandel der Vorstellungen niemals aufzuhalten. „Alles fließt“, sagte Heraklit und meinte damit, daß die Welt, in der man des Abends einschlief, eine andere war als jene, in der man am Morgen erwacht.

Um eine Vorstellung von den Geschehnissen in der Urzeit zu erlangen, müssen wir wie ein Detektiv vorgehen, müssen Spuren sichern, Zeugen befragen – viele Zeugen –, müssen diese auf ihre Glaubwürdigkeit hin überprüfen, die Ergebnisse der Vernehmungen gegeneinander abwägen.

Spuren, handgreifliche Relikte aus jener Zeit, die vor den kritischen Augen der Fachgelehrten bestehen könnten, lassen sich nun allerdings nur wenige finden. Einmal, weil die Werke der Götter wie jene der Menschen vergänglich sind und weil die gewaltige Zeitspanne von zwölftausend Jahren hinreichen dürfte, selbst Bauwerke oder Skulpturen aus Stein weitgehend zu zerstören. Die Götter jedoch bauten nur unter dem Zwang der Umstände mit Stein; ihre Unterkünfte auf den Bergeshöhen, von denen bald die Rede sein wird, bestanden aus goldschimmerndem Metall. Zum anderen wurde aber auch bisher nur dort der Spaten angesetzt, wo man sicher war oder doch hoffen durfte, etwas zu finden: auf den Ebenen, in denen die Siedlungsgebiete der vorsintflutlichen Menschen lagen. Allein, selbst hier, wo man die Lage einer Stadt, eines Tempels oder Palastes aus alten Schriften ungefähr kennt, wie etwa bei Akkad in Mesopotamien, blieb die Suche nicht selten ohne Erfolg. Andere Überreste, deren Zweck und Bedeutung nicht erkannt werden, liegen so lange unbeachtet, als nicht irgend jemand den Schlüssel zu ihrem Verständnis findet. Als vor nunmehr bald vierzig Jahren Professor Richard N. Wegener auf die rätselhaften Ruinen von Nazca stieß, hielt er sie für großartige Wasserleitungen und ahnte nicht, welche Aufregung die Entdeckung ihres wahren Charakters einmal verursachen würde. Möglicherweise wäre ähnliches an jenen Orten zu finden, die den Göttern als Stützpunkte dienten. Doch hat dort bisher noch niemand gesucht.

Halten wir uns daher zunächst an die großen Dokumente der Menschheitsgeschichte, das etwa 2000 v. Chr. in Tontafeln geritzte Gilgamesh-Epos der Sumerer[7], das jedoch auf viel ältere hurrithische Sagen zurückgeht; dann die zwischen 1000 und 400 v. Chr. niedergeschriebenen Weden der Indoarier[8]; das gegen Ende des Mittleren Reiches, also um 1700 v. .Chr., verfaßte Ägyptische Totenbuch[9]; den zwischen 800 und 600 v. Chr. entstandenen Shu-king, das Buch der Urkunden aus der Vorzeit Chinas[10]; die Ilias[11] und die Odyssee[12] des Homer, der – so wie auch Hesiod als Verfasser der Theogonie[13] – um 700 v. Chr. gelebt haben soll; und die zwischen 500 und 200 v. Chr. fixierte Genesis.

Andere Schriften, die ebenfalls zu den wichtigen Dokumenten zählen, aber erst nach der Zeitenwende als Manuskripte ihre endgültigen Fassungen erhielten, sind – das Awesta[14], die heiligen Bücher der Parsen, um 300; die Puranas oder Alten Geschichten der Hindu[15], soweit sie in eine europäische Sprache übertragen sind, im Mittelalter; der Chilam Balam[16], die Chronik der Orakelpriester von Chozumel, im 16. Jahrhundert; sowie der Popol Vuh[17], das heilige „Buch des Rates“ bei den Quiché Maya, um 1700 aufgezeichnet von dem Pater Francisco Ximénes.

Dokumente im eigentlichen Sinne stellen diese Werke nun allerdings auch nicht dar, sind sie doch nichts anderes als ein Niederschlag der seit undenklichen Zeiten von Generation zu Generation überlieferten Erzählungen, wie man sie auch heute noch bei sogenannten schriftlosen Völkern findet, bei den Polynesiern auf einem entlegenen Eiland oder bei den Bakairi in den kaum durchdringbaren Dschungeln am Rio Xingu.

So interessant als Wissenschaft die Mythologie nun ist, man darf kaum behaupten, sie habe das Dunkel der Vorzeit ein wenig erhellt, eher das Gegenteil. Wer die Mythen als ein „Gebilde der Volksphantasie“ bezeichnet, müßte zuvor wissen, was „Phantasie“ eigentlich ist. Doch über diesen Begriff sind sich auch die Psychologen noch längst nicht einig. Was bedeutet das Wort? Ist es ein Synonym für Vorstellungskraft? Aristoteles gebrauchte es so, und folgen wir ihm, wo ist dann der Beweis dafür, daß der Mensch sich vorzustellen vermag, was nicht existiert? Man halte diesen Gedanken fest – im Hinblick auf die Götter. Denn, räumte man auch ein, sie könnten in einem Falle aus der Vorstellungskraft eines Dichters entstanden sein, mit Bart und Hörnerkrone, fliegend, tödliche Blitze schleudernd, so erscheint es noch immer nicht glaubhaft, daß höchst unterschiedlichen, durch Meere, Wüsten, Wälder und Gebirge voneinander getrennten Hirnen das gleiche Geschöpf entsprungen sein soll. Und überhaupt, selbst im Traum sind der Vorstellungskraft Grenzen gesetzt, denn ein solcher besteht – und nicht anders die Mythe – aus willkürlich zusammengewürfelten Teilen der Wirklichkeit.

Bisweilen hat der Forscher das Glück, daß ihm eine andere Wissenschaft zu Hilfe kommt. Vielleicht ist in einem Mythos von einer Sonnenfinsternis die Rede, die sich astronomisch datieren läßt. Im allgemeinen sind solche Glücksfälle selten. Aber da gibt es Völker, weit entfernt, mit völlig andersartiger Mentalität und Tradition, bei denen die gleiche Geschichte berichtet wird, nur eben von einem anderen Standpunkt aus. Wir werden solche Beispiele kennenlernen.

Wie läßt sich dergleichen erklären? Sind Polynesier und Germanen etwa eines Stammes, weil beide übereinstimmend glauben, der finstere Weltraum jenseits unserer Galaxis, unterhalb der Erde, ende in einem wurzelartigen Schlauch, welcher den Urgrund aller Dinge birgt[18]? Wurde Peru tatsächlich durch König Sargon von Akkad und dessen Söhne und Enkel während der Jahre 2500 bis 2000 v. Chr. aufgesucht und kolonisiert, wie es das Forscherpaar Hyatt und Ruth Verrill[19] zu beweisen versucht? Es trifft zu, daß Bildwerke da wie dort, in Mesopotamien wie in Peru, gleiche Insignien und Embleme zeigen; doch woher rührt es dann, daß ihr Stil bei gleichem Sujet in jedem Lande ein völlig eigener ist? Was veranlaßte die akkadischen Bildhauer – sofern es sich um solche handelte – in Peru peruanische, nicht aber akkadische Skulpturen zu schaffen? Wenn sich die Möglichkeit eines solchen Zusammenhanges schon nicht von vornherein verneinen läßt, was manche Fachgelehrte mit unbegreiflicher Leidenschaft tun, so muß doch eine Beziehung zwischen Polynesiern und Germanen durchaus unglaublich erscheinen, wie immer man die Sache auch drehen und wenden mag.

Ein weiteres Rätsel – wichtig für das hier Folgende – geben die Analogien zwischen der Alten Welt und Mittelamerika einerseits, sowie auch zwischen Mittelamerika und Ostasien andererseits, dem grübelnden Ethnologen auf. Daß sie bestehen, bedarf keiner Erörterung[20]. Allein, wie erklärt es sich, daß – von welcher Seite solche Beeinflussungen auch ausgegangen sein mögen – stets nur einzelne Kulturelemente sowie schwer verständliche, ein hohes geistiges Niveau voraussetzende kosmisch-religiöse Konzeptionen übernommen wurden, die ersteren niemals in größerer Zahl und niemals aus einem einzigen Kulturbereich allein? Einzelne Elemente weisen sowohl nach Afrika und Ägypten als auch nach Ostasien. Durch eine Atlantiküberquerung im Papyrusboot, wie sie Heyerdahl unternahm, den Beweis für derartige vorzeitliche Verbindungen erbringen zu wollen, heißt Eulen nach Athen tragen, denn Fahrten von Europa und Afrika nach Amerika wie auch von China dorthin haben vor der Zeitenwende mehrfach stattgefunden, noch dazu in holzgezimmerten, seetüchtigen Schiffen[21], wie sie schon während der Sintflut in Gebrauch waren; diese Fahrten sind dokumentarisch belegt. Sie erklären aber nicht die Menge analoger Erscheinungsformen.

Nur etwas ist allen Völkern, mit einigen wenigen Ausnahmen, gemein, der Mythos von den hellhäutigen, bärtigen, mit außerordentlichen technischen Machtmitteln ausgestatteten Göttern. Dieser Mythos vor allen anderen mußte sich die abenteuerlichsten Deutungen gefallen lassen. Bald sah man in den Göttern die Verbildlichung einer Naturgewalt, bald eine Personifizierung der Gestirne, dann wieder die Erhebung bedeutender Menschen in den Zustand der Transzendenz oder Idealgestalten menschlicher Vollkommenheit. Da sich derartige Interpretationen mit der globalen Verbreitung der Vorstellung von den Göttern in keiner Weise übereinbringen ließen, verfiel man auf die Idee von einer den Menschen aller Völker gemeinsamen „Weltseele". Eine Hypothese, die nach sämtlichen Erfahrungen der Ethnologie nicht weniger unhaltbar erscheint als alle übrigen. Am nächsten kamen, von verschiedenen Standpunkten her, zwei französische Mythologen dem wahren Sachverhalt: der Religionsgeschichtler Louis Marillier[22], der die Gleichartigkeit der Mythen erkennt und sie, das Vorhandensein eines kollektiven Denkens verneinend, für spontane individuelle Schöpfungen nach dem Modell einer allen gemeinsamen Erfahrung hält, sowie auch sein Landsmann Georges Dumézil[23], nach dessen Meinung die Mythen Allgemeinbesitz der Urzeit gewesen sind und den Zustand der damaligen Gesellschaft, obschon verzerrt infolge jahrtausendelanger Überschichtungen, widerspiegelt.

Da nun Geschichte, Archäologie und Anthropologie weitgehend

als Vermutungswissenschaften betrachtet werden müssen, weil ihre Forschungsergebnisse und Lehren zum erheblichen Teil auf Annahmen beruhen und nicht selten begründete Zweifel erregen, ist es nicht zuviel gewagt, wenn man die Mythen als „chronologisch nicht geordnete Geschichte" definiert, in der die ursprünglichen Ereignisse im Kern zwar bewahrt geblieben sind, zeitlich jedoch nicht immer an der richtigen Stelle und ebenso oftmals nicht im kausalen Zusammenhang stehen; nie und nirgends wurden sie in ihrer anfänglichen Reinheit bewahrt[24]. Das Nichterkennen späterer wechselseitiger Überlagerungen hatte große Mißverständnisse zur Folge. So fällt es zum Beispiel nicht leicht, den Ur-Herakles unter den dreiundvierzig Heroen gleichen Namens herauszufinden, da dem einen die Taten und Abenteuer des anderen zugeschrieben werden. Und längere Zeit hindurch haben Mayaforscher den Ur-Quetzalcoatl, jenen gütigen Gott und Kulturbringer der Tolteken, der in grauer Vorzeit wirkte, mit seinem historisch nachweisbaren, keineswegs gütigen Namensvetter, dem Sohne des grausamen Fürsten Mixcoatl, verwechselt.

Für die alten Kulturvölker hingegen, für Sumerer, Ägypter, Hindu, und mehr noch bis in die Gegenwart hinein für die schriftlosen Völker war die Existenz der Götter eine unbezweifelbare Realität, was wir Mythos nennen, in ihren Augen wirkliches Geschehen. „Ihr Mythos entspricht den Modellen der mythologischen Archetypen, wie man ihnen auf der ganzen Erde begegnet", konstatierte Pierre Grimal[24]. Anstatt aber einen höchst anfechtbaren, der individuellen Vielgestaltigkeit gleichartiger Mythen wegen obendrein auch noch wenig zutreffenden Verlegenheitsbegriff wie „Archetyp" ins Feld zu führen, sollte man wohl eher ein allen Völkern der Erde gemeinsames Urerlebnis annehmen, ein Erleben, das unauslöschliche Eindrücke hinterlassen hat, denn die Mythen von den Göttern sind schlechthin ein Wunder an Beständigkeit.

Wenn nun die Mythen im Volksleben hochzivilisierter Nationen so lebendig sind, wenn Dichter und Denker sich ihrer bedienen, um komplizierte Regungen oder Gedanken auszudrücken, und hierbei von ihren Mitbürgern ohne weiteres verstanden werden – nach einem Zeitraum von etwa zwölftausend Jahren –, wenn den Vollbringern einer unerhörten Tat, den amerikanischen Astronauten, beim Anblick des Mondes nichts anderes einfällt als jenen uralten Mythos von der Schöpfung zu rezitieren, so muß dieser offenbaren Macht der Überlieferung ganz einfach eine Wirklichkeit zugrunde liegen.

Eine Wirklichkeit, die nicht in die seit zweieinhalb Jahrtausenden als alleingültig ausgegebene und hingenommene Konzeption unseres bisherigen Welt- und Geschichtsbildes paßt. Noch vor wenigen Jahrzehnten wurde von einem bewährten Historiker alter Schule[25] der Mythos als ein „Gebilde uralter Volksphantasie, das keinen Gegenstand geschichtlicher Forschung darstellen kann“, abgetan. Aber Erfahrung und Einsicht haben seither zu gänzlich anderen Anschauungen geführt. Sagt doch einer der bedeutenden Ethnologen[26] unserer Tage: „Für die Rekonstruktion historischer Vorgänge haben wir keine anderen Mittel so direkt zur Verfügung wie die Mythen, einen äußerst wichtigen Typ von Informationen, die . . . nicht außer acht gelassen werden dürfen.“ Und der bekannte Religionswissenschaftler Jan Gonda[27] erklärt: „Die ältere Ansicht, daß die Mythen eine Art Paraphrase von Naturphänomenen seien, eine plastische und populäre Physik und Astronomie, und die Götter Personifikationen der in der Natur wirksamen Kräfte und Mächte, hat sich schon lange als unrichtig erwiesen.“

Da nun die Überlieferungen, gestützt durch einige wenige Relikte rätselhaften Charakters, über die Schöpfung, das Universum, über jene geheimnisvollen Wesen, die sich einst in goldenen Eiern auf unseren Planeten herabließen, so manches aussagen, was dem modernen Menschen unheimlich bekannt vorkommt – mit Einzelheiten, wie sie kein Mensch, sei er noch so phantasiebegabt, sich einfach nur ausdenken kann –, wollen wir, die Frage nach der Möglichkeit solcher Dinge vorläufig offenlassend, die Götter so zu sehen versuchen, wie sie uns aus den Mythen entgegentreten, als ausgeprägte schöpferische Persönlichkeiten von Fleisch und Blut, unter ein Schicksal gestellt, das wir, an die engen Verhältnisse unserer Erde gewöhnt, in seiner Größe und Gewalt kaum zu fassen vermögen.

Der Lingam in der Yoni

„Wir haben Apollo 8 in Sicht“, meldete Flugkapitän Jake Marcum, Pilot eines Pan-American-Clippers, der sich am 27. Dezember 1968, 10.40 Uhr, auf dem Wege von Honolulu nach Sydney befand, „ein roter Feuerball, der einen langen Streifen weißglühenden Materials hinter sich herzieht . . . Der Anblick ist sehr, sehr schön . . . Jetzt ist er genau über uns; er zieht eine glühende Schleppe nach, die ich auf 8 Kilometer Breite und wenigstens auf 100 bis 150 Kilometer Länge schätze . . .“[28] Ein dumpfer Knall mit nachhallendem Donner aus heiterem Himmel. Als gleißender, rotglühender Tropfen mit weiß-orangener Schleppe durchbrach das Raumschiff die Schallmauer; und sechs Minuten später schwebte es an seinen drei Fallschirmen langsam herab, setzte programmgemäß auf den Fluten des Pazifik auf.

Nicht nur war hiermit eine phantastische Reise glücklich beendet, sondern auch der Beweis erbracht, daß es durchaus möglich ist, andere Gestirne von der Erde aus zu erreichen. Was heute möglich ist, muß aber unter bestimmten Voraussetzungen schon immer möglich gewesen sein, so wie es ja auch Radiowellen, Elektrizität und Kernenergie seit je gegeben hat, wenngleich der Mensch von ihrer Existenz nichts geahnt zu haben scheint.

Oder doch? Verbirgt sich ein uraltes Wissen nur unter irreführenden Bezeichnungen? Was waren denn das für „Eier“, die manchen Sagen zufolge einst vom Himmel gefallen sind? Oder jene Phalloi und Bäume, alle die flammenden Säulen, Felsen, Körbe, Wiegen oder auch Gondeln an blauen Schleiern?

„Als nämlich“, so heißt es in einer hinduistischen Mythe, „die vierzehn Welten mit der durchgehenden Achse und darunter dem Berge Kailāsa sich gebildet hatten, erschien auf seinem Gipfel das Dreieck, die Yoni, und in ihm der Lingam, auch Shiva-Lingam oder Ega sourounam genannt, Gott selbst, symbolisch dargestellt durch das Triangel in der Lotosblume, das da heißt OUM.[29]“

Schon sind wir mittendrin in den alten Erinnerungen. Da sieht man auf einem sumerischen Rollsiegel aus der Zeit um 2800 v. Chr. ein

Lingam in der Yoni? Rätselhafter Gegenstand, zwischen kämpfende Löwen herabfahrend. Sumerisches Rollsiegelbild (nach A. Nöldeke: Uruk, 5. Bericht).

merkwürdiges, vom Himmel zwischen kämpfende Löwen herabschießendes Gebilde, das den Archäologen vor unlösbar erscheinende Rätsel stellt[30]. Dieser Gegenstand gleicht einer modernen Raumkapsel aufs Haar; sogar der Schutzschild sowie auch die Düsen sind angedeutet. Das mag natürlich ein zufälliges Zusammentreffen sein. Doch nun, da der Blick geschärft ist, finden wir das gleiche Gebilde an anderen Orten der Erde wieder: Als megalithische Petroglyphen in Brasilien[19], wo es von völlig unbefangenen Forschern, denen man häretische Neigungen kaum nachsagen kann, als Behältnis oder Fahrzeug der Götter gedeutet wurde; als Kegel mit Nocken und einem Feuer bezeichnenden Dreizack darunter auf einer goldenen Kalenderscheibe der präinkaischen Cuenca-Kultur in Ekuador. Und daß die Erinnerung an die tatsächliche Funktion dieses Gegenstandes auch zur Römerzeit noch nicht verblaßt gewesen war, zeigt ein Reliefbild des Mithras, auf dem der geflügelte, von einer Schlange umwundene Gott, die Füße in einem flammensprühenden halben Ei, zur Erde niederfährt.

Als Ei mochte dieses Gebilde einer primitiven Menschheit erscheinen; sie hatte keinen treffenderen Vergleich dafür. Und so vernehmen wir bei den verschiedensten Völkern, die Götter seien vor langer, langer Zeit in goldenen, silbernen oder bronzenen Eiern auf der Erde gelandet. Es muß sich um eine regelrechte Invasion gehandelt haben, wohlvorbereitet und sorgsam geplant.

Auf dem Euphrat, der damals – nehmen wir an: vor 14 000 Jahren – durch ein grünes, teilweise bewaldetes Savannenland floß, landete das Ei der Helena[29]; es wird aber auch behauptet, dies habe sich bei Sparta in Lakedaimon zugetragen[31]. Auch Ptah, nach Meinung der Ägypter

Kegel mit Stutzen, darunter Dreizack als Feuersymbol, auf goldener Kalenderscheibe der Cuenca-Kultur in Ekuador (Museum of American Indian, New York Ct.).

Herr dieser Erde, entstieg, so wie Geb, der Vater von Isis und Osiris, einem goldenen Ei[32]. Hier ließe sich einwenden, in jener Zeit schon hätten Kulturbeziehungen zwischen den Völkern des Mittelmeerraumes, Vorderasiens und Indiens bestanden, wären Kulturelemente materieller und geistiger Art, also auch Mythen, von Land zu Land ausgetauscht worden, und selbst wenn dies zu einem so frühen Zeitpunkt nicht der Fall gewesen wäre, habe ein solcher Austausch dann eben später stattgefunden. Nun war aber Eros, der aus dem Ei der Thetis schlüpfte[11], unter dem Namen Phanes einer der ältesten

Götter Griechenlands, und Thetis hieß ursprünglich Eurynome, was „Weites Wandern" bedeutet, denn sie sei, so sagte man, am Anfang der Dinge von ferne her aus dem Okeanos, dem Nachtmeer des Weltenraumes, in ihrem silbernen Ei gekommen[11].

Tatsächlich sind in diesem Mythos zwei ganz verschiedene Dinge miteinander verwechselt worden, wie es später noch häufig geschah, denn einmal wird Phanes als von wunderbarer Schönheit und Majestät geschildert, dann aber auch wieder mit goldenen Flügeln und mit vier Köpfen, deren jeder wie ein Stier oder Löwe brüllte, was keiner Art von Schönheitsideal jemals entsprochen haben kann[33]. Wir werden noch sehen, wie das zusammenhängt. Die Orphiker jedenfalls hatten, gleich den Essäern, gewisse Kenntnisse, wenn auch verstümmelt und nicht selten mißverstanden, aus der Urzeit bewahrt, die einst Allgemeinbesitz der alten Kulturvölker gewesen sind.

Wie von der Eurynome, dem Kneph der Ägypter, dem polynesischen Tangaroa, wird auch von Brahma gesagt, er sei nach ungemessenen Zeiten tiefen Schlafes aus einem der Brahmanda oder Brahma-Eier hervorgegangen, das Hiranyagarbha hieß und wie die Sonne leuchtete, aus dem Absoluten also, dem Parabrahma, der „Zeit ohne Grenzen". Spätere Generationen, die mit dem Bericht über einen möglicherweise technischen Vorgang infolge mangelnder Kenntnisse gar nichts mehr anzufangen wußten, stellten sich Brahma als einen sich öffnenden Lotus vor.

Läßt man alle dichterischen Ausschmückungen beiseite, so ergibt sich folgender Sachverhalt: Aus unbekannten Fernen des Weltraumes tauchten eiförmige Behältnisse von goldglänzendem Metall in unserer Galaxis auf, deren Besatzungen, seit langer Zeit in Tiefschlaf versunken, zu vorausbestimmter Stunde, im rechten Augenblick, erwachten, auf hierfür geeigneten Planeten landeten und eine äußerst energische kolonisatorische Tätigkeit entfalteten.

Ein solcher, uns Heutige keineswegs mehr utopisch anmutender Vorgang wird nun nicht nur von Brahma berichtet, sondern, mit abweichenden Begleiterscheinungen, auch von Eurynome und Tangaroa, so daß von einer Übernahme der Geschichte, nicht zuletzt des zeitlichen und räumlichen Abstandes wegen, doch wohl kaum die Rede sein kann.

Nähere Einzelheiten über die Ankunft der Götter hört man bei anderen Völkern; bei den Melaniden etwa, die ihrer Überlieferung nach aus dem Tarimbecken stammen, heute jedoch am Berge Atis, sechshundert Kilometer nordöstlich vom Lobnor, wohnen. Sie behaupten, ihre Vorfahren seien auf der mythischen „Weißen Insel“ des damaligen Gobi-Meeres in metallenen Eiern gelandet[34]. Tan, ursprünglich identisch mit Tangaroa, dann Meeresgott der Maori, erscheint nach langem Schlaf in einem Ei, das er auseinanderbricht, um aus den Teilen Himmel und Erde zu erschaffen[35].

Heller als die Sonne leuchtete auch das goldene Ei, mit dem Orejona, nach Meinung der präinkaischen Peruaner die Stammutter der Menschheit, und wahrscheinlich identisch oder später zusammengeworfen mit Mama Occlo, der Gefährtin Manko Capaks, im Titicacasee niederging. Es handelte sich hierbei durchaus nicht um einen Einzelfall, denn die Sage bekundet, an verschiedenen Orten des Landes seien bronzene, silberne und goldene Eier am Himmel erschienen, aus den ersteren seien gewöhnliche Menschen, aus den silbernen Adlige, aus den goldenen aber Götter an den Haarkronen von Löwenzahnkernen herabgeschwebt[36], so unter anderen im Süden von Caxamarca der Herr Guamanzuri, ein Sohn des Weltschöpfers Ataguju, mit vier geringeren Göttern[37]. Sowohl Desjardins als auch Ternaux, die dergleichen Überlieferungen sammelten, lebten um die Mitte des vorigen Jahrhunderts, als man Jules Verne noch für einen phantasievollen Utopisten hielt.

Die Herkunft der Menschen, worauf noch näher eingegangen wird, aus solchen Himmelseiern ist nicht nur auf Tahiti[38] bezeugt, wo ein Riesenvogel ein metallenes Ei auf das Wasser legte, sondern auch bei den Fidschi-Insulanern[35]. Hier war es die Wolkenschlange Ndegei, die das Ei ausbrütete und aus ihm Menschen auf die Erde entließ. Von Bacchue, der Muttergöttin der Chibcha in Ecuador und Kolumbien, wird zwar nicht ausdrücklich gesagt, daß sie in einem Ei vom Himmel gekommen sei, doch entstieg sie mit ihrem Sohn den Wassern der Lagune von Tunja[39].

Berichte dieser Art, von denen es eine kaum überschaubare Menge gibt, enthalten konkrete Angaben. Wir erfahren, daß diese Raumschiffe – um einen modernen Ausdruck zu gebrauchen – bei ihrer Herabkunft „heller als die Sonne leuchteten“, was ja auch bei Apollo 8 beobachtet wurde; ferner, daß die Götter den Gebrauch von Fallschirmen kannten – eine Aussage, die im vorigen Jahrhundert noch als „typischer Naturmythos“ gewertet wurde; und nicht zuletzt, daß den Göttern im Anfangsstadium ihrer Kolonisation eine weiche Landung auf dem Erdboden offensichtlich noch Schwierigkeiten bereitet hat, denn sie suchten sich für solche Manöver geschützte Gewässer aus – den Euphrat, das Gobi-Meer, eine stille Bucht an der Küste Tahitis, die Lagune von Tunja oder den Titicacasee. Auch das Ei des sogenannten „knochenlosen" Königs von Hsü sei, so wissen es in China die Thai, vom Monde herab ins Meer gefallen[40].

Tatsächlich scheinen bei der Landung Unfälle nicht gerade selten vorgekommen zu sein, denn im finnischen Nationalepos „Kalewala"[41] sprengt der göttliche Sänger Wäinämöinen das eiserne Ei seiner Mutter, der Lüftetochter, und stürzt ins Meer. Die Thai erinnern sich, ein Ei des Donnergottes sei auf dem Erdboden unter Rauch und Flammen zerschellt[40]. Und bei den Fali im Sudan kam der göttliche Schmied, in diesem Falle gemäß ihrer individuellen Anschauungsweise als Flußfischer, nicht in einem Ei, sondern in einer an Bohnenranken schwebenden Piroge vom Himmel herab; die Ranke zerriß, das Raumschiff stürzte zur Erde und zerbrach der Länge nach in vier dreieckige Stücke, wobei es seine Fracht an Tieren, Pflanzen und Werkzeugen nach allen vier Windrichtungen hin verstreute[35].

Man benötigt wahrhaftig nicht viel Phantasie, um sich vorzustellen, welchen Eindruck das Erscheinen der Himmelseier auf die damaligen Bewohner unseres Planeten machte, zumal es sich – wie bei der Raumkapsel Apollo 8 – unter Flammenschein und Donnergetöse vollzog. Ebenso leuchtet ein, daß der primitive Mensch, für den all das schlechthin ein Wunder bedeutete, nach Entsprechungen und Vergleichen aus seiner eigenen gewohnten Umwelt suchte. Die farbig leuchtende Spur, die das herabsausende Raumschiff durch den Himmel zog, gemahnte ihn an den Regenbogen. Und so vernehmen wir, daß Pallas Athene auf einer Regenbogenwolke aus den Himmelsfernen niedergekommen sei[11]; nicht anders Bocchica, der Kulturheros der Muisca[42], als er, mit seinem goldenen Schwerte Felsen und Berge spaltend, die Menschen vor einer Überschwemmung rettete. Auch bei den sudanischen Dogon ist es – wie bei den Fali – der vom Himmelsherrn Nommo entsandte göttliche Schmied, der, nun wieder nicht an einer Bohnenranke, sondern am Regenbogen entlang, in seiner Arche herabkommt und auf einer zuvor „beschnittenen", also doch wohl planierten Fläche landet, um den Menschen von allen Pflanzen und Tieren je ein Exemplar zu bringen[35]. Oro, einer der großen Götter Polynesiens, benutzte ebenfalls den Regenbogen wie eine Straße, als er sich aus den Himmelsweiten nach Bora Bora begab, um hier ein irdisches Mädchen zum Weibe zu nehmen[18].

Sobald nur der Knall, mit dem die Schallmauer durchbrochen wird, in der Höhe ertönte, die Flammenschrift am Himmel erschien, verbargen die Menschen sich zitternd, voll heiliger Scheu – und dies selbst viel später noch im Peru der Inkazeit, ja, sie vermieden es sogar, nach oben zu blicken oder gar mit dem Finger zu deuten; jene fremden Wesen, gleich ob sie Gutes oder Übles brachten, waren ihnen ganz einfach unheimlich; sie vermochten sich deren Erscheinen nicht zu erklären. So dürfte es durchaus begreiflich sein, wenn der gleiche Vorgang oder Gegenstand je nach Landschaft oder Volk höchst unterschiedlich gedeutet wurde. Diese voneinander abweichenden Deutungen setzen uns jedoch instand, aus zahlreichen Beobachtungen ein hinreichend deutliches Bild zu rekonstruieren.

Vielleicht gehört die dreibeinige Schildkröte Nai bei den Thai, die im Flusse I gelebt und den Menschen die auf ehernen Tafeln eingravierten „ewigen Gesetze“ gebracht haben soll[40], einer anderen Kategorie von Fortbewegungsmitteln an. Indes, wir erinnern uns, daß ja auch Brahma, nachdem einige Jahrtausende seit den hier geschilderten Ereignissen vergangen waren, nicht mehr in seinem goldenen Ei Hyranyagarbha dargestellt wurde, sondern auf einer Schildkröte im Nachtmeere Nark schwebend, weil man den finsteren Himmelraum, den Okeanos der Griechen, mit den Meeren der Erde anfangs verglich und dann später verwechselte, wie es aus der tahitianischen Mythe von der Urnacht deutlich wird: „Ta'aroa weilte in seiner Muschel in der Dunkelheit unzählbare Zeiten lang. Die Muschel war wie ein Ei und drehte sich im endlosen Raume, in dem nicht Himmel oder Land und nicht Mond und Sonne oder Sterne waren. Alles war Dunkelheit; eine immerwährende, dichte Dunkelheit. Rumia war der Name von Ta'aroas Muschel“[18]. Die Muschel leuchtete, wie man auf dem Nukumanu Atoll noch weiß, gleich einer Sternschnuppe auf, sobald Tangaroa aus der Sternenwelt zur Erde kam[18]. Andere Völker, denen der Vergleich der Raumfahrzeuge mit Eiern oder Muscheln ferner lag, sprechen von Wiegen, Gondeln, Körben, Wolkenschiffen, hohlen Bäumen, Säulen oder Steinen, was bei aller Unterschiedlichkeit des Bildes dem Prinzip nach stets das gleiche meint.

Im Kalewala fährt Akko, da er mit der bösen Louhi kämpft, unter Getöse und Rauch mit seiner goldenen Wiege durch den berstenden Himmel[41]. Bei den Wogulen Sibiriens wird der von ihnen als Berggott verehrte, in seiner Eigenschaft als Mittler zwischen Göttern und Menschen überaus nützliche Bär in einer silbernen Wiege zur Erde hinabgelassen[35], während ihm bei den Finnen ein Korb an goldener Kette als Beförderungsmittel dient[41]. Nansen erzählt in seinem berühmten Buch „Auf Schneeschuhen durch Grönland“[43], das 1891 erschien, zu einem Zeitpunkt also, da an Flugzeuge und Fallschirme noch kaum gedacht wurde, von jenem Mythos der Tungusen, demzufolge das erste Götterpaar in einer silbernen Gondel an blauem Schleier vom Himmel herabgekommen sei, so wie die Götter der präinkaischen Peruaner an den Haarkronen des Löwenzahnsamens und die der Maya an Spinnenweben[44].

Wir haben nun, wahllos herausgegriffen aus der Fülle ähnlicher Bekundungen, einiges Material zur Hand, das unbezweifelbar dartun dürfte, was die geschilderten Gegenstände in keinem Falle sind: Lichtreflexe, Sternschnuppen, zu Symbolen erhobene gewöhnliche Vogeleier oder Allegorien. Es handelt sich um ursprünglich ganz konkrete Aussagen; freilich sind sie im Laufe der Zeiten durch die Phantasie der Erzähler, durch Hinzufügen oder Vergessen, durch Verwechslung mit anderen Mythen oder Überschichtungen verblaßt und entstellt und so zu märchenhaften Spinnstubenerzählungen geworden, da sich die Menschen, wenn schon vorher kaum, so doch ganz gewiß nicht nach der Sintflut vorzustellen vermochten, was in den alten Geschichten beschrieben wird. Je nach Zeit, Ort und Bevölkerung nahmen sie deshalb immer mehr ein irreales Aussehen an; der Strom teilte sich. Ein Arm wurde zum Revier scharfsinnig analysierender und phantasievoll deutender Philologen; der andere nährte, untergründig fortfließend, nicht nur das unbewußte Empfinden breiter Volksschichten, sondern befruchtete auch das Geistesleben aller möglicher esoterischer Sekten und Geheimgesellschaften. Auf die Idee, es könne sich bei solchen Überlieferungen um die allerdings verschlüsselte Wiedergabe von Tatsachen handeln, verfiel man erst, nachdem durch Wissenschaft und Technik der Grund gelegt worden war, von dem aus sich diese Tatsachen als solche erkennen lassen.

Nun gibt es unter den Mythen nicht wenige, die sich auch aus heutiger Sicht nicht ohne weiteres entschleiern lassen. Da wäre zum Beispiel das geheimnisvolle Motiv der sogenannten Steingeburt, dem wir am häufigsten im Mittelmeerraum, aber dann auch in Asien, beiden Amerika, sowie in Ozeanien begegnen; es gehört einer archäischen, primitiveren Entwicklungsstufe an.

Deukalion, König von Phthia und Gemahl der Pyrrha, entkam mit seinem Weibe in einer Arche der Flut, die Zeus im Zorne über das

Menschengeschlecht hervorgerufen hatte. Im verwaisten Heiligtum der Themis am Ufer des Kephissos beteten die beiden einzigen Überlebenden, es möge eine neue Menschheit erstehen. Themis rief ihnen zu: „Bedeckt eure Häupter und werft die Knochen eurer Mutter hinter euch!“ Des Glaubens, damit seien die Steine als Gebeine der Mutter Erde gemeint, rafften sie Felsbrocken auf und schleuderten diese über ihre Schultern fort. Wo sie hinfielen, entstanden aus den Steinen der Pyrrha Frauen, aus denen Deukalions Männer[45].

Auf den ersten Blick erscheint die Geschichte dunkel, verworren, absurd. Man fragt sich, worin mag die Nutzanwendung liegen? Weshalb wurde sie bis in die Antike hinein immer wieder erzählt? Mythologen sehen in ihr „eine jüngere Erzählung, die mit Elementen einer sehr alten Flutsage angereichert wurde“.[46] Tatsächlich besteht das „sehr alte Element“ eben in der sogenannten „Steingeburt“. Bekannt ist eine bei Trier ausgegrabene Stelle aus römischer Zeit, wahrscheinlich dem Mithraskult zugehörig, die auf vertikaler Fläche einen jungen Gott, aus einem kreisrunden, mit Tierkreiszeichen umrandeten Felsenloch steigend, zeigt, und dann auch die bei Heddernheim gefundene Skulptur eines nackten Gottes, der sich aus einer in diesem Falle waagrechten, aber ebenfalls kreisrunden Öffnung erhebt. Es ist erstaunlich, was über die beiden Bildwerke schon zusammengerätselt wurde. Niemand scheint zu vermuten, daß das Denken des Urzeitmenschen einfacher als das seiner heutigen Nachfahren gewesen sein mag, daß er gestaltet hat, was er sah, ohne seinem Werk einen verschrobenen Sinn zu unterlegen. Entstieg nicht auch Mithras, der Herr über die sieben Planeten, einem „Felsen“, um die vernichtete Natur der Erde neu zu beleben? Was hat es mit diesem „Felsen“ auf sich? Welch anderes Wort ließe sich dafür einsetzen, um Sage oder Bild verständlicher zu machen?

Schauen wir uns doch einmal bei anderen Völkern um. In der Korallensee des Südmeeres pflegt ein im Wasser liegender Gegenstand bald mit einem dicken Panzer von Krustazeen überzogen zu werden, so daß er sich zuletzt von den örtlichen Riffen kaum noch unterscheidet. Auf den Neuen Hebriden erzählt man die rührende Geschichte von Yetar, einem Kinde der Himmelsbewohner, das „vor langer, langer Zeit“ durch fischende Insulaner weit draußen auf See in einem „phallischen Felsen“ namens Sere aufgefunden, mit auf die Insel genommen und hier erzogen wurde. Als es heranwuchs, bekam es Heimweh, machte sich Flügel und flog wieder zum Himmel hinauf[47]. Diese Erzählung, für sich allein betrachtet, scheint ein Märchen zu sein, ein müßiges Spiel der Phantasie. Mit anderen Erzählungen dieser Art und mit dem, was wir schon wissen oder noch erfahren werden, in Bezug gesetzt, vermag sie ein Licht auf das rätselhafte Motiv der Felsgeburt zu werfen.

Der melanesische Kulturheros Quat, der eher als Geist denn als anthropomorph gedachter Gott aufgefaßt wird, tritt am Anfang der Dinge aus einem berstenden Felsen hervor, um die Erde bewohnbar zu machen[35]. Und wenn man selbst dies noch, ohne Rücksicht auf das, was über die Himmelseier ausgesagt wurde, als Naturmythos auffassen will, so muß sich die Meinung doch in dem Maße ändern, wie sich die Angaben über Raumfahrt und Astronauten in diesen Sagen häufen. Die Bewohner von Malekula, der zweitgrößten Insel der Neuen Hebriden, behaupten, ihr Kulturheros Ambat und seine fünf Brüder – alle so hellhäutig, daß man noch Jahrtausende später die ersten dort landenden Europäer, so wie auch in Mexiko, für Söhne der Götter hielt – seien in einem „Stein“ vom Himmel herabgekommen; aus diesem Grunde würden heilige Steine auf Malekula wie auf dem benachbarten Iumoran „Penis des Ambat“ genannt.[48] Tangaroa brachte, nach Meinung der Polynesier, „alle Götter aus vom Himmel gefallenen Felsen“ hervor,[49] was die frommen Missionare, die solche Überlieferungen aufzeichneten, voller Verwunderung und in unverkennbarer Ablehnung die Köpfe schütteln ließ. Wären sie kenntnisreicher und aufgeschlossener gewesen, so hätten sie sich ganz ähnlicher Sagen aus Mittelamerika und aus dem Mittelmeerraum erinnert und vielleicht hätten sie dann genauer nachgeforscht. Obendrein hätten sie gar nicht so weit zu gehen brauchen, denn auch in der benachbarten Inselwelt Mikronesiens finden sich Sagen ähnlicher Art, die einem zu denken geben.

Hier traten zu Anbeginn der Zeit der Gott Tpereake und die Göttin Lamikaik aus einem dem finsteren Nachtmeer entstammenden Felsen, um sich in die Herrschaft über das Universum – das bedeutet doch wohl: über die Gestirne unserer Galaxis – zu teilen.[35] Aber auch die einige tausend Seemeilen entfernt lebenden Quiché Maya wußten von Göttern zu berichten, die einst in „phallischen Steinen“ herabgefahren waren.[17] Kleinere phallische Steinidole, die als Sinnbilder für bestimmte Götter gelten und denen geopfert wird, indem man gelegentlich einige Tropfen des Kavatrankes über sie verspritzt, gibt es auf Talamacco in den Neuen Hebriden.[50]

Wie bei den Melanesiern, die eine recht enge Beziehung zu der geheimnisvollen, die Welt umspannenden Megalithkultur haben, findet man auch bei den Thai, einem Volke von rätselhafter Herkunft und eigenartiger Tradition, phallische Megalithsteine als Sinnbilder des Erdengottes; sie werden Tsu, das heißt: Ahn, genannt. Ursprünglich galt dieser Gott als Beschirmer der Reisenden, was die eigentliche Bedeutung des Idols ahnen läßt und auch seine Metonymie zum Transportmittel für die Seelen Verstorbener erklärt. Überhaupt sind solche Symbole mit überall gleichem Sinngehalt in China häufig; selbst die Ainu von Hokkaido und Sachalin errichten phallische Steine auf ihren Gräbern.[40]

Die kausalen Zusammenhänge verkennend, haben Ethnologen und Philologen dieses Symbol auf einen uralten Fruchtbarkeitskult zurückgeführt, indem sie sich auf das urälteste Bild dieser Art berufen, nämlich auf das der Weltmutter Cybele, die später auch Aphrodite hieß, aber niemand anderes als unsere „von weit her" stammende Eurynome. Es handelt sich hierbei um einen großen, rohen, gerundeten Stein, dem erst spätere, in Unwissenheit versunkene Geschlechter einen phallischen Charakter beilegten,[29] eine Entartungserscheinung, die mit der Erniedrigung der großen Muttergöttin des Mittelmeerraumes und Vorderasiens sowie auch mit der Profanierung Ega sourounams zum Lingam in der Yoni Hand in Hand geht. Im Sanskrit bedeutet Lingam soviel wie „Kennzeichen"; erst später verstanden die Inder darunter das männliche Glied, während zugleich aber auch Shivas Raumschiff so benannt wurde, was zu höchst abstrakten Ideenverbindungen zwischen dem Bilde vom vernichtend niederfahrenden Gott und dem animalischen Zeugungsakt führte. Die arischen Eroberer Indiens verehrten, gleich allen megalithischen Völkern, im Lingam die Welten verbindende Gottesmacht, erklärten hingegen an zwei Stellen des Rigveda die Ureinwohner des Fünfstromlandes für „gottlos, weil den Phallus zum Gotte habend", womit sie ihre äußerste Verachtung ausdrückten.[51]

Merkwürdigerweise scheint sich diese Entwicklung, wahrscheinlich nicht ohne Anstoß von außen, wie man im Verlauf des Berichtes sehen wird, überall auf der Erde, mit ganz wenigen Ausnahmen, während und nach der Katastrophe vollzogen zu haben, denn auch die olmekischen Tänzer an der heiligen Stätte Monte Albán bei Oaxa pflegten dann später das Herabkommen der Götter durch phallische Tänze darzustellen.[17] Damit wäre die sonderbare, obszön anmutende

Bezeichnung „Lingam in der Yoni" für einen Vorgang erklärt, den wir nach allem nicht als Symbol einer Naturreligion zu betrachten vermögen, sondern als eine technisch-physikalische Tatsache.

So schließt sich der Kreis. Um jedoch verstehen zu können, was im folgenden über die Säulen und Bäume der Göttermythen, über ihren Charakter als technische Geräte oder gar Raumschiffe gesagt werden soll, müssen wir uns zunächst mit den Göttern selbst, mit ihrer Zivilisation, mit ihrem kosmischen Weltbild sowie auch mit dem Zustand beschäftigen, in dem sich unser Planet – nach Aussage der Mythen – beim Eintreffen der Kolonisatoren befand.

Die Herren vom anderen Stern

Am Abend des 30. Oktober 1938, gegen 20.00 Uhr, kehrte Mr. Sam Jones aus seinem Büro in New York nach seinem Flat bei Richmond zurück, wie seit Jahren an jedem Wochenende; ein nüchterner Geschäftsmann ohne allzuviel Phantasie, gewohnt, seine Meinungen und seine Vorstellungen über den Lauf der Welt von seinem Lieblingssender, der Columbia Broadcasting Company, zu beziehen.

Vor sich hin pfeifend, schaltete er das Rundfunkgerät ein. Das unbekümmerte Lächeln auf seinen Zügen erstarb. Durch ein Gemurmel aufgeregter Stimmen und empörter Proteste drang aus dem Apparat die atemlose Frage des Reporters: „Was, zum Teufel, geht in dem Zylinder vor? Wo kommt das Ding her? Was sagen Sie? Ein Raumschiff? Vom Mars? Alter Freund, Sie sind wohl . . ." Und dann schrie er plötzlich: „Mein Gott, das Oberteil dreht sich . . . Es hebt sich . . ."

Mr. Jones schluckte. Raumschiffe? Marsmenschen? Man las neuerdings so vieles darüber in den Zeitungen . . . Unversehens begann im Zimmer das Licht zu flackern. Also doch etwas los! Und wieder die Stimme des Reporters, diesmal schrill: „Liebe Hörer, ein schrecklicher Moment . . . Ein furchtbares Wesen kriecht aus der Öffnung. Zwei leuchtende Scheiben sind zu erkennen; vielleicht sind's Augen . . . Um Himmelswillen! Es kriecht aus dem Schatten, eine riesige, graue Schlange, darunter ein Körper so groß wie ein Bär . . ." Mr. Jones hörte das Kreischen und Trampeln der flüchtenden Volksmenge, das Heulen von Polizeisirenen. Der Reporter keuchte: „Da, da, es richtet sich auf . . . Ein Flammenstrahl . . . Der Polizist ist zu Asche geworden . . . Es kommt, es kommt . . . Wo bleibt die Miliz? Aus anderen Landesteilen hören wir . . ."

Mr. Jones wartet Weiteres nicht ab. Er stürzt zum Telefon: Leitung blockiert. Er rennt in den Garten, zum Nachbarn. Der holt schon den Wagen aus der Garage. Und so wie hier geschieht es überall in den Vereinigten Staaten. Unbeschreibliche Szenen spielen sich ab. Zu Fuß, per Auto, mit Kind und Kegel verlassen Familienväter ihre

Häuser, laufen oder fahren in kopfloser Flucht durch das Land. Alle Straßen sind verstopft. Es kommt zu Krawallen, Plünderungen. Es gibt Verletzte. Am Morgen erst stellt sich heraus: Keine Invasion von Marsmenschen, ein Hörspiel nur, von Orson Welles inszeniert, freilich ein recht realistisches.

Wenn derartiges im zwanzigsten Jahrhundert möglich ist, obendrein in einem als zivilisiert geltenden Lande, das über ein geordnetes Verwaltungssystem, über Polizei, Militär, über alle nur denkbaren technischen Hilfsmittel und Waffen verfügt, wie würden da erst primitivere Bevölkerungen reagieren, wenn ein solcher Fall tatsächlich einmal eintreten sollte? Vermag man sich überhaupt vorzustellen, mit welchem Grauen die Menschen vor etwa 14 000 Jahren jene schrecklichen Himmelserscheinungen beobachteten, wie sie sich zitternd in Höhlen und Klüften bargen, sobald sie die flammenumsprühten Flugkörper durch die Wolken jagen, an Fallschirmen herabsinken oder am Boden zerschellen sahen? Wahrscheinlich waren ihnen solche Erscheinungen nicht ganz und gar etwas Neues, denn schon vorher war – so weiß es die Überlieferung – unser Planet von außerirdischen Wesen oftmals aufgesucht worden; sie vermochten sich indes die Art und Herkunft jener unheimlichen Flugkörper wohl kaum zu erklären.

Sobald solch ein Himmelsei gelandet war, barst es, wie wir gehört, auseinander, was doch wohl nur bedeuten kann, daß die Luken geöffnet wurden; die aus ihm Hervortretenden, hier kleine, schmächtige Geschöpfe mit riesigen Köpfen, dort wieder Riesen von erschrekkender Größe und Kraft, schillerten wie Schlangen.

Bei dem Orte Tamoanchan an der Küste Yucatans landeten „vor langer Zeit" hellhäutige Männer mit Schiffen, die „gleich den Schuppen einer Schlangenhaut" glitzerten. Die Fremdlinge waren hochgewachsen, blondhaarig, blauäugig, trugen sonderbare Kleider und um die Stirnen „Schlangen". Die Maya hielten sie deshalb für „Söhne der Schlange" und nannten sie „Chanes"; lange Zeit haben die Chanes bei ihnen als Lehrer und Führer geweilt.[52] Von den Chanes hat der Ort noch heute seinen Namen, denn bei den Maya bedeutet „Chan" oder „Kan" soviel wie „Schlange" verbunden mit „Himmel", und „Moan" heißt „Eule".[17]

Ein solcher Bezug auf den Himmel dürfte den Verdacht entkräften, es habe sich bei den Chanes um Angehörige jener nordischen Seevölker, der Scherden, gehandelt, die in frühgeschichtlicher Zeit die

Küsten des Mittelmeeres verheerten, oder gar – wie noch immer wieder behauptet wird – um Wikinger. Den Überlieferungen zufolge kann zwar keinerlei Zweifel darüber bestehen, daß die geheimnisvollen Kulturbringer oder Götter hochgewachsen, hellhäutig und bärtig gewesen sind, doch kennen wir auf Erden keine Zivilisation aus vorgeschichtlicher Zeit, die über ein Wissen und eine Techne verfügt hätte, wie sie den Göttern zugeschrieben wird. Der Gedanke, Quetzalcoatl oder Huiracocha seien Wikinger gewesen, verbietet sich von selbst, weil diese sich bis in geschichtliche Zeit noch im Zustand halber Barbarei befanden und also auch nicht den Anstoß zu den erstaunlichen kulturellen Leistungen der alten amerikanischen Völker hätten geben können. Abgesehen davon jedoch traten die Kulturbringer ja auch gleichzeitig an den verschiedensten Orten der Erde auf.

Der Anblick dieser Fremdlinge wirkte furchterregend. Ein Glanz umgab sie oder ging von ihnen aus, der den damals an Finsternis oder diffuses Dämmerlicht gewöhnten Irdischen in den Augen schmerzte. Hermes, der Götterbote und Fährmann zwischen den Welten, der bei den Ägyptern Anubis oder – bezeichnenderweise – „Toth von der Säule" hieß, der Mittler vom Himmel herabgekommenen Wissens auf Erden, führte den Beinamen Aureus. Tatsächlich soll nach Jablonski sein ägyptischer Name Anubis aus dem koptischen Aureus, „der Goldene", der „in der Sonne Schimmernde", hergeleitet sein, denn er galt als der Gouverneur des Sirius, jenes Gestirnes, das wir den „Hundsstern" nennen.[53] Dieses goldene Strahlen muß charakteristisch für die Götter gewesen sein; auch von Dschamsid, einem iranischen Herrscher der Urzeit, der uns noch mehrfach beschäftigen wird, sagte man, er habe „gleich der Sonne geleuchtet", deshalb sei seinem eigentlichen Namen Dscham die Silbe „Sid" – was „Sonne" heißt – hinzugefügt worden.[29]

Glaubt man nun in solchen Beschreibungen noch die Spuren alter Naturmythen zu erkennen, so läßt sich doch nachweisen, daß die Gesichter der Götter bei nahezu allen Völkern, ihre Gestalten hingegen nicht immer als „leuchtend, strahlend, glänzend" geschildert werden, – so bei den Kelten: Teutatos – der Leuchtende, Grannos – der Glänzende, Belenos – der Schimmernde; nicht aber Esus, der Gewittergott, dem ein derartiges Epitheton, sollte man meinen, noch mit am ersten zugekommen wäre[35]. Hingegen – und vielleicht wirft das ein Licht auf den dunklen Sachverhalt – wird über den keltischen Himmelsgott Lugh, der mit dem Regenbogen in Verbindung stand und in der Milchstraße, der „Kette des Lugh", beheimatet war, konkret bekundet: „Sein Gesicht strahlte so stark, daß kein Sterblicher den Anblick ertragen kann."[54] Wie Hermes galt auch er als der Bringer aller Künste von den Sternen. Und so scheint diese Eigenschaft des Leuchtens irgendwie mit der Raumfahrt in Verbindung gestanden zu haben; hieß doch auch der germanische Heimdall, Hüter der Bifröstbrücke, des Regenbogens, über den die Götter zum Himmel aufstiegen, mit Beinamen „der Strahlende".[35]

Wenn es im Buche Henoch heißt, große Männer, deren Angesicht gleich der Sonne leuchtete, mit Augen wie brennende Fackeln und an den Armen goldene Fittiche, seien vom Himmel auf die Erde herabgestiegen, Feuer habe aus ihrem Munde gesprüht, und ihre Kleider wären wie Schaum gewesen[55], so mag das eine zwar naive, in den Einzelheiten jedoch hochinteressante Beschreibung von Tatsachen sein, die nicht deshalb einem kollektiven Denken entstammt, weil sich hierzu bei anderen Völkern zahlreiche Analogien oder Ergänzungen finden.

Im Popol Vuh, dem „Buch des Rates" der Quiché Maya[17], wird recht genau die Kleidung der Götter Hun Camé (Einstod) und Unc Camé (Siebentod) beschrieben, die als Wächter der unteren Welt fungierten und in dieser Eigenschaft so etwas wie Astronauten waren: Sie trugen Schenkelschützer aus Leder, Halsringe, Handschuhe, Helme und Gesichtsmasken. Wie stimmt eine solche Aussage mit der philosophischen Ansicht über Astralmythen überein? Übrigens finden wir auf vorzeitlichen Petroglyphen und Pictographien aller Erdteile – im Tale des nordamerikanischen Columbia River sowohl als auch im saharischen Hochland von Tassili, und so weit auseinanderliegend, daß Übernahmen ausgeschlossen erscheinen, menschliche Figuren, zumeist von ungewöhnlicher Körpergröße, mit Strahlenkranz oder Aura dargestellt. Und bis auf den heutigen Tag werden christliche Heilige sowohl als auch im vorderasiatischen Raum bedeutende Herrscher oder sonst irgendwie hervorragende Persönlichkeiten mit einer Aureole um den Kopf gemalt. Man sieht Darstellungen dieser Art also nicht nur in den christlichen Kirchen des Abendlandes, sondern auch in Ägypten, Persien oder Indien[32] und nicht zuletzt am Sonnentor der uralten Tempelstätte Tiahuanaco; hier geht vom Haupte des Sonnengottes nach allen Richtungen hin ein Kranz von Strahlen aus[56].

Mit der Hörnerkrone, die sich im Laufe der Zeiten zum Federkopf-

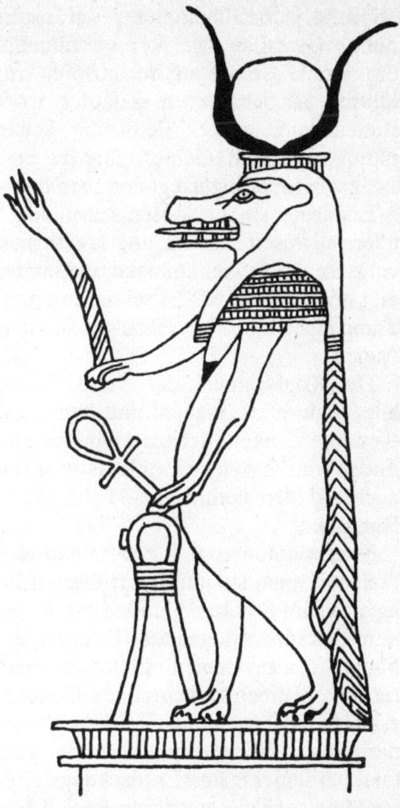

Ägyptische Göttin Taweret mit Hörnerkrone, Scheibe oder Kugel und dem Nilschlüssel Tan (J. H. Breasted: Geschichte Ägyptens, 1954).

schmuck nordamerikanischer Prärieindianer, zur Büffelhornhaube etwa der Naga in Hinterindien, zum Rabenflügelhelm der Germanen und am Ende zu der aufs höchste veredelten Fürstenkrone stilisierte, darf nun die Aura unter keinen Umständen verwechselt werden. Hier handelt es sich um zwei gänzlich verschiedene Dinge. Ganz wenige in Rückzugsgebieten lebende Völker ausgenommen, kennen alle übrigen ihre Götter nur mit dem rätselhaften Emblem der Hörnerkrone.

Am Indian Creek bei Moab im Staate Utah, USA, sieht man auf vorzeitlichen Felsmalereien neben Tieren und Jägern zwar menschenähnliche, jedoch überlebensgroße, springend oder schwebend erscheinende Gestalten, die hier gekrümmte Hörner, dort an Antennen erinnernde Geräte auf den Köpfen tragen. Sie werden von Fachgelehrten als Schamanen gedeutet, wobei man allerdings die Frage stellen muß, woher denn die Schamanen ihre Kenntnisse auf parapsychischem Gebiet, ihre zeremonialen Praktiken und ihre Insignien ursprünglich genommen haben?

Erwarben sie ihr Wissen selbständig? Stehen sie somit am Anfang aller religiösen Entwicklungen oder handelt es sich um Relikte einer vergessenen, früher einmal der gesamten Menschheit zuteil gewordenen höheren Lehre? Es sei daran erinnert, daß auch die Chanes von Tamoanchan solche schlangenähnlichen Gebilde an den Stirnen trugen.

Der Kopfschmuck der Götter auf sumerischen Rollsiegeln[57] war alles andere als bequem und kaum als Zierat zu deuten; er läßt an Geweihe denken. Schauen wir uns noch ein wenig genauer um, so finden wir das gleiche Emblem sowohl auf altkretischen Gemmen[58] als auch auf den hethitischen Felsbildern und den Königssiegeln von Boghazköi[59].

Nun könnten zwar die rätselhaften Hörner- oder Schlangensymbole, wie man sie auf den frühesten Rollsiegeln Sumers[60] sieht, auf ägyptischen Fresken[32], und selbst die auf den prähistorischen Felsbildern des innersaharischen Tefedest und Alakor[61], wo das kretische Stiergehörn zusammen mit der ägyptischen Sonnenscheibe erscheint, recht wohl einen gemeinsamen Ursprung haben, etwa in Sumer. Das erklärt jedoch nicht die Gleichartigkeit solcher Attribute bei Völkern, die nicht in Beziehung zueinander gestanden haben können. Cook fand bei seiner ersten Entdeckungsreise den polynesischen Kulturheros Maui auf Taiarapu als eine aus Zweigen geflochtene Figur mit vier kleinen Hörner dargestellt[62]. Auf den Tempelreliefs der Tolteken und Maya ähneln diese Hörner Fühlern[63]. Aber Tlaloc, der Regengott der Tolteken, soll eine Schlangenkrone getragen haben, und es berührt sonderbar, daß ein Gleiches auch von dem in Hellas verehrten vorderasiatischen Dionysos, dem „zweimal Geborenen“, erzählt wird[64].

Die Sache ist vollkommen unerklärlich, zumal beide Götter nicht nur dieselben Embleme tragen, sondern von beiden auch gesagt wird, der Blitz habe sie gezeugt[64]; ungeachtet der immer geistreichen, jedoch sehr voneinander abweichenden Deutungen seitens der

Fachmythologen, die nur diese eine Kulturbezeichnung sehen, nicht aber das ganze große Geflecht des Götterproblemes mit seinen zahllosen Verknüpfungen und Aspekten, muß man, das Ganze überschauend, zu der Ansicht kommen, diese „Blitzgeburt" habe mit den Himmelseiern und also mit der Raumfahrt zu tun. Außerdem besaßen sowohl Tlaloc als auch Dionysos Paläste auf dem Meeresgrund, was sie dem prähellenitischen Poseidon, der Frigg und dem Aegir Germaniens sowie dem sumerischen Enki[46] an die Seite stellt.

Bei den Thai in China war es der ebenfalls mit Fliegerei und Raumfahrt verbundene, so wie Poseidon, Vishnu und Thor rotbärtige Donnergott, den Hörner zierten, während Yü-kiang, der im Nordwesten wohnende Gott des Windes und Beherrscher des Himmelsmeeres, worunter man in China nicht anders als in Griechenland oder Ägypten das Nachtmeer, den Weltenraum, verstand, mit Menschenantlitz und Vogelkörper gedacht, Schlangen in den Ohren trug[40]. Und sollte all das noch nicht genügen, die wahre Funktion dieser Schlangen oder Hörner ahnen zu lassen, dann weist ein Bildnis des keltischen Dis Pater oder Ernunnos in Paris, das ihn nicht nur selbst mit Hirschgeweih zeigt, sondern obendrein in Gesellschaft der ebenfalls global verbreiteten gehörnten Schlange[35], auf die Beziehung dieses Gerätes zur Raumfahrt hin.

Es erscheint ebensowenig glaubhaft, daß Prähellenen, Tolteken, Thai oder Indoarier selbständig aus ihrer jeweiligen individuellen Situation heraus zu ganz den gleichen Vorstellungen über die Götter gelangt sein sollen, wie die Annahme gerechtfertigt ist, es habe eine Verbindung zwischen ihnen rings um den ganzen Erdenball bestanden. Nur eine Erklärung bleibt übrig: Alle diese Völker haben einst das gleiche gesehen und erlebt, dann aber unterschiedlich interpretiert.

Genug, die Erdbewohner erblickten zu ihrem unaussprechlichen Entsetzen große, schimmernde Gestalten, welche den aus unerreichbarer Himmelsweite herabgefallenen metallenen Behältnissen entstiegen, Hörner auf den Köpfen oder Schlangen in den Ohren trugen und so furchtbare Gesichter hatten, daß man sie gar nicht anzuschauen wagte.

Diese Gesichter werden auf ganz verschiedene Weise dargestellt oder beschrieben. Der ägyptische Ptah, von dem wir hörten, er sei in einem goldenen Ei herabgekommen, brachte außer dem Feuer auch noch seine löwengesichtige Gemahlin Bast mit auf die Erde[32]. Götter

Löwengott von Naga mit Löwengesicht, merkwürdiger Kopfbedeckung und dem Nilschlüssel Tan, 1. Jahrhundert v. Chr. (Schendi).

mit Löwenantlitz treten recht häufig in Ägypten und im Sudan auf, so unter anderen der bekannte Löwengott von Naga mit merkwürdig stilisierter Hörnerkrone und mit dem Tan, jenem sogenannten Nilschlüssel, über den noch einiges zu sagen ist.

Man möchte die Löwengesichter für eine reine Erfindung der Nilvölker halten, wären nicht Mithras sowie auch Aion, der Gott der

Ningursu, Stadtgott von Lagash mit Löwengesicht, Schwingen und Bart in Begleitung von Löwen, etwa 3000 v. Chr.

Ewigkeit, der bei den Persern Zurvan hieß, ebenfalls und noch im 2. Jahrhundert n. Chr. löwenhäuptig dargestellt worden. Vishnu erscheint zwar in menschlicher Gestalt, jedoch mit Löwenkopf, um den aufständischen Asuren Hiranyakashipu, der Indra entmachtete und die Götter von ihrem Heimatgestirn vertrieben hatte, zu zerreißen[65]. Und in Süd- wie auch in Mittelamerika wimmelt es nur so von Göttern mit felinen Gesichtern. Die Olmeken beispielsweise, Schöpfer des Mayakalenders und eines der Urvölker in Mexiko und Yucatan, hatten zu San Andréa bei Tuxtla als Vögel verkleidete Priester, die ihre Gesichter hinter Tigermasken verbargen[66].

Horus, der letzte der Götter Ägyptens[67], in Hellas unter dem Namen Apollon verehrt, wurde mit Falkenkopf bildlich dargestellt; seine Vogelgestalt ist, recht phantasievoll, als das Sinnbild eines weltumspannenden belebenden Prinzips gedeutet worden. Allein, die Sache erhält einen völlig anderen Aspekt, sobald wir die bei Tell Brak am Gaggaga, einem Nebenflusse des Habur in Mittelmesopotamien, gefundenen Statuetten geflügelter, eulenäugiger Götter[68] betrachten, sowie auch die brillenförmigen Symbole mit großen Augen, die, als Tonstiftmosaik an der Außenwand des Tempels angebracht, vermutlich Gesichter von Göttern vorstellen sollen. Die Eule war auch der Athene heilig. Von der Maya wissen wir, daß sie als Todesvogel eine

Verbildlichung der Flugzeuge oder Raumschiffe aus der Unteren Welt Xibalba war, die von deren Wächtern Hun Camé und Unc Camé gesteuert wurden. Am Quetzalcoatltempel zu Teotihuacan trägt der Wassergott als Maske ein Eulengesicht, weil die Eule unter anderem auch als Bringerin des Regens galt[66]. Auf den Töpfereien der Chimu Kultur, über die wir im Grunde nur wissen, was in ihrem tönernen Geschichtsbuch steht, jenen zahllosen Vasen, Krügen, Schalen und Amphoren, die in den Küstenebenen Nordperus ausgegraben wurden, begegnen uns grimmig dreinblickende, von Waffen starrende Göttergestalten mit Vogel- und Hundgesichtern[69]. Hunde- oder wolfsköpfige Statuetten, zweifellos Götter und den Bildnissen des ägyptischen Anubis oder Toth ungemein ähnlich, wurden in den Trümmern der Pyramide von Sihuatan, San Salvador, gefunden; bislang die einzigen ihrer Art in beiden Amerika.

Handelt es sich nach dem allen nur um Sonderfälle, wenn ein Gott der nordamerikanischen Indianer in Gestalt des Coyoten den Weltbrand löscht, wenn Mänabosho, das Große Kaninchen, Erdengott der Algonkin, die Menschen nützliche Dinge lehrt[79] oder der Fuchs als Kulturheros der andinen Aymara den hungernden Menschen Mais vom Himmel bringt? Muß man nicht vielmehr all diese Erscheinungsformen im globalen Zusammenhang sehen und auf eine allen gemeinsame Urerfahrung zurückführen? Ethnologen, die Götter in Tiergestalt, zu denen unter anderen auch der vom Himmel herabgesandte Bär als Berggott der sibirischen Völker gehört, als Relikte einer einstigen totemistischen Anschauung deuten, machen sich die Sache wohl ein wenig zu leicht.

Der polynesische Kulturbringer Quat verwandelt bei einer Gelegenheit seinen Schwager in einen Hund[35]. Tangaroa wird auf der Osterinsel in Gestalt einer Robbe verehrt[18]. Und in den alten Fischersagen, die noch heute rings an den Küsten der Nordsee erzählt werden, ist von Fischmenschen die Rede, die vor Zeiten, in Tierhäute gehüllt, auf den Shetland- und Orkney-Inseln an Land zu kriechen und die Insulaner zu erschrecken pflegten. Nahm man ihnen die Häute fort, so waren sie gezwungen, an Land zu bleiben[71].

Scharfsinnige Folkloristen meinen, es habe sich um Eskimos und bei den Tierhäuten um Kajaks gehandelt, aber die Sagen bekunden ausdrücklich, jene Männer seien hochgewachsen, hellhäutig, blondhaarig, sehr stark und sehr mutig gewesen, eine Beschreibung, die auf Eskimos nicht paßt, und sie hätten mit den Insulanerinnen schöne, kräftige Kinder gezeugt. Außerdem existieren Analogien zu diesen Geschichten in verschiedenen Erdteilen. Dem Motiv der lebenswichtigen Ausrüstung – hier die vor Wasser schützenden Tierhäute, in Melanesien die Flügel der Himmelsfrauen, wie übrigens auch ganz ähnlich in den Sagen Germaniens –, die beschlagnahmt wird, um den Fremdling am Fortschwimmen oder -fliegen zu hindern, muß, da es so variantenreich immer wieder auftaucht, irgendeine vergessene Tatsache zugrunde liegen. Beispielsweise wird von Orejona, der Mutter der Menschheit, die mit einem goldenen Ei im Titicacasee landete, gesagt, sie habe sehr schöne Füße gehabt, so wie im griechischen Mythos jene Meeresnymphe, deren Sohn der Riese Atlas war, hingegen an den Händen nur je vier Finger und dazwischen Schwimmhäute[36]. Nachdem Wäinämöinen, der göttliche Sänger, das eiserne Ei seiner Mutter, der Lüftetochter, gesprengt hatte, stürzte er ins Meer, und darin blieb er acht Jahre lang, so weiß es das Kalewala[41]. In grauer Vorzeit hieß der Persische Golf das „Rote Meer". Aus ihm erhoben sich, lange vor der Flut, nacheinander zehn tiergestaltige, doch menschenähnliche Götterwesen, von denen der Fischmensch Oannes der erste gewesen ist; sie herrschten viele Generationen mit großer Gerechtigkeit, Weisheit und Macht zu Babylon, erließen gute Gesetze, hielten auf Ordnung und Frieden und unterwiesen das Menschenvolk in mancherlei Handwerken, Künsten und Wissenschaften[29].

All das klingt verworren und einigermaßen unglaubwürdig. Wir haben uns jedoch vorgenommen, einem dunklen Sachverhalt auf den Grund zu leuchten. Existiert irgendein Relikt, das solche Aussagen zu stützen vermag? Da wurden in der El Obed Stufe des Friedhofes zu Eridu, die den Zeitraum zwischen 5000 und 3100 v. Chr. umfaßt, unweit von Babylon ein paar merkwürdige Tonstatuetten ausgegraben, die man für Götterbildnisse hält. „Schräg aufgesetzte Augen geben den Gesichtern einen reptilartigen Ausdruck. Bei männlichen Figuren sind die Arme meist wie Flügel gestaltet[72]." Reptilgesichtig, schlangenähnlich, so wird auch Tangaroa auf den polynesischen Inseln beschrieben. Man erzählt sich, sein irdisches, von Aniwan gebürtiges Weib habe ihn, seines schlangenähnlichen Aussehens wegen, mit einem Kavatrunk vergiftet[73].

Tane, wie Tangaroa einer der großen, aus der Urnacht des Weltenraumes hervorgetretenen polynesischen Götter, verwickelte sich manchmal mit seinem langen Schwanz in den Bäumen, wenn er zum Himmel aufflog[49]. Und von der chinesischen Muttergöttin des

Westens Hsi-wang-mu, die, den Lebenstrank der Götter bewahrend, auf dem K'un-lun-Gebirge lebte, wird ebenfalls gesagt, sie habe schreckliche Tigerzähne und einen langen Leopardenschweif gehabt[40]. In Japan wurden Figuren, sogenannte Dogu, ausgegraben, die sich nicht genauer datieren lassen, aber einer offensichtlich sehr alten Schicht entstammen. Sie scheinen in einer Art metallener Ritterrüstung zu stecken, die mit Schnallen und Nieten und mit einem Ringkragen versehen ist[74]. Doch was bedeuten die übergroßen, ovalen Augenlöcher mit den schrägen Schlitzen darin, die an die hölzernen Schneebrillen der Eskimo erinnern? Sollte auch dies so etwas wie ein Blendschutz gewesen sein? Kamen die Götter wirklich von einem anderen Gestirn, so werden sie Raumanzüge – Skaphander, ähnlich denen unserer heutigen Astronauten – getragen haben.

Damit ließe sich der Schrecken, den die Götter allein durch ihr Aussehen verbreiteten, erklären. Man braucht weder die Esoterik zu bemühen, noch das Vorhandensein totemistischer Survivels zu beweisen, obwohl diese möglicherweise beim Entstehen spätzeitlicherer Vorstellungen eine Rolle gespielt haben mögen. Nicht nur in dieser Hinsicht ist eine im Ashmoleart Museum zu Oxford aufbewahrte ägyptische Schminktafel aus der Zeit der ersten Dynastie, also um etwa 3400 v. Chr., höchst bemerkenswert[75]. Auf ihrer Rückseite, unten links, befindet sich unter den hier abgebildeten Tieren eine menschliche Figur, die einen Tierkopf oder vielmehr eine Tiermaske trägt, von der anstelle der Nase ein langer, beringter Schlauch herabhängt. Sämtliche Tiere sind so charakteristisch gezeichnet, daß man eine gleich vollkommene Genauigkeit auch bei der Wiedergabe dieser vermummten Figur voraussetzen darf. Aber – was stellt sie dar? Einen Schamanen, der Tiere mit Hilfe einer Nasenflöte beschwört? Kaum anzunehmen! Nasenflöten sehen ganz anders aus. Auch ist der Wissenschaft keine kultische Handlung aus der Vorzeit bekannt, zu deren Illustrierung dieses Bild hätte dienen können. Es muß sich um eine Maske handeln, deren Zweck indes dunkel bleibt.

Wir hören nun aber von den Maya, die Götter hätten bei ihren Besuchen auf der Erde Masken getragen. Und in diesem Zusammenhang ist diese 1964 im Vegetarischen Universum, Moskau, mitgeteilte Entdeckung eines chinesischen Archäologen von Belang, der in der Gebirgslandschaft Banja-Kara-Ula, auf der Grenze zwischen China und Tibet, in den dortigen zahlreichen Höhlen seltsame Steinscheiben mit rätselhaften Mustern und Hieroglyphen gefunden hat.

„Alle Scheiben haben wie Schallplatten in der Mitte ein Loch von dem sich spiralförmig eine Doppelreihe bis zum Rande hinzieht", berichtete der russische Philologe Wjatscheslaw Saizew[74]. Man fand heraus, daß es sich hierbei wirklich um Hieroglyphen handelte, um „die seltsamsten Hieroglyphen, die jemals in China, ja, in der ganzen Welt entdeckt worden sind". Schließlich gelang es der Pekinger Akademie für Prähistorische Forschung, Teile der Schrift zu entziffern. Der Entdecker, im Verein mit vier anderen Professoren, veröffentlichte eine Abhandlung unter dem Titel: „Rillenschriftzeichen, die über Raumschiffe berichten, welche vor 12 000 Jahren existierten."

In der Gegend von Banja-Kara-Ula leben die nur 1,30 Meter großen, schmächtigen, gelbhäutigen Dropa und Cham, die bislang keiner ethnischen Gruppe zugeordnet werden konnten und noch wenig erforscht sind. Sie werden, nach Aussage der chinesischen Wissenschaftler, in der auf den Steinscheiben eingravierten Rillenschrift erwähnt: „Die Dropa glitten mit ihren Luftfahrzeugen aus den Wolken herab. Zehnmal bis zum Sonnenaufgang versteckten sich Männer, Frauen und Kinder in den Höhlen. Schließlich verstanden sie die Zeichen und begriffen, daß die Dropa in friedlicher Absicht gekommen waren." Die Cham wiederum haben Überlieferungen, in denen sie ihre Trauer darüber ausdrücken, daß ihre Flugzeuge bei der Landung in den unwegsamen Bergen zerstört worden sind und daß es ihnen nicht hatte gelingen wollen, neue zu bauen.

Handelt es sich um einen Scherz, wie deutsche Archäologen vermuteten, oder um eine Manifestation mythischen Aberglaubens? So geheimnisvoll und fragwürdig diese Angelegenheit auch erscheint, es ist nicht anzunehmen, daß die Dropa ähnliche Aussagen in den Überlieferungen anderer Völker kennen und kopiert haben, und ebensowenig, daß chinesische Gelehrte von Rang ihre Kollegen in anderen Ländern zu mystifizieren versuchen. Die Scheiben wurden in Moskau analysiert, und hier machte man die erstaunliche Entdeckung, daß sie viel Kobalt und ein anderes Metall enthalten sowie auch einen höchst ungewöhnlichen Vibrationsrhythmus haben, so als ob sie geladen oder an eine elektrische Batterie angeschlossen seien.

Dies zumindest sind nachprüfbare Tatsachen, ebenso auch, daß in den Höhlen von Banja-Kara-Ula Überreste von Grabstätten und in ihnen Skelette gefunden wurden, deren Alter man auf 12 000 Jahre schätzt. Es handelt sich um die Relikte von „kleinwüchsigen Menschen mit Riesenschädeln und schwachem Knochenbau", die man zunächst für eine ausgestorbene Affenart hielt. Doch gibt es chinesische Sagen über kleine, gelbe Menschen mit riesigen Köpfen und spindeldürren Leibern, die aus den Wolken herabgestiegen sein sollen; sie wurden ihrer Häßlichkeit wegen von allen dort lebenden Stämmen gemieden und zeitweise sogar verfolgt.

Wie auch immer, man kann dergleichen Phänomene wohl kaum ignorieren; bestätigt werden sie in manchen Punkten durch die rätselhaften, von Leutnant Brennan im Inneren der Sahara entdeckten Felsbilder des Tassili Plateaus, auf denen unter Tier- und Jagdszenen auch kleine menschliche Gestalten in skaphanderähnlicher Kleidung, runden Helmen, mit Augenschlitzen versehenen Schutzbrillen und an Atmungsfilter und Hörvorrichtungen gemahnenden Apparaten zu sehen sind, die einem eiförmigen, mit konzentrischen Kreisen bedeckten Behältnis entsteigen[76].

Jedenfalls enthalten die Ausführungen Saizews eine Menge von Angaben, die sich mit ähnlichen Aussagen bei anderen weit entfernt lebenden Völkern, die obendrein ganz unterschiedlichen Kultur- und Entwicklungsstufen angehören, in erstaunlicher Weise decken. Dies gilt ganz besonders auch für den Zeitpunkt der hypothetischen Dropa-Invasion, denn er fällt in etwa mit dem durch Plato überlieferten Untergang von Atlantis, dem Ende der Eiszeiten, der agrarischen Revolution und der Sintflut zusammen.

Die damaligen Bewohner unseres Planeten hatten es jedoch in erster Linie mit den eigentlichen Göttern zu tun, die sie, nachdem der erste Schrecken verflogen war, zwar als überaus fremdartig, aber keineswegs als andersartig empfanden. Mit höchstem Erstaunen stellten sie fest, daß die fremden Wesen sich zu verwandeln vermochten, im allgemeinen aber von menschlicher Gestalt waren. So konnte sich nach Meinung der Germanen Aegir, auch Hler genannt, sobald er seinen unterseeischen Palast bei der Insel Lesö im Kattegat verließ, in einen riesigen Fisch oder in eine Robbe verwandeln[35], Lemminkäinen, der Loki der Finnen im Kalewala, in einen Adler[41]. Ein Gleiches wird von Loki selbst, von Odin und von anderen Göttern immer wieder behauptet.

Da wir Heutigen nun nicht mehr an Wunder glauben, das heißt: an Vorgänge, die im Widerspruch zu den Naturgesetzen stehen, muß es auch für diese Dinge eine vernünftige Erklärung geben. Vielleicht handelte es sich um das Mißverstehen kausaler Zusammenhänge.

Wenn die Götter ihre Fliegerkombinationen, die gewiß nicht weniger abenteuerlich aussahen als die modernen Skaphander, ablegten, mochte das primitiven Beobachtern als eine Verwandlung erscheinen, so wie sie die Maschinen der Götter ja auch, je nach den Zwecken, denen sie dienten, mit Fischen, Vögeln, Bäumen, Steinen oder Ungeheuern verglichen und am Ende gar dafür hielten.

Hiervon unterscheiden muß man allerdings eine ganz andere Art von Verwandlung, über die wir zur Zeit noch keine gesicherten Kenntnisse haben, weil sie in das Gebiet der umstrittenen Parapsychologie oder Metapsychik fällt. Ernstzunehmende Gelehrte, wie etwa Rhine[77], Bender, Soal, Bateman, behaupten das Vorhandensein eines nicht physikalisch faßbaren, von den Dimensionen Raum und Zeit unabhängigen Seelenfeldes, für das der Mensch sowie auch andere Lebewesen Organe besitzen, die nichts mit den uns bekannten Sinnesorganen gemein haben; hieraus ließen sich seelische und körperliche Vorgänge rätselhafter Art erklären, die in die gegenwärtig geltende wissenschaftliche Systematik nicht einzuordnen sind. Die Forschungen auf diesem Gebiet stecken noch in den Kinderschuhen, doch erlauben manche der zahlreichen Verwandlungsmythen den Schluß, daß die Götter mehr darüber gewußt haben mögen. Wird doch von Odin erzählt, er habe, während sein Körper wie schlafend dalag, seinen Geist auf die Wanderung schicken und in irgendwelchen Tieren oder Menschen materialisieren können[35].

Wenn die Ägypter jedoch ihre Götter in Tiergestalt darstellten, so hatte dies ursprünglich rein symbolischen Charakter, denn von Anbeginn traten die Götter in menschlicher Gestalt bei ihnen auf. Erst lange nachdem der letzte der Götter, Horus, verschwunden war, wurde von einer entarteten, in Aberglauben und Unwissenheit versinkenden Priesterschaft das Sinnbild für die Sache selbst genommen[24]. Daß sich die Götter tatsächlich verwandeln könnten, wie es die unwissende Menge glaubte, ist von intelligenteren Leuten schon damals und dann auch später immer wieder entschieden bestritten worden. Platon, von dem man aus guten Gründen annehmen darf, er habe – aus unbekannten Quellen schöpfend – mehr über die Götter, über ihre Herkunft und über das Universum gewußt als irgendein anderer vor ihm oder nach ihm, bemerkte ironisch: „Sie benahmen sich wie Zauberkünstler; in Wahrheit sind sie natürlich und vermögen niemals aus ihrer eigenen Gestalt herauszutreten.“[78]

Während nun der geistige Habitus jener Wesen von den Menschen wohl niemals so recht erfaßt wurde, sind ihre körperlichen Merkmale doch mit großer Treue überliefert. Besonders auffallend erschienen den Irdischen ihre außerordentliche Kraft, ihr leichter, schwebender Gang und die Fähigkeit, gewaltige Sprünge zu tun. Was soll man von der zunächst recht unglaubwürdig klingenden Behauptung halten, sie hätten sich mit Hilfe von Schwingen in die Luft zu erheben vermocht? Selbst der spätzeitliche Homer, der in seinen Werken die nahezu vergessenen mündlichen Überlieferungen wahllos verarbeitet hat, bekundete noch, die Götter seien an den Bewegungen ihrer Füße und Schenkel erkennbar gewesen[11]. Von Bedeutung für die Frage, wer die Götter waren und woher sie kamen, ist nicht zuletzt eine Beobachtung der Griechen über einen Unterschied zwischen dem Blute der Götter, das sie ichór, und dem der Menschen, das sie haima nannten[79].

Ein moderner Astronaut, der auf einem kleineren Gestirn, etwa dem Monde, landet, wird dort seine Körperkräfte vervielfacht finden und durchaus imstande sein, alles das zu tun, was man sich von den Göttern erzählt. Verhält es sich aber so, daß sie wirklich von einem fremden, größeren Gestirn herstammten – eine Vermutung, die durch zahlreiche Aussagen gestützt wird –, dann ist manches bisher unglaublich Erscheinende hierdurch erklärt. Zugleich aber werden Fragen aufgeworfen, deren Beantwortung zu einer radikalen Abänderung unseres bisherigen kosmischen Weltbildes führen muß.

Des Charakters der Transzendenz sind die Götter durch das hier Angeführte bereits weitgehend entkleidet. Dieser, wie denn überhaupt der Begriff „Heiligkeit" wurde ihnen erst Jahrtausende nach ihrem Verschwinden von einer Menschheit beigelegt, die sich das Überlieferte nicht mehr rational zu erklären vermochte. Das Geheimnisvolle ihrer Existenz im Verein mit der lange nachklingenden Furcht, die ihre Unbegreiflichkeit sowie auch ihre überlegene Techne den Menschen eingeflößt hatten, erregten, je mehr sich das Erinnerungsbild von ihnen von der Wirklichkeit entfernte, die Phantasie.

Bis zu einem gewissen Grade mag Xenophanes daher nicht so ganz unrecht gehabt haben, wenn er spottete, „die Menschen haben sich ihre Götter nach dem eigenen Bilde gemacht, die Neger schwarze, plattnasige, die Thraker blauäugige, blonde, und hätten die Ochsen Götter, so würden diese die Gestalt von Ochsen haben[80]". Nun lebte dieser adlige Sportsmann und Offizier aber um 400 v. Chr., zu einer Zeit also, die wenigstens neuneinhalb Jahrtausende von den Tagen der Götter entfernt lag und diese – wie man den Dichtungen Homers entnehmen kann – nicht mehr so recht ernst zu nehmen vermochte. Überhaupt haben die Griechen und mit ihnen manches andere Volk die großartige religiöse Konzeption, die der Menschheit von den Göttern einst vermittelt wurde, offenbar nicht begriffen und das geistige Prinzip eines alles durchdringenden, den Kosmos beherrschenden Weltgesetzes, diese körperlose, nicht an Zeit und Raum gebundene Schöpfermacht, mit ihren Verkündern verwechselt.

Xenophanes irrte sich dennoch. Denn selbst vorwiegend bartlose Völker, wie zum Beispiel die Maya, haben die Bärtigkeit der Götter konstatiert. Von Vishnu wie von dem germanischen Thor, dem Poseidon der Griechen, dem chinesischen Donnergott und dem Tangaroa Polynesiens wird behauptet, sie hätten einen roten Bart gehabt. Bärtig waren die Götter allesamt: Quetzalcoatl bei den Tolteken, Huiracocha bei den präinkaischen Peruanern, Balam Quitzé, der Mondjaguar, bei den Maya und bei den Sumerern der Mondgott Sin, der auf der anderen Erdhälfte bei den Chimu Si genannt wurde. Und so erscheinen sie denn auch auf Reliefbildern oder als Skulpturen. Im Olmekengebiet, bei Mitla, wurde das Steinbild eines alten, bärtigen Gottes ausgegraben, das – auf etwa 500 v. Chr. datiert – sich keinem Kulturkreise zuordnen läßt[66] und am ehesten noch an die Bildwerke der Etrusker erinnert.

In welchem Maße der Bart als ein Kennzeichen der Götter galt, läßt sich daraus ersehen, daß die Pharaonen der zumeist bartlosen Ägypter, die sich als Stellvertreter und Nachfolger der entschwundenen Götter empfanden, bei feierlichen Gelegenheiten einen künstlichen Bart als Insignium ihrer Herrschaft anzulegen pflegten.

Die Hautfarbe der Götter wird im allgemeinen als besonders weiß, ja, geradezu als durchscheinend, bezeichnet; und immer wieder wird betont, sie seien von eigenartiger Schönheit gewesen. Varuna, bei den Indern der Herr des himmlischen wie des irdischen Ozeans, erschien ihnen nachgerade als ein „weißer Mensch[65], ebenso Quetzalcoatl den Tolteken. Die dunkelhäutigen Melanesier erzählen noch heute von den „sehr schönen, hellhäutigen, blondhaarigen Kindern der Himmelsbewohner“[81].

Durch diese übereinstimmenden Aussagen bei verschiedenen Völkern, deren Körpermerkmale so wenig mit denen der Götter übereinstimmen, ist nicht nur Xenophanes widerlegt, sondern auch ein Indiz gegeben. Ausnahmen bestätigen nur die Regel. So wird Vishnu zwar auch als wunderbar schön geschildert, doch war er blau von Gesicht, was auf einen astronautischen Unfall zurückgeführt wird; Osiris in Ägypten und Inti, der Sonnengott des Inkareiches, galten als dunkelhäutig.

Xenophanes urteilte aus seinem zeitlich und räumlich begrenzten Gesichtskreis heraus; wir hingegen stellen fest, daß überall auf unserem Planeten zu einer Zeit, die weit vor den datierbaren historischen Ereignissen liegt, eine Rasse von zwar fremdartigen, jedoch nicht andersartigen Menschenwesen erschien, deren Herkunft dunkel ist. Nicht nur durch ihr Aussehen und ihr Verhalten hoben sie sich deutlich von den Völkern der Erde ab, sondern mehr noch durch ihre überragenden Kenntnisse, von denen uns nur Bruchstücke überliefert sind. Diese Relikte genügten indes, den Menschen zu selbständigem Denken und Forschen anzuregen. Wir werden von der selbstzufriedenen Ansicht lassen müssen, alles – unsere Kulturen, unsere Zivilisationen – nur aus eigenem Geiste erdacht und geschaffen zu haben. Für den Menschen kam das Wissen wirklich von den Sternen[29].

Ist das Universum belebt?

Wer, unter Tausenden, blickt wohl einmal zu den Sternen empor? Wer ist sich bewußt, daß er auf dem Raumschiff Erde durch die Urnacht zieht, unzählige glitzernde Welten über sich und unter den Füßen die Finsternis des unermeßlichen Abgrundes? Erst seit verhältnismäßig kurzer Zeit wissen wir wieder, daß unser Planet am Rande eines Heerhaufens von Milliarden Sternen und mit ihnen durch das Universum fliegt.

Diese Ansammlung von Himmelskörpern, die man Milchstraße oder Galaxis nennt, hat die Form einer Linse mit einem Durchmesser von 80 000 Lichtjahren; sie dreht sich, unabhängig von ihrer Bewegung durch den Raum, um die eigene Achse, wobei eine Umdrehung 220 Millionen Jahre währt, so wurde mit Hilfe von Radioortungen festgestellt. Sternhaufen gleicher Art gibt es mehrere Milliarden im Weltenall, ein jeder von den anderen Millionen Lichtjahre entfernt. Unter einem Lichtjahr versteht man die Strecke, die das Licht innerhalb eines Jahres zurücklegt, nämlich 9,46 Billionen Kilometer. Unser eigenes Sonnensystem befindet sich am äußersten Rande der Galaxis, etwa 27 000 Lichtjahre von ihrem Mittelpunkt.

Damit sollte – so schlägt man seufzend das Buch der Mythen zu – sich jede weitere Nachforschung erübrigen, denn die alten Erzählungen gehen so souverän mit solchen ungeheuren Entfernungen um, daß unsere heutige Raumfahrt daneben wie das Kriechen einer Schnecke wirkt und das in den Mythen Behauptete absolut unglaubwürdig erscheint. Doch halt! Woher stammen dann die Kenntnisse vom Universum, die sich in ihnen verraten? Sie können ganz einfach nicht allein durch astronomische Beobachtungen von der Erde her gewonnen worden sein. Und so regt sich denn der Verdacht, daß es eine Menge Dinge gibt, von denen wir noch so gut wie gar nichts wissen.

Am Anfang der Zeit, so hörten wir, erschienen die großen Götter – Eurynome, Brahma, Tangaroa – mit goldenen Eiern aus der Urnacht in jenem lichten Bezirk „oberhalb“ unserer Erde, der von den Indern Svar genannt wird. Aus solchen Mythen geht klar hervor, daß

Eratosthenes, der im 3. Jahrhundert v. Chr. den Umfang der Erde genau berechnete, daß so wie er auch Galilei, Regiomontanus, Kopernikus, Kepler bis zu Herschel und Bessel nicht etwas Neues entdeckten, sondern nur ein Wissen wiederfanden, das seit Jahrtausenden versunken gewesen war.

Schon den Phrygiern, die sich selbst das „älteste Volk der Erde" nannten und um 1200 v. Chr. von Kleinasien nach Europa eingewandert sind, war die Kugelgestalt der Erde, die sie im Bilde der Cybele, der „Großen Mutter vom Berg", verehrten, durchaus bekannt. Bei diesem Idol handelte es sich, wie schon früher gesagt, um einen großen, unregelmäßig gerundeten Stein, ein Abbild des Raumschiffes möglicherweise, mit dem Cybele oder Eurynome, wie sie bei den Griechen hieß, vom Sternbild des Löwen zur Erde herabgekommen war[29]. Man wußte zu jener Zeit nicht nur, daß unser Planet rund ist, sondern auch, daß er frei im Raume schwebt, denn von Cybele heißt es:

Weislich sangen von ihr die alten Dichter aus Hellas,
Frei in den Höhen führe sie den mit Löwen bespannten
Wagen;
Schwebend im Raume der Luft hänge der irdische Boden,
lehrten sie so; und es könne die Erd' auf der Erde nicht
fußen.

Auch existiert noch das Fragment einer ägyptischen Mumiendecke aus der Zeit des Alten Reiches, etwa 2900 bis 2700 v. Chr., auf der die Erde als Sphäroid mit fünf Kontinenten dargestellt ist[82].

Homers Vorstellungen von der Erde als einer Scheibe, die auf dem Urozean schwimmt, von hohen Randgebirgen eingefaßt ist und mit Hilfe mächtiger Säulen – des Atlasgebirges und des Kaukasus – das eherne Gewölbe des Himmels trägt, entsprachen wahrscheinlich jenen, die zu seiner Zeit, gegen Ende des 8. Jahrhunderts v. Chr., allgemein verbreitet waren. Sie beruhten jedoch auf dem Mißverstehen urältester Überlieferungen. Vielleicht war die Erde, um ihre sphäroide Gestalt einer primitiveren Menschheit klarzumachen, früher einmal mit einem Diskus verglichen worden, der, ursprünglich ein flachrunder Stein, sich erst im Laufe der Zeiten zur Wurfscheibe stilisierte. Und auch der Urozean, der nächtige Himmelsraum, war als Meer, in dem die Gestirne wie Inseln liegen, verbildlicht worden.

Noch bis ins letzte Jahrhundert hinein vermochten die Bewohner der Südsee Himmel und Meer, die sie am Horizont ineinanderfließen sahen, nicht recht zu unterscheiden.

Irrtümer und Verwechslungen dieser Art werden wir noch häufiger begegnen. Nicht selten hatten sie verhängnisvolle Folgen, wie etwa der Glaube, die Erde sei der Mittelpunkt des Alls, obschon man bereits in der Urzeit wußte, daß sie ein Stern unter Sternen ist. Nicht anders verhält es sich mit der Idee von der Hölle, die – ursprünglich als eine der unteren Welten in der lichtlosen Region des Raumes bekannt – man auf Grund eines sprachlichen Mißverständnisses zuletzt im Inneren der Erde vermutete; ihr Eingang wurde dann in Höhlen und Schluchten, unter anderem am Tainaros-Gebirge Lakoniens auf der südlichen Peloponnes, gesucht, während doch vor der Flut ein durchaus zutreffendes Bild vom Universum und von den in ihm bestehenden Verhältnissen existiert hatte. Man wußte damals, daß die Erde von gleicher Art wie die Gestirne ist, daß sie mit jenen den gleichen Gesetzen unterliegt. Die Sumerer sagten, daß die Erde ein genaues Abbild des Himmels – und damit meinten sie das Gestirn der Götter – sei, die Polynesier auf Manguia: „Die sichtbare Welt ist nichts anderes als eine Spiegelung dessen, was im Himmel besteht.“[83] Dem Sinne nach entspricht dies der Feststellung des heutigen Astronomen: „Die Natur ist in allen Bereichen von den Milchstraßen bis zu den Atomen darauf bedacht, die verschiedenen Exemplare ihrer Schöpfung mit einer erstaunlichen Gleichartigkeit zu erschaffen.“[84]

Setzen wir voraus, das kosmische Weltbild der Urzeit, von dem uns nur Bruchstücke bei den verschiedenen Völkern erhalten geblieben sind, stamme von jenen geheimnisvollen Kulturbringern her, die wir „Götter“ nennen, so müssen diese außerirdischen Ursprungs oder doch jedenfalls vertraut mit Astrophysik und Astronautik gewesen sein. Wie anders hätte der Mensch jener Zeit sonst wohl die erstaunliche Weite derartiger Anschauungen und die Kenntnis solcher Einzelheiten zu gewinnen vermocht, wie sie nur mit Hilfe modernster technischer Mittel oder durch empirische Erfahrung in der Raumfahrt zu erlangen sind?

Wenn der Mensch einst ein solches Weltbild und so erstaunliche Kenntnisse tatsächlich besessen hat, woran liegt es dann, daß er sie nicht weiter entwickelte und vervollständigte, sondern sie – wie es Sumerer, Inder und Chinesen taten – sinnentfremdet benutzte, so wie Kinder mit den Teilen eines demontierten Uhrwerks spielen? Liegt

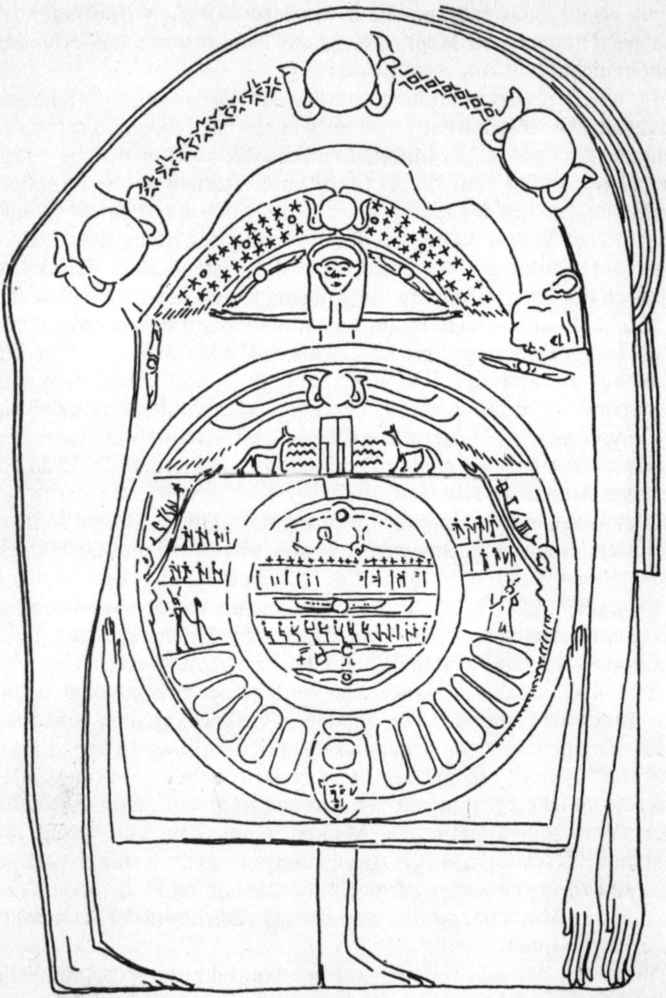

Ägyptische Göttin Nut als Himmelsraum, in dem sich Flügelsonnen zwischen Gestirnen bewegen. Aus einem Priestergrab bei Sakkara, um 350 v. Chr.

nicht der Verdacht nahe, daß die Götter ihm nur Teile ihres Wissens zugänglich gemacht haben? Sie kannten das All als ein grenzenloses, kaltes, vollkommen finsteres Nichts, in dem die Gestirne weit verstreut wie Inseln schwebten, Glut- und Kälteströme sowie andere Hindernisse von nicht näher beschriebener Art die Navigation erschwerten oder in bestimmten Regionen überhaupt unmöglich machten. Aus dieser Urnacht – „Po“ wird sie von den Polynesiern genannt, Ku ei-hiü bei den Chinesen – war nun ein dreidimensionales Gebiet mit gedachten Grenzen herausgeschnitten, dessen Umrisse an einen riesigen „Baum“ erinnerten und als solcher wurde es den Menschen sinnbildlich dargestellt.

„Nun“ nannten die Ägypter das Himmelsmeer, aus dessen nächtiger Tiefe Osiris einst in seinem goldschimmernden Schiff erschienen war[53], die Griechen, vermutlich eine Bezeichnung der Prähellenen übernehmend, „Okeanos“, die Indoarier „Nera“, die Germanen „Gimle“, wobei sie dann freilich den Raum und die in ihm kreisenden Welten oftmals durcheinanderwarfen.

Innerhalb dieser unbegrenzten Nacht kam offenbar nur die als „Baum“ versinnbildlichte Region als Route für die Raumfahrt der Götter, wie denn überhaupt für die interstellare Expansion der menschlichen Rassen, in Betracht. Hier stoßen wir wiederum auf einen der Irrtümer, die sich beim mündlichen Überliefern alten Wissensgutes zu ergeben pflegen. Noch immer wird in einschlägigen Druckwerken der germanische Weltenbaum „Yggdrasil“ genannt, aber schon 1895 hat der schottische Gelehrte Eirikr Magnusson[85] in einer glänzenden Analyse vor der Philological Society Cambridge unwiderleglich nachgewiesen, daß Yggdrasil in Wahrheit „Reittier des Schrecklichen“, nämlich Odins, bedeutet, einen baum- oder galgenförmigen Gegenstand, der obendrein identisch mit Odins achtfüßigem „Himmelsroß“ Sleipnir ist; der eigentliche Weltenbaum, in dessen Wipfel dieses Himmelsroß oder Raumschiff beheimatet war, hieß „Yggdrasil's askr“, die Esche Yggdrasils.

Der Weltenbaum besaß, dem germanischen Mythos zufolge, drei „Wurzeln“ oder Verzweigungen, in deren einer die Urheimat der Menschen und Götter, in der anderen die der Hrimtrollen oder Nachtriesen, in der dritten die untere Welt Hel und der Urdbrunnen lagen. Am Urdaborn hielten sich die drei Nornen auf, Urd, Werdandi und Skúld, bei denen sich die Götter täglich Rat zu holen pflegten.

Bis heute wird dieser Mythos für ein Beispiel entweder tiefsinniger oder kindlich naiver Volksphantasie gehalten. Wie aber erklärt es sich, daß die Polynesier auf der anderen Erdhälfte eine nahezu gleiche Vorstellung vom Universum haben? Auch sie halten das All für einen gewaltigen hohlen, von tiefer Nacht erfüllten Raum, in dessen unterem, vom Mittelpunkt des Lichtes, der Galaxis also, entferntestem Teil Sonne, Mond und Erde ihren Platz haben. Dieser Raum, den die Sonne jede Nacht unter der Erde hin durcheilt, laufe in – so meinen sie – nur einem wurzelförmigen Ende aus, an dessen nächtigem Grund die drei Urwesen hausen[18].

Die Gleichheit beider Ideen ist erstaunlich genug. Teilt man nun aber die Meinung der Evolutionstheoretiker, die Menschheit sei das Produkt eines kontinuierlichen Entwicklungsprozesses, und folglich müsse sie sich zu jenem frühen Zeitpunkt, da die Mythen entstanden, auf einer niedrigeren Kulturstufe als heute befunden haben, so muß der Umstand, daß mehrere Völker diese kosmische Vorstellung vom Weltenbaum besitzen, unsere höchste Verwunderung erregen. Der Weltenbaum ist ein so abstraktes Gebilde, daß nur ein trainiertes

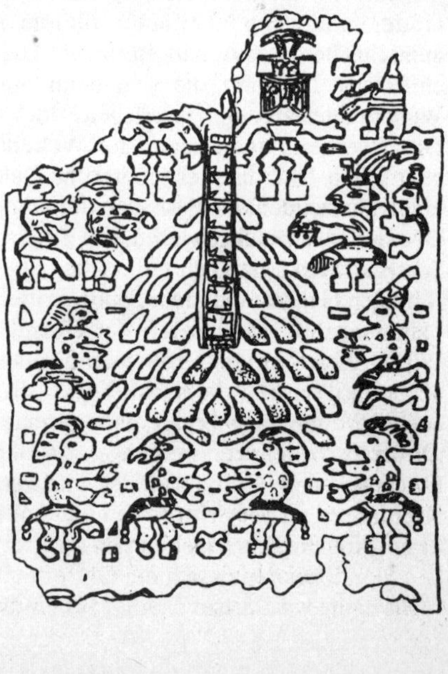

Errichtung einer Weltsäule als Symbol der Raumfahrt, präinkaische Wandmalerei aus Pachacamac. (H. A. Verrill: Amer. Ancient Civilizations, New York 1953).

Gehirn es ersinnen kann: ein geformter Raum ohne sichtbare Begrenzungen, in dem die Himmelskörper gleich Blasen schwimmen und durch ihn, sich an einem Ende zusammendrängend und gleichsam seine Krone bildend, miteinander verbunden sind.

Wir finden diese Vorstellung bei den Taulipáng und Arekuna in Venezuela[86], bei den Sumerern, wo sich der Weltenbaum Gish-gana, die Welten miteinander verknüpfend, aus den Tiefen des Abzu, des Urabgrundes, erhebt[87], bei den Delawaren in Nordamerika, wo die alle Welten verbindende „Achse des Universums" durch die Mittelsäule ihrer Tempel versinnbildlicht wird und sich die indianische Auffassung hiermit der indischen weitgehend nähert[88], sowie nicht zuletzt am oberen Indus, denn „die uralte, vorbuddhistische Bon-Religion Tibets kennt drei Lebensbereiche: Den weißen Thron der Götter, eine Art Walhalla, die von den Menschen bewohnte rote Erde, die Unterwelt mit ihren Wassergeistern und Nixen, die in blaue Farbe getaucht ist; alle drei Reiche sind durch den ‚Baum des Lebens' miteinander verbunden."[89] Die Lappen nennen diesen Baum, die unsichtbare Weltstütze, „Maylmen", und sie verehren ihn symbolisch in Birken, Lärchen oder Eichen[90], so wie es alle finnisch-ugrischen Völker tun. Angesichts solcher Übereinstimmungen kann man ganz einfach nicht umhin, entweder ein allgemeines Weltbewußtsein anzunehmen oder einen einzigen urzeitlichen Ursprungsort aller Kulturen. Nur, leider, solche Übereinstimmungen treffen immer nur auf ein einzelnes Kulturelement zu, und die Kreise solcher Gleichartigkeiten oder Ähnlichkeiten überschneiden sich, so daß zuletzt keine von beiden Möglichkeiten annehmbar erscheint.

Die Inder hatten eine ganz ähnliche Vorstellung, die dem Sinne nach gleich, nur im Bilde anders war: eine Achse anstelle des Weltenbaumes, die durch den „Nabel der Erde", den heiligen Berg Meru oder Kailâsa, führt. Wir vermögen nicht – oder noch nicht wieder – zu sagen, worin das kosmische System bestand, in welchen Gegenden des Universums die von dieser gedachten Achse berührten, von den Göttern bewohnten oder als Stützpunkte benutzten Gestirne eigentlich zu suchen sind. Zu unbestimmt klingen die hierauf bezüglichen Überlieferungen. Im Matsyapurana heißt es: „Vom Sternbild des Großen Bären aus weiter aufwärts, wo der Polarstern steht, befindet sich das himmlische Gebiet des Vishnu, der dritte glänzende Himmelskörper, wo ein Born süßen Trankes quillt, an dem sich die Seligen erfreuen[91]. An jenem Orte Vaikuntha, den man auch

Vishnuloka nennt, leiden die Menschen keinen Schmerz; er kann nicht zerstört werden, wie die unteren vier Welten[92]."

An dieser Achse entlang lagen, von der Erde als Mittelpunkt aufwärts zum Lichte hin, sieben Himmelssphären, die Surgs, sowie sieben andere, die Patals, unterhalb von ihr. Der obere helle Bezirk, in dem ein beständiges, angenehm gedämpftes Licht herrscht, heißt Svar, der untere finstere und kalte Raum Bhur. Ist nun die Idee eines solchen Systems an und für sich schon etwas Großartiges und setzt ein weitgehendes astronomisches Wissen voraus, so wird die Sache noch wundersamer, wenn wir uns bei anderen Völkern erkundigen.

Die Ägypter kannten ein sehr ähnliches System von Himmelssphären, an deren Rändern die uranischen Sirenen als Wächter standen[93], nur daß die gedachte verbindende Linie bei ihnen nicht eine Achse war, sondern der sogenannte „Große Kreis", an dem entlang die Seelen, von Toth oder Hermes geführt, auf- und niederstiegen[9]. Hierüber werden wir später Genaueres hören. Entstanden sei dies, so kündet die geheime Lehre von Hermopolis, die einer sehr frühen Zeit angehört, als die vier Urgötter – wie bei den Polynesiern – auf der „Insel der Flamme", einem feuersprühenden Raumschiff, aus der Urnacht „Niu", dem Nichts, auftauchten, um „die Sonne zu heben" – das heißt doch wohl: um die Planeten unseres Sonnensystems an ihren jetzigen Platz zu setzen[94]. Auch die Ägypter dachten sich die Gestirne als Inseln, was hier besonders auffällt, weil sie ja niemals ein Seefahrervolk gewesen sind. Im Totenbuch ist weiterhin – wie dann auch bei Plato – von eisigen oder feurigen Strömen des Alls die Rede, von schwarzen Wolken und flammenden Himmelskörpern. Obwohl dergleichen Aussagen dunkel sind, überliefert von Menschen, die gewiß keine Astronomen oder Astronauten waren, lassen sie dennoch ein versunkenes höheres Wissen ahnen, das erst in heutiger Zeit neu zurückgewonnen wird.

Bei Sumerern sowohl als auch bei Indianern und Polynesiern werden die Himmelssphären sinnfälliger dargestellt, nämlich als Stufen der Himmelspyramide, deren Abbilder auf Erden der Zikkurat Mesopotamiens, die Stufentempel in Mittel- und Südamerika und auf den Inseln der Südsee, sowie die Lößpyramiden in China sind. Am Rande sei hier bemerkt, daß weder die Verschiedenheit ihrer Architekturen noch die Frage ihres Entstehungsalters hinsichtlich ihrer Einordnung irgendeine Rolle spielen, denn selbst die jüngsten dieser Bauwerke sind noch Ausdruck einer uralten Idee, die allen

Pyramidenbauern gemeinsamer Besitz gewesen ist. Fragt sich nur, auf welche Weise und von wem den so gänzlich verschiedenen Völkern diese Idee vermittelt wurde?

Für die Sumerer war der Stufenturm ausdrücklich das Symbol des kosmischen Baumes Gish-gana[87], was sich allein schon durch den Namen erweist, den das Heiligtum Enlils in Nippur führte; jener Zikkurat heißt Duranki, was soviel wie „Band zwischen Himmel und Erde" bedeutet.

Auch die Indianer dachten sich den Weltenraum in Sphären eingeteilt, die mit Stockwerken eines Stufenturmes verglichen wurden. Die Keres, eine Stammesgruppe der Pueblo-Indianer im Südwesten Nordamerikas, zählen vier Welten unterhalb der Erde, von denen die unterste weiß, also wohl mit Eis bedeckt, die folgende rot, wahrscheinlich glühend, die nächste blau, wie unser eigener Planet, und die oberste gelb sein sollen – Aussagen, die den Anschein wirklicher Erfahrung erwecken[35].

Leider fließen die Quellen hier spärlicher, sei es, daß die Indianer sich nicht mehr so recht erinnern, sei es, daß sie keinen Grund sahen, den ungläubigen Bleichgesichtern ihre geheimsten Überlieferungen zu offenbaren. Wir erfahren indes, daß Gischelmukaong, der Schöpfergott der Delawaren, in der zwölften Himmelssphäre residiert[88]. Nach Meinung der in Neumexiko beheimateten Zuni hausen die Uwanami, Götter des Regens und der Fruchtbarkeit, fern am Rande des Himmelsmeeres in einer lichteren Welt, während die Götter der Irokesen, Ongwe (Ältere Brüder) genannt und zweifellos identisch mit den Titanen, in die finstere, der Erde abgekehrte Seite des Himmelsgewölbes verbannt worden sind[95]. Die Odjibwäe hingegen, ein Unterstamm der Algonkinnation, vermuten schließlich die Heimat ihrer Götter, in die auch die menschliche Seele nach dem leiblichen Tode eingeht, jedoch nach einiger Zeit aus ihr auf die Erde wieder zurückkehren kann, irgendwo in den westlichen Himmelsräumen[70].

Merkwürdigerweise ändern sich die Angaben der Polynesier von Insel zu Insel, was vielleicht auf lange Isolierung zurückzuführen ist. Hier wissen sie von sieben, dort von neun und manchmal von zehn oder gar zwölf Himmelssphären. Daß sie ungeachtet der ihnen von Missionaren und Ethnologen bescheinigten „Urtümlichkeit" eine ganz bestimmte Vorstellung vom Weltenraum hatten, die sich mit den Eindrücken heutiger Astronauten deckt, sowie auch eine etwas unbestimmtere Erinnerung an die Raumfahrt der Götter, beweisen ihre Schöpfungsmythen, wie zum Beispiel auf den Marquesas der eindrucksvolle Gesang von Tangaroa – Te Vanana na Tana'oa[18]:

Im Uranfang war der weite Raum, der noch unbekannte;
Und der Raum war die Himmelsweite; und die Stille erfüllte ihn.
Da war keine Stimme, da war kein Laut; nichts Lebendes regte sich;
Da war kein Tag, da war kein Licht, nur Nacht, finstere Nacht;
Und Tana'oa beherrschte die Nacht.

Abgesehen von den sieben, neun oder – nach Ellis [49] – auch zehn außerirdischen, am Lebensbaum Kanes „Ulu-kapu-a-Kane" liegenden Welten, kennen die Polynesier noch drei Himmelssphären, in deren unterster, dem Lichte fernster die verworfenen Götter und Geister hausen, während die mittlere mit der Erde den Menschen, die höchste jedoch den Göttern vorbehalten ist[96]. Wiederum finden wir eine verblüffende Übereinstimmung mit den Mythen – nicht der Germanen in diesem Fall, sondern der Griechen.

Man meinte fast herauszuspüren, wie manche Völker nicht genau hingehört oder nur die Hälfte dessen, was ihnen mitgeteilt wurde, verstanden haben. Wie bei den Chinesen der Abgrund Ku ei-hiü, so trennt auch im Mythos der finnisch-ugrischen Nomadenvölker ein finsterer Schlund an ihren Grenzen die Erde vom Reiche Tuonis; doch haben sie diese Lehre wörtlich genommen und stellen sich gleich den Griechen den Himmel als Meer, den Abgrund erfüllt mit wirbelnden Wassern vor, und selbst noch die unterweltliche Stadt Tuonela denken sie sich am Grunde eines Meeres liegend[35]. Die Chinesen wissen von fünf Himmelszonen sowie auch fünf Inseln, die mit geflügelten Unsterblichen bevölkert sind. Jene Gestirne, denn um etwas anderes handelt es sich nicht, schwammen einst im Raume umher, bis sie Yü-Kiang auf Befehl des Himmelsherrn in feste Bahnen lenkte[97]. Von ihnen wird beim Götterkrieg wieder die Rede sein.

Manche Völker haben eine Vorstellung vom „Tanz der Welten", von den Bewegungen der Gestirne nämlich, die sie, den kausalen Zusammenhang verkennend, den Göttern zuschrieben – so auch die Maya als Bewahrer urältesten toltekischen Kulturerbes. In den vom Urwald überwucherten Ruinen ihrer großartigen Tempelstädte aus der Zeit des sogenannten Alten Reiches findet man stets auch Ballspielplätze mit zu beiden Seiten aufsteigenden Sitzreihen und hoher Umwallung. Die Bälle bestanden aus massivem Kautschuk; sie waren rund, aber abgeplattet. „Ursprünglich seien die Götter die Spieler gewesen", heißt es in den Überlieferungen, „und erst später, nach deren Verschwinden, die Priester." Der Ball galt den Mayas als Abbild eines Gestirnes; er durfte keinesfalls mit der Hand, sondern nur mit Knie oder Hüfte berührt werden[98]; der Sieger ging einem freiwilligen Opfertode entgegen. Dies jedoch war eine spätzeitliche Entartungserscheinung, entwachsen dem blutrünstigen Charakter vornehmlich der Azteken sowie auch der Freude an skurriler Symbolik, denn der gute Kulturbringer der Tolteken, Quetzalcoatl, hatte einst Blutopfer untersagt.

Rätselhafte Kulturbeziehungen bestehen auch hier, denn dieses Spiel wird mit allen Regeln, ja, sogar mit den gleichen Kleiderfarben der Spieler, noch heute in Siam gespielt, „und schon 1896 hatte Edward B. Tylor sein Vorkommen von den Philippinen bis nach Syrien nachweisen können[66]". Eine gewisse Ähnlichkeit mit dem uralten baskischen Nationalspiel Pelota ist ebenfalls nicht zu verkennen; freilich wird dieses Spiel von vier Spielern gespielt, und seine kosmische Bedeutung hat es längst verloren. Was uns daran interessiert, ist die Bekundung, daß das Spiel einst von den Göttern übernommen wurde, mit ihm natürlich auch die Kenntnis von den Bewegungen der Gestirne. Und der Verdacht liegt nahe, wenn man in Indien hört, daß Shiva durch seinen Tanz den Rhythmus der Welten bestimmte, ob nicht den Göttern und einigen bevorzugten Menschen damals schon, vor 12 000 Jahren, die Ähnlichkeit der Struktur von Atomkernen mit dem Sonnensystem bekannt gewesen sei[65].

Aus dem Chilam Balam treten uns zwei Auffassungen entgegen, die wahrscheinlich zusammengeflossen sind: Einmal die von drei Stockwerken oder Sphären des Alls – dem Himmel, der Erde und der unteren Welt, deren jede vier Himmelsrichtungen hatte, so daß es im ganzen zwölf waren, zum anderen aber auch das Bild vom weltenverbindenden Baum, das sich hier in der heiligen Ceiba verkörperte[99].

Wir haben darzutun versucht, daß die Menge dieser Aussagen, von denen manche durch die heutige Astronomie und Astrophysik erhärtet, andere mit den gegenwärtigen Mitteln noch nicht nachprüfbar sind, eine hohe Zivilisation mit einem soliden volkswirtschaftlichen Untergrund zur Voraussetzung gehabt haben muß und daß es für die Existenz einer solchen Zivilisation auf Erden in der Zeit vor der Flut nicht die mindesten Anzeichen gibt.

Ganz im Gegenteil entwirft die Naturwissenschaft für das Jungpaläolithikum auf Grund von steinernen Waffen und Geräten, von Ritzzeichnungen, Höhlenmalereien und anderen Äußerungen menschlicher Kultur- und Geistestätigkeit ein beinahe rührendes Bild arkadischen Lebens, in dem nur solche Details, wie die Steinscheiben der Dropa und Cham oder die undeutbaren Darstellungen fremdartiger Wesen auf den Tassilifresken, störende Flecken bilden. Am Ende der Eiszeiten verschwindet der Neandertaler nahezu schlagartig. Die Menschheit hat sich in drei Hauptgruppen, europide, mongolide, negroide, aufgegliedert – infolge langer Isolierung durch die Eiszeiten, wie es heißt[100]. Der Cro-Magnon-Mensch tritt unvermittelt ins Licht. Auch soll Amerika am Ende der kalten Zeit in mehreren Schüben über die Beringstraße besiedelt worden sein.

Dies alles sind nur Vermutungen, wohlbegründete, von ernstzunehmenden Fachgelehrten aufgestellte Hypothesen, die gewiß manches für sich haben; doch als solche müssen sie es sich gefallen lassen, wenn Zweifel angemeldet werden. Die bisher vorgebrachten Erklärungen für das Verschwinden des Neandertalers befriedigen nicht[101]. Und selbst die Mischtypen in den sogenannten Berührungszonen können nicht darüber hinwegtäuschen, daß zwischen der eiszeitlichen Menschheit und der nacheiszeitlichen eine fatale Lücke klafft.

Den Paläontologen zufolge sei die Trennung von Mensch und Affe im Obermiozän oder Unterpliozän erfolgt, vor zehn bis fünfzehn Millionen Jahren[100]. In dieser ganzen langen Zeit hätte der Mensch also nichts weiter zustande gebracht als ein paar, freilich sehr schöne, Höhlenbilder, Faustkeile und Feuersteinmesser? Die drei Grundrassen hätten sich infolge der Isolierung durch das Eis gebildet? Ein Blick auf die Karte der Vereisungen zeigt, daß eine solche Isolierung kaum je stattgefunden haben kann. Da das Auftreten der Vereisung nicht von heute auf morgen erfolgte, sondern unmerklich über Generationen hin, hatte dieser Vorgang wohl eher die Wirkung, ohnehin nomadisierende Wildbeuter- und Jägerstämme in Bewegung zu setzen und damit auch in Kontakt mit anderen zu bringen. Woher kam der Cro-Magnon-Mensch, der Homo sapiens? Diese Frage bleibt offen. „Hier fehlen uns bisher Funde, und wir müssen auf die Zukunft verweisen, um hinter das Geheimnis seiner Herkunft zu kommen[102]."

Wie wäre es, wenn wir uns bis dahin, mit aller Vorsicht, versteht sich, an die Erinnerungen der Menschheit hielten? Was sagen die Mythen aus?

Die Inder wußten zum Beispiel, daß sich die Himmelskörper durch rotierende Bewegung „aus der Urmaterie kristallisieren". Nachdem sich die Götter auf den Gestirnen nahe dem Zentrum der Galaxis niedergelassen hatten, fuhr Vishnu in Gestalt einer „Schildkröte", womit, wie wir gehört haben, so etwas wie ein Raumschiff gemeint war, auf den Gipfel des Kailāsa nieder, um die Weltachse zu errichten. Indra, unterstützt durch den Dämon Vairochana, der wahrscheinlich ein Asure oder Titan war, versetzte auf Befehl Brahmas mit Hilfe der Schlange Ananta die Erde in rotierende Bewegung[65]. Manche Völker meinen, die Erde, wie alle übrigen Gestirne auch, sei lange vor Ankunft der Götter vorhanden gewesen, doch behaupten unter anderen die Aranda in Australien, ihr Himmelsheld Bajame, der im Himmel an einem Orte wohnt, wo es frische Gewässer und Berge von Quarzkristall gibt, habe Pflanzen, Tiere und Menschen auf der Erde angesiedelt. Auch vertreten sie eine höchst moderne Ansicht, nämlich die, daß Pflanze, Tier und Mensch eine unzertrennbare Einheit bilden[35].

Bevor wir uns mit der Bewohnbarmachung der Erde und der Vernichtung früherer Menschenrassen durch die Götter befassen, ist es wichtig, die Bühne zu kennen, auf der sich jene Vorgänge abgespielt haben sollen. Die Schlange Ananta der Inder ist zweifellos identisch mit der griechischen Himmelsschlange Ophion, die sich auf Geheiß Eurynomes siebenmal um die Erde wand und alle Dinge ausbrütete, die es auf unserem Planeten gibt: Gräser, Sträucher, Bäume, Tiere. Danach geriet Ophion mit Eurynome in Streit, weil er behauptete, Schöpfer der Welt zu sein, und sie schleuderte ihn in den Tartaros[46].

Bei den Ägyptern heißt diese Himmelsschlange Apophis und gilt als Genius der Finsternis, der den Sonnengott ständig bedroht[24]; Später wurde sie symbolisch als das Ringen des Lichtes gegen die Finsternis gedeutet, doch dürfte wohl kaum noch ein Zweifel darüber bestehen, daß es sich bei ihr um eine reale Erscheinung gehandelt haben muß. Nicht allein Griechen und Ägypter kennen sie, sondern auch Maya, Inder, Perser, Chinesen und Germanen. Da sie im Endkampf der Götter gegen die Titanen ein zweites Mal auftritt, wollen wir hier nur die Vermutung äußern, diese Schlange, „die sich selbst in den Schwanz beißt", könne der Trümmerring eines zerplatzten Himmelskörpers gewesen sein, mit dessen Hilfe die Götter die Umdrehungsgeschwindigkeit unseres Planeten beschleunigten, so wie es heutige Astrophysiker[1] demnächst mit anderen Gestirnen zu tun beabsichtigen. Hält man sich derartige moderne Pläne vor Augen, dann verlieren diese alten Geschichten vollkommen den Charakter des Wundersamen.

Solange die Himmelsschlange den Leib der Erde umwand, herrschte Dunkelheit. Der alte pelaskische Mythos von Ophion bekundet, daß erst nach seinem Sturz die Sonne hervortrat, die Plejaden sichtbar wurden und alles zu grünen begann[103]. Die Erde erhielt ihren jetzigen Platz im Sonnensystem, das etwa auf halbem Wege der von den Göttern als Weltenbaum verbildlichten Expansionslinie lag. Aus diesem Grunde auch wurde unser Planet bei den Indern Mirtlok, also „Mittlere Welt", genannt, bei den Germanen Midgard, der „Mittlere Garten[104]". Und dies wiederum war die Ursache des Irrtums einer späteren Epoche, in der man die Erde für den Mittelpunkt des Universums hielt und jene „Ketzer", die eine andere Ansicht vertraten, verbrannte.

Von Mirtlok nach oben, näher zum lichterfüllten Mittelpunkt der Galaxis hin, lag als nächste Welt der hypothetischen Himmelsachse ein paradiesisches Gestirn, das im Awesta Vahist heißt, in den Mythen anderer Völker aber nicht namentlich erwähnt wird. Dann folgte Rupa, ein glühend heißer, höchst ungemütlicher Himmelskörper, identisch vielleicht mit dem germanischen Muspelheim. Wiederum eine Stufe höher gelangte man nach Svargaloka, einem freundlichen Ort, der von den Indern ähnlich beschrieben wird wie das Okolnir der Germanen, die hier den gastlichen Saal Brimne, in dem es herrliche Getränke gab, vermuteten. Das vierte Gestirn, Tasita, war möglicherweise das germanische Vanaheim, das fünfte, Atapaloka, der im Awesta genannte Ort Garodman des Ahura Mazda, was mit der Aussage der im Inneren Sumatras lebenden malaiischen Batta übereinstimmt, daß im fünften Himmel der Gott des Berg- und Ackerbaues und der Viehzucht daheim sei[105]. Das sechste hieß Satyaloka bei den Indern, bei den Persern Asman und Asgard bei den Germanen.

Hier, so meinten die Germanen, hatten sich die Götter ihre Paläste von den Riesen oder Titanen erbauen lassen, aus goldgelbem Metall, mit bunten Edelsteinen über und über geschmückt, von indirektem Lichte strahlend erhellt, zwischen immergrünen Wiesenflächen und Hainen. Vielleicht war es das herrliche Mag Mell oder Tir nan-og der Kelten, jenes Land der Freude und ewigen Jugend mit blumenreichen Triften und zauberkräftigen Tränken, in dem die Jahrhunderte wie Minuten vergehen, eine Aussage, die manches mit modernen Theorien über das Raum-Zeit-Verhältnis gemein hat. Das großartigste der dortigen Bauwerke ist Walhall, so hoch, daß der Blick die Zinnen kaum erreicht, mit fünfhundertvierzig Toren. Nicht weit davon befinden sich Odins Wohnsitz Walaskialf, wo seine Gemahlin Frigga weilt und von wo aus er das ganze Universum zu überschauen vermag, sowie auch der weiträumige Platz Gladsheim, auf dem jeder der zwölf großen Götter seinen Hochsitz hat, um hier an Rats- oder Gerichtsverhandlungen teilzunehmen[106]. Der hurrithische „Gesang des Ullikummi" beschreibt anschaulich dieses Königreich im Himmel und Kummiya, die glänzende Stadt[24].

Beim nächsten und siebenten Gestirn widersprechen sich die Angaben. Bald heißt es Vaikuntha, doch müßte es dann als Heimat Vishnus mit Asgard identisch sein, und es ist möglich, daß die Germanen von dem einen oder anderen Gestirn keine Kenntnis gehabt haben, denn in ihren Mythen kommen nur neun Gestirne vor. bei den Indern vierzehn. Dann wieder wird dieses Gestirn Birmlok genannt oder Aparajita, im Awesta Khenta. Aber keiner dieser Himmelskörper läßt sich mit den übrigen oder mit Brahmaloka, der Residenz des Weltenherren, identifizieren, denn im Birma-Brahma-Konflikt, der, wie noch erzählt werden soll, unter anderem das Absinken der Erde in sonnenferne Regionen zur Folge hatte, flüchtete die reizende Sursety vor den Nachstellungen ihres Vaters Birma von Birmlok nach Brahmaloka unter den Schutz des Weltenherrn[29].

Jedenfalls liegen im Svar, jenem lichten Bezirk, dessen Herr Indra ist, die Gestirne viel dichter beieinander als am Rande der Galaxis. Es entsteht der Eindruck von einem lebhaften Verkehr zwischen den dortigen Welten, der von den Göttern offenbar mühelos, wie überhaupt die Raumfahrt, auf den „Wegen" des Vishnu, Odin oder Zeus bewältigt wird. Auch den Menschen sind jene paradiesischen Örtlichkeiten auf der – nach der orphischen Lehre – „achten Stufe der Himmelspyramide" nicht verschlossen; zu späterer Zeit wurden sie indes als „Land der Seligen" oder „Elysäische Gefilde", zumindest von den Griechen und Ägyptern, ins Transzendentale transponiert:

Doch wer es vermochte, hier und drunten
zu drei Malen ausharrend, von allem Ungerechten rein
das Herz zu halten, wallet zu Kronions Stadt
den Weg des Zeus, dahin, wo selige Inseln
okeanische Lüfte all' umwehen . . .[107]

Dort herrscht ein beständig gleichmäßiges, mildes Licht, wie denn auch der heutige Astronom bestätigt: Die Sterne im Zentrum der Milchstraße stehen so dicht, daß man sie bei Tag zu sehen vermöge und „ihr gemeinsames Licht während der Nacht wäre hell genug, um dabei lesen zu können[84]". Wobei er allerdings nicht berücksichtigt, was die Mythen eindeutig aussagen, daß dort die uns so vertrauten Verhältnisse, Begriffe wie Tag und Nacht, gar nicht existieren. Gewinnen die Mythen hierdurch eine gewisse Glaubwürdigkeit, warum sollte man dann Behauptungen von vornherein ablehnen, für die wir vorläufig weder Beweis noch Gegenbeweis erbringen können, für die uns jegliche Vergleichsmöglichkeiten fehlen?

Jene oberen Welten sind, dem Rigveda zufolge, allein nur von Dejotas, den Göttern, bewohnt. Auf oder doch nahe bei Vaikuntha befindet sich der Lebensborn, dem der Göttertrank, das Unsterblichkeitselixier Amrta, entquillt[92]. Und sie alle liegen im „Milchmeer", nahe dem Zentrum unserer Galaxis, von dem die alten Indoarier immerhin wußten, daß es sich dreht; sie sagten: Es quirlt! Sie kannten diese Tatsache also, doch woher?

Sie besaßen eben eine blühende Phantasie, mag der Spötter lästern. Allein, von einigen wenigen Völkern, den Chinesen zum Beispiel oder den Präinka und Melanesiern, abgesehen, die sich für kosmische Verhältnisse anscheinend wenig interessierten und einfach sagten, die Götter seien vom Himmel oder vom Monde zu ihnen herabgestiegen, hegten alle übrigen ganz bestimmte Vorstellungen über die anderen Himmelskörper und deren Bewohner. Bei den Peruanern hieß die einzige außerirdische Welt, von der sie wußten, Hanac pacha, während die Melanesier auf Malo außer der Erde neben einer oberen Welt Andoria auch noch eine untere Welt Ambua kannten[47]. Die malaiischen Batta behaupten, der oberste Weltenherr wohne im siebenten Himmel, im sechsten jedoch seine Tochter, die Göttin des Lichtes und Richterin über die Menschen[108]; es mag allerdings nicht ausgeschlossen sein, daß sie ihre Anschauungen zum Teil von den Indern übernommen haben. Aber auch auf toltekischen Bildwerken in Teotihuacan erscheint das Paradies, des Regengottes Tlaloc reich, die Heimat Quetzalcoatls, als „liebliche, in mildes, gleichmäßiges Licht getauchte Landschaft, dicht bevölkert mit Wesen in Menschengestalt, die zwischen Maisstengeln und Kakaobäumen Schmetterlinge haschen oder Blüten in den Händen halten[39]".

Diese auch von Indern und Germanen erwähnte Beleuchtung durch mildes, diffuses Licht, dessen Herkunft nicht zu erkennen ist, wird im Awenhai-Mythos der Irokesen ebenfalls beschrieben:

Wie schon erwähnt, sind bei den Irokesen die Götter „Urwesen", Ongwe genannt, „Ältere Brüder", als solche unsterblich. Sie wohnen auf der uns abgekehrten Seite des Himmelsgewölbes in langgestreckten, schönen Häusern. Der Saga nach warb vor Zeiten ein Ongwe-Mädchen namens Awenhai, das heißt „Fruchtbare Erde", um einen der Götter. Dessen Haus stand auf einer weiten, mit Blumen bedeckten Wiese unter dem Baume Onodscha. Die Blüten jenes Baumes strahlten Licht aus, denn eine Sonne gibt es dort oben nicht. Awenhais göttlicher Gemahl schwängerte das Mädchen durch den Hauch seines Atems, ohne dessen gewahr zu werden. Als Awenhai nun gebar, wurde er eifersüchtig auf das Nordlicht und auf den „Feuerdrachen mit dem glänzenden weißen Leib". Im Zorn entwurzelte er den Lichterbaum Onodscha, stürzte Weib und Kind und mit ihnen Mais, Bohne, Sonnenblume, Tabakpflanze, Wolf, Bär und Biber durch das Loch auf die Erde hinunter und richtete danach den Lichterbaum wieder auf, wodurch die Öffnung geschlossen wurde. Awenhai aber sank hinab, einem lichtblauen Flecken entgegen, den sie zuletzt als die Erde erkannte[95].

Wir finden hier mehrere Aussagen, die unsere Aufmerksamkeit erregen müssen: das künstliche Licht, weil es dort oben eine Sonne nicht gibt; die Behauptung, daß Awenhai Tiere und Pflanzen mit auf die Erde gebracht habe, sowie die Beschreibung unseres Planeten als „blauen Flecken".

Die Chugash, ein Fischer- und Jägervolk in Alaska, stellen sich das Paradies als der Erde sehr ähnlich vor, nur eben wärmer, reicher an Tieren und Pflanzen und beständig erhellt von einem milden, gleichmäßigen Licht[109]. Num, der höchste Gott der Sibirier, von dem sie annehmen, die Menschen seien ihm gleichgültig, lebt im siebenten Himmel, wo sich der Brunnen mit dem Lebenswasser sowie auch eine Menge magischer Geräte befinden sollen; ihr bevorzugter Gott Ulu Tojon, der Herr des Donners und vielleicht ein Titan, der ihnen das Feuer brachte, ist im dritten Himmel daheim[35].

Durch einen breiten, tiefen, von Finsternis erfüllten Graben wird das im Lichtreich liegende Paradies der Mikronesier von der Erde getrennt; doch erscheint es ihnen keineswegs unerreichbar, wie die Geschichte von Tawaki und Karihi beweist[110], die bei anderer Gelegenheit erzählt werden soll. Ihr Himmelsgott Rehua wohnt im zehnten Himmel, den sie Reva nennen[49]. Merkwürdigerweise gelangen nach dem Glauben der Polynesier – und auch hierin sind sie den Germanen ähnlich – nur die im Kampfe gefallenen Helden und die Adligen nach einem im Großen Kahiki, dem lichten Himmelsraum, liegenden Paradies. Es hat mehrere Namen, entweder Pali-uli, das dunkle Gebirge, oder Aina-huna-o-Kane, das Verborgene Land des Gottes Kane, oder auch Aina-wai-ola-o-Kane, das Land des Lebenswassers von Kane[18].

Können alle diese ein Gleiches beschreibenden Aussagen wirklich aus einer „bei allen Menschen gleichen Denkweise" entstanden sein – oder Übernahmen – oder Archetypen des Denkens? So sehr sie in Einzelheiten voneinander abweichen mögen, der Gegenstand der Erzählungen ist ohne Zweifel immer der gleiche, so als hätten die Erzähler zwar ein und dasselbe gesehen und erlebt, es dann aber auf ihre eigene, individuelle Weise weitererzählt. Besonders fällt auf, daß auf den oberen Welten zwar alles viel schöner, heller, angenehmer, doch eigentlich nichts grundsätzlich anders ist als auf der Erde, es sei denn die so häufig erwähnte Existenz des geheimnisvollen „Lebenswassers". Auch die Götter sind recht eigentlich Menschen, allerdings auf einer höheren Entwicklungsstufe stehend und im Besitz einer hochentwickelten Technik. Wenn das Kriterium eines Märchens die Unmöglichkeit der in ihm erzählten Vorgänge ist, so müssen wir aus heutiger Sicht feststellen, daß in den Mythen nichts berichtet wird, was sich nicht – zumindest theoretisch – am Ende verwirklichen ließe.

Jene Erzählung über die Heimat der Götter, die Platon seinem Sokrates in den Mund legt, ist selbstverständlich auf die Verhältnisse seiner Zeit und seines Landes gemünzt; sie enthält jedoch Angaben über Dinge, die er normalerweise gar nicht wissen konnte[111]:

„Die eigentliche Erde aber liegt rein im reinen Himmelsraum, wo sich auch die Sterne befinden, und den die meisten, die über dergleichen zu reden pflegen, Äther nennen . . . Wenn jemand bis zu den obersten Teilen der Luft gelangte oder Flügel bekäme und hinaufflöge, so würde er dann dort hervortauchen und, wie hier die Fische, wenn sie aus dem Meere auftauchen, sehen . . ., daß dies der wahre Himmel ist, und das wahre Licht, und die wahre Welt . . . Man sagt also zunächst, mein Freund, die eigentliche Erde sähe, von oben her betrachtet, aus, wie die zwölfteiligen ledernen Bälle, im Schmucke bunter Farben, von denen unsere Farben hier gleichsam nur Proben sind . . . Auf jener so beschaffenen Erde wuchsen nun die entsprechenden Gewächse – Bäume, Blumen und Früchte. Ebenso hatten dort auch die Gebirge und Steine ... eine größere Glätte und Durchsichtigkeit und schönere Farben. Der Grund davon sei, daß jene Steine rein sind und nicht angefressen oder verwittert wie die hiesigen von Fäulnis und Schärfe alles dessen, was hier zusammenfließt und bei allen Gewächsen und Tieren Entstellungen und Krankheiten verursacht. Die eigentliche Erde also ist mit alledem geschmückt und außerdem noch mit Gold und Silber und mit dem übrigen der Art. Dies trete dort schimmernd hervor und sei in gewaltiger Masse und Größe und überall auf jener Erde vorhanden ... Tiere aber gebe es auf ihr vieler Art und auch Menschen, die teils mitten im Lande wohnen, teils so um die Luft herum wie wir um das Meer, auf luftumflossenen Inseln rings um das feste Land her. Und mit einem Worte, was uns Wasser und Meer für unsere Bedürfnisse ist, das sei jenen dort die Luft, und was uns die Luft, das jenen der Äther. Das Klima ferner sei dort so günstig, daß die Leute frei von Krankheiten sind und weit länger leben als hier, und daß sie an Schärfe des Gesichtes, Gehörs, Geruches und was sonst dahin gehört, sich in demselben Maße unterscheiden wie, hinsichtlich der Reinheit, die Luft vom Wasser und der Äther von der Luft ..."

Und weiter läßt er Sokrates erzählen, wie sich rund um dieses Gestirn Abgründe auftun und weite Regionen, tiefer als die, in der sich unsere Erde befinde, mit engeren Öffnungen als die, die zu unserem Planeten führen, und wieviel „Wasser" – hier offenbar eine irrtümliche Ausdeutung des Wortes Okeanos – von einer Region in die andere fließe – so wie auch in der germanischen Kosmologie die gewaltigen Ströme aus dem Hvergelmir – und daß es dort viele „Feuer" sowie mächtige Ströme von Feuer gebe und auch solche von feuchtem Schlamm; dies alles bewege sich hinauf und hinunter, einer im Raume befindlichen Schaukel gleich. Einer jener Schlünde aber, so heiße es, sei der größte von allen und ziehe sich quer durch den ganzen Weltenraum; und dieser sei es, von dem Homer[11] singe:

„Ferne, wo tief sich öffnet der Abgrund unter der Erde."

Der Tartaros also! In ihm strömten alle Flüsse zusammen und ergössen sich wieder aus ihm in den Raum, und die Ursache sei, daß der Tartaros keinen Grund und Boden habe; außerdem gäbe es auch welche, die zögen sich ganz im Kreise herum, als ob sich „Schlangen" um die Erde wänden. Einer der größten sei eben der Okeanos, ein anderer der Acheron, und der dritte ergieße sich unweit seiner Quelle.

Dieses sogenannte „Märchen" wurde um 350 v. Chr. erzählt, ungefähr 10 000 Jahre nach dem Verschwinden der Götter. Und es ist nur begreiflich, daß die Erzählung – wenn schon nicht den Zeitgenossen des Platon, so doch den spätzeitlicheren, vom Buchstabenglauben an die Bibel erfüllten oder durch hybrischen Positivismus verblendeten Abendländern vollkommen unglaubwürdig klingen mochte. Vergessen war halb und halb, was die Germanen über den „Gimle" zu erzählen gewußt hatten, und auch, was sie über den Abgrund des Weltenmeeres, das Hvergelmir und die siebenunddreißig Ströme jener finsteren Region, die Tartaros bei den Griechen hieß oder Abzu bei den Sumerern, ausgesagt. Das Hvergelmir, zwischen Helheim und Niflheim, der fünften und der letzten der unteren Welten, liegend, erschien ihnen als ein fürchterlicher Ort, angefüllt mit weißroter Glut, mit quirlenden, brodelnden Gasen, bewacht von ungezählten „Schlangen", die an den Wurzeln des Weltenbaumes nagen[106].

Warum gerade die Erwähnung der „Schlangen" für uns so wichtig ist, wird sich im Abschnitt über die Raumfahrt der Götter erweisen. Die Flüsse aus dem Hvergelmir durchziehen das Universum, von tödlicher Kälte die einen, die anderen als lodernde Flammenströme. Die Inder hingegen kennen nur sieben solcher kosmischen Ströme, die in den Patals, den unteren, lichtfernen Himmelsphären und hier wieder in jenem finsteren Bezirk Bhur, dem Gegenstück von Svar, ihren Ursprung haben[92]. Ähnliche Vorstellungen hegten die Ägypter, die ihren Tartaros „Duat" nannten, während sich nach Meinung der Sumerer über dem vor aller Schöpfung existierenden Urabgrund Abzu noch die finsteren Regionen Kigal, das „Große Unten", sowie auch Kurgal, der lichtlose leere Raum um die untere Welt Kurnugea, befanden[7].

Ehe wir uns den Patals und den sieben unteren Welten zuwenden, sei schon hier vermerkt, daß Tilmun, das Paradies der Sumerer, in das Ziusudra oder Utnapishtim, der sumerische Noah, nach der Flut entrückt wurde, nicht – wie manche Philologen glauben – im Delta von Euphrat und Tigris zu suchen ist, sondern der Aussage des Gilgamesh-Epos[112] gemäß „an der Mündung der Ströme", der kosmischen Ströme, nahe dem Mittelpunkt unserer Milchstraße. Tilmun war keine Insel, sondern das Gestirn des Enki und seiner Gemahlin Nintu, die wohl identisch mit Adam und Eva sind; es bestand schon, als es noch keine Menschen gab, und „die dort leben, kennen nicht Alter, Krankheit und Tod[24]".

Das fremdartige Aussehen der Götter, in zahlreichen Mythen überliefert, hat in den bei Uruk-Warka, Babylonien, gefundenen Tonfiguren des 6. bis 4. Jahrtausends v. Chr. besonders deutlichen Ausdruck gefunden. (Foto: Hirmer, München)

Die „Siegesstele des Narâm-Sin“ aus dem 3. Jahrtausend v. Chr. zeigt neben dem gehörnten, bärtigen Gott jenes rätselhafte konische Gebilde, das hier mit Gestirnen, dort mit Feuer verbunden – in vielen alten Kulturen vor Augen tritt. (Louvre, Paris. – Foto: M. Chuzeville, Vanves)

Wenn wir die Petroglyphen auf megalithischen Steinen betrachten, so fällt uns als ständig wiederkehrendes Zeichen eine Spirale auf, bald eckig, bald rund, über deren Sinn schon dicke Bücher zusammengerätselt wurden. Wir entdecken dieselbe Spirale auch unter den geheimnisvollen Bodenzeichnungen auf den Plateaus von Nazca, wo sie als Symbol der Himmelsschlange gedeutet wurde. Mit dieser Ansicht kam man der Wahrheit recht nahe, denn auch die Bantuvölker der Lulua und Baluba in Afrika haben eine Vorstellung von dem großen Lebensstrom, der das Universum durchfließt, und verbildlichen ihn in der aufgerollten Schlange[113]. Einen weiteren kosmischen Aspekt erhält dies Symbol durch den Brauch der sudanischen Dogon, ihre Äcker noch heutigentags in Spiralform anzulegen, nach dem Muster jener großen Felder der Urzeit, auf denen ihre Ahnen einst vom Himmel herabkommend landeten[35].

Über die sieben unteren Welten im lichtlosen Bhur vernehmen wir nur wenig. Die Polynesier nannten jene Region Boluto, das heißt „Mitte der Nacht"; in ihr liegt als zweites Gestirn unterhalb der Erde Havaiki, der Ursprungsort – so meinen sie – aller Götter und Menschen und ihr eigenes Herkunftsland. Von dort her brachte Maui den Menschen das Feuer; und dort lebt auch in dunkler Hadesnacht, von beengenden Mauern umschlossen, das wie ein Mensch gestaltete riesige Weib Vari-ma-te-Takare (Beginn und Grund)[114]. Ihr liebstes Kind ist Tu, eine Entsprechung zu Loki oder Ahriman, was darauf deutet, daß die ganze Sippschaft den Titanen zugehört. Tu erhielt von ihr das zwischen Havaiki und der Erde befindliche „Stumme Land" zugewiesen, ihr anderer Sohn Atea aber das „Strahlende Land" im Bereich der Sonne, Erde und Mond, also wohl einen der Planeten unseres Sonnensystems. Das „Strahlende Land" hatte ursprünglich Vatea, einer der großen, aus der Urnacht gekommenen Götter, beansprucht[115].

Diese Aussagen entsprechen dem Sinne nach, wenn auch nicht in allen Einzelheiten, den Überlieferungen anderer Völker, denn unter anderem bekunden sie, daß Vari-ma-te-Takare der Beginn und Grund gewesen sei und die Titanen als erste jene Welten besetzt und besiedelt haben, die sich die Götter dann aneigneten. Tatsächlich scheinen ihre Rechte älter gewesen zu sein als die der Götter, was bei folgenden katastrophalen Ereignissen eine entscheidende Rolle spielt. Andererseits wird von mehreren Völkern behauptet, Götter, Menschen, Zwerge und Titanen seien eines Ursprungs gewesen.

Das gleich unterhalb der Erde folgende Gestirn Talatala, bei den Polynesiern des „Stumme Land“, dürfte mit dem germanischen Thrymheim identisch sein, denn auch nach dem indischen Mythos wohnen Davanas, die grauen, haarigen Riesen, dort. Von Thrymheim stammt die schöne Riesenjungfrau Skade her, die lieber zwischen den wilden Felsen ihrer nächtigen Heimat hausen wollte als bei Niörd, ihrem Gemahl, am irdischen Meeresstrand[106].

Havaiki kennen wir schon; dies mag Naraka sein, die düstere Heimat der „Wolkenschlangen“, die den goldenen Vögeln der Götter so gefährlich werden sollten; vielleicht auch das Xibalba der Maya mit seinen Fabriken und Werkstätten[17].

Auf ungefähr gleicher Höhe und abseits im Raum schwebt Resatala, das Schwarzalfenheim der Germanen. Von den Swartalben wird in der Edda des Snorre Sturleson[116] gesagt, im Gegensatz zu den Lichtalfen seien sie ungemein häßlich gewesen, klein, spindeldürr, verkrümmt, mit riesigen kahlen oder gehörnten Köpfen und entweder fahlhäutig oder schwarz wie Pech, dabei außerordentlich geschickt, kundig der verschiedensten Zauberkräfte und begabt zu den kunstvollsten Metallarbeiten. Da in Schwarzalfenheim beständiges Dunkel herrscht, hätten sie ihre Behausungen künstlich erhellt. Der Umgang mit ihnen, ja, auch nur ihre Nähe, bringt Gefahr. Nach dem Glauben der Finnen, die dieses nur über den Todesfluß Tuonela zu erreichende Land Manola nennen, entfesseln sie schreckliche Seuchen. Sie haben zwar Tiere, Äcker, Häuser, so wie die Menschen auf der Erde auch, doch ist alles dunkel, schmutzig, gefährlich. Sie tragen Hüte, die bis auf die Schultern reichen und ihre grauen Gesichter nahezu verdecken, lange Bärte bis auf den Boden, sowie auch Handschuhe, denn hier ist es kalt. Man sagt, sie seien aus Würmern entstanden. Ihr Charakter ist boshaft. Wer einmal hierher gelangte, verläßt Manola nie mehr; er kann nicht über den Tuonela zurück[41].

In Richtung auf den Urgrund zu folgen die beiden zwar im Rigveda, doch nicht bei anderen Völkern genannten Welten Mahatala und Atala; sodann das schauderhafte Vitala, bei den Germanen Niflheim, im Awesta Duz-anhav und selbst den Japanern als Jigoku bekannt, das Reich der Hel. Auch Hel, ein Kind Lokis und der Riesin Angerbode, war eine Titanin. Von Niflheim aus regierte sie neun benachbarte Welten, die nicht mehr zum kosmischen System der Götter gehören und auch sonst nirgends erwähnt sind. Sie wird als entsetzliches Weib von teils bläulicher, teils schwarzer Farbe geschildert. Ein hohes eisernes Gitter umschließt ihr Reich. Wer über die Gjalbrücke kommt, muß an der Wächterin Modgudur vorüber. Hier wohnt auch die arge „Schlange" Nidhögr, die an den Wurzeln der Weltesche nagt, sowie Garmer, der Höllenhund[106].

Mehrere der unteren Welten werden also von den Titanen beherrscht; sie sind die Hersteller und Benutzer der Wolkenschlangen, der Nagas: Flugzeuge oder Raumschiffe oder eine Kombination von beidem. Die Legende vom frommen Brahmanen Utanka, der so, wie in Sumer die Göttin Inanna, unter Donner und Blitz hinab zu den unteren Welten fuhr, und die gewiß auf viel älteren Überlieferungen beruhte, vermittelt ein glänzendes Bild von jener lichtlosen Welt: Hunderte von Hallen, Türmen, Palästen, Tempeln verschiedenster Bauart, alle erhellt durch künstliches Licht. In einer Vision erlebt Utanka die Vernichtung der Schlangen durch Indra mit, doch mag es sich dabei um einen Wunschtraum gehandelt haben, denn das tatsächliche Geschehen verlief ganz anders[65].

Wie gewöhnlich bei Geschichten vom Hörensagen, widersprechen sich auch hier die Aussagen in manchen Punkten. Vor unseren Blicken entsteht jedoch ein Panorama von überwältigender Großartigkeit vor dem nachtschwarzen Hintergrund des Alls: eine Kette von Gestirnen verschiedenster Art, aus dem finsteren Urabgrund aufsteigend und sich im Meer des Lichtes zusammendrängend, besiedelt von Göttern, Menschen, Zwergen und Titanen; jedes Gestirn in einem anderen Stadium der Entwicklung, aber dem Wesen nach gleich den übrigen, bedeckt mit mehr oder minder reichem Pflanzenwuchs, manche von ihnen unbewohnbar, andere wieder wahre Paradiese.

Die auf ihnen Lebenden, gleich, welcher Rasse sie zugehören, sollen eines Ursprungs gewesen sein. Träfe das zu, so wären die Gestirne, so wäre auch unser Planet viel älter als man bisher angenommen hat. Mit Hilfe der von ihm und Alexander Polkanow entwickelten Kalium-Argonmethode hat der russische Professor Erich Gerling festgestellt, daß das Gestein der Kola-Halbinsel ein Alter von mindestens elf Milliarden Jahren hat[117], während man bisher das Alter der Erde auf etwa fünf Milliarden Jahre schätzte. Damit sind alle herkömmlichen Vorstellungen vom Universum in Frage gestellt. Zugleich aber wird hierdurch auch die Vermutung gestützt, daß das Leben auf unserem Planeten keine Sonderform sei, daß Menschen, Tiere und Pflanzen sich über viel längere Zeiträume hin auf anderen Gestirnen entwickelt und dann, wie in kleinerem Rahmen über Kontinente und Inseln der

Erde, so auch über die Himmelskörper des Universums verbreitet haben.

Wir haben gehört, daß unser Planet am äußersten Rande der Galaxis liegt, 27 000 Lichtjahre von ihrem Mittelpunkt entfernt. Solche Entfernungen erscheinen uns ungeheuerlich, weil wir noch kein Mittel kennen, sie zu überwinden. Wenn Götter, Menschen, Zwerge und Titanen aber tatsächlich gleicher Herkunft sind, dann unterliegen sie alle den gleichen Gesetzen, so wie eine Gleichartigkeit der Denkvorgänge und seelischen Reaktionen bei Mensch und Tier ja bereits auch von modernen Verhaltensforschern[118] nachgewiesen wurde. Unterschiede können demnach nurmehr im Niveau der Entwicklungen bestehen. Nichts anderes wird von den Mythen ausgesagt.

Der amerikanische Astronom O. Struve[120] schätzte nach sorgfältigen Berechnungen, es müsse allein in unserem Milchstraßensystem fünfzig Milliarden Planeten geben, und auf etwa einer Milliarde von ihnen müßten die Lebensformen denen auf unserer Erde ähneln. Sein Landsmann, der weltbekannte Biologe Joshua Lederberg, Nobelpreisträger für Medizin, der mit seinen Forschungen über die Lebensmöglichkeiten auf fremden Gestirnen eine neue Wissenschaft ins Leben rief, erklärte: „Wir müssen in der Tat auf alles gefaßt sein, selbst auf die Existenz intelligenter Wesen auf anderen Himmelskörpern oder doch auf Zeugnisse von ihrer einstigen Existenz!“[119]

Rätselvolle Vergangenheit

Jeder Mythos, jede Legende spiegelt, wie von der Wissenschaft nachgewiesen, einen Zustand oder ein wirkliches Geschehen wider. „In Mythos und Kult", so drückte der Ethnologe Konrad Theodor Preuss es aus, „werden Erlebnisse der Urzeit nachvollzogen[121]". Und so finden wir zu unserem höchstem Erstaunen in den Mythen, verschlüsselt zwar, doch nicht zu bezweifeln, Kenntnisse eingebettet, die der Urzeitmensch gar nicht hat erwerben können, wenn das hypothetische Weltbild der Evolutionstheoretiker stimmt.

„Alles fließt", sagte Heraklit und nahm damit unter anderem ein Ergebnis der heutigen geologischen Forschung um zweieinhalb Jahrtausende vorweg, denn bis ins vorige Jahrhundert war man überzeugt, daß die Zustände auf der Erde an sich konstant seien und nur durch regelmäßig sich wiederholende Katastrophen verändert würden. Tatsächlich hat es nun aber Katastrophen gegeben, denn es existieren Phänomene, wie der Grand Colorado Cannon in Arizona, die der Geologe weder durch Faltungen der nur 55 Kilometer dicken Erdrinde, noch durch Abtragungen erklären kann, oder wie jenes Rätsel Tiahuanaco an den Ufern des Titicacasees. Umwälzende Ereignisse solcher Art sollen sich jedoch allmählich vollzogen haben, so daß Cuviers „klassische Katastrophentheorie" über die Vernichtung mancher Arten durch kosmische Katastrophen gegenwärtig wieder einmal als überholt gilt[102].

Die Wissenschaft tut recht daran, sich eher auf die konkreten Ergebnisse exakter Forschung zu verlassen, denn auf mythische Erinnerungen, unrecht jedoch, indem sie diesen Erinnerungen nicht die ihnen zukommende Beachtung schenkt. Die Entwicklung der Tiere läßt sich bis zur letzten Eiszeit zurückverfolgen, dann hört – wie auch in der Genealogie des Menschen – die Spur plötzlich auf; keine der heute lebenden Säugetierarten ist vor den Eiszeiten zu finden. Erst in der Kreidezeit begegnen uns neben den riesigen, aus unbekannten Gründen ausgestorbenen Dinosauriern wiederum Säuger, diese jedoch nur als Beuteltiere und Insektenfresser. Wir schreiben hier keine Geschichte der Zoologie oder Geologie, sondern stellen nur einige Fakten klar, die durch die eindrucksvollen Übersichtstafeln der Paläanthropologen nur zu leicht verschleiert werden, für die Glaubwürdigkeit des in den Mythen Ausgesagten aber von Bedeutung sind.

Heutige Tierarten, wie auch die Menschenrassen sollen sich also seit der letzten, der Würm- oder in Amerika der Wisconsineiszeit oder im Laufe dieser Periode und möglicherweise unter ihrem Einfluß gebildet haben? Ein Vergleich der Zeitverhältnisse vom Auftreten der ersten Säugetierformen im Paleozän vor 70 Millionen Jahren bis zu ihren nicht besonders imponierenden Entwicklungsstufen im Pliozän vor 12 Millionen Jahren, also über einen Zeitraum von 58 Millionen Jahren hin, läßt Zweifel an dieser Ansicht durchaus berechtigt erscheinen. Da nun aber die Tatsache nicht fortzuleugnen ist, daß der Homo sapiens am Ende der Eiszeiten ohne irgendwelche Spuren früheren Erdenwandels unvermittelt auf der Bühne erscheint, mit ihm eine Anzahl neuer Arten von Säugetieren und Pflanzen, erhebt sich ununterdrückbar die Frage: Woher sind sie gekommen?

Und dic Wissenschaft schweigt!

Daß die Neandertaler und auch andere voreiszeitliche Rassen nicht in der Lage gewesen sein sollten, sich den neuen Verhältnissen auf der Erde anzupassen, ist wenig glaubwürdig. Man muß Maringer schon zustimmen, wenn er sagt: „Daß die Urjäger vollgeistige Menschen waren, geht zur Genüge aus ihren werkschöpferischen Leistungen, ihren Gemeinschaftsunternehmungen, wie namentlich der Großwildjagd, und dem damit bedingten Sprachvermögen hervor. Als Wesen mit bewußter Erkenntnis, konstruktiver Einbildungskraft, überlegener Planung und eigentätiger Handlung erweisen sie sich im Besitz der gleichen geistig-psychischen Eigenschaften und Fähigkeiten, welche heutigen Menschen eigen sind[122]."

Den Funden aus dem Jungpaläolithikum, der jüngeren Altsteinzeit, kann man entnehmen, daß sie tatsächlich über eine gewisse Kultur verfügten. Die Höhlenbilder in den Grotten von Altamira, Lascaux, Comberelles, Font de Gaume und im Kleinen Schulerloch bei Kelheim sind modernen Kunstwerken gleichwertig, wenn nicht überlegen. Die Statuetten von Mentone, die Venus von Willendorf oder jene andere von Vestonice beweisen, daß jene Menschen Vorstellungskraft und schöpferische Fähigkeiten besaßen. Sie jagten nach vorbedachten Plänen, sie zogen in organisierten Horden umher; Hinweise auf differenziertere religiöse Anschauungen ergaben sich aus den Funden nicht, doch wurden ihre Toten manchmal mit rotem Ocker bestreut, was man ein wenig willkürlich als Farbe des Blutes oder des Lebens deutet, und sie erhielten Grabbeigaben. So roh und unwissend sie sein mochten, sie konnten denken und planvoll handeln; wehrhaft waren sie ganz gewiß auch. Dennoch verschwanden sie.

Das Bild ihrer Umwelt, mit den Augen des Wissenschaftlers gesehen, erscheint indes wenig plastisch; zum großen Teil wird es durch das Erdbild der Gegenwart, durch unsere heutige Erfahrung bestimmt: Mammute, Wildpferde, Rentiere, Elche, Höhlenbären, -tiger und -löwen. Tierschädel auf Stein- oder Lehmsockeln deuten in einzelnen Fällen auf animistische oder totemistische Kulte. Die Pollenforschung weist eine allmähliche Veränderung der Landschaft von Froststeppen zu Savannen und Waldungen nach. Das Eis schmilzt ab; Pflanze, Tier und Mensch dringen in die freigewordenen Räume vor.

Liest man, wie unsere Erde wohnlicher wurde, so entsteht der Eindruck von einem frischfröhlichen Jägerleben auf blühenden Heiden und freundlich begrünten Savannen, und so hat sich alles prächtig entwickelt. Das wäre dann der Grund, warum der Mensch sich nach hunderttausend Jahren einer mehr vegetativen Existenz plötzlich aufrafft, den Gebrauch der Metalle erfindet und zum Kulturträger wird – in einer arkadischen Welt, überstrahlt von Sonnenglanz, mit silbrigen Wolken im blauen Himmel, durchtönt von Bienengesumm und lieblichem Vogelsang. Das Bild ist wahrhaftig zu schön; es tut einem leid, wenn man es verdüstern muß.

Dürfte man den fachwissenschaftlichen Standardwerken Glauben schenken, so hätte sich in jenen Zeiten nichts anderes zugetragen als die unter primitiven Sammler- und Jägerstämmen üblichen Kämpfe und Jagden, ein wenig Kopfjagd, ein wenig Kannibalismus. Nun ja, das sind Kindersünden. Darüber hinaus aber ordnete sich die Horde zu Sippen und Stammesverbänden; es bildeten sich Sitte und Gesetz. Obwohl das Wild sich bei dem jetzt wärmeren Klima reichlicher vermehrte, gab man die Jagd nach und nach auf, griff zur Hacke, begann den Boden zu bearbeiten und Hütten zu bauen, so als ob dies die natürlichste Sache von der Welt gewesen sei.

Die Mythen wissen es anders.

Die Ursachen für das Entstehen und Schwinden der Vereisungen oder Pluvialperioden sind der Wissenschaft bis heute nicht bekannt. Die Sprache des Menschen, die sich aus Urlauten und Jagdzeichen entwickelt haben soll, stellt den Forscher vor Probleme ganz eigener Art. Wilhelm von Humboldt sagte: „Der Mensch ist nur Mensch durch Sprache; um aber die Sprache zu erfinden, müßte er schon Mensch sein[123]!"

Abgesehen davon, daß sich die Evolutionstheorie – soviel sie für sich hat – nicht zweifelsfrei beweisen läßt, da zahlreiche Arten – Anneliden, Bakterien, Algen – seit Urzeiten ohne Veränderungen fortbestehen[34] und das sogenannte „missing link" zwischen Tier und Mensch noch immer nicht gefunden wurde, gibt es auch noch andere unbequeme Tatsachen, die das schöne Bild vom evolutionären Werdegang der Menschheit – das hier keineswegs in Bausch und Bogen abgelehnt, sondern nur auf eine andere Ebene erhoben werden soll – empfindlich stören.

Der Anthropologe und Soziologe Arnold Gehlen hat überzeugend nachgewiesen, daß der Mensch vollkommen aus dem Rahmen der irdischen Natur herausfällt, niemals einer uns bekannten Umwelt eingepaßt war und ungeachtet seines tierähnlichen Körpers einen Geist besitzt, der weit hinausgreift über die Grenzen seiner leiblichen Existenz. Inmitten seiner hochspezialisierten Tierwelt wäre er als Einzelwesen, seiner mangelhaften Ausstattung wegen, denn es fehlt ihm an allem, was ein Tier zum Überleben braucht – seine Sinne sind schwach, sein Körper ist nackt, seine Kräfte sind unzureichend – ganz einfach nicht existenzfähig. Hieraus ergebe sich, meint Gehlen, daß ein Gesellungsverhältnis, wie es von Anthropologen nur als Ergebnis eines langen Entwicklungsprozesses angenommen wird, für den Menschen von Anfang an bestanden haben müsse, denn nur in Gemeinschaft mit seinesgleichen sei er imstande gewesen zu überleben[124].

Der Urzeitmensch, vor allem aber der hochqualifizierte Cro-Magnon, muß schon eine lange Entwicklungszeit hinter sich gehabt haben, deren Örtlichkeit sich nicht feststellen läßt, ja, nirgends auf der Erde gegeben erscheint. Rassen, gleich, ob von Mensch oder Tier, bilden sich nur sehr langsam in eng umgrenzten, von der Außenwelt abgeschlossenen Räumen. Australien hat sich seine höchst eigenartige Fauna infolge seiner isolierten Lage zu erhalten vermocht. Und doch wird gesagt, daß es sich bei den dortigen Tieren um „urtümliche Formen" handle, wie sie zuletzt in der Kreidezeit aufgetreten sind. Warum haben sie sich nicht an anderen Orten unseres Planeten erhalten oder wenigstens in einzelnen Zweigen fortgebildet? Australien wurde wahrscheinlich schon im Diluvium besiedelt. Man behauptet, die jetzigen Bewohner seien in vier Schüben von Norden hereingewandert. Aber, wenn dem so ist, woher kamen sie dann? Eine Verwandtschaft der sehr verschiedenartigen Sprachen mit anderen Sprachstämmen auf der Erde wurde nicht festgestellt[125].

Noch deutlicher tritt das Problem bei der Theorie über die Entwicklung der Großrassen zutage. Wo auf der Erde könnten während der letzten Eiszeit Verhältnisse bestanden haben, unter denen sich Europide, Mongolide und Negroide gesondert zu entwikkeln vermocht hätten? Weder in Europa, noch in Innerasien, noch in Afrika. Abgesehen von seiner Weiträumigkeit und der Vielfalt verschiedenartiger Landschaftsformen, die ja auch differenzierend auf den Menschen einwirken, war Afrika keineswegs isoliert. Reste ganz andersartiger Rassen, die Pygmäen, haben sich als charakteristische Einzelgruppen zu erhalten vermocht. Überdies wurden einzelne Splitter negroider Bevölkerungen auch in anderen Erdteilen aufgefunden.

Ein Rätsel hinsichtlich der Rassenfrage stellt auch die bei der Sinanthroposhöhle am Drachenberg bei Choo-ku tien entdeckte Urzeitkultur aus der Zeit des oberen Paläolithikums dar. Hier enthüllte sich dem Forscher eine grausige Tragödie. Man fand die Gebeine von sieben Menschen, deren Schädel zertrümmert waren. Die Mitglieder dieser Familie wiesen ganz verschiedene Rassenmerkmale auf. Der Schädel des etwa sechzigjährigen Mannes gleicht dem eines urzeitlichen Europäers; der Kopf der Frau hingegen ist sehr fein und schmal, der des Jünglings rund, ähnlich dem eines heutigen Eskimos. Einer der Ausgräber, Professor Weidenreich, schloß aus dem Befund, die Menschheit sei schon zu jener frühen Zeit in verschiedene Rassen unterteilt gewesen[126].

In sämtlichen Standardwerken über die Urgeschichte Amerikas wird mit überzeugender Gewißheit behauptet, die Indianer seien über die Beringstraße eingewandert. Diese Behauptung ist durchaus nicht bewiesen. Einmal benutzten die amerikanischen Urvölker in der Zeit von 14 000 bis 9000 v. Chr. zweiseitige, flächig bearbeitete Speer- und Pfeilspitzen aus Feuerstein, die in Ostasien völlig fehlen, sodann auch unterscheiden sich ihre Sprachen – von denen es ungefähr 125 voneinander unabhängige Sprachfamilien gibt, deren jede wieder in zahlreiche Dialekte zerfällt – vollkommen von allen altweltlichen Sprachen. Versuche, die Verwandtschaft amerikanischer Sprachen mit einer außeramerikanischen nachzuweisen, blieben ergebnislos[127]. Nicht zuletzt zeigt aber auch das serologische Bild durch das mit 80 bis 95 Prozent augenfällige Überwiegen des Blutgruppengens M, daß es sich bei den doch unter sich so verschiedenartigen Völkern Amerikas um eine Sonderentwicklung handeln muß[128].

Erstaunliche Übereinstimmungen zwischen altamerikanischen und eurasischen Kulturen haben zu den phantastischsten Hypothesen Anlaß gegeben, heftige Kontroversen zwischen Fachgelehrten verursacht und dazu geführt, daß der norwegische Zoologe Thor Heyerdahl im Jahre 1947 eine abenteuerliche Flußfahrt von Südamerika nach den ostpolynesischen Inseln unternahm, um eine Besiedlung Ozeaniens durch altamerikanische Völker sowie auch die Möglichkeit wechselseitiger Beziehungen zwischen altamerikanischen und ostasiatischen Kulturen zu beweisen[129]. Seine sogenannte Kontiki-Theorie forderte indes den zornigen Widerspruch eines anderen hervorragenden Fachgelehrten, des österreichischen Freiherrn von Heine-Geldern heraus[20].

Interessant, wenn auch unhaltbar, erscheint in diesem Zusammenhang die Hypothese des spanischen Vorgeschichtsforschers Pedro Bosch-Gimpera, die unter anderem auch von Wolfgang Cordan[66] vertreten wird, es habe 35 000 Jahre v. Chr. ein Kulturzentrum am Baikalsee existiert, in dem alle Elemente und Grundlagen der großen Kulturen unserer Erde entstanden seien. Wie, aus welchem Anlaß, das wird nicht gesagt. Die letzte Eiszeit soll mit ihrem allmählichen Klimawechsel zu gewaltigen Völkerwanderungen den Anstoß gegeben haben, die sich vom Baikalsee aus nach verschiedenen Richtungen wandten. Dem Einwand, die Verschiedenheit von altweltlichen und amerikanischen Sprachformen schließe die Möglichkeit eines solchen Vorganges aus, begegnete der spanische Professor mit der Behauptung, nach der Trennung habe die kaukasische Gruppe die Flexion, die Beugung der Haupt- und Zeitwörter entwickelt und damit die Grundlagen der indoeuropäischen Sprache geschaffen; die vom Baikalsee ostwärts und über die hypothetische Landbrücke der Beringstraße nach Amerika Ziehenden hätten jedoch die ursprünglichen agglutinierenden Sprachformen beibehalten.

Es ist nun durchaus nicht einzusehen, welche Ursache derartige Vorgänge gehabt haben könnten, noch warum dann nicht Bevölkerungssplitter und Sprachinseln am Wanderungswege zurückgeblieben sind, zumal es sich nicht um ein einmaliges Ereignis gehandelt haben könnte, der Vielzahl amerikanischer Völker wegen, und die Einwanderungswellen mit großem zeitlichen Abstand einander hätten folgen müssen. Man sieht, wie fragwürdig unser Wissen gegenwärtig noch ist; weshalb es denn auch wenig angebracht erscheint, die Aussagen der Mythen, die ja wirkliche, obschon nicht chronologisch einzuordnende Erinnerungen der Menschheit sind, hochmütig zu belächeln.

Nachdem die Wissenschaft des vorigen Jahrhunderts auf Grund des ihr damals vorliegenden Materials ein ebenso einleuchtendes wie übersichtliches System aufgestellt hatte, in dessen Fächer – Steinzeit, Bronzezeit, Eisenzeit – sich alles so bequem einordnen ließ, fällt es ihr heute offenbar schwer, sich von dieser Errungenschaft zu trennen. Tatsache ist, daß die solcherart eingestuften Kulturen zu allen Zeiten nebeneinander bestanden haben und noch bestehen. Wir finden auch heute noch charakteristische Megalithkulturen in Indien, Melanesien, Afrika und Südamerika. Zweifellos ist die Megalithkultur interrassial, das heißt: nicht an ein bestimmtes Volk oder an eine Rasse gebunden; doch muß ihr einst eine geschlossene Weltanschauung oder religiöse Konzeption zugrunde gelegen haben. Wenn wir also von der Steinzeit sprechen, so bedeutet das nicht, daß die Menschheit innerhalb dieses Zeitraumes eine Gewinnung und Bearbeitung von Metallen etwa nicht gekannt habe, sondern nur, daß wir von anderen Techniken nichts wissen, da Eisen und andere Metalle schneller vergehen als Stein, und daß aus diesem Grunde nur steinere Geräte aus jenen Zeiten übriggeblieben sind. Alles in allem stellt auch die Megalithkultur in ihrer globalen Verbreitung ein noch immer ungelöstes Rätsel dar, auf das nur die Mythen ein Licht zu werfen vermögen.

Was nun die Frage der Datierungen betrifft, so erscheint selbst durch den C-14-Test eine absolute Sicherheit so wenig gegeben wie durch die zeitliche Bestimmung der Erdschichten, in denen die Funde ruhen oder durch Aussage der Stilelemente und Inschriften an alten Bauwerken. Wir alle wissen – oder glauben, es zu wissen, daß sich ein ägyptischer Pharao der vierten Dynastie um 2520 v. Chr., Chufu oder Cheops mit Namen, die größte der Pyramiden bei Gizeh als Grabmal habe errichten lassen. Auch ohne die Maß- und Zahlentheorien, die, von Außenseitern aufgestellt, dem Facharchäologen ein Stein des Anstoßes sind, dürfte diese Pyramide das geheimnisvollste Bauwerk der Erde sein. Schon zu Chufus Zeit erfuhr es mancherlei Abänderungen, und seinen Charakter als Grabmal mag es lange nach der Errichtung, nämlich erst in den Tagen König Chufus erhalten haben[130]. Denn der ursprüngliche Sinn und Zweck aller Pyramiden und Stufentempel rund um die Erde war, Abbilder der Berge und somit „Throne der Götter“ zu sein. Diese Feststellung wollen wir im Gedächtnis behalten, weil sie für das Folgende wichtig ist.

Angenommen, Chufu fand dieses Bauwerk schon fertig vor und ließ es nur für seine Zwecke restaurieren, so könnte ein solcher Sachverhalt heute wohl kaum mehr festgestellt werden, denn in diesem Falle wurden etwa vorhandene Inschriften entfernt, andere angebracht; auch die Signa der Steinhauer und Mauersetzer Chufus besagen nichts, da man sie nur auf den Quadern der Außenseiten und des einstigen Kalksteinbelages fand. Theoretisch wäre es, wie schon vor Jahren der Atlantologe Braghine[131] argwöhnte, durchaus möglich, daß diese Pyramide während oder kurz nach der Eiszeit errichtet wurde und nicht das Werk Chufus, sondern verschollener Baumeister ist. Nichts berechtigt uns, derartige Hypothesen von vornherein, ohne sorgsamste Prüfung, abzulehnen; gibt es doch mehr Beispiele dafür, daß auch der kundigste Fachgelehrte seine Meinung einem gerade herrschenden Dogma anpaßt oder einem Vorurteil unterliegt, als für das Gegenteil.

Ähnlich verhält es sich mit den kyklopischen Bauwerken von Tiryns und Mykenai, mit dem Sacsahuaman bei Cuzco in Peru und mit der sogenannten Inkafestung von Machu Picchu. Bisher wurden die durch Funde anscheinend sicher belegten Daten nicht angezweifelt, doch wer kann einwandfrei beweisen, daß die kyklopischen Mauern von Mykenai und Tiryns tatsächlich von den um 1400 v. Chr. nach dem Peloponnes eingewanderten Achäern errichtet wurden? Müssen sie uns nicht als das Endprodukt einer langen, mühevollen Bauerfahrung erscheinen? Und wo fänden wir auf dem Wege der Achäer frühere Spuren einer solchen? Daß man ihre Gräber und Goldschätze innerhalb der Mauern entdeckte, besagt in diesem Falle nichts. Sie können die Bauwerke vorgefunden und für ihre eigenen Zwecke benutzt haben. Der Sage nach sind die Burgen auf Befehl des Heroen Perseus von Kyklopen errichtet worden[132]. Da sich nun die Wanderungen und Hinterlassenschaften der Achäer einigermaßen genau datieren lassen, schloß man daraus, auch Perseus habe zu jener Zeit gelebt, während doch viel ältere Zeugnisse aus Ägypten und Vorderasien die Heroenzeit in das zehnte Jahrtausend v. Chr. zurückverlegen. Dergleichen muß Zweifel an der Richtigkeit unserer bisherigen historischen Vorstellungen erregen.

Da es nun in Ägypten einwandfrei belegbare Beispiele dafür gibt, wie Herrscher der Frühzeit sich die Errungenschaften ihrer Vorgänger beizulegen pflegten, indem sie deren Inschriften von älteren Bauwerken entfernten, dafür aber ihre eigenen anbringen ließen, tut man gut daran, solchen „Zeugnissen" gegenüber skeptisch zu sein. Das gilt nicht nur hinsichtlich der großen Pyramide von Gizeh oder der kyklopischen Burgen von Tiryns und Mykenai, sondern überall dort, wo Datierungen auf Grund von Inschriften, Bodenfunden oder offiziellen Herrschergenealogien für gesichert angesehen werden. Die Inka, die ja eine recht späte Blüte am Baume altamerikanischer Kulturen waren, schrieben sich manche Bauten zu, die in Wahrheit lange vor ihrer Zeit bestanden haben, unter anderen auch die einmalige Grenzfeste Machu Picchu auf einem schwer zugänglichen Felsen am oberen Ucayali.

Hiram Bingham, der diese Anlagen mit großer Sorgfalt untersucht hat, kam zu dem Schluß, die gewaltigen polygonalen Grundmauern müßten einer versunkenen, sehr alten Kultur angehören und von den Inkas nur als Fundamente für ihre Bauten genutzt worden sein[133].

Daß eine solche Kultur in der Tat zu einer sehr frühen Zeit in Peru bestanden hat, beweisen die Ruinen der geheimnisvollen Tempelstadt Tiahuanaco am Titicacasee, über deren Ursprung auch die Inka schon nichts mehr wußten. Hier, wie bei den kyklopischen Bauten in Hellas oder bei der riesigen vorgeschichtlichen Burg von Kurum Hattin am Westufer des Sees von Genezareth, läßt sich der Zeitpunkt ihres Entstehens nicht mehr bestimmen. Kyklopische Festungen, Wachttürme und andere Wehrzwecken dienende Anlagen, die auch den heutigen Architekten mit Staunen erfüllen, finden sich nahezu überall auf Erden; wer sie gebaut hat und wie, das wissen wir nicht. Die Sage schreibt sie den Göttern oder deren Helfern, den Kyklopen, zu.

Man kennt die Steinbrüche, aus denen das Material für die Bauten von Tiahuanaco stammt; sie liegen ziemlich weit entfernt jenseits des Sees, sind schwer zu erreichen, und Heere von Arbeitern müssen jahrelang damit beschäftigt gewesen sein, die gigantischen Blöcke und Quadern an den Ort ihrer Bestimmung zu bringen. Hierzu wurden riesige Steinräder benutzt, deren einige von dem amerikanischen Ethnologen Bennet, andere von dem Archäologen Hyatt A. Verrill unter den Trümmern aufgefunden wurden[19]. Damit hat sich im übrigen auch das alte Märchen erledigt, die Ureinwohner Amerikas hätten das Rad nicht gekannt.

Schon auf dem internationalen Astronomenkongreß des Jahres 1911 in Paris hatte Professor Posnanski nach sorgfältigem Forschen und Berechnen das Alter Tiahuanacos auf 13 000 Jahre angesetzt und damit eine Sensation hervorgerufen[56]. Die Folge war, daß andere Wissenschaftler, die sich nicht, so wie er, ein Leben lang mit diesen Ruinen beschäftigt hatten, ihn verhöhnten und seine Forschungen diskriminierten, ohne jedoch selbst irgend etwas von Bedeutung zur Aufklärung des dunklen Sachverhaltes beizutragen. Ein anderer Forscher, Rudolph Muller, kam nach einer Reihe astronomischer Messungen zu zwei voneinander abweichenden Ergebnissen: 9300 Jahre und 14 600 Jahre. Gestützt wird diese unglaublich anmutende Zahl nun allerdings durch Tatsachen, die erst längere Zeit danach bekannt wurden. Man fand Schädel unter den Trümmern, die vollständig versteinert waren. Ausgedehnte Hafenanlagen beweisen, daß der heute zwölf Meilen von der Stadt entfernt liegende See einst bis an sie herangereicht hat[19].

Rätselhaft ist, aus welchem Grunde Tiahuanaco plötzlich, mitten aus reger Bautätigkeit heraus, verlassen wurde, so wie zu anderer Zeit der Palast von Knossos auf Kreta oder die Mayastädte in Yucatan. Waffen wurden hier nicht gefunden, wohl aber unterirdische Schutzräume, schmale Gelasse mit extrem verstärkten Decken und Wänden. Muschel- und Algenbesatz auf den Stufen des Sonnentempels Kalasasaya lassen es unbezweifelbar erscheinen, daß die Bauten ein- oder mehreremal für längere Zeit überflutet gewesen sind. 1931 entdeckte Professor Posnanski auf einer Insel des Titicacasees die Kultur von Siminake, die seiner wohlbegründeten Meinung nach ebenfalls schon vor der Eiszeit bestanden hat. An den Hängen der Kordillera ziehen sich Ackerbauterassen bis zu 5000 Meter und höher hinan; gegenwärtig liegen sie unter ewigem Schnee begraben. Nur die unteren werden noch benutzt. Einst muß, wie sich aus den Strandlinien rings um den See ergibt, der Meeresspiegel um 4000 Meter höher oder das Tal von Tiahuanaco entsprechend tiefer gelegen haben; die ganze Meseta war zu der Zeit eine Lagune, die mit dem Meere in Verbindung stand[134]. Noch heute leben Fische und andere Tiere im See, die zur Meeresfauna gehören.

Es haben sich also Dinge ereignet, die nach dem Maßstab unserer eigenen Erfahrung nur schwer zu fassen sind. Nachdem es in historisch überschaubarer Zeit zu Katastrophen größeren Ausmaßes – abgesehen von den durch Menschen verursachten – nicht mehr gekommen ist, so wie es die Götter nach der Flut verkündet hatten, wurde im Laufe der Jahrtausende die Erinnerung an jene Geschehnisse verdrängt und der hybrische Gedanke genährt, der Mensch sei Herr der Natur. Tatsächlich ergeht es ihm jedoch wie Goethes „Zauberlehrling"; er weckte die verborgenen Kräfte, um sie für seine eigenen kleinen Zwecke zu benutzen; mit dem Erfolg, daß sich die Menschheit als Ganzes nun in ihrem Fortbestand bedroht sieht.

Spuren derartiger Katastrophen verunzieren das Gesicht der Erde; damit hatte Cuvier[135] ganz recht und auch damit, daß sie sich von Zeit zu Zeit wiederholen. Man stelle sich einmal vor, welche Kräfte am Werk gewesen sein müssen, um das ganze Tal des Titicacasees samt den es einschließenden Gebirgen auf eine Höhe von rund 4000 Metern über dem Meer zu heben. Das ganze Hochland, die Meseta, wie diese Gegend von den Indios genannt wird, ein Gebiet von zweihundert Kilometer Breite und tausend Kilometer Länge, mit seinen eisbedeckten Gipfeln, stufenartigen Plateaus und tief eingeschnittenen Quebradas, erscheint wie blankgefegt von gewaltigen Wassermassen, welche Felsen zerschmetterten, Riesenblöcke übereinandertürmten und beim Abfließen tiefe, enge Schluchten in die weicheren Gesteinsmassen kerbten. Hier, wie auch beim Colorado Cannon in Arizona, läßt sich wohl kaum noch behaupten, diese Erscheinung sei auf natürliche Erosion, auf lokale Erdbeben oder andere tellurische Einflüsse zurückzuführen. Auch hat die Menschheit nicht nur eine Katastrophe kosmischen Ausmaßes erlebt, sondern mehrere; davon künden die Mythen. Landbrücken sind eingebrochen, so wie jene, die Australien einst mit Asien verband, Kontinente versunken und andere aufgetaucht. Vielleicht umkreiste der Trümmerring eines zerplatzten Gestirnes unsere Erde, die Lichter des Himmels mit dichten Staubwolken verhüllend; der breite Lößgürtel, der sich auf der nördlichen Halbkugel um unseren Planeten schlingt, sowie auch andere tektonische Rätsel wären dadurch erklärt.

An die 40 000 Bücher sind über das Atlantis-Problem geschrieben worden, seit Platon jenen sagenhaften Inselkontinent in seinen Dialogen erwähnte. Noch immer pflegen „ernsthafte" Wissenschaftler diese Art Literatur mit überlegenem Lächeln als „Phantastereien" abzutun, „weil sich stichhaltige Beweise für die einstige Existenz eines solchen Erdteiles nicht beibringen lassen". Das erinnert fatal an ähnliche Äußerungen, wie sie Virchow im Falle Koch oder die gelehrten Gegner des ungelehrten Schliemann taten. Nun haben aber die Atlantologen eine Reihe von Tatsachen aufgedeckt, die, zu mehr oder minder einleuchtenden Hypothesen verdichtet, immerhin das eine klarstellen: Die Geschichte des Menschen ist nicht so relativ glatt und folgerichtig verlaufen, wie es dem evolutionären Weltbilde nach erscheint.

Vernimmt man über Atlantis fast zu viel, so hört man über die beiden anderen Kontinente, die versunken sein sollen, eher zu wenig, was wohl auf Sprachschranken und den Mangel an schriftlichen Überlieferungen zurückzuführen ist. Die Sagen vieler Völker rund um den Pazifik, vor allem aber die der Hindu, erzählen von Rutas Mu, einem Erdteil, bedeckt mit Urwäldern und gärenden Sümpfen, die von Riesenschlangen und saurierähnlichen Ungeheuern nur so wimmelten, bewohnt von schwarzen, affenartigen Giganten, denen die Menschen Kinder opferten. Manche dieser Überlieferungen sind zweifellos durch die Phantasie der Erzähler angereichert und ausgeschmückt, doch finden wir auf sumerischen Rollsiegeln und nicht zuletzt auch auf der ägyptischen Schminktafel[75] im Ashmoleart Museum zu Oxford Geschöpfe abgebildet, die gar nichts anderes sein können als Saurier. Der Mensch muß die Riesen der Tierwelt erlebt oder doch eine ziemlich deutliche Erinnerung an sie bewahrt haben[136]. Wie immer man auch über den Wert solcher Sagen und Legenden im einzelnen denken mag, grundsätzlich ist es nicht richtig, sie einfach zu ignorieren.

Auf Tahiti weiß man noch, daß Tangaroa im Verein mit anderen Göttern einen Erdteil zu tausend Inseln zerbrach, indem er einen großen Felsen auf ihn hinabschleuderte[49], eine Ansicht, die mit der von Charles Darwin durchaus übereinstimmt, denn auch dieser bedeutende Naturforscher meinte, zumindest die aus Quarz bestehenden oder vulkanischen Eilande der Südsee seien Reste eines versunkenen Kontinentes[137]. Vielleicht ist Rutas Mu identisch mit dem indischen Lemuria oder Gondwanaland, dessen Bewohner Preseleniten gewesen sein und um etwa 15 000 v. Chr. gelebt haben sollen? Unter anderen behauptete Dacque, „daß der Ursprungsort der Menschheit auf dem Gondwana-Kontinent, jener mesozoischen Verbindung zwischen Polynesien, Indien und Afrika, zu suchen, dieser Erdteil aber bei einer großen Flutkatastrophe zerfallen sei und daß sich seine Bewohner daraufhin über die ganze Erde zerstreut hätten[138]". Legenden hierüber hört man von Hindus, Arabern und Griechen.

Überlieferungen gründen sich gewiß zum größeren Teil auf das beschränkte Verständnis und auf die Fabulierfreude primitiver Menschen, so daß man sie mit gebotener Vorsicht zu bewerten hat. Als Hinweise und Indizien können sie jedoch ungemein wertvoll sein; und fordert nicht jede neue Hypothese die Wissenschaft heraus, sich mit dem betreffenden Gegenstand zu beschäftigen?

Wir müssen nunmehr annehmen, daß die Erde um Milliarden Jahre älter ist als man bisher geglaubt, folglich also auch der Mensch. Vor wenigen Jahren, nämlich 1965, wurde bei Kano poi am Rudolfsee in Nord Kenya ein Stück Oberarmknochen von einem Geschöpf entdeckt, das nach Meinung einiger Paläontologen schon zur Spezies Mensch gehört; der Kalium-Argon-Test ergab ein Alter von 2,5 Millionen Jahren. Es ist erstaunenswert, wie sich auf Schädelfragmenten von Talergröße, winzigen Kieferstückchen, zersplitterten Zähnen und eindrucksvollen Benennungen im Verein mit einer guten Portion konstruktiver Phantasie ein wissenschaftliches Gebäude von imponierenden Ausmaßen errichten läßt. Bewundernd folgen wir anhand solcher Relikte dem Werdegang des Menschengeschlechtes durch Äonen, sehen unsere vierhändigen Vorfahren im Laube merkwürdiger, längst vergangener Bäume nach Kerbtieren und Skolopendern stöbern, sich von Ast zu Ast, von Felsen zu Felsen schwingen, sich eines Tages aufrichten, um eine Frucht – vielleicht gar die verbotene – vom Baume zu pflücken, sehen sie an den Knochen erwürgter Höhlenlöwen nagen oder auch an denen erschlagener Feinde, erblicken den Sinanthropos in seiner Höhle am Drachenberg . . . Das war vor 350 000 Jahren. Die Zeiten wechseln, kalt, warm und wieder kalt. Da ist schon der Paläanthropos von Heidelberg mit seinem Willenskraft verratenden massiven Unterkiefer, und nun unser alter Freund, der Neandertaler, wie er sich mit Mammuten, wollhaarigen Nashörnern, Rentieren und Höhlenbären vergnügt. Das Gute an der Sache ist, daß man sich seine Vorfahren unter den zahlreichen Formen, die im Verdacht stehen, es zu sein, immerhin noch ganz nach Geschmack aussuchen kann; denn bis zur Stunde ist sich die Paläontologie, nach der ein wenig peinlichen Episode mit dem Piltdown-Menschen, dessen Relikte sich zum Teil als die eines Orang Utan erwiesen – einer bewußten Fälschung, dazu bestimmt, einer auf vorgefaßten Meinungen beruhenden Doktrin nun endlich zur vollen Anerkennung zu verhelfen –, keineswegs ihrer Sache sicher. Nehmen wir aber einmal an, es stimme alles mit den Funden und was man daraus geschlossen und gefolgert hat, wer darf auf Grund des vorliegenden Materials wirklich überzeugt sein, daß gerade unter jenen Menschenwesen die Vorfahren des Homo sapiens zu suchen sind?

Kehren wir zu den Mythen zurück!

Die lange Nacht

„Auf ein neues! Schon naht die Morgenröte. Schaffen wir jene, die uns erhalten und ernähren. Was ist zu tun, daß man uns anrufe und erinnere auf der Erde? Schon schufen wir unsere ersten Werke, unsere ersten Wesen. Aber sie konnten uns nicht preisen und verehren. Laßt uns denn ein Wesen schaffen, das gehorsam sei und ergeben und uns nährt und erhält[17]".

So sprachen die Götter der Maya – Tzakól, der Schöpfer, Bitól, der Former, der Sieger Tepeu und die Grünfederschlange Gucumátz, die man auch Quetzalcoatl nennt, sowie Alóm und Caholón, die Erzeuger. Zunächst machten sie Menschen aus Lehm. Aber diese waren zu weich, zu kraftlos, verschleierten Blickes. Sie konnten zwar sprechen, doch mangelte ihnen Vernunft. Im Wasser weichten sie auf und vergingen.

Daraufhin berieten sich Tzakól und Bitól; sie entschlossen sich, den Versuch zu wiederholen, um zu sehen, ob das herauskomme, „was uns erhalten und nähren soll, wenn es Licht wird". Nun machten sie Menschen aus Holz, die schon bald die Erde bevölkerten. Allein, sie besaßen keine Seele, keinen Verstand; sie liefen ziellos und auf allen vieren herum. Sie vergaßen die Schöpfer und Former, denen sie ihr Dasein verdankten; deshalb wurden auch sie vernichtet durch eine Wasserflut[17].

Die Azteken, auf dem Kulturerbe der Tolteken und Maya bauend, kannten fünf Weltzeitalter, die sie „Sonnen" nannten; vier dieser Perioden sind der jetzigen Sonne vorausgegangen; jede von ihnen endete mit einer schrecklichen Naturkatastrophe. Die erste Sonne „nahui ocelotl" (Vier Jaguar) verschwand plötzlich; alle Menschen wurden von „Jaguaren" gefressen, das heißt, von den „Himmelsjaguaren", deren wahre Natur wir noch kennenlernen werden. Danach folgte die Sonne „nahui ehecatl" (Vier Wind); am Ende dieses Weltalters wurden die Menschen von furchtbaren Stürmen fortgerissen, die Überlebenden zu Affen. Die nächste Sonne hieß „nahui quiahuitl" (Vier Regen); und als ihre Zeit erfüllt war, vernichtete ein

Regen flüssigen Feuers sämtliche Lebewesen; die Menschen verwandelten sich in Vögel. Die letzte Sonne „nahui atl" (Vier Wasser) machte durch eine gewaltige Wasserflut alle Menschen zu Fischen[139]. Nach dem Ende der dritten Sonne beginnt unsere Geschichte von den Göttern.

Die Erde war dunkel und öde. Im trüben Dämmerlicht irrten hungernde Riesen umher. Sobald die Menschen mit ihnen zusammentrafen, kam es zu verzweifelten Kämpfen. Aber die Jaguare, die Himmelsjaguare, fraßen die Riesen; sie stießen aus dem dämmerigen Himmel nieder und vernichteten die „quinametzin", so wurde diese Rasse von kannibalischen Enakssöhnen, die weder Ackerbau noch das Feuer kannten, bei den Azteken genannt.

Wie kommt es, daß auch die Griechen fünf Weltzeitalter kannten? Zu der Zeit, als Kronos noch Herrscher im Himmel war, lebte die „Goldene Rasse" auf Erden. Ohne Sorge und Arbeit verbrachten diese Menschen ihr Dasein mit Tanz und Spiel, nährten sich nur von Eicheln, wilden Früchten und Honig, tranken die Milch der Schafe und Ziegen, waren ohne Verstand, aber fröhlich und vergingen am Ende. Ihnen folgte, ebenfalls von den Göttern erschaffen, die „Silberne Rasse", die sich von Brot ernährte, ein streitsüchtiges, unwissendes, rohes Volk, ihren Müttern untertan bis ins Greisenalter hinein; niemals opferten sie den Göttern, und Zeus, voller Zorn darüber, vernichtete sie. Die dritte Rasse wurde die „Bronzene" genannt. Diese Menschen fielen gleich Früchten von der Esche, das heißt: vom Weltenbaum. Sie kamen vom Himmel herab, trugen bronzene Waffen, aßen Fleisch und Brot. Und als sie sich mehrten und anfingen, übereinander herzufallen, dreist und mitleidslos, da sandten die Götter ihnen Pest und Tod; sie starben alle. Mit ihrem Ende begann das „Goldene Zeitalter", von dem hier die Rede sein wird. Denn die nächste Rasse, ebenfalls als die „Bronzene" bekannt, war die der Heroen. Die Götter hatten sie mit irdischen Frauen erzeugt, und sie waren edel, großmütig, tapfer; ruhmvoll kämpften sie, wie wir aus den Sagen von Hellas wissen. Doch auch diese entarteten, nachdem die Götter entschwunden waren, weil sie sich mit den Menschen mischten und so zur fünften, der „Eisernen Rasse" unserer Tage degenerierten. Diese Menschen sind grausam, ungerecht, böswillig, unzüchtig, verräterisch und ohne Respekt vor ihren Eltern. Auch sie werden in einer selbstverschuldeten Katastrophe untergehen[140].

Die Inder wiederum meinen, daß es nur vier Weltzeitalter gebe. Das Kritayuga, als erstes, war im allgemeinen ein glückliches; die Menschen waren einfach, gerecht, wahrheitsliebend, ohne Falsch, aber auch ohne Kraft. Während des Tretayuga kommt es zu Kämpfen, wie sie im Epos Ramayana geschildert sind. Streit, Blutvergießen, Krieg und Ungerechtigkeit mehren sich im Laufe des darauffolgenden Dvaparayuga, bis mit dem Tode Krishnas, am 17. Februar des Jahres 3102 v. Chr., das letzte Weltzeitalter, das Kaliyuga, angebrochen ist[141]. Im Vishnupurana heißt es über das Kaliyuga[142]:

„Während des letzten Zeitalters regieren Barbaren und andere Leute niedrigster Herkunft sowohl an den Ufern der fünf Ströme und in Kashmir als auch sonst überall auf Erden. Das sind Menschen ohne jede Kultur, gewalttätig, voller Arglist und anderer Schlechtigkeiten; sie töten mitleidslos Frauen, Kinder und die heiligen Kühe, rauben, was anderen gehört, doch haben sie nur wenig Kraft; rasch steigen sie empor, um desto schneller gestürzt zu werden. Ihr Leben währt nur kurz; um so größer ist ihre Gier. Und sie glauben nicht an die Götter. Indem sich die Völker mit ihnen mischen, nehmen sie barbarische Sitten an, geraten in Unordnung und gehen zugrunde. Mit dem von Tag zu Tag fortschreitenden Verfall von Wohlstand, Sitte und Gesetz taumelt die Menschheit ihrem unabwendbaren Ende entgegen. Der Wert eines Menschen wird nun nach seinem Besitz bemessen, seine Frömmigkeit nach dem äußeren Schein. Das Verhältnis zwischen Mann und Weib beruht nur mehr auf reiner Sexualität, Erfolg vor Gericht auf der Kunst zu lügen. Allein um ihres Körpers willen werden Frauen geliebt, die Erde ihrer Bodenschätze wegen. Auf Ehrlosigkeit beruht die Existenz, des Lebens Sicherheit auf Schwäche. Das Studium besteht in Einschüchterungsversuchen und Anmaßungen, die Religion in dünkelhafter Erfüllung leerer Formen, die Ehe als Interessengemeinschaft, die Würde im Tragen eleganter Kleider . . . Wenn nun alle Moral und Frömmigkeit, wie sie in den Schriften gelehrt werden, dahin sind und das Kaliyuga zu Ende geht, wird Brahma, der Weltenherr, in seiner Verkörperung als Kalki auf der Erde erscheinen . . . und alle Barbaren, Bösewichter und Gewalttätigkeiten durch die Macht seines Geistes vernichten. Danach erst bricht das Goldene Zeitalter an."

Dies ist nun keineswegs eine Reportage über heutige Zustände, sondern die wörtliche Übersetzung einer Prophezeiung aus dem Vishnupurana, das im 1. Jahrtausend schriftlich niedergelegt wurde.

Cuvier hätte sich die Hände gerieben, wären ihm diese alten Geschichten zu Ohren gekommen. So sehr sie im einzelnen voneinander abweichen mögen, übereinstimmend sagen sie jedenfalls aus, daß zunächst die Titanen, danach die Götter sich der Erde bemächtigten und dafür sorgten, daß sie bewohnbar wurde, was alles im ersten Augenblick recht märchenhaft klingt, aber nirgends über heutige Möglichkeiten und Pläne hinausgeht.

Nun ist ein solches Inbesitznehmen durchaus nicht so leicht, wie es erscheinen mag. Abgesehen von der naturbedingten Feindseligkeit einer fremdartigen Umwelt, darf der zu kolonisierende Planet nicht schon mit intelligenten Wesen bevölkert sein, was bei der Erde jedoch der Fall gewesen zu sein scheint.

Aus den Überlieferungen geht klar hervor, daß zahlreiche Gestirne unserer Galaxis von verschiedenartigen, jedoch immer menschenähnlichen Geschöpfen bevölkert waren, bevor unser Planet in das Spannungsfeld interstellarer machtpolitischer Auseinandersetzungen geriet. Im griechischen Mythos, einer Spätform uraltester pelaskischer Überlieferungen, wird unmißverständlich bekundet, im Laufe der Zeiten seien von den Göttern immer wieder Besiedlungsversuche unternommen, jedoch mitleidslos abgebrochen worden, sobald das Ergebnis den Erwartungen nicht entsprach; die für derartige Experimente benutzten Geschöpfe wurden eliminiert und durch andere, von fremden Gestirnen eingeführte, wie etwa jene erste Bronzerasse der Griechen, ersetzt.

Handelte es sich nur um die Aussagen eines einzigen Volkes, so würde eine solche Deutung wohl in der Tat allzu phantastisch sein. Doch das von mehreren Völkern, die weit voneinander entfernt leben, sich auf ganz verschiedenen Entwicklungsstufen befinden und sich daher ihrer Denkweise und Mentalität nach stark unterscheiden; übereinstimmend Bekundetes muß, sobald man es zu allen übrigen Aspekten des Götterproblems in Beziehung setzt und mit heutigen astrophysikalischen Erkenntnissen vergleicht, zu der Überzeugung führen, im wesentlichen habe sich alles gerade so abgespielt, wie es von den Mythen geschildert wird. Selbst die im Kongo beheimateten Bambala, ein Bantustamm, entsinnen sich, daß eine Menschenrasse der Urzeit ihres Ungehorsams und ihrer Unbrauchbarkeit wegen von den Göttern ausgerottet wurde[113].

Nun gehen aber in den Mythen die Begriffe oft sehr durcheinander, weil späteren Erzählern nicht mehr so recht klar war, wovon sie sprachen, die Übersetzer der alten Schriften manches Wort mißverstanden; sie alle unterschieden jedenfalls die einzelnen Rassen von Riesen zuletzt nicht mehr.

Die Titanen oder bei den Indern die Asuren waren ein den Göttern gleiches Geschlecht, älter als jene, auf einigen der unteren Welten beheimatet. Offenbar technisch außerordentlich begabt, erfinderisch, stellten sie die ersten Astronauten und Kolonisatoren. Anfangs scheinen sie allein im Himmel, also über die lichteren Regionen der Galaxis, geherrscht zu haben, denn Kronos, der Sohn des Uranos und der Gaia, wodurch seine Herkunft aus den Weiten des Raumes sowie auch seine Herrschaft über die Erde verbildlicht werden, war ein Titan. Aber von Anbeginn bestand wenig Einigkeit unter ihnen.

Uranos verbannte seine aufständischen „Söhne", die Kyklopen, an einen finsteren Ort im Tartaros, der von der Erde genau so weit nach unten entfernt liegen soll wie die Gestirne der Götter nach oben. Die Titanen, später als die Kyklopen erzeugt, nahmen dies zum Anlaß, nun ihrerseits den Vater anzugreifen. Uranos wurde im Schlaf überwältigt und entmannt; sein Glied soll bei Kap Depranon ins Meer gestürzt sein[13]. Hier fließen konkrete Erinnerungen, Naturbeobachtungen und spätere Symbolisierungen zusammen. Wir entsinnen uns, welchen Bedeutungswandel der Lingam durchgemacht hat, daß der Phallus ursprünglich das Sinnbild für ein Raumschiff war und erst, nachdem man die technische Realität vergessen hatte, zum Symbol der vom Himmel herabgekommenen Fruchtbarkeit und der entsprechenden Kulte wurde.

Die Titanen befreiten die Kyklopen aus dem Tartaros. Kronos, Vater der Zeit, wurde mit der Oberherrschaft betraut, heiratete seine Schwester Rhea und seine erste Regierungstat war, die Kyklopen unverzüglich wieder auf ihre finstere Welt im Tartaros zurückzuschikken, aus der sie soeben erst emporgestiegen waren. Mit „Riesen" – den Thursen der nordischen Sage: „ebenso dumm wie lang" – sind offensichtlich die Kyklopen gemeint, denn obwohl sie hervorragende Handwerker – Baumeister und Schmiede – waren, muß es ihnen doch an Verstand gefehlt haben. Vielleicht sind sie identisch mit einer der Urrassen, die einst unsere Erde bevölkerten?

Aber auch Kronos sollte sich nicht lange an der Macht behaupten. Er „verschlang" die Kinder, die ihm Rhea gebar: Hestia, Demeter, Hera, danach Hades und Poseidon; das heißt wohl, er kerkerte sie ein. Und Rhea, nachdem sie ihren dritten Sohn Zeus geboren hatte, entzog diesen den Nachstellungen ihres Gemahls, bis er erwachsen genug war, um als Rächer aufzutreten. Zeus verbündete sich dann mit einigen Titanen und mit den Kyklopen, die ihm heimlich übermächtige Waffen schmiedeten, befreite seine Geschwister, indem er Kampe, die Wächterin der unteren Welt, erschlug. Daraufhin kam es zum Krieg. Kronos wurde durch den Blitz des Zeus zerschmettert, die zu ihm haltende Partei der Titanen besiegt; ihr Führer Atlas mußte zur Strafe „den Himmel auf seinen Schultern tragen" und sie alle wurden auf eine Insel südwestlich von Britannien verbannt[64].

Mit eleganter Wendung wird hier der Götterkrieg vom Himmel auf die Erde transponiert, wodurch der Eindruck eines engen Zusammenhanges der verschiedenen Welten entsteht. Nehmen wir vorweg, was später nachgewiesen werden soll, daß jene Insel das Reich Poseidons, nämlich Atlantis, war, zugleich die Insel der Phaiaken, jener „grauen Männer" der Odyssee, die so, wie auch Poseidon selbst, mit der Raumfahrt in engster Verbindung standen, dann wird klar, was damit gemeint ist, daß „Atlas den Himmel auf seinen Schultern trug". Denn Rhadamanthys, auch ein Titan, dessen Name prähellenischer Herkunft ist, Bruder des kretischen Minos, später dann Gesetzgeber und Richter in der unteren Welt, wurde von Odysseus auf dem Wege über Atlantis besucht; dies war jedoch nur mit Hilfe des Poseidon möglich, der als „Herr der weiten Unterweltstore" fungierte[140].

Bei der Teilung des Kronos-Erbes erhält Hades die untere Welt, Zeus jedoch die Erde. Die Sumerer hingegen behaupten, die schreckliche Tiamat sei Herrin der unteren Welten gewesen. Hiermit nähern sie sich der germanischen Auffassung sowie auch der polynesischen, bei den ersteren war es die Göttin Hel, bei den Polynesiern die furchtbare Miru. Enlil, der Sturmgott, besiegt als Vorkämpfer der Götter gegen die Titanen die Tiamat und ordnet die Verhältnisse im Universum neu[143]. Dies geschieht auf Befehl Ans, des Himmelsherrn, wobei die Göttin Ereshkigal, identisch mit Astarte, Aphrodite und Cybele, möglicherweise auch mit der germanischen Idun, denn später im Götterkrieg wird sie wie jene entführt, die untere Welt Kurnugea, die „Erde ohne Wiederkehr", zugesprochen erhält. Hier begegnen uns die drei Himmelssphären der Azteken und Polynesier wieder, die sonst nirgends im kosmischen Weltbild der Sumerer erscheinen: An herrscht über die Himmelsräume, Enlil über die Erde, Ereshkigal über die unteren Welten[7].

Wir hörten, daß alle menschenähnlichen Wesen des Universums

eines Ursprungs seien, also auch Götter und Titanen, daß die ersteren sich jedoch des Lichtreiches bemächtigt hatten, während den letzteren die Herrschaft über die dunklen unteren Welten und über die Erde vorläufig noch verblieb. Zu jener Zeit scheint unser Planet im Sonnensystem eine andere Position gehabt zu haben; das Klima war wärmer, was auch dem geologischen Befund entspricht. Dem Denken der Manichäer zufolge bewohnten der „Vater der Herrlichkeiten" und der „Fürst der Finsternis" sehr verschiedenartige, aber benachbarte Welten, und ständig herrschte Streit zwischen ihnen um den Besitz der Erde und um die Herrschaft über das Menschenvolk. Der Urmensch erliegt der Verlockung des Bösen, das sich im „Fürst der Finsternis" manifestiert, doch wird er durch einen Boten des „Vaters der Herrlichkeit" errettet[144].

Nun ist der Manichäismus eine auf uralten Vorstellungen beruhende, jedoch ziemlich spät, im 3. Jahrhundert n. Chr., aus parsischen, buddhistischen und christlichen Glaubenselementen enstandene Religion, die hier nur aus dem Grunde mit erwähnt wird, weil sich in ihr zeigt, auf welche Weise ursprünglich durchaus reale Tatbestände sich durch die Zeiten hin ins Esoterisch-Symbolistische wandelten: Der Kampf anthropomorph gedachter Götter ist hier zum Ringen der Prinzipien, zum Kampf des Lichtes gegen die Finsternis, des Guten gegen das Böse geworden. Und diese anfangs nicht vorwiegende dualistische Konzeption, wie sie schon beim persischen Zoroaster in Erscheinung tritt, fanden die Ethnologen dann auch zu ihrem grenzenlosen Erstaunen bei den Algonkin in Nordamerika wieder. Daß eine solche Konzeption weder urtümlich, noch so ohne weiteres einleuchtend oder gar selbstverständlich ist, wie wir vom Christentum beeinflußten, in die geistesgeschichtliche Entwicklung des Abendlandes eingebetteten Europäer meinen, erweist sich an anderen Völkern, etwa den Polynesiern, die zwar die tatsächlichen Vorgänge noch kennen, nicht aber deren symbolische Ausdeutung als ein Ringen des Guten mit dem Bösen.

In der geistigen Kriegsführung waren die Titanen den Göttern weit unterlegen, wurden sie doch, obwohl sie ältere und bessere Rechte zu vertreten hatten, von ihren Gegnern dergestalt verteufelt, daß sie im Bewußtsein mancher Völker als die Verkörperung des Bösen schlechthin einen dauernden Platz erhielten – ob zu Recht oder zu Unrecht, läßt sich heute wohl kaum noch mit Gewißheit sagen. Im hurrithischen Mythos vom Uranfang werden sie als schwächlich, ungeschickt, verräterisch, feige und brutal gezeichnet und zuletzt durch die „jungen Götter" in eine der dunklen unteren Welten verwiesen[24]. Bei den Sumerern galt Lilith als die Personifikation des Bösen[7], weil sie eine Titanin war, überdies Adams erste Frau, kundig geheimer, todbringender Zaubersprüche, des berühmten „Shem Hammeforash"[106] etwa, sowie Herrin des Vogel Zu, eines Flugzeuges, mit dessen Hilfe sie die goldenen Schicksalstafeln, die Dupsimati, raubte; dies wird auch in den Ras Shamra Texten erzählt.

Die Götter bedienten sich der technischen Fertigkeiten ihrer älteren, zu Vasallen degradierten Brüder nach Kräften. Gelegentlich begehrten diese auf, doch wurden sie von den noch sehr wachsamen Göttern fest im Zaum gehalten. Daß nicht in jedem Falle Titanen die Aggressoren waren, kündet mancher Bericht. So ließen die Götter sich unter anderem ihre strahlende Residenz in Asgard von einem Riesen bauen. Der forderte für diese Arbeit einen hohen Preis: die Sonne, den Mond und die Göttin Freya. In dieser Sage verrät sich, daß die Götter den Titanen nicht einfach gebieten konnten; der Preis mußte wie unter Gleichstehenden ausgehandelt werden. Jede Seite stellte Bedingungen. Der Riese hielt sie ein; die Götter sannen Verrat. Nachdem sie ihn durch Lokis List um die Früchte seiner Mühe gebracht, reizten sie ihn vorsätzlich zum Zorn, so daß er sich rasend auf sie stürzte; Thor erschlug ihn mit seinem Hammer[145]. Das ist Betrug, ist vorbedachter Mord.

Überhaupt ist Loki eine höchst zwielichtige Gestalt, weder Gott noch Titan, ein schillerndes, äußerlich blendendes, im Innersten zerrissenes Zwitterwesen von dunkelster Abkunft. Zwar hat man ihm Eltern angedichtet, doch lassen schon die Namen vermuten, daß es sich bei ihnen um symbolisch gemeinte Erfindungen handelt: Der Vater hieß Farbauti – „der Feuer schlägt", die Mutter Laufey – „waldige Insel"[146]. Dies hat zu einer Reihe von philologischen Spekulationen Anlaß gegeben, deren keine den Kern der Sache trifft, denn Loki ist ja kein Lokalgott der Germanen. Wir finden ihn bei den Griechen als Hephaistos wieder, bei den Polynesiern als Maui. Er haßt die Titanen kaum weniger als die Götter; keine Gelegenheit versäumt er, diesen oder jenen üble Streiche zu spielen und beide gegeneinander aufzuhetzen. So bereitet er den Untergang der Götter und als dessen Folge auch den der Titanen vor, ohne Rücksicht darauf, daß das Ende ihrer Zivilisation auch seiner Existenz den Boden entzieht. Es ist diese Gestalt, die, mit den Augen dreier Völker aus jeweils ganz individueller Sicht betrachtet, wie keine andere die Wirklichkeit der Götter beweist. Kein Dichterhirn vermöchte sich dergleichen auszusinnen[146].

Allem Anschein nach haben die Titanen es mit den Menschen ehrlicher gemeint als die Götter des Lichtreiches, obschon sie grob genug mit ihnen umgingen und ein rechtes Verhältnis zu ihnen nicht fanden. Prometheus, der entgegen dem Willen der Götter den Menschen das Feuer brachte, war einer der sieben großen Titanen, Bruder des Atlas, der über Atlantis gebot, doch klüger als die übrigen, denn er sah deren Niederlage im Aufstand gegen die Götter voraus und hielt sich zu der Partei des Zeus. Seine weitgehenden Kenntnisse in allen Wissenschaften und Künsten, die er Athene verdankte, gab er an die Menschen weiter. Und als Zeus auch diese Menschheit vernichten wollte, bat er für sie[147]. Die Legende hat den Raub des Feuers poetisch ausgeschmückt: Zeus soll zornig gewesen sein, weil Prometheus ihn bei der Verteilung eines Opferstieres überlistet, den Göttern die Knochen, den Menschen das Fleisch gegeben habe, und aus diesem Grunde sei den Irdischen das Feuer vorenthalten worden. Prometheus stahl es vom Wagen der Sonne und beschenkte seine Schützlinge damit. Zur Strafe wurde er nackt an eine Säule auf den Höhen des Kaukasus gekettet; täglich kam ein Geier und fraß ihm die Leber ab, doch wuchs sie jede Nacht neu[140].

Folgende Punkte sind wesentlich: Prometheus war ein Titan. Er hielt es mit den Menschen mehr als mit den Göttern. Die Götter suchten zu verhindern, daß die Menschen sich Kenntnisse erwarben oder Macht über die Elemente gewannen. Zeus suchte, so wie Odin beim Bau des Palastes auf Asgard, einen Vorwand, um den verhaßten Titanen zu erledigen. Überhaupt hat es den Anschein, als seien Zeus und Odin ein und dieselbe Person, so wie Loki, Maui und Hephaist. Dann die Säule und ihr Standort auf den Höhen des Kaukasus: beides steht in Beziehung zur Raumfahrt, wie noch erklärt werden wird. In den Augen der Götter war Prometheus ein sehr gefährlicher Mann, ein Lichtbringer – Luzifer! Lichtbringer waren zu allen Zeiten gefährlich; sie sind es auch heute noch. Die Sibirier, die ihren höchsten Gott nicht anbeten, „weil er sich nicht um die Menschen kümmert", verehren dagegen den Gott des Donners Ulu Tojon; er wohnt zusammen mit den bösartigen Abaasy im dritten Himmel der unteren Sphären, und so ist er wahrscheinlich ein Titan. Auch ihm verdanken die Menschen das Feuer[35].

Die zur Algonkin-Nation gehörenden Saukindianer in den Prärien des Mittelwestens erzählen, in den Anfangszeiten nach ihrer Erschaffung sei die Erde von Riesen, den Aiyamwoi, bevölkert gewesen; diese hätten über fliegende gehörnte Schlangen, die Mashekenapek, verfügt sowie auch über unverwundbare, unter der Erdoberfläche hausende „Panther", die Nahmepashe. Der Große Geist aber habe Wisakä, der auch Mänabosho, das Große Kaninchen, heißt, auf die Erde hinabgesandt, damit er den Menschen in ihrer Finsternis das Feuer bringe und die unholden Aiyamwoi vernichte[148]. Und auch die Ost-Pomo, ein Unterstamm der Hoka, haben eine Überlieferung, wonach die Menschen der Urzeit böse und grausam wurden, „weil sie allzuviel Macht erlangten", zu fliegen vermochten und sich in erzenen „Schildkröten", einer Art Panzer vermutlich, kriechend auf und unter der Erde fortbewegten. Der Gott Marumba, vom Großen Geist auf die Erde geschickt, um hier Ordnung zu schaffen, ertränkte sie alle durch eine Flut[149].

„Bald kannten sie alles", heißt es im Popol Vuh von den ersten Menschen, „und sie erforschten die vier Windrichtungen, die vier Himmelsrichtungen, das Antlitz der Erde. Es ist nicht gut, was unsere Geschöpfe, unsere Werke sagen; alles wissen sie, das Große wie das Kleine, also sprachen die Götter. Sollen sie am Ende uns gleich sein, die wir sie schufen[17]?"

Und im Buch Henoch: „Azázél lehrte die Menschen Schwerter, Messer, Schilde und Panzer machen, lehrte sie sehen, was hinter ihnen war, und ihre Kunstwerke: Armspangen und Schmuckwaren, den Gebrauch der Schminke, die Verschönerung der Augenbrauen, ... und die Metalle der Erde. Da sprach der Höchste zu Henoch: ‚Verbirg dich! Denn die ganze Erde wird untergehen, und eine Wasserflut ist im Begriff zu kommen über die ganze Erde, und es wird untergehen, was auf ihr ist[55].'"

Aus alledem wird klar, daß die Zwistigkeiten unter Göttern und Titanen nicht allein Besitzfragen oder Machtpositionen betrafen, sondern daß die Gründe hierfür tiefer lagen. Brüder oder Vettern, verachteten sie einander doch zutiefst. Ihre Wesensarten waren gar zu verschieden. Auf irdische Ebene projeziert, mag das beiderseitige Verhältnis etwa der landläufigen Vorstellung von Iren und Angelsachsen geähnelt haben. Die Titanen waren genial, impulsiv, unzuverlässig, ohne Ordnungssinn und Voraussicht, die Götter hingegen nüchterner denkend, organisatorisch begabt, für gewöhnlich kaltherzig, gefühllos, egoistisch, berechnend, verschlagen; sie vertraten weise, edle Grundsätze, die sie als Gebote des einzigen wahren Gottes ausgaben, des einen allumfassenden, alles durchdringenden Geistes oder schöpferischen Prinzips – nur leider, obwohl sie solche Lehren beständig auf den Lippen trugen, sie selber handelten nicht immer danach. Die damaligen Zustände auf der Erde erscheinen geradezu aktuell. Weder Uranos noch Kronos in ihrer Eigenschaft als Weltenherren, weder Zeus noch Odin als Beherrscher der Erde und schon gar nicht die im Range niedrigen Götter zeigten jenes Maß von Selbstdisziplin, welches man bei ihrer sonstigen Überlegenheit hätte erwarten dürfen, jenen Abstand von den Dingen und zielbewußten Willen, wie ihn manche menschlichen Führer oder Herrscher späterer Zeiten bewiesen. Ob Zurvan, Weltenherr bei den Persern, Uranos, Kronos, Odin oder Zeus, sie alle legen oftmals eine seltsame Unschlüssigkeit an den Tag. Im entscheidenden Augenblick versagen sie. Was ein Wort, eine entscheidende Tat im rechten Augenblick hätte bewirken können, mußte deshalb häufig in langwierigen, opfervollen Kämpfen errungen werden. Unter solchen Umständen konnte es nicht ausbleiben, daß die Konfliktstoffe sich häuften, daß die Dinge immer rascher einer Entscheidung zutrieben. Und als das Ereignis eintrat, von dem nicht nur die indischen Puranas und Upanischaden berichten, sondern auch die Sagen und Legenden primitiverer Völker, da wurde der Anlaß auch nur wieder in einer rein menschlichen Unzulänglichkeit gesehen.

Birma, Fürst der Finsternis, dem außer anderen auch Naraka, eine der unteren Welten gehörte, erhob Anspruch auf die Erde, wurde aber von Brahma abgewiesen. Der Streit zog sich in die Länge, ohne daß der eine oder andere nachgab oder den Entschluß faßte, seinen Willen durchzusetzen. Weder Brahma noch Birma schien an einem Ausbruch offener Feindseligkeiten gelegen. Nun besaß aber Birma eine sehr schöne, liebreizende Tochter, Sursety genannt, die sich – ganz im Gegensatz zu den meisten anderen weiblichen Göttern und Titanen – eines überaus tugendhaften Lebenswandels befleißigte. Vielleicht aber war sie auch nur berechnend und auf den Weltenherrn selbst aus. Eines Tages nun zog sie Birmas Blicke auf sich, und er sah, daß sie schön war. Von Stunde an mußte sie sich der Nachstellungen ihres allzu leidenschaftlichen Vaters erwehren. Als er ihr rundheraus erklärte, sie habe sich ihm hinzugeben, floh sie heimlich von Birmlok nach dem nicht allzu weit entfernten Brahmaloka hinüber und unter den Schutz des Weltenherrn. Der enttäuschte Birma raste; er verdächtigte Brahma, bei dieser Flucht seine Hand im Spiel gehabt zu haben, zog eine Streitmacht von Titanen, die seinem Rufe nur gar zu gerne folgten, auf Mirtlok, unserer Erde, zusammen, drohte wutschnaubend, den Himmel – das heißt Brahmaloka – zu stürmen, falls Sursety ihm nicht unverzüglich ausgeliefert werde. Da ließ Brahma den Planeten Erde aus der lichten Sonnensphäre in die dunklen Tiefen von Bhur hinabsinken[29].

Ein recht hübscher Roman, wird man sagen, entsprungen der Phantasie eines hinduistischen Dichters, ohne irgendeinen realen Hintergrund, es seien denn die erotischen Eskapaden irgendeines unbedeutenden Stammesfürsten. Oder sollte sich doch noch etwas anderes hinter der pikanten Geschichte verbergen? Wer kennt zum Beispiel die Ursachen der Eiszeiten? Hat die Erde früher einmal andere Umlaufbahnen gehabt? Und wie kommt der Vorzeitmensch dazu, sich überhaupt auch nur vorzustellen, daß man die Position eines Gestirnes im Raum vorsätzlich ändern könne? Bis zu Kepler und Isaac Newton hin waren die Gesetze der Himmelsmechanik den abendländischen Astronomen so gut wie gar nicht bekannt. Vor einem halben Jahrhundert noch mußte daher diese Geschichte einem Philologen, der sie übersetzte, als reines Phantasieprodukt und im höchsten Grade absurd erscheinen. Doch heute lesen wir:

„Dayson nimmt an, daß die Menschen in den nächsten zwei- bis dreitausend Jahren – bestrebt, die Sonnenenergie maximal zu verwerten – ihren mütterlichen Stern mit einer riesigen Hohlkugel umgeben werden, die einen Radius von 150 Millionen Kilometern und eine Wandstärke von mehreren Metern hat. Als Baustoff wird die Masse des Jupiter dienen, zergliedert und verarbeitet von Ingenieuren der Erde. Die Erde und einige andere Planeten werden wie unter einer Glocke ihre Bahnen ziehen[1].“

Dies ist nun nicht etwa irgendeinem utopischen Zukunftsroman entnommen, sondern dem Artikel eines geachteten russischen Gelehrten, der Ende 1968 veröffentlicht worden ist; der darin genannte amerikanische Physiker Professor Freeman Dayson, der Vater dieser atemverschlagenden Idee, gilt international als Kapazität auf dem Gebiet der Himmelsmechanik. Als ein der Materie Fernstehender kommt man sich angesichts solcher Pläne freilich einigermaßen hilflos vor. Sollten sie jedoch wirklich, wie versichert wird, heute bereits theoretisch möglich sein, so ist nicht einzusehen, weshalb eine technisch offenbar viel weiter fortgeschrittene Rasse von Göttern nicht imstande gewesen sein sollte, die Umlaufbahnen der Gestirne im Raum zu verändern. Tatsächlich muß etwas dieser Art stattgefunden haben, weil es von den verschiedensten Völkern bezeugt worden ist.

Zu der Zeit, da Batara Guru, einer der drei Götter, die unseren Planeten bewohnbar gemacht haben sollen, im Himmel regierte, wurde die Erde, die so lange auf dem Haupte der gehörnten Himmelsschlange Naga Padoha geruht hatte, von dieser jählings abgeschüttelt und versank in den finsteren Tiefen des Raumes. So erzählen die Batta auf Sumatra[108]. In Hellas soll es der Heroe Herakles gewesen sein, der, durch die Hitze des Sonnenwagens bei seiner zehnten Arbeit gestört, Helios durch einen Pfeilschuß zum Halten brachte[64]; doch mag es sich in diesem Falle um eine Verwechslung mit einem ähnlichen Ereignis handeln, denn der Ur-Herakles, von dem man sich diese Tat erzählt, lebte erst gegen Ende der Götterzeit. Ein wenig anders klingt da schon die Sage vom König Atreus, der vor Zeus mit seinem Bruder Thyestes um den Thron von Mykenai stritt. „Rufe Thyestes", gebot Zeus, der dem Atreus wohlwollte, und frage ihn, ob er seinen Thron dir überlassen will, wenn die Sonne rückwärts geht?" Thyestes willigte ein. Da befahl Zeus dem Helios, auf der Stelle umzukehren. Dieser wandte den Wagen und raste, die Pleiaden und alle Gestirne mit sich reißend, den Weg zurück, so daß die Sonne im Osten unterging[64].

Vermutlich haben die Griechen diese Geschichten erst Jahrtausende nach dem Ereignis von den Pelasgern übernommen und spielerisch anmutig, wie es ihre Art war, weitererzählt. Nichts ist in ihnen von dem bitteren Ernst zu spüren, mit dem sich manche Völker daran erinnern. Von den Azteken hörten wir, daß nach dem ersten Weltalter die Sonne plötzlich verschwand. Finsternis fiel über die Erde; es wurde kalt. Verstört irrten die Menschen umher, „und das geschah zur Strafe, da sie weder ihres Vaters, noch ihrer Mutter gedacht hatten, nicht des Herzens des Himmels, dessen Name Huracán ist. Darum verdunkelte sich das Antlitz der Erde, und es begann ein schwarzer Regen, Tagregen, Nachtregen[17]".

Die Kälte tötete viele Tiere; die Pflanzen erstarben. Zitternd vor Frost und Furcht bargen die Menschen sich in Höhlen; sie sahen die Sonne zurückweichen, sahen sie kleiner und kleiner werden, bis ihr fahler Schein zuletzt gänzlich erlosch. Vielleicht stammen die Gebeine der Mastodonten, die man in so großer Zahl auf dem Feld der Riesen bei Bogota liegen sieht, aus dieser „langen Nacht" oder auch erst aus der viel späteren Zeit der großen Flut.

Amaterasu, die Sonnengöttin, zieht sich nach Meinung der Japaner in eine Höhle des Universums zurück; nun gibt es weder Tag noch Nacht. Der Himmelsfluß trocknet aus, und in seinem leeren Bett versammeln sich zahlreiche Götter[150]. Auch die Ägypter wußten noch, daß die Sonne sich vorzeiten von der Erde entfernte[32]. Im Kalewala wird erzählt, wie Ilmarinen nach dem jähen Verschwinden von Sonne und Mond ein künstliches Gestirn herstellte und mit Hilfe einer „Tanne" am Himmel zu befestigen versuchte. Diese Sage kann nicht, wie Eisler[151] meint, eine Übernahme aus dem Christentum sein, weil das Pfahlmotiv, das wir im Kapitel über die Raumfahrt der Götter näher betrachten wollen, auch in den Überlieferungen von Völkern eine Rolle spielt, die erst spät mit dem Christentum in Berührung gekommen sind[41].

Die Hawaiianer schrieben den Verlust der Sonne den Bewohnern von Tahiti zu, mit denen sie sich im Kriege befanden. Ihr König Kana fuhr deshalb über das „Meer" zum Gestirn Kaohaalis, wie sie auf den Sandwich Inseln Tangaroa nennen, und erbat von diesem die Sonne zurück[152]. Hierbei handelt es sich um eine sehr alte, verblaßte Überlieferung, die von den Priestern bewahrt und im Laufe der Zeiten den neuen Verhältnissen ihres Insulanerdaseins angepaßt wurde. Denn die jetzige Menschheit konnte, wie wir noch sehen werden, ganz einfach nicht Zeuge dieses kosmischen Ereignisses gewesen sein. Entweder wurden die neuen Menschen durch die Götter darüber in Kenntnis gesetzt, oder sie hörten es von den Überlebenden der älteren Bevölkerung, mit denen sie sich nach und nach vermischten.

Kalt und leer war es also auf der Erde geworden; weder Sonne noch Mond standen am Himmel. Es grünten weder Baum noch Strauch; kein Vogel sang. Die Menschen fanden keine Nahrung mehr; ihre Kinder starben. Dann und wann jagten „Himmelsjaguare" donnernd und Blitze sprühend dicht über den Boden hin und töteten alles Lebendige. Dann begann es zu wehen; eisige Stürme rührten die erstarrten Gewässer auf, entwurzelten Bäume, rissen Menschen, Tiere und Pflanzen mit sich fort. „Es kamen auch die kleinen und großen Tiere, die Stöcke und Steine, und sie schlugen den Menschen ins Gesicht. Und alles fing an zu sprechen. Und die Wasserkrüge, die Platten, die Schalen und Schüsseln, die Hunde, die steinernen Maisreiben, sie alle erhoben sich und schlugen ihnen ins Gesicht[17]."

Diese Mythe vom Aufstand der Tiere und Hausgeräte, die nicht länger dem Menschen dienen, sondern ihn töten wollten, ist nicht allein den Maya bekannt. Auf einem Fresko in einem Tempel des alten nordperuanischen Kulturvolkes der Muisca finden wir ebenfalls den Krieg der Hausgeräte dargestellt. Sicherlich liegt der Geschichte ein tatsächliches Erleben zugrunde, denn das Absinken der Erde kann nicht ohne katastrophale meteorologische und tellurische Störungen verlaufen sein. Schlimmer als Klimasturz, Hungersnot, Finsternis, Vulkanausbrüche oder Sturmfluten aber waren jene unheimlichen Riesen, an die sich selbst der heutige Mensch noch mit Grauen erinnert.

Die Songhai, ein Negerstamm des Sudan, der heute in der Gegend von Timbuktu lebt, erzählen, wie noch vor dem Eintreffen der wirklichen Menschen, damals, „als die Erde noch dunkel war", die Zin mit den entsetzlichen Holey kämpften. Die Holey waren ungeheuer groß und stark; sie nährten sich von ihresgleichen. Aber zuletzt wurden sie doch alle von dem Helden Faran, dem Sohn eines Fischers, erschlagen[113]. Die Zin, eine Variante der islamischen Djinnen oder Geister, galten als Boten der Götter und Vollstrecker ihres Willens. Einige meinen, jene riesigen Kannibalen seien durch die Titanen von einer der unteren Welten heraufgebracht worden, um die Erde urbar zu machen, andere wieder, sie seien die ersten Geschöpfe der Götter gewesen, aber alsbald wieder vertilgt worden, weil sie sich unbotmäßig zeigten und einander auffraßen.

Aus dem griechischen Mythos wissen wir, daß die Kyklopen eine Rasse menschenähnlicher, handwerklich außerordentlich geschickter, im ürigen jedoch roher, wenig bildungsfähiger Riesen waren, beheimatet auf einer der unteren Welten des Tartaros. Von dort wurden sie durch die Götter nur dann heraufgeholt, wenn es galt, eine schwere oder unangenehme Arbeit zu vollbringen. Bei den Indern waren sie als Daityas bekannt; die Götter hatten sie aus ihrer Heimat in den Patals nach Mirtlok umgesiedelt, damit sie die Erde fruchtbar machen sollten, doch hatten sie sich als untauglich zu diesem Werk erwiesen[29]. Daß sie mit jenen, dem peruanischen Mythos zufolge von Huriacocha aus Ton geformten Riesen identisch sind, die sich dem Kannibalismus ergaben und deshalb ausgerottet wurden[39], ist wenig wahrscheinlich, denn weder die Griechen noch die Inder würden es versäumt haben, anthropophagische Neigungen bei Kyklopen oder Daityas zu erwähnen.

Das mythische Bild jener Zeit der „langen Nacht“ unterscheidet sich im Grunde gar nicht so sehr von dem wissenschaftlichen; vielmehr scheint dieses durch jenes in manchen Punkten bestätigt oder ergänzt zu werden, durch die auf Kannibalismus deutenden vorgeschichtlichen Funde im Lonetal etwa, bei Nördlingen, am Michaelsberg, in der ungarischen Istállóköer Höhle und bei Schößlingen in Siebenbürgen[153]. Wir sehen also eine Erde vor uns, auf der es weder hell noch völlig dunkel war, eine schauerliche Hadeswelt, bevölkert mit verzweifelten menschlichen Wesen von verschiedener Rasse und Herkunft, die kein Feuer hatten, einander jagten und fraßen, sich nur durch rauhe Rufe und durch Gesten verständigten und sich trotz Hunger, Finsternis und Hoffnungslosigkeit zahlreich vermehrten. „Sie erhoben stumm ihre Gesichter zum Himmel und wußten nicht, was sie auf der Erde tun sollten“, heißt es im Popol Vuh[17]. Damit nicht genug, hausten im Wasser der Flüsse und Meere, in den Berghöhlen und Sümpfen, gigantische Ungeheuer, denen viele Menschen und kleinere Tiere zum Opfer fielen. Paläontologen, Archäologen und Ethnologen pflegen zumeist, wenn sie erklären wollen, wie der Urmensch Gewalt über das Feuer gewann, von der irrigen Voraussetzung auszugehen, daß die Verhältnisse auf der Erde, abgesehen von den relativ geringen, durch die Vereisung bewirkten Veränderungen, zu allen Zeiten gleich gewesen seien. Eine Erde ohne Sonne und Mond, ohne die uns vertrauten atmosphärischen Erscheinungen, ohne eine Pflanzen- und Tierwelt, wie wir sie gegenwärtig kennen, vermögen wir uns nur mit Mühe vorzustellen, obwohl uns von Tag zu Tag deutlicher das Beispiel anderer Gestirne vor Augen tritt.

Für den Urmenschen waren die Götter eine schreckliche Realität. Nicht zu Unrecht schrieb er seine elende Lage ihrem Eingreifen zu und fühlte sich schicksalhaft mit einbezogen, wenn sie mit ihm und der Erde „spielten“, wie im Ballspiel der Maya und Siamesen dargestellt.

Wiederkehr des Lichtes

Im Wechsel der Zeiten verbrennt das Land;
Im Wechsel der Zeiten kehrt sich der Himmel um;
Und wieder kündet die Zeit das nahende Sonnenlicht,
Läßt das Licht der Himmelskörper erscheinen,
Die Zeit der Plejaden in der Nacht . . .
Neu, ohne Zweck noch, gründet sich die Erde.
Der Urgrund ist dunkel; der Urgrund ist tiefste Nacht.
Dunkel ist es, dunkel,
Dunkel am Tage und dunkel in der Nacht.
Nichts ist als Nacht, – Nacht, Nacht, geboren aus Nacht.

So klingt das „Lied vom Urbeginn“ auf Hawaii[18]. In ihm kündigt sich die Hoffnung auf Licht, auf ein Wiedererwachen der Natur, auf einen Neubeginn des Lebens auf der Erde an. Noch haben die jungen Götter nicht gesiegt, doch scheint im Himmel ein Wechsel der Herrschaft stattgefunden zu haben. Wir wissen nicht, ob Brahma ein Asure war, so wie Kronos ein Titan; die Inder sagen nichts darüber, ob auch Brahma durch einen anderen Gott abgelöst worden ist, nur tritt jetzt Indra wieder stärker in den Vordergrund. Über die Machtkämpfe unter den uranischen Göttern hören wir Genaueres nur von den Griechen, und diese sind als Erfinder pikanter Sensationsgeschichten bekannt.

Aus dem wenigen, was uns aus jener Zeit überliefert ist, ersieht man immerhin, daß ein Aufbruch erfolgte. Die „jungen Götter“ regen sich. Sie haben den Titanen den Kampf angesagt. Auf die Erde verzichten wollen sie nicht. Wie konnten die Symbolisten des vorigen Jahrhunderts diesen Aufbruch der jungen Götter – bei den Sumerern der Anunnaki gegen die schreckliche Tiamat, bei den Griechen der Parteigänger des Zeus gegen die Titanen, bei den Indern der zwölf Lichtgötter gegen die Asuren – nur als Versinnbildlichung der im Frühling wiedererwachenden Natur mißverstehen? Einmal waren die Götter ja Wesen von Fleisch und Blut, Irrtümern, Leidenschaften,

Schmerzen unterworfen, ja, sogar dem Tod; zum anderen findet sich dieser Mythos auch bei Völkern, die einen Wechsel der Jahreszeiten so gut wie gar nicht kennen; und dann: Gehört dies alles nicht einer Zeit an, in der es den Jahreszyklus, so wie wir ihn gewohnt sind, wahrscheinlich gar nicht gab? Die durch die jungen Götter ausgelösten Ereignisse – das Wiedererscheinen des Lichtes, die Zerschmetterung der Himmelsschlange, der Titanensturz – haben einen so starken, so tiefen, so nachhaltigen Eindruck hinterlassen, daß diese Themen von Dichtern und Künstlern über Jahrtausende hin bis in die Gegenwart immer wieder neu gestaltet wurden. Die Naturverbundenheit des germanischen Bauern allein bietet keine Erklärung hierfür.

Nebel umhüllten, nach Aussage der Eskimos, damals die Erde; weder Tag noch Nacht gab es, nur ein ewig gleichbleibendes Dämmerlicht, zu schwach, als daß die umherirrenden Lebewesen einander hätten erkennen können. Doch nun, nachdem dieser Zustand lange gewährt, entfalteten die Götter eine rege Tätigkeit. Schwarze Riesenvögel, gestaltet wie Raben oder Schwalben, donnerten durch den düsteren Himmel. In einem dieser Raben ist Tulungusak, der junge Schöpfergott der Eskimo, verkörpert; er trägt eine Vogelmaske mit künstlichem Schnabel, heftet sich künstliche Flügel an und gleitet hinab in eine der unteren Welten, um von dort Samen für die Erde zu holen und dann, nachdem dies geschehen ist, die argen Riesen von ihr zu vertreiben[154].

Die Samojeden des Jurak wissen ebenfalls von diesen Vögeln und daß die Erde unter dichten Nebeln lag. Ein schreckliches Ungeheuer, Schlange oder Riese, hält ihrer Meinung nach die Erde umklammert, die Sonne und andere Gestirne gefangen. Es gilt, sie zu befreien. Und nun erscheint nicht Num, der Weltenherr, der unerreichbar fern im höchsten Himmel weilt, sondern ein junger Gott von kleinem Wuchs, der es unternimmt, die Sonne wieder an ihren Platz zu setzen, ständig verfolgt von bösen Geistern oder Riesen[155].

Ähnlich ergeht es den germanischen Asen; immer wieder besiegen sie die Riesen, doch nie kommt es zum entscheidenden Kampf; es bleibt bei einer Art Koexistenz, einem kalten Krieg. Auch scheinen sie, abgesehen von einer Erinnerung an die Eiszeit, über das Absinken der Erde wenig zu wissen; ihr Zentralerlebnis ist die „lange Nacht", ist die Wiederkehr des Lichtes. Vielleicht gehörten sie zu jenen ersten Kolonisten, die von den Göttern auf der Erde eingesetzt wurden? Jahrtausende später singt Wala, die blinde Seherin[116]:

Erst war die Zeit, da Ymir hauste,
War Sand nicht, noch See, noch salzige Welle;
Erde nicht fand ich, noch Himmel darüber.
Gähnende Leere – und Gras nirgends.

Hier, im Völuspa, dem Eröffnungsgedicht der Edda, klingt ein Erinnern an die schreckliche Vergangenheit nach, eine schaudernde Furcht vor Kälte, Dunkelheit und Leere. So mag wohl Schiffbrüchigen zumute sein, die sich auf entlegenem, ödem Eiland ausgesetzt sehen. Mythologen, Volkskundler und Vorgeschichtsforscher haben immer wieder danach getrachtet, das Weltbild der Germanen, das in Wahrheit doch so gut in den Rahmen des Gesamtgeschehens paßt, aus ihrer historisch fixierbaren Situation heraus zu erklären: Niflheim, tatsächlich eine der unteren Welten, sollte die Eisregion des Nordens sein, Muspelheim der sonnenwarme Süden, Valaskialf, Odins Palast auf Asgard, Byzanz und was dergleichen leicht zu widerlegende Irrtümer mehr sind. Wir erfahren zwar nicht, wo und unter welchen Umständen die germanischen Völker, die von sich behaupten, gleichen Blutes mit den Göttern zu sein[156], den Boden der Erde zum ersten Male betreten haben, doch den Zeitpunkt kennen wir aus der Edda: kurz vor der Rückkehr des Lichtes.

Wie aber wurde es Licht?

Auf Samoa sagen sie: Feuer und Wasser heirateten, daraus entstanden die Erde und alle Dinge auf ihr. Dann kam der große Tintenfisch Fe-e, eine Entsprechung zu Ophion oder der Midgardschlange, der kämpfte mit dem Feuer und unterlag, das Feuer kämpfte mit den Felsen, die Felsen siegten[18]. Zuvor „war Finsternis von der ersten Teilung der Zeit bis zur zehnten, bis zur hundertsten, bis zur tausendsten, das aber heißt für eine sehr lange Zeit", berichtete ein Maorihäuptling auf Neuseeland dem englischen Forscher Sir George Grey[110]. Und dann kam Maui, Hanswurst und Held in einem, bald boshaft, bald gutherzig, eine zwielichtige Gestalt, die erst später durch zahllose Erzählungen von Schelmenstreichen in die Empfindungswelt der Polynesier eingepaßt wurde, ihr aber im Grunde nicht anzugehören scheint. Maui fischte eine Insel, seine Heimat Tahiti, aus der See[18]:

Mauis Angelhaken sinkt nieder zum Gotte Rua-hatu;
Tief drunten in Havaiki wird er festgemacht;
Nun wird der Fels, der Urgrund der Welt, entblößt;

Der Fisch am Haken steigt zur Welt des Lichtes empor.
Nun endlich zeigt sich mein Fisch den Blicken;
Du bist es, o Tahiti!

Durch zahlreiche Varianten dieser Geschichte verwirrt, die desto primitiver und kindlicher anmuten, je ferner sie der Urzeit sind, scheint es den meisten Ethnologen nicht möglich gewesen zu sein, ihre kosmische Bedeutung zu erkennen. Nun wissen wir aber: Havaiki liegt nicht am Grunde des Meeres, wie der einfache polynesische Fischer glauben mag, sondern unterhalb unseres Planeten in der Urnacht Po. Und so ist denn Mauis Fisch auch nicht die Insel Tahiti, sondern unsere Erde. Diese Tatsache war, wie wir durch den Flamen Moerenhout[157] erfahren, zu Beginn des vorigen Jahrhunderts auf den Inseln der Südsee noch wohlbekannt, ist aber inzwischen in Vergessenheit geraten.

Eine Entsprechung hierzu bietet die dramatische Schilderung vom Heraufholen der Erde im Varâha Purana. Auch in ihr wird von späteren Übersetzern der Weltenraum mit dem Meere verwechselt. Vishnu stürzt sich in Gestalt eines „Ebers" – eine Verbildlichung, die auch im griechischen Mythos vorkommt – vom Himmel auf die im Nachtmeer versunkene Erde, die von den durch die Titanen nach Mirtlok umgesiedelten Davanas besetzt gehalten wird. Nach heftigem Kampf tötet er deren Anführer, den Asuren Hiranyâksha, und hebt mit Hilfe seines „Eberzahnes" die Erde wieder zum Lichte empor[158].

Einmal ist es ein Angelhaken, dann ein Eberzahn, und war es nicht eine steinerne Sichel, mit der Uranos entmannt wurde? In allen drei Aussagen also ein gekrümmter Gegenstand; dieser jedoch von kosmischen Dimensionen. Könnte es nicht die beleuchtete Hälfte eines anderen Himmelskörpers gewesen sein, der Krake Fe'e, das die Erde umklammernde Ungeheuer der Samojeden? Irgendwie wird man einer primitiven Menschheit den zur Himmelsmechanik gehörenden Vorgang erklärt haben, und das Augenfällige ist ihr im Gedächtnis geblieben. Wir werden sehen.

Zu Teotihuacan, auf der Hochebene von Mexiko, versammelten sich die Götter und ratschlagten, wie man die Sonne wieder an den Himmel setzen könne und auf welche Weise das doch offenbar höchst gefährliche Unternehmen durchzuführen sei. Keiner traute sich so recht an die Sache heran. Zuletzt wurde außer Teccuciztecatl, „der aus dem Lande der Meerschnecke", auch noch ein kleiner, bis dahin unbekannter Gott – wie bei den Samojeden – aufgefordert: „Sei du es, armseliger Blatternarbiger, der Licht spendet!“ Beide unterzogen sich nun einer viertägigen „Bußübung“ – was an die Vorbereitungen zu einer modernen Raumfahrt gemahnt –, und dann, kurz vor Mitternacht, bekleidete man sie, den einen mit einem kostbaren, schillernden Gewand, den anderen mit einem Kleid aus „Papier“, wobei es sich dem Zwecke nach um Asbest oder dergleichen gehandelt haben könnte. Feierlich wurden sie nach dem teotxecalli, dem „Götterofen“, geleitet, wo seit vier Tagen das Feuer brannte. Und nachdem die beiden sich ins Feuer gestürzt hatten und unter Flammen und Rauch zum Himmel aufgefahren waren, erschien die Sonne am Himmel wieder, nach anderen Aussagen auch der Mond, und so glaubten die Menschen, es seien die Götter Teccuciztecatl und Nanahuatzin[39]. Ein typisches Beispiel dafür, wie in mythischen Erzählungen oft Ursache und Wirkung miteinander verwechselt werden, doch könnte auch ein moderner Countdown und Raketenstart von einem mit der Technik nicht vertrauten Primitiven wohl kaum anschaulicher berichtet werden.

Über das Wiederaufsteigen der Erde in die Sonnensphäre erfahren wir aus den Mythen nichts, abgesehen von der Bemerkung, daß ein sichelförmiger Gegenstand dabei eine Rolle gespielt habe. Kein Wunder, denn selbst heute, da die Öffentlichkeit fortwährend durch Presse, Funk und Fernsehen über Astronomie, Astrophysik und Raumfahrt unterrichtet wird, bleibt das Verständnis für diese Dinge begrenzt. Überliefert wurde nur, was man gesehen, erlebt, erlitten hatte, und dies nur in allgemeinverständlichen, der vertrauten Umwelt entnommenen Bildern.

Zu dieser Art Bilder gehört auch die Himmelsschlange. Wir vernahmen, was die Pelasger den Griechen über Eurynomes Kampf gegen Ophion zu erzählen gewußt. Leider sind solchen prähellenischen Mythen nur mehr wenige Tatsachen zu entnehmen. Immerhin wird gesagt, daß auch Flugzeuge bei jener Unternehmung eingesetzt worden sind, denn zeitweilig nahm Eurynome die Gestalt einer „Taube“ an[103]. Man trifft auch gegenwärtig noch Mythologen, die – ohne ersichtlichen Grund – in dieser „Himmelsschlange“ ein ins Transzendente erhobenes Tier, nämlich „die schöpferische Schlange der hebräischen und ägyptischen Mythologie“, erblicken wollen, eine Personifikation der Finsternis, eines Prinzips[46], was schon deshalb ein Irrtum sein dürfte, weil die Himmelsschlange keine lokale Erfindung, sondern nahezu allen Völkern, den Sumerern, Persern, Indern, Germanen, Chinesen, Peruanern, Maya, Azteken und Algonkin, wohlbekannt ist und von ihnen übereinstimmend, oft mit großer Genauigkeit beschrieben wird. Philosophische Ausdeutungen sind hier wie in anderen Fällen noch stets die Früchte eines spätzeitlichen, entwickelteren Intellekts.

Der Kampf des ägyptischen Gottes Ré gegen die Himmelsschlange Apophis – ursprünglich als tatsächliches Geschehen betrachtet – wurde später, nachdem man die näheren Umstände vergessen hatte, unter Verkennung des kausalen Zusammenhanges symbolisiert. Nicht, weil er der „Sonnengott" war, kämpfte Ré gegen die unseren Planeten verfinsternde Himmelsschlange, sondern weil er mit ihr kämpfte, sie zerstörte und daraufhin die Gestirne am Himmel sichtbar wurden, sah man in ihm den Sonnengott[24].

Von den Persern Ahi Budhuya genannt, lagert dieses doppelköpfige Ungetüm auf den Bergesgipfeln, „an den Wolkenquellen", womit deutlich ausgedrückt wird, daß es sich bei dieser Erscheinung nicht etwa um Wolken handelte. Vermutlich ist Ahi Budhuya nichts anderes als Vatrahan, das „Zerstörende, Versperrende", das dem Awesta zufolge „alle Gewässer der Erde wie des Himmels austrocknete[14]".

Die Inder kannten dieses Phänomen unter dem Namen Vrtra als die furchtbare Himmelsschlange, den Drachen, der die Gewässer des Himmels umlagert hält. In den Wedas wird geschildert, wie Indra seinen „mit falben Rossen bespannten Wagen" besteigt und an der Spitze der Maruts, der Sturmgötter, durch den verdüsterten Himmel jagt, um die Daityas und Asuren, die Feinde seiner erdgeborenen Schützlinge zu bekämpfen und Vrtra zu vernichten, der alles Leben auf der Erde erstickt[51]. Auch dieser Mythos wurde bis vor wenigen Jahrzehnten noch als ein Bild vom Kampfe des Sonnengottes gegen die Winterriesen, des Lichtes gegen das Dunkel also, aufgefaßt. Den Forschungen von Heinrich Lüders[159] verdanken wir indes die Einsicht, daß es sich hierbei um die Wiedergabe eines realen Sachverhaltes handelt, daß mit den „Wassern des Himmels" der Weltenraum gemeint war, der Okeanos, das Himmelsmeer, und daß Vrtra mit der doppelköpfigen Himmelsschlange Tien-she der Chinesen identisch ist.

Hier sei auf einen merkwürdigen Umstand hingewiesen: Zahlreiche Mythen bekunden, daß die Vernichtung der Himmelsschlange am

„Anfang der Zeiten", also vor Urbarmachung der Erde und vor dem Erscheinen des Menschen auf ihr, erfolgte. Dies ist nicht mehr wie sinngemäß. Dennoch wird sie mit einer Genauigkeit und mit einem nachzitternden Schrecken beschrieben, wie sie nur aus eigenem Erleben herrühren können. Woher wußten die Menschen um diese Dinge? Eine Erklärung wäre, daß Erfahrungen mit der Himmelsschlange, als sie am Ende des Zeitalters zum anderen Male erschien, von späteren Geschlechtern auch auf jenes erste Erscheinen übertragen wurden.

Tien-she war außerordentlich gefürchtet bei Chinesen und Thai; sie erstickte nicht nur alle Pflanzen und kleineren Tiere auf der Erde, verfinsterte den Himmel und machte das Atmen zur Qual; der weiße Staub, der unablässig von ihr herabrieselte, verursachte obendrein auch noch unheilbaren Ausschlag, der die Kräfte der Menschen verzehrte, bis sie starben[40]. Ein gleiches berichten in Peru die Colla und Aymara; sie verwechseln jedoch den Regenbogen mit der Himmelsschlange, und deshalb fürchten sie ihn auch heute noch ärger als die Pest. Gleich anderen Völkern entsinnen sie sich, daß diese „Schlange", die würgend den Leib der Erde umwand, zwei Köpfe besaß, zwischen denen, nach Meinung der in Mexiko lebenden Huichól, die Sonne hindurch mußte, sobald sie ihren Tageslauf begann oder endete[35].

Wir finden die doppelköpfige Himmels- oder auch Federschlange im zu Madrid aufbewahrten Codex Troanus der Maya bildlich dargestellt. Eine Legende mittel- und südamerikanischer Völker erzählt, die Menschen hätten sie bei sich aufgenommen, als sie noch klein gewesen sei, doch habe sie sich von menschlichen Herzen genährt, sei hierdurch immer größer geworden, bis die Götter sie hätten töten müssen[35]. Die Bemerkung, das Gefieder der Vögel, die sich in ihrem „Blute" gebadet, habe eine sonderbare buntschillernde Farbe erhalten, bestätigt jene Aussage der Thai über den „todbringenden Staub": Die Tiere mutierten. Heute sind solche Wirkungen radioaktiver Strahlungen allbekannt.

Von den Germanen erfährt man ein wenig mehr über diese auch hier doppelköpfige Himmels- oder Midgardschlange, die eigentlich Jormungand heißt und als „Tochter", also als Werk Lokis und der Riesin Angerbode gilt. Auch in diesem Falle hatten sich die Begriffe dadurch, daß man den Himmelsraum als Meer bezeichnete und später das eine mit dem anderen verwechselte, bis zur Unverständlichkeit verwirrt. Einmal wird gesagt, sie umschlänge die Erde und beiße sich selbst in den Schwanz, das andere Mal, sie sei von Loki ins Weltmeer geschleudert worden; trinke sie, so entstünde Ebbe, gebe sie das Wasser von sich, Flut[106].

Hier haben wir eine klare Aussage über die Natur des Phänomens, denn so, wie gegenwärtig der Mond, der damals noch nicht in Erdnähe existierte, rief die Midgardschlange Gezeiten hervor. Aus der Verdunkelung des Himmels, dem todbringenden, Mutationen verursachenden Staub, der Wirkung auf die Gezeitenverhältnisse läßt sich schließen, daß diese Schlange nichts anderes gewesen ist als ein Ring aus den Trümmern eines zerplatzten Himmelskörpers, und weil die Götter unseren Planeten unter Feuer und Rauch wieder in die Sonnensphäre emporgehoben hatten, darf man wohl mit diesem Vorgang sein Entstehen in Verbindung bringen. Loki, so wie auch Hephaist, ein Ingenieur und Physiker der Götter, hatte von seiner geheimnisvollen Warte im fern auf unzugänglichen Bergeshöhen gelegenen „Eisenwald", wo auch Garm, der „Höllenhund", entstanden war, mit Angerbodes Hilfe die Midgarschlange hervorgebracht[85], was nur bedeuten kann, daß dort die Sprengung jenes fremden Gestirnes vorbereitet und von dort aus durchgeführt worden war.

Hethitische Mythen berichten dramatisch vom Kampf des Gewittergottes gegen die Himmelsschlange Illuyanka[160]. Während große schwarze Vögel durch die Staub- und Nebelschwaden über der Erde donnern, Steine und Felsbrocken zu Boden prasseln, die Menschen sich angsterfüllt in Höhlen verstecken – woran sich auch die Eskimos noch erinnern[161], denn ihrer Meinung nach war es ein „Rabe", der Sonne und Mond erschuf und dann in fernere Himmelsräume aufstieg, um noch andere Gestirne hervorzubringen – verschwindet Vrtra, das Versperrende; das Licht der Sonne bricht durch.

Nach den Vorstellungen der Muisca war das Licht in der Urnacht, einem großen schwarzen Etwas, eingeschlossen gewesen, doch nun von ihrem Gotte Chiminigagua befreit worden, und jetzt erblühte die Erde neu im Lebenshauch einer reinen, strahlenden Helle, den die schwarzen Vögel der Götter über die ganze Erde hin verbreiteten[139]. Im Lindenmuseum zu Stuttgart sieht man ein Kultbild der Muisca, auf dem die den Himmel überspannende Schlange dargestellt ist, und dem gleichen Kulturbereich gehören Vasenbilder der Chibcha und Chimu an, die den doppelköpfigen, Menschenherzen verschlingenden Himmelsdrachen zeigen[69].

Kurz, es gelang den Göttern nicht nur, die Erde wieder ins Licht der Sonne zu heben, sie entfernten auch den Trümmerring, vertrieben Titanen und Riesen, und schufen damit die Voraussetzungen für eine planmäßige Besiedelung. Wie – das wird nicht erklärt; so müssen wir uns denn vorläufig mit den Aussagen über das Ergebnis begnügen. Verschiedene Völker sprechen in diesem Zusammenhang nicht nur von der Sonne, sondern auch schon vom Mond. Das muß jedoch eine spätere Ergänzung sein, denn aus zahlreichen Überlieferungen ergibt sich ein ganz anderes Bild: Einen Mond, wie wir ihn kennen, gab es zu jener Zeit noch nicht. Die Behauptung der Chinesen, es hätten nicht ein Mond, sondern deren zwölf existiert[65], geht wohl auf den Irrtum zurück, daß jede der einzelnen Mondphasen ein eigenes Gestirn darstelle.

Nicht nur in Afrika blieben Erinnerungen an eine mondlose Zeit bewahrt[162], sondern ebenso auch in Tibet[131], in Peru[163], wo Bocchia, der Kulturheros der Chibcha, nach Kolumbien kam, „als noch kein Mond die Nächte erhellte[164]", und in Hellas: „Das spätere Erscheinen des Mondes bezeugen nicht allein Plutarch, Lucian und andere Schriftsteller, auch die Überlieferungen mehrerer Völker, der Arkadier besonders, die sich für älter als der Mond oder doch für vorhanden, ehe der Mond die Erde beschien, ausgeben, stimmen damit überein; und im ‚Alexis' macht Hemsterhuys es mehr als wahrscheinlich, daß der von allen Sternkundigen angezeigte Komet – der erste seit der Weltschöpfung, der sich der Erde näherte – ebenderselbe war, der durch seine Annäherung an die Sonne in einen bimssteinartigen, ausgebrannten, verglasten Körper verwandelt und, in seinem ferneren Laufe gehemmt, bestimmt worden sei, bei der Erde zu verbleiben[165]."

Dalberg, der zu Anfang des vorigen Jahrhunderts lebte, täuschte sich weniger über den Zeitpunkt seines Erscheinens als über die Natur und die Geschicke des Mondes. Die Götter, so heißt es, hätten den Mond in seine jetzige Umlaufbahn gebracht. Ob er jenes geheimnisvolle Gestirn gewesen ist, das sich manchen Sagen zufolge in allernächster Nähe der Erde befunden hat, kann erst seine künftige Erforschung lehren. Wir hörten von dem räteselhaften sichelförmigen Gebilde, mit dessen Hilfe die Erde wieder ins Licht gehoben worden war; wir hörten, daß nach Meinung der Polynesier nicht nur die Götter, sondern auch vielerlei Pflanzen und Tiere aus der Vereinigung von Rangi und Papa hervorgegangen seien. Rangi, der Himmel, ein

Gestirn der Götter, und Papa, die Erde, hätten so dicht aufeinander gelegen, daß zwischen ihnen Dunkelheit oder Dämmerung herrschte und man ohne Mühe von dem einen Himmelskörper auf den anderen zu gelangen vermochte[110].

Behm spricht in diesem Zusammenhang von einem S-Mond, der mit zunehmender Geschwindigkeit die Erde umkreist habe und zuletzt auf sie hinabgestürzt sei[134]. In der Tat glauben die Tupi, eine Gruppe sprachverwandter Stämme in Südamerika, der Mond falle von Zeit zu Zeit auf die Erde nieder, um dann durch einen anderen Planeten ersetzt zu werden[166]. Die Finnen erinnern sich einer Zeit am Anfang der Dinge, da ein Himmelskörper sich in solcher Nähe der Erde befand, daß die Spitze eines Zeltes ihn berührte und die Menschen, soweit sie nicht Zwerge waren, kaum aufrecht unter ihm hin zu gehen vermochten[35].

Der französische Sinologe Henri Maspero sammelte Mythen der in China lebenden Thai, nach denen „der Himmel ursprünglich so niedrig war, daß man beim Spinnen der Seide mit der Spindel dagegenstieß, die Rinder mit den Höckern, die Schweine mit dem Rücken daran rührten[25]". Und auch die Bakairi, ein Karaibenstamm im Inneren Brasiliens, die sehr lange Zeit isoliert geblieben sind, erinnern sich: „Der Himmel, in dem die ersten Bakairi lebten, lag früher neben der Erde und man konnte bequem auf diese hinübergelangen. Es starben dort aber zu viele Leute, so siedelte man auf die Erde über, und der Himmel stieg dahin empor, wo er jetzt ist, und wo die Tiere, die Orte, die Sachen, die in den alten Geschichten vorkommen, noch heute zu sehen sind[167]."

Sonderbar berührt der Umstand, daß solche von Völkerkundlern gesammelten Überlieferungen weder seitens der Mythologen mit der Atlas-Sage in Verbindung gebracht, noch von anderen Disziplinen, beispielsweise der Paläontologie oder der Geologie, auch nur zur Kenntnis genommen wurden. Polynesier, Bakairi, Thai und Finnen, Völker, die unseres Wissens keinerlei Berührung miteinander gehabt haben können, sagen übereinstimmend dasselbe aus.

Die Entstehung der Erzlager auf unserem Planeten ist ungeklärt. Manche Gebirgsbildungen stellen tektonische, gewisse Pflanzen- und Tierformen biologische Rätsel dar. So erscheint es denn höchst verwunderlich, daß man derartigen Erinnerungen, die sich ein Mensch schwerlich aus den Fingern saugen kann, so wenig Aufmerksamkeit zuteil werden läßt. Dies ist um so weniger begreiflich, als ja eine genauere Kenntnis der Vergangenheit von schicksalsentscheidender Bedeutung für die Zukunft der Menschheit sein muß.

Ein Zustand, wie ihn Hans Wolfgang Behm so überaus packend in seinem Buch „Die Sintflut und ihre Wiederkehr[134]" dem Leser vor Augen stellt, kann aber doch wohl nicht bestanden haben, denn in keiner der von der Nähe des fremden Gestirnes kündenden Mythen findet sich auch nur ein Wort, das auf Furcht oder auf das Bewußtsein einer Gefahr hindeutet; nur Ärger über einen Zustand spricht daraus, der als ungemein lästig empfunden wurde. Augenblicke höchster Gefahr und Not haben, wie wir noch miterleben werden, auf eine gänzlich andere Art ihren Niederschlag in Sagen und Mythen gefunden. So kann denn auch diese Partnerschaft zweier Himmelskörper wohl kaum von längerer Dauer gewesen sein.

Wären da nicht die zahlreichen Berichte über einen dichten interplanetarischen Verkehr, den die Götter unterhielten, und über ihre kolonisatorischen Unternehmungen, jenes Gestirn könnte zur Erklärung für das Leben auf der Erde dienen, denn die Bakairi, in ihrer Dschungelwildnis am Rio Xingu gewiß keinen fremden Einflüssen ausgesetzt, bekundeten mit entwaffnender Selbstverständlichkeit: „Es starben zu viele Leute im Himmel, deshalb übersiedelten wir auf die Erde[167]."

Hätte also dieses Gestirn den Göttern als Raumfahrzeug, als eine Art Himmelsfloß gedient? Der Anblick, den es von der Erde aus bot, muß überwältigend gewesen sein. Da aber nichts weiter hierüber geäußert wurde, scheinen die Menschen ihn damals als durchaus alltäglich empfunden zu haben.

Vorläufig allerdings waren noch keine Menschen da, nicht die „neuen Menschen" von Adams Stamm; die Erde war bevölkert mit kannibalischen Riesen – Daityas, Thursen, Trollen, Kyklopen, Aiyamwoi – und mit Scharen drachenähnlicher Ungeheuer von oft abenteuerlicher Gestalt. Gräser und Kräuter, Sträucher, Büsche, Bäume und Schlingpflanzen schossen infolge des Lichtes und der Wärme üppig empor; die Ufer der von den abschmelzenden Gletschern gespeisten Flüsse und Seen bedeckten sich mit jungem Grün. Aber noch immer war das Ringen um den Besitz der Erde zwischen Göttern und Titanen nicht entschieden.

Wiederum ergibt sich aus den Bekundungen der Mythen ein unlösbar erscheinender Widerspruch. Einmal heißt es in ihnen, die erste Rasse, die der Thursen und Trolle vermutlich, sei ausgetilgt worden, die nächste ebenfalls und so die dritte, bis die Söhne Adams kamen, in denen wir geneigt sind, den Homo sapiens zu sehen. Er betritt also sehr spät, Jahrtausende nach den hier skizzierten Ereignissen, die Bühne der Erde. Woher wußte er dann aber über die Drachen Bescheid, die nach begründeter Meinung der Wissenschaft anderthalb Millionen Jahre vor seinem Erscheinen ausgestorben sein sollen? Und er wußte nicht nur um sie, wie man eine Sache aus Erzählungen oder Bilderbüchern kennt, er mußte sie erlebt haben, mußte ihnen begegnet sein, denn unverlierbar erbte sich das Erinnern an die Drachen in der Menschheit fort; stellten doch Künstler, die niemals ein solches Geschöpf mit Augen gesehen haben können, seit der Blüte Sumers bis zu den Tagen Cuviers, derartige Tiere mit überraschender Ähnlichkeit dar. Man ist versucht, mit dem amerikanischen Parapsychologen Joseph Banks Rhine[77] an das Vorhandensein eines von Raum und Zeit unabhängigen Seelenfeldes zu glauben, sofern sich eine einleuchtendere Erklärung nicht findet oder sich die bisherige Datierung der Saurierknochen nicht als irrig erweist. Es könnte ja immerhin sein, daß sich einige Exemplare der Großechsen bis in geschichtliche Zeiten hinein erhalten und fortgepflanzt haben.

Auf sumerischen Rollsiegeln[57] erscheinen sie ebenso wie auf ägyptischen Schminktafeln[75] und Fresken, als Skulpturen oder als Gegenstand von Gemälden und Zeichnungen nicht nur in Vorderasien, Indien und China, sondern auch noch im christlichen Abendland. Erst recht in den Sagen der Völker blieben plastische Vorstellungen über die Drachen der Urzeit bewahrt. Wir kennen Fafnir, der auf der Gnitaheide von dem nordischen Helden Sigurd erschlagen wurde. Die jungfräuliche, liebliche Anat, Göttin des Lebens und der Liebe bei den West-Semiten, der Astarte ähnlich, tötete nicht nur die auf der Erde umherschweifenden Riesen, sondern auch den Drachen Tannin sowie Lotan, die schleichende Schlange[168], die niemand anderes ist als der spätere Leviatan der Bibel, den Jahwe, die Rolle des alten ugaritischen Baal übernehmend, nach dem Worte des Propheten Jesaja (74. Ps. 13–14) zerschmettert.

Während sich den griechischen Drachenmythen nur wenige Tatsachen entnehmen lassen, erfährt man aus den Überlieferungen anderer Völker Einzelheiten über Hergang und Zweck der Drachenjagd. So wie schon Anat, tötete auch Indra mit Beihilfe des Helden Trita Aptya, der im Awesta Thrta heißt, den schrecklichen hörnertragenden Drachen, „um die Erde für Menschen bewohnbar zu machen[29]“.

Dies war der ausgesprochene Zweck der Aktion, wird doch auch im „Raja Taragini", einer Chronik der Könige von Kashmir, berichtet, vor Zeiten sei das Kashmir-Tal völlig mit Wasser gefüllt und von dämonischen Ungeheuern bewohnt gewesen; da habe sich Kashyab an Brahma um Hilfe gewandt und von dem Höchsten der Götter das „magische Schwert" erhalten. Mit diesem Schwert zerteilte er die Berge und schuf jene enge Schlucht bei Baramullah, dem einstigen Kashyapur, durch die das Wasser nun abzufließen vermag; die Ungeheuer vernichtete er. Das Erstaunliche an dieser Legende ist, daß sie durch geologische Forschungen weitgehend bestätigt wurde: Die alte Flutlinie des Tales liegt 321 Meter über dem heutigen Srinagar und im Erdreich des Talgrundes fanden sich zahlreiche Saurierknochen[89].

Von den Muisca hatten wir vernommen, daß die schwarzen Vögel der Götter die ganze Erde überflogen, um sie mit ihrem Lebenshauch zu erfüllen. Dem Kalewala zufolge kam ein „Adler" aus den Lüften herab und verheerte die Erde durch Feuer, um sie auf die Aussaat von Samen vorzubereiten[41], eine Methode, wie sie auch heute wieder in weiträumigen Gebieten, zum Beispiel in Australien, angewandt wird. Nach den Überlieferungen der Massai sandte ihr höchster Gott Ngai den ersten Menschen Kintu mit Haustieren und Nutzpflanzen auf die Erde nieder[169]. Und auch Tangaroa schickte zwei Götterpaare aus, um die im jungen Licht, aber noch wüst und leer liegende Erde mit Pflanzen und Tieren zu besetzen, nachdem er selbst den Luft- und Wasserhaushalt geregelt hatte[170]. Genau dasselbe wird im Kalewala vom Gotte Jumala erzählt: Er machte die Luft und das Wasser, damit Gräser, Sträucher und Bäume zu wachsen vermögen, danach ließ er den Bären an einer goldenen Kette vom Himmel auf die Erde hinab[41].

Unzählige Mythen nordamerikanischer Indianer künden vom Kampf der Götter gegen gewaltige Ungeheuer; außer anderen erschien auch Mänabosho, das Große Kaninchen, Kulturheros der Algonkin, auf der Erde und rottete die riesenhaften, im Wasser hausenden Ungetüme aus, welche bisweilen an Land stiegen und die Wohnstätten der Menschen heimsuchten[88]. Hunahpú und Ixbalanqué, die „göttlichen Zwillinge" im Popol Vuh, von der Großen Mutter ausgesandt, die Erde urbar zu machen, taten dies mit offenbar höchst modernen Methoden, denn „so auch schlugen sie die Axt in die Bäume, in die Äste; und sogleich fielen diese, und hingestreut auf den Boden blieben alle Bäume und Lianen. Schnell fielen die Bäume, gefällt von einem einzigen Axthieb. Und viel war gleichermaßen, was die Hacke rodete. Unübersehbar die Agaven und das Dorngestrüpp, die ein einziges Ausholen der Hacke hingestreckt[170]". Sollte es sich hierbei um eine Sprengung gehandelt haben?

Man fragt sich verwundert, woher wußten die Menschen später um diese Vorgänge, da sie doch nach Aussage der Mythen zu diesem Zeitpunkt noch gar nicht auf der Erde geweilt hatten? Selbst in der Genesis geht die Wohnlichmachung der Erde dem Erscheinen des Menschen voraus. Woher also hatten die Menschen Kenntnis vom Entstehen der Welten, vom Bau der Universums, von der Himmelsmechanik und Astrophysik? Sollten sie am Ende älter und in manchen Stämmen höher entwickelt gewesen sein als wir es uns bisher träumen ließen?

Hier von „Archetypen des Denkens" zu reden, wie es Mircea Eliade in seinem sonst so klugen Buch über die Geschichte der Religionen[171] mit Hinblick auf die Idee vom Weltenbaum tut, erscheint angesichts des vorliegenden Materials unangebracht. Archetypen – wären solche Vorstellungen auch viel weniger kompliziert als sie es sind, und nähme man selbst einen gemeinsamen Ursprungsort aller irdischen Kulturen an – müßten sich ja doch irgendwo und irgendwann einmal unter dem Eindruck übermächtigen Erlebens gebildet haben. Vorstellungen dieser Art, die so weit über seine alltägliche Erdenwelt hinausgreifen, können dem Menschen ganz einfach nicht „angeboren" sein; er muß sie irgendwann einmal erworben haben und zwar unter Umständen, die es ihm unmöglich machen, sie jemals wieder zu vergessen. Im Laufe ihrer überschaubaren Geschichte hat die Menschheit manche wichtigen Dinge vergessen, die Venetianer die Herstellung ihres berühmten Glases, die Tahitianer ihre ehedem bemerkenswerte Töpferkunst, Dinge jedenfalls, die uns lebenswichtig erscheinen oder erheblichen praktischen Wert besitzen. Woran liegt es da, wenn sich ein praktisch kaum verwertbares Wissen – geistige Konzeptionen oder mythische Erinnerungsbilder, deren Tatsachengehalt längst nicht mehr begriffen wird – durch alle Wechselfälle der Völkerschicksale unverlierbar erhalten hat?

Und dann kam der Mensch

„Und Gott sprach: ‚Lasset uns Menschen machen, ein Bild, das uns gleich sei; die da herrschen über die Fische im Meer und über die Vögel unter dem Himmel und über das ganze Vieh und über die ganze Erde und über alles Gewürm, das auf Erden kreucht.‘ Und Gott schuf den Menschen, sich zum Bilde, zum Bilde Gottes schuf er ihn, und schuf sie – einen Mann und ein Weib. Und Gott segnete sie und sprach zu ihnen: ‚Seid fruchtbar und mehret euch, und füllet die Erde und macht sie euch untertan . . .[2].‘ “

So steht es in der Genesis. Ferner erfahren wir aus ihr, wie sich das zugetragen haben soll: „Gott, der Herr, machte den Menschen aus einem Erdenkloß und er blies ihm den lebendigen Odem in seine Nase, und also ward der Mensch eine lebende Seele.“

War es wirklich so?

Auf der Suche nach Adams Söhnen stoßen wir alsbald auf die Sumerer, von denen unter anderem auch die Idee des „aus Lehm geschaffenen Menschen“ stammt. Niemand weiß, woher die Sumerer gekommen sind. Ihre Sprache ist weder mit den semitischen, noch mit den indoarischen verwandt. Wahrscheinlich wanderten sie im 4. Jahrtausend v. Chr. von Osten her nach Mesopotamien ein. Ihrer Kultur gehören jene Mythen und Legenden an, die später von Akkadern, Babyloniern und anderen Völkern des Vorderen Orients übernommen wurden, nicht anders als viele ihrer politischen und sozialen Einrichtungen, die fast allen Völkern im vorderasiatisch-mittelmeerischen Raum zum Modell gedient haben. Die Sumerer indes behaupten, sie hätten ihre überragenden Kenntnisse und Fähigkeiten von den Göttern.

„Es ist eine bekannte Tatsache, daß es die Sumerer waren, die in der langen Zeit zwischen etwa 3500 und 2000 v. Chr. die beherrschende Kulturmacht des gesamten Nahen Ostens darstelllten. Die Sumerer waren es, die hier die ersten Formen der Schrift entwickelten und sicherlich auch verbreiteten, die ein vollständiges Pantheon hatten und eine geistig-religiöse Konzeption, die sie den benachbarten

Völkern vermittelten, sowie auch eine großartige, reiche Literatur von hohem Niveau[7]."

Aus den erhaltenen sumerischen Inschriften geht hervor, daß in ihren Augen die einstige Existenz der Götter eine unbezweifelbare Realität gewesen ist. Da heißt es, schon vor der Trennung von Himmel und Erde habe es Götter gegeben, die dann mit der Entführung Ereshkigals in die untere Welt durch den Drachen von Kur und mit dem Kampfe Enkis, des Herren der Erde, gegen ihn einen dramatischen Höhepunkt erreichen sollten.

Die Sumerer behaupteten, so wie es dann auch von der Genesis übernommen wurde, der Mensch sei von den Anunnaki, den Himmelsgöttern Enlil, Enki und Ninhursag, „aus Lehm erschaffen" worden, und als Begründung fügten sie hinzu: „damit er die Last der Schöpfung trage". Ja, es wird sogar ausdrücklich betont, daß die Götter anfangs auf der Erde nichts zu essen fanden, „sich weder satt zu essen, noch satt zu trinken vermochten", da es Getreide nicht, noch Schaf und Ziege gab; aus diesem Grunde hätten sie die „Schwarzköpfe" – so nannten sie dic Menschen – gemacht[87].

Während sumerische Aussagen über die Menschwerdung im großen und ganzen ziemlich unbestimmt bleiben, weiß es ein altbabylonischer Text aus der Zeit Hammurabis, das Atrahasis-Epos von der Großen Flut, das erst kürzlich aus verstreuten babylonischen und assyrischen Keilschriftfragmenten zusammengestellt und vervollständigt werden konnte, genauer: „Als die Götter noch wie Menschen waren", so beginnt es, „da mußten sie selbst mit ihren Gefolgsleuten, den Igigi, die man in Persien dann Fravashi, in Griechenland Angeloi oder überaupt nur Boten nannte, die Kolonisation Mesopotamiens ins Werk setzen. Besonders die Igigi sahen sich zu harter Arbeit gezwungen. Nachdem sie vierzig Jahre hindurch schwer geschuftet hatten, begehrten sie zornig auf, bedrängten Enlil, den ‚Herr des Luftraumes', in seinem Palaste Ekur, dem ‚Berghaus' zu Nippur, so sehr, daß er einen von ihnen töten mußte. Aus dem Blut des Getöteten und rotem Töpferton kneteten die Götter jenes Geschöpf, das dann zum Stammvater der Menschheit wurde[172]."

Dieser Bericht stammt aus einer sehr viel späteren Zeit, was schon daraus ersichtlich ist, daß der Verfasser, ein babylonischer Xenophanes, sich über die Götter lustig zu machen wagt. Als wichtig erscheint indes die Aussage über den „roten Ton". Den Cro-Magnons wird ja eine rötlich-braune Hautfarbe zugesprochen. Adam, der erste Mensch nach Angabe der Genesis, heißt „rot" oder „der aus rotem Ton Gemachte", und schon Braghine[131] hatte in seinem Atlantis-Buch darauf hingewiesen, daß dies sowohl auf die Phoiniker als auch auf die Maya, jedenfalls aber auf eine rotbraune Rasse deutet. Man erinnere sich auch, daß der frühe Homo sapiens seine Toten mit rotem Ocker zu bestreuen pflegte, der „Farbe des Lebens", wie die Vorgeschichtler mutmaßen, der hier aber doch wohl noch eine andere Bedeutung unterlegt werden könnte. Wir haben es indes nicht mit Vermutungen zu tun, sondern mit ganz konkreten Aussagen der Völker.

Die Bekundung im Popol Vuh der Maya, wie auch im Chilam Balam, der Mensch sei aus Lehm erschaffen worden, um die Götter zu ernähren, hört man bei anderen Völkern seltener. Wo nämlich der Mensch sein Dasein den Göttern zu verdanken glaubt, wird fast immer nur gesagt: „Die Götter schufen . . .", nicht aber, auf welche Weise das geschah. Die Polynesier haben, neben anderslautenden, den Mythos von Tane, dem Sohne Tangaroas, der aus Ton die erste Frau Hine erschafft, um sich dann mit ihr zu vereinigen. Hine, nachdem sie erfahren, daß Tane sowohl ihr Vater als auch ihr Gatte sei, flieht tiefbeschämt in die untere Welt, deren Königin sie unter dem Namen Hin-nui-te-po, „Große Dame der Nacht", dann wird[49]. Die Bemerkung, dieser Inzest habe den Tod auf die Erde gebracht, verrät nur, daß diese Geschichte durch die Ohren von Missionaren zu uns gelangt ist, denn im allgemeinen nahmen es die Tahitier in sexuellen Dingen nicht gar so genau, und dann war der Inzest bei den Göttern aller Völker und Länder aus Gründen, die noch erklärt werden sollen, allgemein Brauch. Im übrigen erinnert Hines Geschick an das Sursetys im Birma-Brahma Konflikt.

Bei den Melanesiern war es Tokotaitai, der Herr der unteren Welt Ambua, der alle Menschen und jede Art Lebewesen auf der Erde hervorgebracht haben soll[47]. Und der Kulturheros Singbonga der Birhor in Zentralindien kommt ebenfalls aus seiner unteren Welt herauf, um zunächst Samen auf der noch wüsten Erde auszusäen, dann das „geflügelte Pferd", danach den Hund und zuletzt „aus Lehm" den Menschen zu erschaffen[65].

Die Samoaner haben eine sonderbare Schöpfungsmythe, die sehr an die bereits erwähnte Behauptung im Kalewala erinnert, die Bewohner der unteren Welt Manola seien aus Würmern entstanden[41]. Dem samoanischen Mythos zufolge kam der „Vogel" Tuli, Tangaroas Bote, vom Himmel auf die nackt im Sonnenglanz liegende Erde herab und pflanzte Weinstöcke, um ihr Schatten zu spenden. Doch die Weinranken welkten; nach kurzer Zeit wimmelten sie von Maden. Diesen gab Tangaroa menschliche Gestalt, indem er ihnen Arme und Beine knetete, ein Herz machte und ihnen den Lebenshauch einblies[18]. Ein verblüffendes Analogon, das wiederum die Frage nach dem Ursprung solcher vereinzelten Übereinstimmungen aufwirft, denn Kulturbeziehungen zwischen Finnen und Polynesiern in der Urzeit erscheinen doch wohl ausgeschlossen, also auch gegenseitige Übernahmen, wenn sich nachweisen läßt, daß diese Mythe älter ist als das Auftauchen europäischer Seefahrer in Ozeanien.

Auf die sogenannte „Steingeburt", wie sie sowohl die pelaskische Sage von Deukalion als auch die präinkaische von Huiracocha berichten, wurde bereits eingegangen; ebenso auf die Forschungsergebnisse der Paläontologie, die sich teils mit der Aussage der Mythen decken, teils aber auch nicht. Dies letztere besonders deswegen, weil die Mythen erd- und menschheitsgeschichtliche Entwicklungen, wie im Zeitraffer zusammengefaßt und mit dem bunten Rankenwerk dichterischer Phantasie sowie auch menschlicher Irrtümer und Vorurteile umkleidet, wiedergeben – ein farbenreiches, glutvolles Panorama des Menschheitsgeschickes –, während der Paläontologe sich mühsam von einem spärlichen Relikt zum anderen zurücktasten muß und auf diese Weise ein zwar genaueres, jedoch dürftigeres und außerdem kaum weniger fragwürdiges Bild der Vergangenheit zusammenstückkelt. Beiden Ansichten steht die der Bibelgläubigen ablehnend gegenüber.

Wir kennen heute drei Hypothesen über die Herkunft des Menschen. Hypothesen, wohlverstanden, denn keiner dieser Richtungen käme es nach Lage der Dinge zu, absolute Glaubenspostulate aufzustellen oder einen Infallibilitätsanspruch zu erheben. Vielmehr könnte, da es ja nur eine Wahrheit geben kann, eine sorgsame Betrachtung aller Komponenten zur Entdeckung eben dieser Wahrheit führen.

Die erste, in unserer Kultur wohl älteste dieser Hypothesen sieht den Menschen, gemäß der Heiligen Schrift, als eine spontane Schöpfung Gottes oder der Götter.

Die zweite, die der Evolutionstheoretiker, betrachtet ihn als das Ergebnis eines natürlichen Entwicklungs- und Ausleseprozesses hier auf Erden.

Die dritte, die infolge astronautischer Erfahrungen und astrobiologischer Erkenntnisse beständig an Boden gewinnt, glaubt in dem Menschen das Glied einer Kette von unvorstellbar langen Entwicklungsvorgängen zu erkennen, die auf anderen Planeten begannen und hier auf der Erde ihre Fortsetzung fanden.

Diese letztere Hypothese ist es, die dem aus den Mythen heraufbeschworenen Erinnerungsbild am nächsten kommt. Fangen wir also wieder bei Adam an:

Adam ist zweifellos kein Titan. Nach Meinung der Perser war sein Schicksalsweg um einiges verwickelter als in der Genesis dargestellt; aber so wie jene geht auch diese Ansicht auf älteste sumerische Quellen zurück.

Nachdem das Licht erschaffen, die Erde in die Sonnensphäre zurückversetzt worden war, schufen Gott oder die Götter Adam aus dem Staub, den sie auf der ganzen Erde zusammenkratzten; er wurde riesig groß, dabei ungemein weise und gut. Alle Engel und Götter beugten sich vor ihm, doch er überzeugte sie, daß er gleich ihnen nur ein Geschöpf des Allmächtigen sei. Dieser nahm, als Adam entschlummert war, dessen Glieder, zerstückelte sie und streute sie über die Erde hin, damit sie fruchtbar werde. Adam wurde hierdurch klein und schwach; nur die Weisheit blieb ihm und die Güte des Herzens. So, wie auch Henoch, bekam er vom Engel Rafiel ein Buch, das alles Wissen der Götter enthielt. Und der Weltenherr machte ihm ein Weib, Lilith, wir kennen sie bereits vom Gilgamesh Epos her, – auch sie aus Erde. Da sie indes gleichen Ursprungs wie Adam war, gehorchte sie ihm nicht, entfloh ihm zuletzt sogar durch die Luft, indem sie die Zauberformel „Shem Hammeforash“ aussprach, den Namen des Höchsten; und alle Boten und Engel waren nicht imstande, sie einzuholen. Zur Strafe ließ Gott täglich dreihundert ihrer Kinder sterben.

In dieser Geschichte klingt das Ringen zwischen Göttern und Titanen nach. Es folgten die Erschaffung Evas, mit der farbenfrohen Phantasie der Orientalen ausgemalt, und dann der Sündenfall; nur ist es hier der Seraph Sammael, der – neidisch auf Adams Macht – auf einer „Schlange“, deren Gestalt der eines Kameles glich, vom Himmel herabgeflogen kam, um Eva zu verleiten, daß sie von der Frucht des verbotenen Baumes äße. Die Schlange kennen wir; es ist eine der Nagas, jener Flugzeuge, die auf den unteren Welten hergestellt wurden. Eva legte die Hand an den verbotenen Baum. Da sah sie den Todesengel auf sich zuschreiten und veranlaßte nun Adam, ein

Gleiches zu tun, damit sie durch den Tod nicht von ihm geschieden werde.

Der Weltenherr stieß Sammael aus dem Himmel, verbannte Adam und Eva, weil sie seine Gebote übertreten hatten, aus dem Paradies auf die unterste der sieben Erden, wo Adam in tiefster Finsternis leben mußte, ohne sein Buch, das er verloren hatte; aber zuletzt wurde er nach Adamah, der zweituntersten der sieben Erden, versetzt. Hier, wo ein fernes Licht am Firmament den Boden spärlich erhellte und sogar Früchte, obschon nicht so gute wie auf dem Gestirn der Götter, gediehen, mußte er hundertdreißig Jahre lang in Gesellschaft Lilith' ausharren und mit ihr Kinder zeugen – riesengroße, melancholische Dämonen. Eva widerfuhr ein Gleiches, indem sie mit Sammael verbunden wurde.

Später gebar sie dem Adam drei Söhne – Kain, Abel und Seth. Danach durfte er den Ort der Verdammnis verlassen und über die sieben Welten nach Tebhel, unserer Erde, zurückkehren. Hier fand er nun auch durch die Gnade des Weltenherrn das Buch der Weisheit wieder, aus dem alles Wissen der Menschen stammt. Da es später dennoch verlorenging, kennt man auf Erden nicht mehr die Kunst, das Leben zu verlängern oder unedle Metalle in edle zu verwandeln.

Die arabische Variante des Mythos verläuft ganz ähnlich, doch enthält sie nähere Angaben, die uns von Nutzen sein können. Aus ihr geht hervor, daß es sich beim Falle Adams um die Folgen einer Intrige unter den Heerscharen des Weltenherrn gehandelt hat. Vor der Besiedlung durch Menschen sei die Erde mit Wesen aus reinem Feuer oder Geist bevölkert gewesen, so heißt es; und Eblis, einer der Engel und wahrscheinlich Titan, der sich dem neuen Geschöpf nicht hatte beugen wollen, bewirkte auf die geschilderte Weise Adams Sturz. Zur Strafe wurde Eblis entkleidet und aus dem siebenten der oberen Himmel auf die tief unter ihm liegende Erde hinabgeschleudert, was dem Titanensturz der Griechen und teilweise auch dem Kampf zwischen Ahura Mazda und Ahriman entspricht.

Adam sah sich nach zweihundert Jahren begnadigt. Er lebte danach noch neunhundert Jahre lang glücklich mit Eva auf dem Berge Arafat nahe bei Mekka, wo er nach Meinung der einen auch begraben wurde, während andere glauben, er sei bei der Großen Flut von Noah mit in die Arche genommen worden und habe an dem Ort, wo heute Jerusalem liegt, sein Grab gefunden, weshalb diese Stadt auch den Arabern heilig ist[106].

Die Andersartigkeit Adams gelangte in dieser Legende klar zum Ausdruck, doch ist er hier noch, entsprechend der sumerischen Überlieferung, unzweifelhaft ein Geschöpf unserer Erde, auch wenn er, selbst kein Titan, mit der Lilith Thursen und Trolle, eben jene traurigen Riesen, zeugte und für einige Zeit auf einer der unteren Welten leben muß. Wiederum müssen wir dessen eingedenk sein, daß der Mythos durch zahllose unkontrollierbare Filter – verschiedene Zeiten, verschiedene Orte, verschiedene Erzähler – auf uns überkommen ist. Trotzdem fügt er sich beinahe nahtlos in das kosmische Weltbild von der Urzeit ein.

Allem Anschein nach verfolgten die „jungen Götter" einen wohlüberlegten Plan. Nachdem sie die Erde ins Licht gehoben, mit Luft und Wasser versehen hatten – was als Faktum festgestellt, jedoch nicht näher erklärt wird –, die bis dahin auf ihr lebenden, für eine Kolonisation ungeeignet erscheinenden Rassen dezimiert und die großen Raubechsen größtenteils ausgerottet hatten, setzten sie eine große Invasion in Gang.

Die Mundurucú, ein Stamm der Tupi in Südamerika, erzählen, ein Begleiter des Weltenherrn habe bei der Verfolgung eines „Gürteltieres" die Menschen in einer der unteren Welten entdeckt. Die Götter machten daraufhin aus Baumwolle ein „Seil", an dem entlang die Menschen zur Erde heraufgelangen konnten. Bevor sie jedoch allesamt oben waren, riß das Seil und eine Anzahl von ihnen mußte unten bleiben[35]. Wer heute bei Kap Kennedy eine Raumrakete zum Himmel aufsteigen sieht, wird tatsächlich durch ihren silberweißen Kondensstreifen an ein sich zerfaserndes Baumwollseil gemahnt. Dennoch wäre dieser Überlieferung wohl kaum irgendeine Bedeutung beizumessen, würde sie nicht durch viele ganz ähnliche gestützt und ergänzt.

Die Karayá, ein isoliert lebender Indianerstamm am Rio Araguaya in Brasilien, behaupten, sie seien aus einem Lande ausgewandert, das unterhalb der Erde liege, und zwar entgegen dem Rat ihrer Führer, die ihnen vorausgesagt hätten, auf der Erde würden sie dem Tode sowie allerlei Krankheiten ausgesetzt sein, was auf ihrem Heimatgestirn nicht der Fall gewesen sei[86]; heraufgeführt habe sie ihr Gott und Kulturheros Zume oder Caboy, den die Karaiben Tamú, die Arawaken aber Camú nennen. Alle diese Stämme stimmen darin überein, er sei weißhäutig, hellhaarig sowie überaus weise und mächtig gewesen[173].

Im Andenraum bestehen zwei Auffassungen über die Herkunft des Menschen nebeneinander, deren Gegensätzlichkeit aber wohl auf einem Mißverständnis beruht: Einmal, die Auswanderung aus einer anderen, außerirdischen Welt habe mit Hilfe von Raumschiffen stattgefunden, die bald als metallene „Eier“[174], aus denen man sich an Fallschirmen, den erwähnten Löwenzahnhaarkronen, zur Erde gleiten ließ, beschrieben werden[36], bald als „Schilfrohre“, wie zum Beispiel bei den Bakairi, aus denen, nachdem sie vom Himmel auf die Erde herabgefallen sind, Menschen hervortreten [167]; zum anderen, der Mensch sei das Ergebnis eines spontanen Schöpfungsvorganges, wobei ein übermächtiges Wesen, wie etwa Huiracocha, ihn entweder aus Steinen hervorbringe oder, entsprechend den Mythen der Sumerer und Maya, aus Lehm forme und ihm Leben einhauche[175].

Diese letztere Ansicht über das Entstehen des Menschen erscheint nun hier wie dort absolut rätselhaft, doch wird ihr irgendein realer Sachverhalt zugrunde liegen; es mag sich hier um das Mißverstehen einer wissenschaftlichen Aussage handeln. Möglicherweise hatten göttliche Ärzte oder Biologen den Menschen ihre Stofflichkeit klarzumachen versucht, die Unzerstörbarkeit der Substanzen, wie sie in manchen uralten Religionen noch gelehrt wurde, aber erst in heutiger Zeit durch die Wissenschaft ihre Bestätigung fand.

Jedenfalls wird auch bei den Maya erzählt, wie zwei Männerpaare die Erde auf Geheiß der Götter in Besitz nahmen, sie rodeten und bepflanzten, danach im Himmel, also auf einem anderen Gestirn, vier Frauen schufen und diese auf die Erde herabbrachten[17]. Andererseits gibt das Popol Vuh, in dem gewiß vielerlei Anschauungen aus ganz verschiedenen Schichten zusammengeflossen sind, aber auch an, die Menschen seien aus Mais oder aus anderen Nahrungspflanzen gebildet, was auf der gleichen Erkenntnis vom Stoffwechsel beruhen mag.

Die im Delta des Orinoko lebenden, Bodenkultur betreibenden Warrau oder Guarauno erinnern sich an ihre Herkunft aus einem außerirdischen, schönen Land, in dem es weder böse Menschen noch reißende Tiere gegeben habe. Auch sie oder ihre Vorfahren seien von dort, so sagen sie, an einem „Seil“ herabgestiegen. Ein Gleiches behaupten die räuberischen, zwischen Rio Salado und Pilcomayo im Gran Chaco umherschweifenden Toba, die ebenfalls ihre Frauen von jener außerirdischen Welt im Himmelsraum erhalten haben wollen, doch dann habe ein „Falke“ das Seil zerrissen und von da an habe jede

Verbindung mit der anderen Welt sowohl als auch mit den Göttern aufgehört[39].

Die in den Prärien des mittleren Westens von Nordamerika, also weit entfernt von den Anden- und Chacovölkern, lebenden, durch unüberwindliche Sprachgrenzen von ihnen getrennten, der Sioux-Nation zugehörenden Crow sind überzeugt, erst nach der Sintflut von einer anderen Welt auf diese Erde überführt worden zu sein. So, wie die Mundurucú und die Karayá, meinen auch sie, eine Anzahl ihrer Stammesgenossen sei auf jener Welt zurückgeblieben, und sie hoffen, nach dem Tode wieder dorthin zu gelangen[176]. Die Navahoes, gleich den Apachen ein Zweig der Dene-Nation im Südwesten von Nordamerika, wissen es noch genauer. Sie geben an, aus der vierten unteren Welt herzustammen. Nach unserer – recht hypothetischen – Aufstellung müßte es sich hier um eine der beiden im Rigveda genannten, sonst aber nicht näher beschriebenen Welten, Mahatala oder Atala, handeln. Dort sei es dunkel und kalt gewesen, sagen sie, kein Licht, keine Wärme. Die Bewohner jener Welt hätten eine schwarze Haut und Schwänze gehabt; sie, die Navahoes, wären daher der „Großen Maismutter" dankbar gewesen, weil diese sie zur lichteren Erde habe aufsteigen lassen[177].

Eine gegensätzliche Meinung vertreten die Bella Coola im Nordwesten der Vereinigten Staaten. Ihrer Ansicht nach wurde der Mensch, nicht anders als die meisten der auf Erden lebenden Tiere, auf einer der oberen Welten erschaffen und von den Göttern auf der Erde angesiedelt. Überhaupt seien Menschen und Tiere im Grunde nicht sehr verschieden voneinander, womit die Bella Coola eine Erkenntnis moderner Verhaltensforscher vorweggenommen haben[178].

Aus dem Popol Vuh erfahren wir, daß zu der Zeit, als die Sonne noch nicht am Himmel stand und es finster auf Erden war, der Stern Venus angebetet wurde, denn von dorther, so meinten Tolteken und Maya, seien Pflanzen und Tiere, Menschen und Götter gekommen[17]. Aus den Überlieferungen der Azteken geht hervor, daß sowohl Menschen als auch Götter von einem Urwesenpaar abstammen, das sie Ometecutli und Omecihuatl nennen oder auch Tonatutecutli und Tonacacihuatl; und ehedem hätten sie alle miteinander in einem herrlichen Garten voller bunter Vögel, schmackhafter Früchte und duftender Blüten gelebt, und niemand habe sie dort zur Arbeit gezwungen; zu jener Zeit sei es auf der Erde noch dunkel und kalt gewesen[177].

Diese Geschichten nun wurden von amerikanischen Völkern erzählt, und naturgemäß kann, so unwahrscheinlich es einem vorkommen mag, die Möglichkeit einer wechselseitigen Übernahme und Verbreitung solcher Ideen nicht ganz von der Hand gewiesen werden. Hören wir uns jedoch in anderen Kulturräumen um, so werden auch dort gleiche Vorstellungen über die Herkunft des Menschen aus einer oder aus mehreren anderen Welten gefunden. Aber nicht das allein, sondern ebenso wird die Art des Transportes nahezu gleichlautend, obschon mit der durch die jeweilige Umgebung bedingten individuellen Verbildlichung, beschrieben.

Wüst und leer, sagen die Melanesier, sei die Erde vor Ankunft der Götter und Menschen gewesen, in immerwährendes, trübes Licht getaucht, das Meer ohne Ebbe und Flut; keinen Vogelruf habe man vernommen, noch die Stimme irgendeines anderen Tieres. Dann sei ein „Felsen" vom Himmel gefallen und Quat, ihr Kulturbringer und Gott, sei daraus hervorgetreten, um – von seinem Antagonisten Marava unablässig bedrängt und gehindert – die Erde mit Lebewesen zu bevölkern[26]. Auch bei der Insel Tikopia fiel, „als die Erde noch jung war", ein „Stein" vom Himmel ins Meer; ihm entsprangen ein Mädchen und ein Knabe, die dann zu Stammeltern der Tikopianer wurden; jedenfalls glauben diese fest daran, und der englische Ethnologe und Psychologe William Halse Rivers, dem um die Jahrhundertwende Vorstellungen über Fliegerei und Raumfahrt noch ziemlich fern lagen, stellte verwunderte Betrachtungen darüber an, wie derartige Ideen wohl bei einem so harmlos-naiven Naturvolk entstehen könnten[179].

Auf Malekula, einer Insel der Neuen Hebriden, heißt es, Barakulkul, der erste Mensch, sei mit fünf Brüdern aus dem Stamm einer „Kokospalme" herausgekommen, die vom Himmel gefallen war und sich von selbst geöffnet hatte[47]. Und die Bewohner der Fidschi-Inseln glauben, alle Menschen seien aus einem riesigen, schimmernden „Vogelei" hervorgegangen; die Wolkenschlange Ndegei habe es ausgebrütet und dann auf das Meer fallen lassen[26].

Während die Polynesier einerseits glauben, die Menschen seien „Kinder der Götter", nämlich Nachkommen des Tiki und der Hine[18], oder daß Tane, einer der aus den Urnacht aufgetauchten großen Götter, sie mit seiner Gemahlin Taufeirei gezeugt habe und aus diesem Grunde Tane-mahuta, Erzeuger der Menschen, heiße[180], kennen sie andererseits auch die Geschichte von ihrer Herkunft aus anderen Welten, aus jener zweiten unteren Welt Havaiki und aus dem zwischen dieser und der Erde befindlichen Vavao; diese Auffassung findet man sowohl auf Aitutaki und Rarotonga[115] als auch auf Neuseeland[181]. Ein Häuptling auf Nukahiva behauptete, sein Vorfahre Ataia, nachtgeboren wie die Götter, also ein Raumfahrer, sei vor achtundachtzig Generationen mit seinem Weibe und vierzig Kindern auf die Erde gekommen und habe Pflanzen mitgebracht[115]. Hale errechnete um 1840, indem er eine Generation mit dreißig Jahren ansetzte, 2640 Jahre, was aber mit den von uns angenommenen Zeitwerten nicht im Einklang steht. Wie oft mögen Ataias Nachkommen während dieser zweieinhalb Jahrtausende ihre Erinnerungen der jeweiligen Umwelt und den Zeitumständen angeglichen haben?

Ältere Mythen der Chinesen oder der Thai und Hia, beides Völker, deren Herkunft unbekannt ist und die so unvermittelt in Südchina auftauchten wie die Sumerer in Mesopotamien, bekunden, der erste Mensch P'an-ku sei aus einem „Ei" geboren, das der göttliche „Vogel" auf einem Berggipfel niedergelegt habe[65].

Hiermit setzt sich die Liste der Eier-Mythen von Peru über die polynesischen und melanesischen Inseln bis nach China fort und von dort über Tibet nach Indien, denn wir entsinnen uns, daß die Vorfahren der Melaniden bei der „Weißen Insel" des Gobi-Meeres in metallenen Eiern gelandet sein sollen[34] und daß auch Brahmas goldenes Ei Hiranyagarbha sämtliche Urwesen, die Purusha, auf die Erde entlassen hat[141]. Und weiter führt die Linie nach Persien, worüber wir später noch einiges vernehmen werden, zum Euphrat, in dem das Ei der Helena landete, und in den Mittelmeerraum.

All das kann so wenig ein zufälliges Zusammentreffen des Entstehens von Produkten der Volksphantasie sein, wie es sich dabei um „Archetypen des Denkens" handelt, um Symbolismen oder um Allegorien. Angesichts der globalen Verbreitung solcher Aussagen sowie auch der Tatsache, daß sie nicht technisch Unmögliches bekunden, erscheinen dergleichen Deutungsversuche überholt. Doch nähme man immerhin an, daß die Möglichkeit einer Übernahme nicht völlig auszuschließen sei, so bliebe noch immer die Frage nach dem Wie. Es müßte denn eine erdumspannende Zivilisation, gleich der unsrigen, in grauer Urzeit bestanden haben, eine Zivilisation, für die eine bevölkerungsmäßige und volkswirtschaftliche Basis auf unserem Planeten nirgends gegeben erscheint. Und in der Tat, eine solche hat existiert; die Menschheit erinnert sich ihrer.

Von den Dogon im Sudan wissen wir bereits, daß ihre Ahnen in einer silbernen Arche vom Himmel herabgekommen sind[35]. Aber auch die ihnen benachbarten Schilluk oder Luo haben eine Überlieferung, derzufolge der erste Mensch Nyikang, den sie für den Gründer ihrer Dynastie ausgeben, vom Himmel niedergekommen sei und Saatgut, Geräte sowie auch Haustiere mitgebracht habe[113]. An die Vernichtung der Urrassen und an die Neubesiedelung der Erde erinnert bei den Bantu ein Mythos von ihrem höchsten Schöpfergott Nzame: Als der von ihm erschaffene erste Mensch Fam sich gegen ihn auflehnte, verheerte er die Länder, sperrte Fam in ein finsteres Loch unter der Erde, erschuf im Himmel den zweiten Menschen Sekumeh, den Stammvater der heutigen Menschheit, und ließ diesen auf die Erde hinab[182].

Ein Rätsel besonderer Art stellte für Philologen und Volkskundler die Erzählung in der Edda über das Erscheinen des Menschen auf der Erde dar. Als nämlich Börs Söhne, nachdem sie Midgard erschaffen und wohnlich gemacht, am Meeresstrand hinwanderten, fanden sie zwei „Bäume"; aus denen machten sie das erste Menschenpaar. Den Mann nannten sie Askr, was Esche heißt, das Weib Embla, nämlich Erle[116]. Man hat diese Geschichte für den verhallenden Nachklang eines uralten Baumkultes halten wollen, und tatsächlich galten den Germanen wie auch den Indianern Nordamerikas die Bäume als heilig, dies jedoch aus zwei recht unterschiedlichen Gründen: Einmal erblickten sie, noch aus urältestem animistischem Wissen heraus, in Pflanze und Baum etwas Lebendiges, ein Mitgeschöpf, mit dem ihre eigene Existenz unauflöslich verbunden war, zum anderen aber floß bei ihnen diese uralte Vorstellung mit jener jüngeren zusammen, die das Universum in der Gestalt des Weltenbaumes sah und im Baume selbst wieder das Sinnbild der vom Himmel herabgekommenen Gottheit, nicht anders als der Andine Indio im Bambus- oder Schilfrohr das Gefäß erkannte, in dem Götter und Menschen zur Erde gelangten, der Polynesier im Stamm der Kokospalme, der Ägypter in der Säule.

Also waren auch Askr und Embla keine Bäume an sich; sie waren in Gestalt von Bäumen aus einer anderen Welt herabgekommen, was sich unter anderem daraus schließen läßt, daß die Germanen, ganz besonders die Goten, glaubten, von den Göttern abzustammen, und deren Heimat, Asgard, wußten sie auf einer der oberen Welten[156].

Germanen, Griechen und Polynesier waren davon überzeugt, daß

Götter und Menschen gleichen Ursprungs sind. Von den Titanen wurde dies ohnehin angenommen; sie galten als den Göttern gleiches Geschlecht. Andere Völker wieder, etwa die Bella Coola in Nordamerika, sahen überhaupt alle Dinge in einem umfassenden Zusammenhang. Eine Reihe von Geboten und ethischen Grundsätzen stammen, so wie alles Wissen, nach Meinung der Alten vom Himmel, von den Göttern. Je mehr die Erkenntnisse unserer heutigen Wissenschaft zunehmen, desto deutlicher ahnen wir, daß sich in Mythen und Sagen eine erstaunliche Kenntnis von Naturgesetzen verbirgt, ein Wissen, ein Schatz von Einsichten, wie sie von einer Menschheit, die dem Menschenbild der Paläontologen entspricht, keinesfalls zu erwarten wären.

Solche Kenntnisse können nur die Frucht langer Erfahrungen, andauernden Suchens und Forschens sein, die Blüte einer ausgereiften Kultur, die wiederum eine breite, hochentwickelte Zivilisation zur Voraussetzung haben muß. Nichts deutet darauf hin, daß auf unserem Planeten vor der letzten Eiszeit die hierzu notwendigen Verhältnisse bestanden haben, wohl aber spricht vieles dafür, daß eine derartige Zivilisation dennoch existierte. Ihr Ursprungsort müßte demnach außerhalb unserer Erde liegen.

Ziehen wir eine solche Möglichkeit in Betracht, nehmen wir einmal an, in Mythen und Sagen sei, wenn auch verschlüsselt, etwas Wahres, Wirkliches ausgesagt, eine Erinnerung an Dinge und Ereignisse, die es tatsächlich einmal gegeben hat, so wächst vor unseren Augen aus dem Dunkel der Vergangenheit ein großartiges, schier überwältigendes Bild: Wir sehen das Universum als Meer, als den Urozean ohne Grenzen, in ihm die Gestirne wie Inseln, kahl und öde die einen, andere in flammender Glut oder dunkel, mit Eis bedeckt, wieder andere lieblich, fruchtbar, Eilande des Lebens. Wir sehen den Menschen in vielfältiger Form, sich gleich den Samen der Pflanzen über das Universum verbreitend, von Insel zu Insel, von Stern zu Stern. Wir sehen auf fernen Himmelskörpern seine Kulturen entstehen und vergehen, sehen sie auf den Gestirnen im lichten Bereich um den Mittelpunkt der Galaxis, einander bekämpfend oder befruchtend, in stetem Verkehr miteinander, während wir auf unserem kleinen Planeten Erde am Rande der Milchstraße so abseits liegen wie Pitcairn Island vom Treiben der Welt. Wie ist der Mensch nur auf diesen Planeten gelangt, auf diese entlegene Klippe am Rande des nächtlichen Urozeans? Die Mythen geben Auskunft darüber.

Unerwartet findet die tief im Menschenherzen wurzelnde Himmelssehnsucht ihre Bestätigung. Früher oder später werden wir, soweit es Wissenschaft und Technik betrifft, den Göttern gleich geworden sein. Doch – ob es genügt? Wir Menschen werden uns gezwungen sehen, unseren geistigen Horizont zu vergrößern, unser Denken und Fühlen, unsere Reaktionen einer neuen, weiteren Umwelt, ausgedehnteren Räumen anzupassen. Offenbar war dies den Göttern nicht gegeben; bei all ihrer Größe erwiesen sie sich als klein; vergaßen sie doch, daß sich der Wert der Macht nicht an ihrer Wirkung mißt, sondern an den Zwecken, denen sie dient.

Vom Wesen der Götter

„Über die Götter weiß ich nichts zu sagen, weder daß sie sind, noch daß sie nicht sind, noch welcher Art, denn vieles hindert unsere Erkenntnis – die Dunkelheit des Gegenstandes und die Kürze des menschlichen Lebens“, erklärte Protagoras[183], ein griechischer Sophist des 5. Jahrhunderts vor der Zeitenwende. Kritias, ein anderer Sophist und Platons Oheim, ging noch weiter, indem er in seinem Drama „Sisyphos“ den Glauben an die Götter als „eine Erfindung kluger Männer“ bezeichnete, „zu dem Zweck, die große Masse im Zaum zu halten und die Menschen zu einem sittlichen Verhalten zu zwingen[184]“.

Solche Urteile haben den gleichen Wert wie fast alle Deutungsversuche bis in unsere Gegenwart hinein, weil sie sich zumeist auf unzureichende Kenntnisse und auf Vorurteile gründen. Als Protagoras lebte, waren die Götter seit elftausenddreihundertundvierzig Jahren von der Erde verschwunden, so berichteten es die Priester zu Sais dem Herodot; sie zeigten ihm dreihundertfünfundvierzig hölzerne Standbilder der Pharaonen, die seither regiert hatten, und so bekundete er: „Edelbürtig seien also die Urbilder aller dieser Statuen gewesen, aber keineswegs Götter. Vor diesen Menschen allerdings hätten Götter über Ägypten geherrscht, die zusammen mit den Menschen gelebt; und einer von ihnen sei immer der Mächtigste gewesen. Der letzte dieser Götter sei Horos, Sohn des Osiris, gewesen, der bei den Hellenen Apollon heißt. Er habe den Typhon vom Thron gestürzt und als letzter Gott über Ägypten geherrscht[67].“

Als Tatsachen notieren wir gegenüber dem verwirrenden Durcheinander der Meinungen:

Die Götter wurden von Anfang an als anthropomorph aufgefaßt, und dies bei allen Völkern, die je in Berührung mit ihnen gekommen sind.

Die Götter waren verletzlich und sterblich, der Moíra unterworfen, dem Geschick; ihre Macht hatte Grenzen.

Die Götter sind niemals aus dem Bewußtsein der Menschen völlig entschwunden. Dort, wo man keine Erinnerung an sie findet, hat es niemals eine Berührung zwischen den Menschen und ihnen gegeben, woher sich die animistische Dema-Verehrung der Knollenpflanzer erklärt, die Adolf Ellegard Jensen entdeckte[185].

Alle alten Kulturen führen sich auf das Wirken der Götter zurück.

Protagoras hatte recht, indem er auf die Dunkelheit des Gegenstandes hinwies, denn der Gesichtskreis des damaligen Griechen war begrenzt, nicht weniger auch der des mittelalterlichen Abendländers, der in den griechischen Göttern eine boshafte Entstellung der Christenlehre erblickte. Ein aufgeschlossener Geistlicher, offenbar intelligenter als die meisten seiner Zeitgenossen, fand, als er mit den Brüdern Pizarro nach Peru kam, zu seinem Erstaunen bei den dortigen „Heiden" das Kreuz, die Beichte, das Beten mit zusammengelegten, erhobenen Händen sowie andere christliche Gebräuche und Glaubenselemente; er schrieb ein Buch darüber, in dem er, auf diese Übereinstimmungen hinweisend, die Vermutung äußerte, daß auch diese Heiden im Grunde Christen seien, und er forderte, man müsse sie deshalb als solche behandeln. Damit trat er den handfesten Interessen der Konquistadoren und ihrer königlichen oder geistlichen Nutznießer in den Weg; er und sein Buch, beide endeten auf dem Scheiterhaufen[136].

Später, da sich die Erinnerung an die Götter nicht einfach ausrotten ließ, hat man sie zu Symbolismen, Allegorien, Personifikationen von Naturkräften oder zu vergöttlichten Menschen umzudichten versucht oder auf die Ebene der Transzendenz erhoben. Man braucht nur die albernen Malereien des vergangenen Jahrhunderts zu betrachten und mit den mythischen Erinnerungen der Völker zu vergleichen, um zu begreifen, welche Verfälschung des wahren Sachverhaltes hier stattgefunden hat. Da sieht man Aegir, den Herrn des Meeres, in seinem unterseeischen Palast aus Meermuscheln, nackt und feist, Seetang im Haar, von Schlangen umwunden, fischschwänzigen Nixen und pausbäckigen Tritonen umspielt. Tatsachen an diesem Bilde sind nur, daß Aegir ein Titan, deshalb von bedeutender Körpergröße und -kraft gewesen ist, daß er – so wie Poseidon, Tlaloc, Thetis, Enki, der polynesische Hiro und die germanische Frigg – über unterseeische Anlagen gebot und daß er sich bei seinen Reisen der „Schlangen" bediente, der Flugzeuge nämlich, die, als „Nagas" den Indern bekannt, in den unteren Welten von den Titanen hergestellt wurden.

Mythologen und Philologen der vergangenen zwei Jahrtausende

mag man zugute halten, daß sie die Aussagen der Mythen nicht verstanden haben, daß sie diese überhaupt nicht verstehen konnten, solange es technische Errungenschaften wie die der Götter oder die heutigen noch nicht wieder gab, zumal es zweifelhaft bleibt, ob die Technik der Götter den damaligen Menschen verständlich und zugänglich gewesen ist. Der Mensch der Urzeit sah staunend mit an, wie die Götter in goldenen Eiern vom Himmel herabkamen oder in Säulen, Bäumen, Pfählen und dergleichen zu ihm aufstiegen; er sah, wie sie mit goldschimmernden oder schwarzen Riesenvögeln unter Donnergetöse durch die Wolken jagten, und an klaren Tagen beobachtete er die weißen Kondensstreifen am blauen Himmel, die ihm als Schlangen – „Wolkenschlangen" nannte er sie – erscheinen mochten.

Unsere bisherige Vorstellung von den Göttern ist ein Sammelsurium von Tatsachen, mißverstandenen Überlieferungen und Irrtümern. Wie wäre der Urmensch wohl aus sich selbst heraus zu der merkwürdigen Idee von den Göttern gekommen? Die gängigste Lesart lautet: Er personifizierte Naturkräfte, Pflanzen, Steine, Elemente, Tiere – alles, was ihm unbekannt, unbegreiflich, unheimlich war und ihm daher Furcht einflößte. Dies ist nur zum Teil richtig. Unterstellt man als wahr, was in den Überlieferungen behauptet wird: auch frühere Menschenrassen seien nicht auf dieser Erde entstanden, sondern auf sie umgesiedelt worden, so haben sie ein bestimmtes, wenn auch nur geringes Wissen schon aus ihrer einstigen Heimat mitgebracht. Daß es sich hierbei um „Wissen" handelte und nicht um „Aberglauben", dürfte durch die moderne Forschung erwiesen sein. Heutige Verhaltensforscher, wie Konrad Lorenz[118], haben das Tier in nächste Nähe des Menschen gerückt; und bereits in den Dreißigerjahren hat der indische Biologe Bohse mit Hilfe feinster Meßgeräte festgestellt, daß Pflanzen Schmerz empfinden können und ihm durch Strahlungen Ausdruck verleihen. Haben das die Germanen oder Algonkin gewußt, wenn sie sich zuvor bei dem Baum entschuldigten, den sie fällen wollten, oder die Ainu und Kamtschadalen bei dem Bären, bevor sie ihn erlegten? Solche Ehrfurcht kann unmöglich „angeboren" oder die Auswirkung eines Aberglaubens sein, sie muß auf einem Urwissen beruhen, auf Kenntnissen, die dem zivilisierten Menschen verlorengegangen sind, wie anders wäre es sonst zu erklären, daß er aus reiner Profitgier die Wälder und Fluren verheert und sich damit selbst der Grundlagen seiner Existenz beraubt?

Wie der Animismus, so hat auch der Totemismus seinen Ursprung in der Kenntnis von der Symbiose zwischen Mensch und Tier, eines vermöchte nicht ohne das andere, beide nicht ohne die Pflanzen und alle zusammen nicht ohne einen geregelten Luft- und Wasserhaushalt auf der Erde zu existieren. Nichts anderes als dieses Wissen liegt jenen sogenannten „prälogischen“ Denk- und Empfindungsweisen zugrunde. Sie haben sich, wie Jensen[185] nachwies, überall dort erhalten, wo der Einfluß der Götter nicht hinreichte, bei den Marind-Anim auf Neu-Guinea zum Beispiel, aber auch in anderen wenig zugänglichen Rückzugsgebieten Afrikas, Indiens und Südamerikas.

Animistische und totemistische „survivels“ dieser Art mengten sich, nachdem die Götter ins Blickfeld getreten waren, mit den Eindrücken, die das Unbegreifliche ihrer Erscheinung bei den Menschen hinterließ, sowie auch mit der hohen, reinen Lehre vom Weltgeist, Weltgesetz, Logos, die sie verbreiteten, wobei der Mensch im Laufe der Zeit das eine mit dem anderen verwechselte, das Ganze mit eigenen philosophischen Spekulationen verknüpfte und solcherart sich – nach dem Verschwinden der Götter – seine Religion schuf, deren jeweiliger Wert sich wohl einzig nach ihrem sittlichen Gehalt bemessen läßt und nach ihren Früchten. Heraklit sagte: „Das Weltgesetz – Logos, das doch ewig ist, begreifen die Menschen nicht, weder bevor sie davon gehört, noch sobald sie davon gehört haben[186].“

Solange man sich der Götter deutlich entsann, sind Menschen niemals vergöttlicht worden. Dieser Brauch stellte eine spätzeitliche Erscheinungsform dar, was sich in Polynesien zweifelsfrei nachweisen ließ[18]. Doch selbst, wenn sich ein Beweis hierfür von der Völkerkunde nicht hätte erbringen lassen, wäre die Behauptung, Götter seien nichts anderes als vergöttlichte Menschen gewesen, durch den einfachen Gedanken ad absurdum geführt, daß der Mensch ja zunächst einmal eine Vorstellung von den Göttern hätte haben müssen, ein Modell sozusagen, ehe er seinesgleichen in diesen Stand erhob.

Daß den Göttern ursprünglich der Status der Heiligkeit nicht beigelegt wurde, ist schon gesagt. Im Laufe der Zeit aber identifizierte man sich mit der von ihnen vertretenen Lehre, vermutlich, weil sie selbst sich als „Kinder Gottes“ bezeichneten. Dies wiederum hatte einen doppelten Aspekt: Unter „Gott“ verstand man sowohl den Weltenherrn, den Allvater, der im höchsten Himmel das Universum regiert und seine „Söhne“ aussendet, um die Gestirne zu kolonisieren, als auch jenen das All belebenden Schöpfergeist, kein faßbares Wesen, sondern ein Prinzip, dem der Weltenherr nicht weniger als die übrigen Götter, alle Kreaturen und Dinge, die Gestirne und der Raum unterworfen sind. Hier nun nähern sich Theologie und Naturwissenschaft einander, denn was die eine den „Gottesgeist" nennt, ist für die andere das „Naturgesetz", dem Wesen nach ein und dasselbe, nur eben vielfach mißverstanden, fehlgedeutet und zweckbestimmt interpretiert.

Was die Götter den Menschen so furchtbar erscheinen ließ, waren ihre außergewöhnliche Kraft sowie die ungeheure Überlegenheit ihrer Waffen. Sie töteten Titanen, Kyklopen, Menschen und Ungeheuer ohne erkennbare Mühe oder gar Gefahr für sich selbst. Unsterblich sind sie jedoch nicht, wie uns der Dichter[187] glauben machen will, indem er sie „athánatoi theoi", die „todeslosen Götter" nennt. Irgendwann sterben auch sie, obschon man nur selten erfährt, aus welchem Anlaß und wie. Wahrscheinlich hielten sie solche Todesfälle geheim, aus den gleichen Gründen, die Cortez und dessen Mordbuben bestimmten, ihre im Kampfe gegen die Mexikaner gefallenen Kameraden und selbst Rosse heimlich bei Nacht zu begraben; sie wollten unter keinen Umständen den Nimbus ihrer Unverletzlichkeit verlieren[188].

Homers Gesänge verraten nicht, daß ein Gott je von anderen erschlagen worden wäre, obschon recht häufig von handfesten Auseinandersetzungen die Rede ist, bei denen sich die Götter als durchaus verletzlich erwiesen. Athene warf Ares mit einem Stein, so daß er blutend zu Boden sank[11]. Und manchmal „fielen sie sich mit gewaltigem Getöse an; es stöhnte die weite Erde, rings tönte der große Himmel wie beim Schmettern der Trompeten. Zeus schaute zu, auf dem Olympos sitzend. Da lachte das Herz ihm vor Freude, als er die Götter im Kampfe miteinander sah[11]".

Homer wie auch andere Dichter in Hellas sahen sich vor die unlösbare Aufgabe gestellt, die vorgebliche Unsterblichkeit der Götter mit ihren blutigen Auseinandersetzungen überein zu bringen, wodurch das von ihnen entworfene Götterbild einen Hauch von Unwirklichkeit und kindlich-naiver Spielerei gewinnt, da doch noch jeder Kampf auf die Vernichtung des Gegners zielt. Sie trachteten, diese innere Unwahrhaftigkeit in etwa dadurch auszugleichen, daß sie ihre Göttergestalten behaftet mit allen Mängeln und Leidenschaften der Irdischen zeichneten, was wiederum spätere Betrachter der griechischen und übrigens auch der sumerischen Götterwelt auf den irrigen Gedanken verfallen ließ, die Menschen der Urzeit hätten „die menschliche und gesellschaftliche Erfahrung auf die Ebene der Götter projiziert“[24], irrig, weil die Götter als Träger einer fortgeschrittenen, überlegenen Zivilisation ganz gewiß älter als die Menschen waren. Heißt es nicht im Satapatha (Br. VII, 2, 1, 4): „Wir müssen tun, was die Götter im Anfang getan“, und im Taittíríya (Br. I, 5, 9, 4): „So haben es die Götter getan, so machen es die Menschen[171]“?

Bei Sumerern und Babyloniern galt die Sterblichkeit der Götter, mochten sie auch langlebiger als die Menschen sein, als unbezweifelbar. Aus dem babylonischen Atra-hasis-Epos erfuhren wir, daß der Mensch aus dem Blute eines geopferten Gottes, des von der Götterversammlung hierzu bestimmten Kingu, erschaffen worden sei: „Sie fesselten ihn, führten ihn vor Ea; sie auferlegten ihm seine Strafe; sie durchschnitten ihm die Adern[87].“ Allerdings war Kingu kein Anunnaki, keiner der großen Götter, sondern nur ein Igigi, aber immerhin, er war göttlich. Und so finden wir denn auch bei anderen Völkern, ganz besonders bei den Germanen, das Geschick der Götter zwischen die Pole Geburt und Tod gespannt – dies nun freilich in wahrhaft kosmischen Dimensionen.

Im tragischen Entscheidungskampf zwischen Göttern und Titanen fallen die Asen alle, oder sie verschwinden doch sang- und klanglos aus dem mythischen Weltbild; keine Walküre trägt die Leiber der Toten nach Walhall. Während den griechischen Mythen zufolge Titanen und Götter einander nicht umzubringen pflegten, Kronos und Kampe ausgenommen, die Zeus mit seinem Blitz erschlug, wissen die Überlieferungen anderer Völker von mörderischen Kämpfen, Morden, Grausamkeiten aller Art, kurz, von verbrecherischen Taten, die, auf beiden Seiten verübt, mit den sittlichen Grundsätzen, denen die Götter angeblich folgten, durchaus nicht im Einklang standen. Allein diese Reminiszenzen verbieten es, in den Göttern Verkörperungen von Naturkräften oder Jahreszeiten oder Flüssen oder was immer sonst zu sehen. Wo hätte es in der Natur je dergleichen gegeben?

Begreiflich ist noch, wenn man einen jungen, schönen, freundlichen Gott wie etwa Baldr mit dem Frühling vergleicht, völlig unglaubhaft hingegen, daß man den Frühling, das Werden und Vergehen der Natur, durch einen Menschen darzustellen versuchen sollte. Die Azteken verehrten die Sonne; und weil ihnen der schöne, freundliche Alvarado, einer der Offiziere des Cortez und aus edelstem, kastilischem Blut, mit seinen goldblonden Haaren so gut gefiel, verglichen sie ihn mit diesem Gestirn und nannten ihn tonatiuh, „die Sonne“[189].

Auf diese Weise verläuft der Prozeß, der auch allen übrigen Benennungen und Verbildlichungen zugrunde liegt. Als Baldr durch den Pfeil des alten, blinden Hödr getötet wurde, war das nicht eine Versinnbildlichung des durch den Winter vertriebenen Frühlings, wie man deutelte, sondern der Vergleich eines realen Sachverhaltes mit einem Naturvorgang. Man pflegt das Einmalige, Vorübergehende mit dem Beständigen, Dauernden, den Sonderfall mit dem Gewohnten zu vergleichen, nicht umgekehrt.

Homer hat an alten Geschichten bei seinem Werk benutzt, was er und wo er es fand, – nicht nur die von Achäern, Pelaskern und Illyrikern, sondern auch jene Mythen des alten Orients, wie sie seit Jahrtausenden durch fremde Seefahrer und Kaufleute nach Hellas gelangt waren. Manche seiner Göttergestalten tragen jedoch Züge, die an die Götter ferner Völker erinnern, der Polynesier etwa, mit denen die Griechen oder vor ihnen die Pelasker niemals eine Berührung gehabt haben können. Zeus zum Beispiel, wenn er, auf dem Olympos thronend, sich beim Streit der Götter ins Fäustchen lacht, was ja nun keineswegs überragenden Verstand oder imponierende Würde verrät, erscheint uns in dieser burlesken Pose dem Maui ähnlich – menschlich, ja, allzu menschlich; nur gut, daß er die kluge, beherrschte Athene wie ein lebendes Gewissen zur Seite hat. So auch Odin, der sich gleich Vishnu bei Spiel und Geschwätz im Kreise gleichgestimmter Gefährten an alkoholischen Getränken berauscht und nur mit Murren und Zaudern das Gelage unterbricht, sobald die Zustände auf der Erde sein Eingreifen erfordern[106].

Wie erwähnt, stand Hephaist, nicht anders als Loki, Maui oder der melanesische Awirara, zwischen Göttern und Titanen, keiner Seite zugehörig, eine zwitterige Gestalt, gefährlich, schillernd, von allen insgeheim verdächtigt, gefürchtet, gehaßt, jedoch umschmeichelt von den Frauen. Sie alle brauchen ihn, alle benutzen ihn für ihre Zwecke, bisweilen treiben sie grobe Scherze mit ihm: „Unauslöschlich Gelächter erhob sich den seligen Göttern, da sie Hephaistos sahen mit Hast durchschnaufen den Festsaal[11].“

Auffallen muß ganz besonders die Gegensätzlichkeit im Charakter der Götter. Sie brachten den Menschen Sitte, Gesetz, Religion, nützliche Kenntnisse aller Art, Frieden, Sicherheit – kurz, jene Dinge und zivilisatorischen Errungenschaften, die das Leben erleichtern, angenehmer gestalten und zu kulturellem Aufstieg führen. Nur sie selbst hielten sich am wenigsten an ihre eigenen Lehren. „Der Eindruck hat sogar aufkommen können, daß die Moralität der Griechen besser gewesen sei als die ihrer Götter[190]." Weisen die Götter sich hiermit nicht als Wesen menschlichen Stammes aus? Eines Stammes freilich, der eine Sonderentwicklung durchgemacht und den Erdbewohnern einige Kenntnisse und Fähigkeiten voraus hat. Verhielten sie sich etwa anders als die Europäer unserer Tage, von denen fremdartige Völker, die des Christentums teilhaftig werden sollten, halb furchtsam, halb verächtlich sagten: „Sie sprechen von Gott, doch sie meinen Kattun"?

Kronos, der jüngste der sieben Söhne des Uranos, gleich dem Brahma der Inder, dem ägyptischen Amun, dem Alfadur der Germanen, dem Tangaroa Polynesiens, jener erhabene, weise Schöpfergott, der Demiurgos, Ordner dieser und anderer Welten[67], der seine „Söhne" auf die Erde schickt, um auf ihr Frieden und Gerechtigkeit zu etablieren, hat seine Hände nichtsdestoweniger mit dem Blute des Vaters befleckt; er, der Uralte, Weise, nahezu Allmächtige, muß – so will es ein Geschick – durch eigene Schuld dem Anschlag seines Sohnes Zeus erliegen[13]. Seine Weisheit und Einsicht, seine Macht, seine Kraft haben also Grenzen; unsterblich ist er nicht, auch nicht allwissend.

Gleiches läßt sich über Zeus, den höchsten der auf Erden wirkenden griechischen Götter sagen. So, wie der germanische Odin, der indische Indra, zeigt auch er im entscheidenden Augenblick Inkonsequenz und Entschlußlosigkeit. Von Gaia bewogen, hatten die uranischen Götter ihn zu ihrem Oberhaupt erwählt, aber dies „nicht etwa seiner Weisheit wegen, sondern weil er der Stärkste war[11]". Und wenn ihn der Dichter gelegentlich den „Weitschauenden" nennt, so rechtfertigt sein Verhalten diese rühmende Bezeichnung doch nirgends; listig ist er, weise nicht! Liebe und Haß, vor allem Jähzorn, brechen mit erschreckender Maßlosigkeit nur allzu oft in ihm durch; dann zerstört er in besinnungsloser Wut, was er selbst mit Mühe geschaffen. Voraussicht, Entschlußkraft oder Fleiß gehören wohl kaum zu seinen Tugenden. „Abseits sitzt er sorglos, kümmert sich um nichts, denn er sagt, unter den unsterblichen Göttern sei er ja doch an Kraft und Stärke weitab der erste[11]." Aus seinen schier zahllosen erotischen Abenteuern, die den Menschen Ursache zu mancherlei Spöttereien gegeben haben, spricht ein erstaunliches Maß von Verantwortungslosigkeit.

Und so wie Zeus prahlt auch Odin, den sie den Weisen nennen, bei jeder sich bietenden Gelegenheit; doch in der Stunde der Not, da die unholden Riesen, Lokis schreckliche Kinder, sein Werk bedrohen, tut er – nichts[145]. Wir werden erleben, wie es infolge der Unentschlossenheit des persischen Weltenherrn Zurvan zwischen dessen Söhnen zum verzweifelten Kampf um die Erde kommt[191]. Ebenso ist auch der Streit zwischen Brahma und Birma auf die schwächlich abwartende Haltung des ersteren zurückzuführen[29]. Und in Wahrheit verursachte Indra den schrecklichen Krieg der Lichtgötter gegen die Asuren, weil er sich weder für die einen noch für die anderen zu entscheiden vermochte, sondern beiden versprach, was er keinem halten wollte oder konnte[91].

Amun, auch Ré-Harachte genannt, verhält sich in gleicher Lage nicht anders als seine Entsprechungen bei den übrigen Völkern. Nachdem Osiris von seinem Bruder Seth ermordet worden war, erhob sein Sohn Horus Anspruch auf die Erde. Im Papyrus Chester Beatty I, einer Volkserzählung, wird zwar nur Ägypten als Streitobjekt angeführt, doch kann kein Zweifel darüber bestehen, daß es sich auch hier um ein und denselben globalen Vorgang handelt. Das Göttergericht, dem Ré-Harachte als Herr des Universums vorsitzt, soll entscheiden. Allein, der Prozeß zieht sich schon achtzig Jahre hin und noch immer riskiert es der Weltenherr aus Furcht vor Seth nicht, sich der Meinung der übrigen Götter anzuschließen; statt dessen strebt er einen schwächlichen Ausgleich an. Die Versammlung endet in wüstem Tumult. Es kommt zum Kampf zwischen Isis, des Horus Mutter, und dem erzürnten Seth, in dessen Verlauf Horus seiner Mutter den Kopf abschlägt, weil sie Mitleid für den unterliegenden Gegner zeigte. Die Folge ist der interstellare Krieg, von dem dies Buch handelt[192].

Da nun bei vielen Völkern ganz dasselbe, freilich unter orts- und zeitbedingter Verlagerung der Akzente, überliefert ist, dürfte klar sein, daß es sich hier nicht um „ein müßiges Spiel der Volksphantasie" handelt. Man mag die Sache drehen und wenden wie man will, an der Erkenntnis kommt man nicht vorbei, daß in allen Fällen von dem gleichen Ereignis berichtet wird, daß Übernahmen, wenn überhaupt, so nur bei benachbarten Völkern stattgefunden haben können, daß sich also einmal irgendwann – zumindest in ihrem allgemeinen Verlauf – die Sache so und nicht anders zugetragen haben muß.

Die Titanen haben offenbar ältere, begründete Ansprüche auf den Besitz der Erde, doch vermögen sie sich gegen die „jungen Götter" nicht durchzusetzen. Damit ist der Keim zu schweren Konflikten gelegt. Die jungen Götter indes sind nur gering an Zahl; sie sind schwer bewaffnet, aber sie bleiben auf die Zufuhr von Waffen, Geräten und Nahrung aus anderen Welten angewiesen. Sie scheinen ihrem Charakter nach wenig geeignet gewesen zu sein für die Aufgabe, die ihnen zugewiesen war. Mit den einzelnen Problemen vermögen sie zwar fertig zu werden, doch sehen sie die große Linie so wenig, wie sie die Konsequenzen ihres Handelns abzuschätzen vermögen. Sich unterordnen im Zeichen einer großen Idee, das können sie nicht. So kommt es in Sumer zum Aufstand der geplagten Igigi gegen die Anunnaki, bei den Germanen zu unaufhörlichen Zänkereien zwischen Asen und Riesen, wobei sich die ersteren brutal zeigen, wenn sie im Vorteil sind, kleinmütig und arglistig jedoch, sobald sie sich in die Enge getrieben fühlen; erträglich oder gar bewunderungswürdig, als die großen hehren Götter, erscheinen sie nur, wenn alles läuft, wie es laufen soll.

Das Goldene Zeitalter

Throne der Götter

Warum sind Berge den Menschen heilig?

Oder besser, warum sind bestimmte Berge den Menschen heilig, darunter solche, die sich weder durch Größe, noch durch Schönheit vor anderen auszeichnen? Sind sie Symbole der Himmelssehnsucht? Und woher rührt ein solches Empfinden dann wohl?

Hédos théon – Throne der Götter – wurden manchen Berge von den Griechen genannt[11]. „Ein Berg ist den Kappadokiern Schwur und Bild", bekundete Maximus von Tyrus[193]. Und häufig findet man auf alten kappadokischen Münzen den Götterberg Argäus dargestellt.

Das wäre dann also der „Bergkult", wenn man den Völkerkundlern und Altphilologen glauben darf. Der frühe Mensch, der Sammler und Jäger, fühlte sich – so sagte man – rastlos umherschweifend, von dem Geheimnis der bald wolkenverhangenen, bald im Sonnenlicht silbern erglänzenden Höhen magisch angezogen. Trachtete er indes, jene Regionen zu ersteigen, jene schimmernden Gipfel, die er für goldene oder silberne Paläste hielt, so bezahlte er diesen Versuch oft genug mit dem Leben. Einleuchtend erscheint eine solche Erklärung durchaus, locken doch auch den heutigen Zivilisationsmenschen noch, wie zahlreiche Nanga-Parbat-Expeditionen beweisen, die unersteigbar erscheinenden Höhen, obwohl er weiß, daß es dort oben an realen Werten nichts für ihn zu holen gibt. „Berge", so sagte Byron, „sind für mich ein Gefühl."

Wie aber kommt es dann, daß unter stolzen Eisriesen plötzlich ein ganz gewöhnlicher Hügel für heilig gehalten wird? Nicht alle der zahllosen heiligen Berge Europas – der Heiligenberg am Neckar, der Michaelsberg bei Bödingen, der Danielsberg in Kärnten, der Donnersberg, ein Heiligtum Thors, im nordpfälzischen Bergland – weisen irgendeine augenfällige Besonderheit auf. Und wie erklärt es sich, daß Völker, weit entfernt von allen Gebirgen, künstliche Berge – Pyramiden, Stufentürme, Maraes – errichteten, um auf ihnen die Götter zu verehren? Gemäß unserer Meinung, daß jeder Art von Kult oder Esoterik eine reale Erfahrung zugrunde liege, fragen wir: Wie entstand dieser weltweit verbreitete Glaube an die Heiligkeit gewisser Berge?

Es wurde gesagt, daß die Gottheit zum ersten Male als flammender Lingam in der Yoni über dem heiligen Berge Meru erschienen sei[29], den die Tibetaner Ti-se, die Inder Kailāsa oder auch Rajatadri (Silberberg) nennen. Er liegt in Tibet, am Nordufer des großen Manasarovar-Sees, dem der Fluß Saledsch entspringt. Der Arzt und Asienforscher Heinrich Harrer, der während des Zweiten Weltkrieges am Hofe des Dalai Lama weilte, beschreibt ihn so: „In der Landschaft dominierend war der 7730 Meter hohe Gurla Mandhata; viel weniger auffallend, aber um so berühmter ist der 6700 Meter hohe heilige Berg Kailāsa. Einsam stand er in seiner majestätischen Schönheit vor uns, isoliert von der übrigen Himalajakette. Unsere Tibeter warfen sich bei seinem Anblick zu Boden und sprachen ihre Gebete. Für die Buddhisten und Hinduisten ist dieser Berg der Hochsitz der Götter, und es ist ihr größter Wunsch, einmal im Leben eine Pilgerfahrt dorthin zu machen[194]."

Tatsächlich war die Gegend um diesen Berg, mit dem großen, zum Landen geeigneten Manasarovar See, den hervorstechenden Landmarken, den weiträumigen, kahlen Tälern des Saledsch und des Brahmaputra, die hier beide ihre Quellen haben, vor allem aber mit einem für die Götter offenbar idealen Klima, einer ihrer bevorzugtesten Stützpunkte. Im benachbarten Manasottara Gebirge lagen die Wohnsitze Shivas, der mit der Raumfahrt in Verbindung stand und deshalb noch heute in Gestalt des Lingam verehrt wird, sowie auch diejenigen der sechs Welthüter Kuvera, Vayu, Surya, Yama, Agni und Soma. Dort lagen die „goldenen Städte" der Götter mit ihren schimmernden Palästen, Werkhallen und den hochragenden „Eisenbäumen", dem Kadamba auf dem Berge Mandara, östlich vom Kailāsa, oder dem Jambu südlich von ihm, die zu späterer Zeit natürlichen Bäumen, der Anthocephalos cadamba und der Eugenia jambolana, ihre Namen liehen, aber alles andere als Bäume gewesen sind, denn in jener Landschaft wachsen weder Baum noch Strauch, – ein verbotenes Gebiet für die Irdischen; hier befand sich auch der Çakad-i-Daitik – ein Pahlawi-Wort, das „Gipfel des Gerichtes" bedeutet – am Fuße der Cinvad-Brücke, die, identisch mit der germanischen Bifröst- und Gjöll-Brücke, unsere Erde mit anderen Welten verband und, manchmal als „Regenbogen" beschrieben, „Weg der Götter" hieß[195].

In dem kosmischen System der Götter, der Weltachse oder dem Weltenbaum, das sich nicht auf unser Sonnensystem bezog, sondern auf die ganze Galaxis, galt der Gipfel des Kailāsa als „Nabel der Welt", ein Begriff, wie er auch in anderen Erdteilen, bei den Zuni in Arizona etwa oder in Peru auf Cuzco angewandt wurde. Noch hat niemand die Gegend um den Kailāsa gründlich erforscht; wahrscheinlich würde man hier ganz ähnliche Phänomene wie auf den Plateaus von Nazca in Peru entdecken. Im Berge selbst soll es Höhlen gegeben haben, von denen man heute angeblich nichts mehr weiß. Der Brahmane Sandales, ein Zeitgenosse des Bardesanes, erzählt[196]:

„In einer Höhle des heiligen Berges auf der Erdmitte sei eine Bildsäule aufgerichtet, zehn Cubitus (4,44 m) hoch, die Arme gekreuzt, die rechte Hälfte des Gesichtes, Arm, Fuß und die ganze Seite männlich, die linke weiblich, beide kunstreich und geschickt verbunden. Auf der rechten Brust gebildet sei die Sonne, auf der linken der Mond, auf beiden Armen aber seien durch die Kunst des Bildners viele Engel und alles übrige, was die Welt umfaßt, Himmel, Berge, Meer, der Strom des Okeanos, Pflanzen und Tiere und was sonst in der Natur existiert, dargestellt. Dies Bild habe der Gott seinem Sohne gegeben, als er die Welt erschuf, um an ihm ein sichtbares Vorbild seines Werkes zu haben. Es sei nicht von Silber, noch von Gold, Erz oder Stein, am ähnlichsten noch einem harten Holze. Auf dem Haupte der Gestalt sitze das Bild des Gottes wie auf einem Thron. Hinter dem Bilde sei tiefes Dunkel durch die Höhle; man gehe mit Fackeln hinein, und dem Reinen öffne sie sich weit, Unreine aber könnten nicht hindurch. Zur Zeit des Sommers und im Herbste versammeln sich die Brahmanen in ihrer Nähe, um das Bild zu sehen und sich selbst zu prüfen. Sie unterreden sich dann miteinander über die Gestalten auf dem Bilde, die nicht leicht verständlich sind, teils ihrer Menge wegen, teils weil nicht jedes Land alle Pflanzen und Tiere trägt."

So heißt es denn vom Meru, dort sei der Ursprung allen Lebens, auf ihm würden alle Geheimnisse offenbart, was auch wohl der Wahrheit entsprochen haben mag, da er ja ein Stützpunkt der Götter, vielleicht sogar die erste Station, die sie anlegten, gewesen ist.

Der eisernen Riesenbäume um den Kailāsa entsinnt man sich, sobald man vernimmt, daß Loki als Chefingenieur der Asen eine geheimnisvolle Warte im fern auf unbekannten Bergeshöhen gelegenen „Eisenwalde" besaß, von der aus er alles zu sehen vermochte, was auf der Erde und auf den anderen Welten im Himmelsraume geschah. Hier wurden mit Hilfe Angerbodes, der Titanin, auch Garm, der „Höllenhund“, sowie Yggdrasil oder Sleipnir, das „Raumschiff Odins“[85], hergestellt. Nähme man auch an, dies sei eine sehr alte Erinnerung der Germanen aus der Zeit, da sie noch mit anderen Stämmen Asiens in Verbindung standen, so muß die Sage doch nachdenklich stimmen, denn woher hätten sie wohl – nach Meinung der Vorgeschichtsforscher: in der Älteren Steinzeit – das Eisen und dessen Gebrauch gekannt? Und was wären dann jene „eisernen Bäume“ gewesen?

Tatsächlich hat es nur eine geringe Anzahl von Göttern gegeben. Der Eindruck von ihrer Menge entstand allein dadurch, daß sie bei verschiedenen Völkern unter jeweils ganz anderen Namen bekannt gewesen sind und immer nur das an ihnen für das betreffende Volk Auffälligste beobachtet wurde und im Gedächtnis bewahrt worden ist; so kam es zu abweichenden Beschreibungen ihres Charakters wie ihres Äußeren. Nur darüber, daß sie im Gegensatz zu den „Schwarzköpfen“ weißhäutig, blauäugig, bärtig, mit hellem oder rötlichem Haar gewesen seien, besteht völlige Einigkeit.

Statt nun an mögliche, aber wenig wahrscheinliche Übernahmen der Mythen zu glauben, sind wir eher geneigt, auch die Götter Germaniens auf dem Kailāsa zu vermuten, denn hier befand sich der Anfang der Cinvad-Brücke, jener Bifröst-Brücke der Germanen – ein Kap Kennedy der Urzeit also, dessen Kommandant Heimdall war; und so überrascht es denn auch nicht, daß sein Palast Himmijörg, die „Himmelsburg“, zu Füßen eben dieser Bifröst- oder Cinvad-Brücke, folglich auf dem Kailāsa, lag[106].

Da nun die Besetzung der Erde durch die Götter offenbar schlagartig, an mehreren Orten zugleich erfolgte, müssen auch in anderen Erdteilen Stützpunkte auf Bergen errichtet worden sein. Einen solchen gab es auf dem K'un-lun, einem langgestreckten gewaltigen Gebirgsmassiv, dessen Gipfel sich zwischen 5000 und 6000 Meter und beim Ulugh Mustagh sogar bis zu 7720 Meter hoch in den Himmel erheben, ein auch heute noch kaum bekanntes, pflanzenarmes Gebiet mit vergletscherten Graten und abflußlosen Seen. Hier landete das erste göttliche Geschwister- und Ehepaar Fu-hsi und Nükua in einer silbernen Gondel; sogleich entzündete Fu-hsi ein Rauchfeuer, um andere Götter herbeizurufen und ihren Rat einzuholen. Von hier aus setzten sie den ersten „Urkaiser“ Yi King, der mit ihnen vom Himmel herabgekommen war, ein und begannen, die in wilden Horden umherschweifenden Menschen zu zivilisieren. Am gleichen Ort ließ sich später die Göttin Hsi-wang-mu nieder; sie bewachte hier den „Lebenstrank“ und wurde von einem dreibeinigen „Raben“ mit Nahrungsmitteln versorgt[40]. Eine ähnliche Geschichte wird bei den Chinesen vom Tien-shan, dem „Himmelsgebirge“, in Zentralasien erzählt, sowie auch vom Lich-shan-Gebirge in der Landschaft Chiang-hsia, wo Shen-nung, der „göttliche Landmann“, aus einer Höhle hervorgekommen sein soll[10].

Die Gats, jene vierundfünfzig guten Götter der Jakuten, deren Gegner die fünfundvierzig bösen Tengri waren, hausten ebenfalls auf den Gipfeln hoher Berge, von wo aus sie im Auftrage der kriegerischen Fürsten der Gestirne für das Wohlergehen der Menschen sorgten[197]. So wie gewisse Berge bei den Germanen „Tore des Himmels“, bei den Griechen „Himmels- oder Wolkentore“ hießen, was auf ihre Funktion hindeutet, kannten auch die Jurak-Samojeden im Ural einen heiligen Berg, der eine „Weltsäule“ trug und deshalb Minis'ei, „der Träger“, genannt wurde[35]. Der berühmteste Berg der Antike war aber doch der 2918 Meter hohe Olympos, der „Thronsitz der Götter“, ein Schiefer- und Marmorgebirge im nordöstlichen Thessalien. Der nur wenig niedrigere Parnassos in Mittelgriechenland, an dessen Südhang Delphoi liegt, galt als der Wohnsitz Apollos. Prometheus, der Lichtbringer, wurde, wie schon erwähnt, auf den Höhen des Kaukasus festgehalten. Und der Oite oder Oeta im Norden Aioliens, südlich vom Olymp, war Schauplatz der Himmelfahrt des Herakles.

Da nun aber die Achäer erst zu geschichtlicher Zeit nach Hellas eingedrungen sind, muß man ihre Erzählungen über die Götter und deren Wohnsitze wohl mit einigen Vorbehalten aufnehmen. Es bestehen zwei Möglichkeiten: Entweder haben sie diese Geschichten aus ihrer Urheimat mitgebracht und nur die Namen der Örtlichkeiten ausgewechselt, oder – was nach aller Erfahrung wahrscheinlicher ist – die Sagen und Legenden haften an den betreffenden Orten und haben dann eine der Mentalität der Achäer entsprechende Umformung durchgemacht. Jedenfalls hat sich die heilige Scheu der Menschen vor gewissen Berggipfeln erhalten bis auf den heutigen Tag. Ein allem Anschein nach künstlich geschaffenes Plateau auf dem Wuno Jukta, oberhalb der kretischen Ortschaft Achanes, auf dem sich einst ein Zeusheiligtum befand, dient heute als christlicher Wallfahrtsort.

Zweihundert Engel, geführt von siebzehn namentlich genannten Offizieren, ließen sich, dem Buche Henoch[55] zufolge, herab auf den Ardis, einen der Gipfel des Berges Hermon in Syrien, der, 2750 Meter hoch, auch Djebel el Shech, nämlich „Schneeberg“ oder „Heiligtum“, heißt. Sie lehrten die Menschen mancherlei Dinge, die dem Weltenherrn keineswegs wohlgefällig waren. Hierüber wird später noch einiges mehr gesagt. Auf dem Berge Horeb, den man – vielleicht irrtümlich – auf dem Sinai vermutet, fand die Begegnung zwischen dem höchsten Himmelsherren und Elias statt; auch soll es an jenem Orte gewesen sein, wo Moses die Gesetzestafeln empfing.

Weitere Stützpunkte wurden auf der Insel Atlantis errichtet, auf den Hochplateaus von Arizona, die damals keine Einöden, sondern wie die Sahara blühendes Land waren, möglicherweise im Gebiete der Mounds östlich des Mississippi, dann auf den Hochflächen Perus am Titicacasee und bei Nazca. Man fragt sich angesichts der überall gleich oder ähnlich lautenden Überlieferungen, weshalb die Zusammenhänge zwischen den geschilderten Ereignissen von den Fachwissenschaftlern bisher nicht erkannt oder jedenfalls nicht beachtet wurden, da doch wohl kaum anzunehmen ist, daß sich jedes der untereinander so grundverschiedenen Völker ganz dieselbe Geschichte ausgedacht haben soll.

Völker, die nach langen Wanderungen an ihren neuen Wohnsitzen keine Berge als Rast- oder Landeplätze für die Götter zur Verfügung hatten, schufen sich künstliche. So entstanden die Stufentürme, die Zikkurats in Mesopotamien, die Pyramiden Ägyptens und jene von Peru und Mexiko sowie auch die Maraes auf den polynesischen Inseln, denn auch hier – etwa auf Uporu, wo die geflügelten Götterboten auf dem Mou-a-ura, dem „Roten Berge“, zu landen pflegten – wußte man noch, daß die Wohnstätten der Götter auf hohen Bergen lagen[18].

Was könnte die Götter dazu bewogen haten, ihre Wohnsitze auf den höchsten Bergen aufzuschlagen? Die Frage läßt sich durch eine einfache Schlußfolgerung beantworten. Es wurde festgestellt, daß die Götter Masken trugen, dies nicht aus kultischen Gründen oder um die Erdbewohner zu schrecken, sondern auf Grund einer praktischen Notwendigkeit.

Unter den etwa fünf Milliarden bewohnbarer Gestirne in unserer Galaxis werden nur wenige ganz genau die gleichen Lebensbedingungen aufzuweisen haben wie unsere Erde, selbst wenn man voraussetzt, das ganze Universum sei aus den gleichen Stoffen und in seinen verschiedenen Formen zu annähernd gleicher Zeit entstanden[119]. Eine noch so geringe Abweichung innerhalb des Rahmens gleichartiger Entwicklungsvorgänge genügte schon, um den Übergang von der einen Sphäre in die andere für ein menschliches Lebewesen ohne entsprechende Hilfsmittel oder Vorkehrungen unmöglich zu machen. Wir kennen die gefürchtete Soroche, die Berg- oder Höhenkrankheit, die im Zusammenwirken mit anderen Umwelteinflüssen durch eine Verminderung des Sauerstoffgehaltes im Blut als Folge des niedrigeren Luftdruckes in größeren Höhen entsteht; in Höhen über 4000 Meter kann sie schon tödlich wirken.

Derselben Gefahr begegnen Menschen wie Götter, sobald sie ein fremdes Gestirn betreten, mag dessen Atmosphäre auch ähnlich sein. Und so mag der Umstand, daß die Götter Masken trugen, als ein Indiz dafür gelten, daß sie nicht von der Erde stammten; auch bietet sich hier eine Erklärung dafür, weshalb sie die dünnere Luft hoher Berge der dichteren Atmosphäre des Tieflandes vorzogen.

Hat nicht Platon im Phaidon – wer weiß, woher ihm die Kenntnis kam – klar und deutlich gesagt, auf dem Gestirn der Götter sei die Atemluft gleich der unseres Äthers, der Äther dort oben aber um vieles dünner als wir es uns vorzustellen vermögen? Wenn sich dies so verhält – und andere Völker, die Polynesier zum Beispiel, sagen ein Gleiches aus – so erklären sich hieraus nicht nur die Verschiedenheit des menschliches Blutes von dem der Götter, sondern auch andere Eigenheiten, durch die sie sich von den Irdischen unterscheiden: ihre größere Kraft, der leichte, schwebende Gang, die ein wenig hastigen, unbeherrschten Bewegungen der Füße und Schenkel, an denen sie manchmal erkannt wurden, ihre weiten Sprünge, möglicherweise auch ihre Fliegerei, denn muß es nicht auffallen, daß die Götterboten auf den Türen norwegischer Stabkirchen, auf griechischen, hethitischen, babylonischen Skulpturen, auf Chimuvasen oder auch auf dem Sonnentor zu Tiahuanaco stets mit Fittichen dargestellt wurden? Deutet nicht vieles darauf hin, daß sie von einem anderen größeren Gestirn herstammen? Und so mußten sie sich wohl zunächst einmal an die andersartige Atmosphäre unseres Planeten gewöhnen.

Wenn sie sich, wie die Mythen aussagen, auf den Bergeshöhen „schimmernde Paläste" errichteten oder von Kyklopen und Titanen errichten ließen, warum wurde dann keinerlei Spur von diesen Bauwerken gefunden? Auch das ist ohne Mühe erklärt, an einem Beispiel aus unseren Tagen.

Anfangs erlaubten die Götter keinem Menschen, später dann nur sehr wenigen Bevorzugten, den Sperrbezirk um ihre Wohnstätten und Werkhallen zu betreten, wie das ja auch für militärische Anlagen gilt. In vornehmer Zurückgezogenheit hausten sie auf ihren Bergeshöhen, unsichtbar den Blicken der Menschen, ein Gegenstand der Verehrung und heimlicher Furcht. Nach und nach sickerte dennoch einiges über die Lebensweise der Götter durch. Was man damals vernahm, wurde zur Sage, zum Mythos, und als solcher hat es sich über Jahrtausende hin von Mund zu Mund fortgeerbt. Homer sammelte solche verstreuten Erinnerungen und benutzte sie ohne Rücksicht auf Zeit und Ort für sein Werk, so daß Hubert Schrade[190] mit Recht sagen darf: „Die Eigenart des homerischen Verhältnisses zur Vergangenheit ist es, die uns die Berechtigung gibt, Homer zum Zeugen nicht nur für sein Jahrhundert, sondern auch für die vor ihm liegenden Zeiten zu nehmen."

Es blieb nicht aus, daß der blinde Dichter bisweilen den Olymp mit jener fremden Götterwelt im Himmelsraum verwechselte; im übrigen aber formt sich aus den in Ilias und Odyssee enthaltenen Angaben doch ein recht plastisches Bild: „Den Menschen unnahbar sind die Behausungen der Götter auf dem Olymp[11]", Paläste aber durchaus keine Tempel, wie denn die Götter selbst sich niemals als „heilig" im heutigen Sinne empfunden oder dafür ausgegeben haben. Dieser Begriff mit seinen transzendentalen Aspekten war damals noch unbekannt. Jeder Gott habe, so erzählt Homer[11], auf dem Olympos seinen eigenen Palast besessen und „Zeus den größten, den hallenreichen, von Hephaistos in Schönheit und Glanz erbaut, erzen, unvergänglich, mit goldenem Estrich, dazu bestimmt, den Göttern als Versammlungsort zu dienen."

Warum aus Erz und nicht aus Stein? Es kann kein Zweifel darüber bestehen, daß die Götter recht wohl mit Steinen zu bauen wußten; nicht nur haben sie den Menschen diese Kunst gelehrt, sie haben auch nach der Flut, als die Notwendigkeit sie dazu zwang, mit unzulänglichen Hilfsmitteln wahre Wunderbauten errichtet oder unter ihrer Anleitung erstehen lassen.

Bei ihrem Eintreffen lagen die Dinge anders. Sie hatten in ihren Raumschiffen nur wenige Hilfskräfte mitgebracht. Die Kyklopen gehorchten dem Befehl der ihnen feindlich gesinnten Titanen. Auf die Menschen war vorläufig nicht zu rechnen. Kurzlebig und gedächtnisschwach, wie sie es noch heute sind, hatten sie seit ihrer Umsiedlung auf die Erde das wenige, was sie zuvor an Kenntnissen erlangt haben mochten, während ihres jahrhundertelangen Umherschweifens längst vergessen. Völlig verwildert, waren sie aufsässig, ohne Respekt vor Göttern und Titanen, kriegerisch und wenn nicht arglistig, so doch auch nicht eben vertrauenswürdig. Man mußte sich diese „Söhne Adams" zunächst vom Leibe halten, mußte sie zur Friedfertigkeit erziehen, zur Arbeit zwingen. Es würde langer Zeit und großer Mühe bedürfen, ehe sie den Nutzen brachten, den man sich von ihnen erwartete. Bis dahin war man, von Titanen, Trollen und wilden Tieren bedroht, ganz auf sich selber angewiesen.

All das und einiges mehr mögen die Götter sich überlegt haben, ehe sie ihr Kolonisationswerk begannen. Und so fanden sie eine ähnliche Lösung wie die Amerikaner unter ganz denselben Verhältnissen in der Gegenwart: Sie brachten ihre Unterkünfte mit.

Im Jahre 1951 begannen die Amerikaner, das hoch im Norden an der Nordwestküste Grönlands liegende Thule, die ehemalige Eismeerstation Knud Rasmussens, in aller Eile auszubauen. Ihre Schwierigkeiten waren die gleichen wie die der Götter vierzehntausend oder mehr Jahre zuvor beim Besiedeln der Erde: Eine lebensfeindliche Natur, keine Arbeitskräfte, kein Material, weder Pflanzen noch Tiere, die zur Selbstversorgung hätten dienen können. Was taten sie? Eine Luftbrücke wurde organisiert. In pausenlosen Einsätzen brachten Transportmaschinen Lebensmittel, aus Aluminium vorgefertigte Bauteile, Handwerker, Arbeiter und auch sonst alles Nötige vom Kontinent herüber. Man errichtete einen vierhundert Meter hohen Stahlturm, sprengte einen ebenso tiefen Schacht in das hier 3000 Meter dicke Inlandeis; und auf seinem Grunde entstand binnen kürzester Frist ein mit Aluminium ausgekleidetes System von Tunneln, Hallen und Sälen, in dem es eine versenkbare Abschußrampe für Langstreckenraketen, elektrisches Licht, Zentralheizung, Bäder, Sporthallen, eine Bibliothek, ein Hospital, Kinos, Magazine und einen Atomreaktor für die Kraftversorgung gab: eine Höhlenstadt für fünftausend Bewohner tief unter dem Eis. Haben wir hier ein Modell für die einstigen Unternehmungen der Götter?

Von Kay Us, einem der Urkönige nach der Flut, sagt das Awesta, er habe Pläste aus Gold, Silber, Stahl und Kristall auf dem Elburs-Gebirge errichten lassen, deren heilende Ausstrahlung so mächtig gewesen sei, daß Kranke und Greise durch bloßes Berühren der Wände ihre Jugendkraft zurückerlangt hätten[198]. Ähnliches wird in der indischen Literatur, teils im Rigveda, teils in einigen Puranas über die fünf „goldenen Städte“ in der Nähe des Kailāsa berichtet. Und auch von Poseidonis, der Hauptstadt des atlantischen Inselreiches, heißt es im Kritias Dialog des Platon, die Mauern und Dächer hätten aus goldschimmerndem Erz, jenem geheimnisvollen Oreichalkos, bestanden, einer Legierung vermutlich, die von den Göttern für die meisten ihrer Geräte und Waffen verwendet wurde. Gold war es jedenfalls nicht, noch Bronze oder Kupfer, denn diese Metalle werden von Homer, Platon, Hesiod und anderen Autoren der Antike noch außerdem erwähnt.

Nun mögen die Bauten, Schiffe, Flugzeuge, Waffen und Geräte der Götter während des interplanetarischen Krieges oder durch die ihn beendende Katastrophe vernichtet worden sein; die Trümmer korrodierten im Laufe langer Jahrtausende, oder sie wurden von den Menschen eingesammelt und zur Herstellung primitiverer Waffen oder Geräte benutzt. Plutarch behauptet, ein Menschenalter vor seinem Besuch in Ägypten habe man noch Trümmer aus rotgoldenem Metall von jenem Schiff auf einer der oberen Nilinseln liegen sehen, mit dem Osiris einst aus dem Nachtmeer herabgekommen sei[53].

Nach allem nimmt es nicht wunder, wenn kaum etwas, das auf jene Zeit verweist, bisher gefunden wurde oder – wenn es gefunden wurde, wie zum Beispiel die Linsen aus geschliffenem Glas in alten Grabstätten Libyens[131] oder jene ganz ähnlichen, die ein Haziendero bei Esmeraldas in Ekuador mit anderen Relikten einer alten unbekannten Kultur durch Taucher vom Meeresgrund vor der Küste bergen ließ[136], dann verschwand es als „nicht katalogisierbar“ unter dem Staub der Museen.

Tatsächlich wurde der Spaten bisher nur dort angesetzt, wo man zu wissen glaubte, daß etwas zu finden sei und vor allem – was da zu finden sei. Offenbar fällt es manchen Fachgelehrten schwer, sich von vorgefaßten Ideen, Doktrinen oder liebgewordenen Denkgewohnheiten zu trennen. Eine Reihe tragischer Mißgriffe in der Geschichte der Wissenschaft – von der Verbrennung Giordano Brunos über Galilei, Schlieman, Koch, Fawcett bis hin zu Posnanski – hätten sich bei etwas sachlicherer und damit toleranterer Betrachtung zunächst ungewöhnlich anmutender Hypothesen oder Entdeckungen vermeiden lassen, womit der Menschheit mehr gedient gewesen wäre.

Der englische Oberst P. H. Fawcett, Träger des Ordens für hervorragende Dienste, Mitbegründer der Königlichen Geographischen Gesellschaft, ein ausgezeichneter Offizier, hatte schon mehrere schwierige Expeditionen auf Ceylon und in Indien durchgeführt, als er von der bolivianischen Regierung den Auftrag erhielt, die durch unerforschten Urwald verlaufende Ostgrenze dieses Staates zu vermessen. Diese schwierige Aufgabe löste er in den Jahren 1906 bis 1909 zur vollsten Zufriedenheit seiner Auftraggeber, lernte im Verlauf seiner Arbeiten eine Anzahl der dortigen Indianersprachen, sammelte Ethnologica für das Britische Museum und gelangte auf Grund seiner Erfahrungen zu der Überzeugung, es müsse eine uralte Kultur, älter als die Ägyptens, vielleicht sogar atlantischer Herkunft, auf dem Plateau von Matto Grosso bestanden haben. Unter dem Hohngelächter und gegen den Widerstand vorwiegend solcher „Gelehrter“, die niemals einen Fuß aus ihrer Stube hinaus, geschweige denn in die dampfenden Dschungel zwischen Rio Xingu und Rio Tapajoz gesetzt hatten, führte er unter größten persönlichen Opfern mehrere Expeditionen in jene als unbetretbar geltenden Gebiete durch, von deren letzter er im Jahre 1925 nicht mehr zurückkehrte. Er hoffte, eine der sagenhaften steinernen Städte, etwa Ma Noa, zu finden, von denen in den Erzählungen der Indianer, aber auch in alten Berichten portugiesischer Abenteurer die Rede war. Dies paßte nun auf keine Weise in das konventionelle, von der Wissenschaft anerkannte Welt- und Geschichtsbild seiner Zeit – so wenig wie das von Posnanski errechnete Alter Tiahuanacos oder Platons Erzählungen über Atlantis oder die alten Berichte von dem versunkenen Kontinent Rutas Mu. So wurde dieser hervorragende Forscher als Narr, als nicht ernst zu nehmender Phantast diskriminiert[199].

Vierzig Jahre nach seinem geheimnisvollen Verschwinden wurden am Ostabfall der Anden, im Gebiete von San Martin und La Libertad, gleich drei große, vom Dschungel völlig überwucherte Ruinenstädte mit Wällen, Mauern, Türmen und Gräben entdeckt, die man jenem verschollenen hellhäutigen und blauäugigen Volke der Chachapoyas zuschreiben muß, das einst den Inka einen so überaus hartnäckigen Widerstand entgegengesetzt haben soll[200]. Damit ist Fawcett glänzend rehabilitiert. Aber – was nützt ihm das heute? Was nützt das all jenen, die seinen Spuren folgen, den ewigen Pionieren? Nach wie vor werden ihnen von den Feinden des Fortschritts Steine in den Weg gerollt werden.

Wenn nun aber sogar steinerne Städte mit hohen Türmen und

Wehrmauern so spurlos unter wucherndem Gestrüpp verschwinden können, daß sie weder durch Landexpeditionen noch durch Luftaufklärung zu entdecken sind, wenn die stolzen Stufentempel Sumers und Babylons innerhalb des relativ kurzen Zeitraumes von vier- bis fünftausend Jahren zu unansehnlichen Lehmhügeln zerfallen, so läßt sich kaum erwarten, daß von den Werken der Götter noch irgendeine Spur zu finden sei – dies um so weniger, als sich die Götter, wie berichtet, in menschenleeren Einöden niedergelassen hatten und ihrer so wenige waren, daß ihre Hinterlassenschaft schon aus diesem Grunde nicht allzu bedeutend gewesen sein kann.

Riesen, Zwerge und die Engel

„Die Einbildung der Menschen hat die falschen Gottheiten erschaffen. Die Menschen sahen vieles, das sie nicht hätten machen können, das Werfen des Blitzes, das Erwecken der Winde, das Aufwühlen der Meereswellen, das alles ging weit über ihre Kräfte; so ersannen sie Wesen, mächtiger als sie selbst und fähig, solche großen Wirkungen hervorzubringen. Derartige Wesen mußten wohl die menschliche Gestalt haben; denn wie anders könnten sie gestaltet sein? Sobald sie aber die menschliche Gestalt hatten, hat die Phantasie ihnen alles Menschliche zugeschrieben; jetzt sind es Menschen in jeder Hinsicht, nur mit eben dem Unterschied, daß sie immer ein wenig mächtiger als die Menschen sind. Daraus ergibt sich noch etwas, woran man bis jetzt wenig gedacht hat: Die Gottheiten, die die Heiden erfunden haben, hatten als vorwiegende Eigenschaft jene der Macht, und es gab einige Beziehungen zur Weisheit, Gerechtigkeit und zu den anderen Attributen, die der göttlichen Natur zugehören[201]."

Bernard Le Bovier de Fontenelle, ein Wegbereiter der Aufklärung, der mit als einer der ersten auf die erstaunliche Gleichartigkeit der griechischen und der indianischen Mythen hinwies, wußte, als er diese Zeilen in der ersten Hälfte des 18. Jahrhunderts schrieb, nichts von den Möglichkeiten, welche die Naturwissenschaften in sich bergen. Er kam zu dem freilich irrigen Schluß, alle Völker müßten eine gleichartige Veranlagung besitzen und nur das intellektuelle Niveau unterscheide sie. Bei aller Klugheit war es ihm nicht möglich, sich vorzustellen, daß nahezu alles, was den Göttern an Machtmitteln zugeschrieben wurde, einmal wieder von den Menschen aufs neue erfunden, ja sogar übertroffen werden könne. Wie anders hätte er über die Götter gedacht, wäre er Zeuge der Langstreckenbombereinsätze, der Atomblitze in Hiroshima und Nagasaki oder nicht zuletzt der Landung von Menschen auf dem Mond gewesen.

Die Organisation, das Zusammenwirken vieler Intelligenzen auf einen einzigen Zweck hin, wie es bei der Mondfahrt der amerikanischen Astronauten im Juli 1969 so glänzend von der NASA demonstriert wurde, war das hervorragendste, von Menschen bislang noch nicht wieder erreichte Talent der Götter. Da eine solche Fähigkeit das Fassungsvermögen der damaligen Erdbewohner wahrscheinlich überstieg, blieb ihnen wenig davon in Erinnerung; nur an ihren Ergebnissen können wir heute noch die organisatorische Tätigkeit der Götter verfolgen.

Was die Technik betrifft, so scheinen sie weitgehend auf die Mitwirkung der Titanen oder Asuren angewiesen gewesen zu sein, woraus sich das sonderbare Verhältnis zwischen diesen und den Göttern erklärt. Lange nachdem es keine Götter und Asuren mehr auf unserem Planeten gab, sah der philosophische Geist der Inder die vornehmste Aufgabe der Götter darin, ewig gegen die Asuren zu kämpfen und über sie zu triumphieren, jedoch nicht, um sie zu vernichten oder zu verdrängen[65]. Und tatsächlich handelte es sich nicht um das Ringen zweier einander bedingender Prinzipien, wie spätere Denker meinten, sondern um einen realen Sachverhalt.

In den Überlieferungen, mehr noch in deren späteren Ausdeutungen durch Mythologen, Völkerkundler oder Historiker überschnitten und verwirrten sich dann die Begriffe. Die Asuren wurden als Dämonen, die Titanen als „Riesen" bezeichnet, mit dem Worte Riesen aber alle die doch grundverschiedenen Wesen zusammgengefaßt, die nicht Menschen oder Zwerge waren: Giganten, Kyklopen, Kabiren, Telchinen, Thursen, Entas, Joten, Trolle, Daityas, Davanas und Devas. Hierdurch wurde nicht nur das Verständnis für die berichteten Vorgänge erschwert, sondern es bewirkte auch, daß die ursprünglich als Aussage über ein wirkliches Geschehen aufgefaßten Mythen zu blassen Schemen entarteten und sich im Irrealen verloren.

Schon die Titanen, als sie sich noch im alleinigen Besitz der Erde befanden, hatten zu ihrer Unterstützung werkkundige Hilfskräfte – Riesen und Zwerge – von den unteren Welten heraufgebracht, weshalb sie denn auch von den Menschen häufig mit den Riesen verwechselt wurden. Im Popol Vuh, dem „Buch des Rates" der Quiché Maya, heißt es von den Riesen, sie seien nackt, ohne Haus, ohne Geräte noch Waffen, ohne Zucht, ohne verwandtschaftliche Bindungen und ohne Respekt vor den Göttern auf der noch dunklen Erde umhergeirrt[17], was den Schluß zuläßt, es könne sich bei ihnen nur um eine der früheren, voreiszeitlichen Menschenrassen gehandelt haben, die ganz offenbar viel zu primitiv war, um mit den Titanen verwandt oder gar identisch zu sein.

Die germanischen Sagen über Thursen, Entas, Joten und Trolle hingegen stimmen mit dem im Popol Vuh gezeichneten Bilde überein. Sie wohnten in Schluchten und Höhlen, in Windbrüchen oder an reißenden Gießbächen; unablässig wurden sie von den Asen verfolgt, die sich gelegentlich auch ihrer Töchter bemächtigten oder diese sogar zum Weibe nahmen. Rübezahl, der eigentlich „Rübenzagel" – Rübenschwanz – heißt, ist einer von ihnen oder doch eine in unsere Zeit hinübergerettete Erinnerung an sie, die als Hüter unermeßlicher Schätze, vor allem der Erze, und als unversöhnliche Feinde der Götter im deutschen Volksglauben fortlebten[202].

Die Germanen hielten die Trolle für „ebenso dumm wie lang"; um so weniger begreiflich ist es da, daß sie diese Unholde mit den Reifriesen – so nannten sie die Titanen – in einen Topf warfen, denn von diesen sagten sie, sie seien zwar von menschlicher Gestalt, aber viel größer als die Menschen gewesen, und ihnen an Verstand und Wissen weit überlegen[145].

Was die Riesen betrifft, so stimmen die Griechen hier mit den Germanen vollkommen überein, nur daß sie jene Kreaturen eben nicht Riesen nennen, sondern „Giganten" und sie für „Brüder der Titanen" halten, Scheusale von riesigem Wuchs, roh, langhaarig, bärtig, behaftet mit Schmutz und – so wie Rübezahl – mit Schlangenschwänzen. Als ihre Beschützer, die Titanen, von den Göttern in den Tartaros verjagt wurden, wovon noch berichtet wird, kamen bei Phlegra in Attika vierundzwanzig dieser Giganten brüllend vor Wut aus der Erde hervor und wandten sich gegen die Götter[64]. Die sich hieraus entwickelnde Schlacht auf den Phlegreiischen Feldern endete in einem wüsten Tumult, der später von griechischen Dichtern genußvoll, doch wenig glaubwürdig ausgemalt worden ist. Der Gigant Porphyrion, im Begriff, Hera zu vergewaltigen, wird durch den Blitz des zornigen Zeus zerschmettert, Ephialtes durch Geschosse des Apollon tödlich verletzt, Eurylos von Dionys mit Hilfe des Thyrsosstabes gelähmt, Klytios durch die Fackel der Hekate geblendet, und so wurden sie alle der Reihe nach auf grausame Weise umgebracht[31]. Hierin spricht sich jedoch nicht, wie manche Mythologen[46] irrtümlicherweise annehmen, eine Erinnerung an den Kampf makedonischer Bergbauern gegen hellenische Grenzbefestigungen aus; vielmehr fügt sich die Sage genau in den Ablauf des allgemeinen Geschehens ein, so wie wir ihn hier zu skizzieren versuchen. Madekonische Bergbauern pflegten keine Schwänze zu haben, und sie standen in keinerlei

Verbindung zum böhmischen Rübenzagel oder zu den Trollen des Nordlandes, noch hatten sie irgendeine Veranlassung, den Titanen zu Hilfe zu eilen.

Einer ganz anderen Kategorie gehören die Kyklopen an. Von den Kyklopen nennt der griechische Mythos zunächst nur drei: Brontes, Steropes und Arges, die als kunstreiche Schmiede und Baumeister erst in Thrakien lebten und dann nach Kreta und Lykien zogen. Schließlich wurden ihre Nachkommen von Odysseus auch auf Sizilien angetroffen. Kyklops bedeutet „ringäugig"; vielleicht trugen sie bei ihrer Arbeit Brillen[64].

Es wird klar gesagt: Die Titanen befreiten die Kyklopen aus dem Tartaros; das heißt, sie holten sie aus einer der unteren Welten herauf, um sie für ihre Zwecke einzusetzen, was man damals wie heute unter der Vokabel „befreien" verstand. Kronos jedoch, obwohl er nicht zuletzt ihnen seine Macht verdankte, sandte sie unverzüglich an ihren dunklen Herkunftsort zurück[13]. Bei seinem Sturz wirkten sie daher kräftig mit, indem sie Zeus mit dem berühmten todbringenden Blitz versahen, Hades mit der Tarnkappe, Poseidon mit dem Dreizack, der alles andere als ein Fischspeer gewesen ist.

Solcherart mit ihren einstigen Herren, den Titanen, zerfallen[64], dienten sie von nun an den Göttern, indem sie deren goldene Paläste auf den Berghöhen errichten halfen, ihnen neuartige, sehr wirksame Waffen schmiedeten und selbst als diese ins Unglück gerieten, ihnen noch redlich beistanden[31]. Als Gasterocheiren erbauten sie die Burgen von Tiryns und Mykenai und waren gewiß auch die Erbauer jener peruanischen Bergfesten Sacsahuaman und Machu Picchu sowie manch anderer architektonischer Wunderwerke in aller Welt, die nach der großen Flut entstanden sind, ohne daß man ihre Erbauer kennt.

Daß Riesen, Giganten und Kyklopen nicht „von der Einbildung des Menschen erschaffen" worden sind, erweist die Übereinstimmung der biblischen Geschichte von David und Goliath mit Gräberfunden in Mesopotamien. Goliath war einer der Söhne Enaks, von denen die meisten durch die nach Palästina einwandernden Israeliten am Berge Hermon ihr Ende fanden[203]. Die Enaksöhne werden als „gewaltig groß" und „auf den Bergen wohnend" beschrieben: „Da trat hervor aus den Lagern der Philister ein Riese mit Namen Goliath, von Gath, sechs Ellen und eine Hand breit hoch, und hatte einen ehernen Helm auf seinem Haupt und einen schuppichten Panzer an, und das Gewicht seines Panzers war fünftausend Lot Erzes; und hatte eherne Beinschienen an seinen Schenkeln und einen ehernen Schild auf seinen Schultern. Und der Schaft seines Spießes war wie ein Weberbaum und das Eisen seines Spießes hatte sechshundert Lot[204]."

Ob sich das Ereignis – in der ersten Hälfte des 10. Jahrhundert v. Chr. notiert – nun tatsächlich in Verbindung mit dem zweiten König David zugetragen hat, oder ob hier nur wieder eine uralte Überlieferung zur Darstellung einer jüngeren Situation benutzt worden ist, bleibe dahingestellt. Nach den Ergebnissen archäologischer Grabungen ist jedenfalls an dem einstigen Vorhandensein einer Rasse ungewöhnlich großer Menschenwesen im mesopotamisch-palästinensischen Raum während der zweiten Hälfte des 4. Jahrtausends kein Zweifel mehr: „Skelette aus einem Friedhof der späten Obed-Zeit in Eridu, wo die Toten in Kistengräbern aus Lehmziegeln, ausgestreckt auf dem Rücken liegend, beigesetzt waren, zeigen eine überraschende Körpergröße[72]."

Ein Licht auf die Fragwürdigkeit der noch immer gebräulichen vorgeschichtlichen Gliederung „Steinzeit – Bronzezeit – Eisenzeit" wirft in diesem Zusammenhang die biblische Erzählung von dem vorsintflutlichen Schmied Thubalkain: „Die Zilla aber gebar auch, nämlich den Thubalkain, den Meister in allerlei Erz- und Eisenwerk[205]", womit bekundet wird, was sich dann im Buch Henoch und durch andere Zeugnisse bestätigt findet, daß der frühen Menschheit der Gebrauch des Eisens bekannt gewesen ist, wenngleich sie die Herstellung eiserner Geräte oder Waffen vorerst den Göttern, Titanen, Kyklopen und anderen Hilfskräften überlassen haben mag.

Zu diesen Hilfskräften zählen die Zwerge. Sie stammten, wie erwähnt, aus Schwarzalfenheim, einer der unteren Welten. Da wir nun schon festgestellt haben, das Verhalten der Außerirdischen lasse Rückschlüsse auf Art und Größe ihrer Heimatgestirne zu, können wir solche Folgerungen auch auf die Alben anwenden. Sie fühlten sich, an beständiges Dunkel gewöhnt, auf unserem lichten Planeten durchaus nicht wohl, was übrigens von anderen Göttern und Titanen, so von der Titanin Skade, dem Weibe Niördrs, und von Baldr auch berichtet wird. Sie lebten in Höhlen und Klüften, scheuten das Sonnenlicht, beobachteten mit Argwohn und Verdruß das Ringen zwischen Göttern und Titanen. Ungeachtet ihrer sonstigen Boshaftigkeit liebten sie doch die Kinder der Menschen, die sie bisweilen stahlen, um sie nach einiger Zeit, reich beschenkt mit Gold und Geschmeide, wieder freizugeben. Trat ein Mensch ihnen freundlich entgegen, so zeigten sie Dankbarkeit; Übles indes vergalten sie voller Rachsucht mit Üblem[106].

Was wir über die Dropa und Cham vernahmen, paßt nur teilweise in dies Bild; doch mag es verschiedene Rassen von Alben gegeben haben. Im Kalewala wird erzählt, wie ein ganz in Kupfer gekleideter Zwerg dem Meere entsteigt, um die „Wundereiche" zu fällen. Dies geschieht unter Flammen und Rauch; der „Zauberbaum" neigt sich, knickt zusammen[41]. Erinnern wir uns nun an die Riesenbäume am Kailāsa, an Lokis Eisenwald, an die Verbindung des Pfahls, der Säule, des Baumes zur Raumfahrt, so haben wir hier die Beschreibung eines geglückten Sabotageaktes vor uns.

Eine der ersten Taten der Götter war, daß sie eine Schmiede anlegten und sich in ihr von den Zwergen Waffen und Werkzeuge herstellen ließen. „Sie setzten Herde, hämmerten Erz; sie schlugen Zangen, schufen Gerät", heißt es im Völuspa[116]. Und das ist begreiflich genug, bedenkt man, wie weit entfernt von ihrer Heimat, wie hilflos sie anfangs auf dem fremden Planeten waren. Gleichen Schwierigkeiten würde sich cin Vorauskommando heute auf dem Mars gegenübersehen.

Ob die Alben mit jenen dunkelhäutigen Pygmäen Innerafrikas oder mit den Buschmännern der Kalahari, welche einst die nach der Eiszeit noch fruchtbare Sahara bevölkerten und vermutlich diejenigen gewesen sind, die zu einem späteren Zeitpunkt von den Horusfalken angegriffen wurden[67], verwandt oder gar identisch waren, erscheint zweifelhaft. Sowohl die Buschmänner als auch die Pygmäen dcs Ituriwaldes sollen anthropologisch zur Gattung Homo sapiens gehören. Sie, wie auch die kleinwüchsigen Völker auf Neuguinea, sind relativ bartlos, wohingegen die Alben der Mythen lange Bärte trugen; außerdem zeigen diese Volksstämme weder Interesse noch Geschick für Bergbau und Schmiedekunst.

Die Erzählung vom Kampf der Horusfalken gegen die Pygmäen hat jedoch noch einen anderen Aspekt, den Herodot nicht erwähnt. Einer der drei idaiischen Daktylen, die den Untergang des atlantischen Amazonenheeres im Kriege gegen die Gorgonen mit herbeiführen halfen, war der Zwerg Titias. Die Amazonenfürstin Myrine, dem Gemetzel mit knapper Not entronnen, wandte sich nach Ägypten und freundete sich hier mit Horus, dem Sohne der Isis, an, was zu dessen Unternehmungen gegen die Pygmäen mit Anlaß gegeben haben mag[103]. In Hellas wußte man auch später noch, daß die schmiedekundigen Daktylen für Zeus am Berge Berekynthos Eisen verhüttet hatten; nicht anders als die Alben Germaniens galten sie als große Zauberer[206]. Sie, diese stark profilierten Gestalten einer uns ungewöhnlich erscheinenden Vergangenheit, für Personifikationen der menschlichen Finger auszugeben, wie es von Mythologen[46] erst jüngst unternommen wurde, muß angesichts der zahlreichen Entsprechungen und gleichlautenden Beschreibungen, die sich nicht nur bei Germanen und Kelten, sondern auch bei anderen Völkern finden, zumindest befremden. Warum sollten sie nicht das gewesen sein, was man damals in ihnen sah – kleine, boshafte displaced persons, wider Willen verschleppt auf ein fremdes Gestirn? Wir haben ja schließlich erlebt, daß der nüchterne Bericht Herodots so lange als „Märchen" belächelt wurde, bis Georg Schweinfurth dann an die zweitausend Jahre später tatsächlich Pygmäen im Inneren Afrikas fand.

Wer kennt nicht Engel oder glaubt sie zu kennen? Nun, auch sie gehörten zum Troß der Götter, doch waren es keineswegs jene hehren, reinen Lichtgestalten der Christenlehre, die uns als schützende Geister umschweben, sondern durchaus körperlich, überaus robust und vital, und obendrein, wenn nicht unter den Augen ihrer Herren und Gebieter, bisweilen von recht tadelnswertem Benehmen. Von den zweihundert Engeln, die auf den Hermon niederstiegen, und über das, was sie auf der Erde anrichteten, wird bei anderer Gelegenheit erzählt.

Die Walküren der Nordleute, liebliche Jungfrauen von unvergänglicher Schönheit und Jugend, erfüllten eine höchst zwielichtige Aufgabe. Sie mußten, wie ihr Name sagt, diejenigen irdischen Männer auswählen, die in der Schlacht fallen sollten, und sie nach Asgard geleiten; dort jedoch, in Walhall, hatten sie ihnen auf jede Art Freude zu bereiten. In Niedersachsen und Friesland kennt man sie noch heutigentags als „Walriderske", und alle Massenmedien unserer Zeit haben es so wenig wie die christliche Geistlichkeit vermocht, den Glauben an die Existenz solcher Jungfrauen völlig auszutilgen. Den Speerspitzen und Helmen der Schwertjungfrauen entsprühen Funken, wenn sie nächtens durch den Himmel fliegen. „Als ursprüngliche Wolkenwesen werden sie von Wetterleuchten umstrahlt", schrieb Hugo Gerling in seiner Edda-Übersetzung, bemüht zu erklären, was sich zu seiner Zeit ganz einfach noch nicht erklären ließ. In Mitteleuropa hießen diese fliegenden Götterbotinnen Idisen oder auch „hehre Frauen"; man schrieb ihnen übersinnliche Kräfte zu, großes Wissen und bedeutende Macht, was sie nicht hinderte, gelegentlich mit Irdischen Umgang zu pflegen[207].

Die christlichen Sendboten, jene irischen und englischen Mönche, die in Germanien das Christentum verbreiteten, trachteten danach, die Idisen als Helliruna oder Strigae, nämlich als „Hexen, die nächtlicherweise mit einer Dämonenschar auf Tieren durch die Lüfte reiten“, zu verteufeln, wobei sie sich in keiner Weise darüber klar waren, daß es sich bei diesen Helliruna um eben dieselben Wesen handelte, die sie selbst als Engel verehrten[207]. Im Dom zu Schleswig kann man zwei dieser Hexen sehen, wie sie – die eine auf einem Besen, auf einem felinen Ungeheuer die andere – zum Blocksberg reiten. Sagten wir nicht, daß bestimmte Berge, so in Deutschland unter anderen der Brocken als Blocksberg, Versammlungsorte der Götter waren? Auch sei daran erinnert, daß der Besen ein Abbild des Baumes ist, der wiederum in mehrfach übertragenem Sinne mit der Raumfahrt in Beziehung steht, das feline Geschöpf aber überall auf Erden ein Attribut der Götter; über manche von ihnen wird gesagt, sie hätten Löwen oder Tiger zu ständigen Begleitern gehabt.

Geflügelter Chimu-Gott. Präinkaisches Vasenbild (Lindenmuseum, Stuttgart).

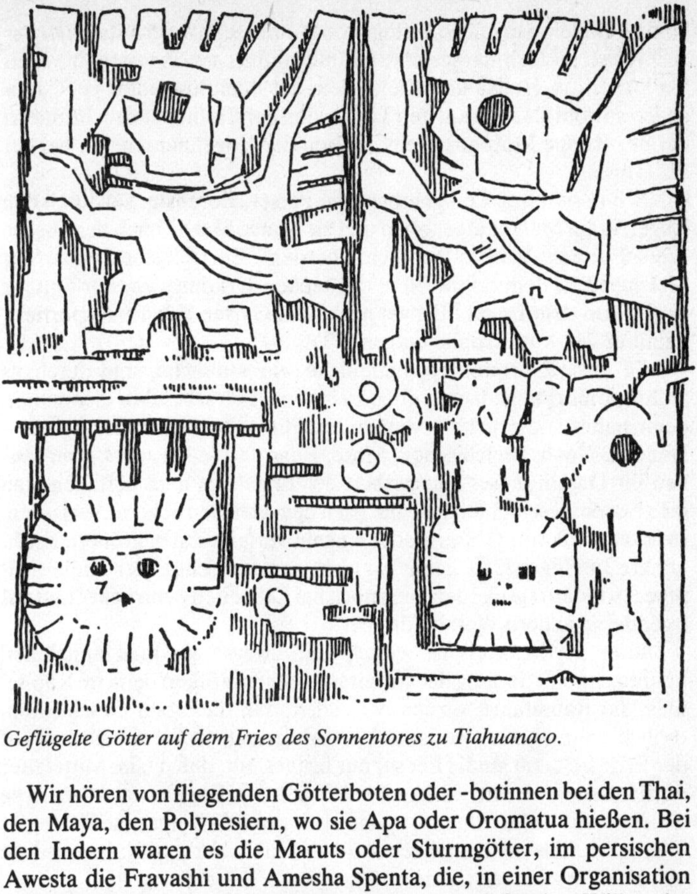

Geflügelte Götter auf dem Fries des Sonnentores zu Tiahuanaco.

Wir hören von fliegenden Götterboten oder -botinnen bei den Thai, den Maya, den Polynesiern, wo sie Apa oder Oromatua hießen. Bei den Indern waren es die Maruts oder Sturmgötter, im persischen Awesta die Fravashi und Amesha Spenta, die, in einer Organisation von fast militärischem Charakter zusammengefaßt, den Willen der Götter verkündeten und durchsetzten; von den Menschen wurden sie Yazata oder Izeds – „Verehrungswürdige" – genannt. Sie wiederum sind identisch mit den Igigi der Sumerer, göttlich, doch keineswegs Götter, obwohl gelegentlich auch die griechische Nike, Hermes oder Toth, und Ahura Mazdas Gesandter Sroosha den hohen Göttern als Boten dienten. Ahriman gebot über eine Schar von Dews, die samt und sonders als böse galten, unter ihnen der berüchtigte Apaosha.

Und so finden wir solche geflügelten Boten denn auch auf mannigfache Weise bildlich dargestellt: auf megalithischen Pictographien, als Skulpturen in Hellas und Kleinasien, auf dem Sonnentor zu Tiahuanaco sowohl als auch auf den Töpfereien der Chimu, und nicht zuletzt auf der Klippe Motunuk, dem „Felsen der Vogelmenschen", bei der Osterinsel.

Noch in späterer Zeit glaubten die Perser, Zoroaster sei durch den Engel Vohu Mano aufgehoben und zu Ahura Mazda nach der oberen Welt Eeriéne Veedjo gebracht worden. Ein Gleiches widerfuhr Melchisedek, dem Sohne Nirs, des letzten Urkönigs vor der Flut; er wurde von dem Engel Michael nach dem Garten Eden transportiert, damit er der Katastrophe entgehe[208].

Alle diese Götterboten, männliche wie weibliche, sind durchaus anthropomorph gedacht, obendrein von beträchtlicher Sexualität, denn nahezu sämtliche bedeutenden Persönlichkeiten der Urzeit – Henoch, Noah, Melchisedek, Mose, Elias und selbst Jesus – verdanken ihr Dasein dieser Eigenschaft der Engel. Es muß auffallen, daß ihre Lebensgeschichten fast alle nach dem gleichen Schema verlaufen. Ihre Abkunft von Göttern oder Engeln verleiht ihnen größere Kraft, höhere Intelligenz; sie genießen nicht nur den Schutz der Außerirdischen, sondern sie werden auch noch bei Lebzeiten „entrückt" und auf irgendeine andere Welt befördert.

Dieser Mythenkreis ist jedoch keineswegs, wie man annehmen könnte, eine Erfindung der vorderasiatischen Völker, denn im Kapitel über die Raumfahrt werden wir sehen, daß dieselben Geschichten, freilich dann ohne esoterische Verschleierung, so gut wie überall auf der Erde bekannt sind. Hier sei nur festgestellt, daß die im Mittelalter entstandene Ansicht, es handle sich bei den Engeln um körperlose Geistwesen, vollkommen irrig ist und vermutlich nur eine Folge des Wunsches, das zu damaliger Zeit absolut Unerklärliche irgendwie glaubhaft erscheinen zu lassen[209].

Die Götter begannen ihr Kolonisationswerk unter Umständen, die alles andere als günstig genannt werden können. Keines der Hilfsmittel, auf die sie sich angewiesen sahen, bot wirkliche Sicherheit. Von Anbeginn bestanden erhebliche Meinungsverschiedenheiten nicht nur unter ihnen selbst, sondern auch zwischen den auf der Erde Stationierten und dem Himmelsherrn, der ein wenig charaktervolles Verhalten an den Tag legte. Und dabei waren sie sowohl von dem Nachschub an Waffen, Geräten und Lebensmitteln aus den oberen

Der „Goldhut von Etzelsdorf" wird als Aufsatz eines Priesterstabes gedeutet. Der Form nach und mit dem Kranz achtspeichiger Räder an seiner Basis ähnelt er verblüffend einer modernen Raumrakete. (Foto: Germ. Nationalmuseum – Hanns Hubmann, Ambach)

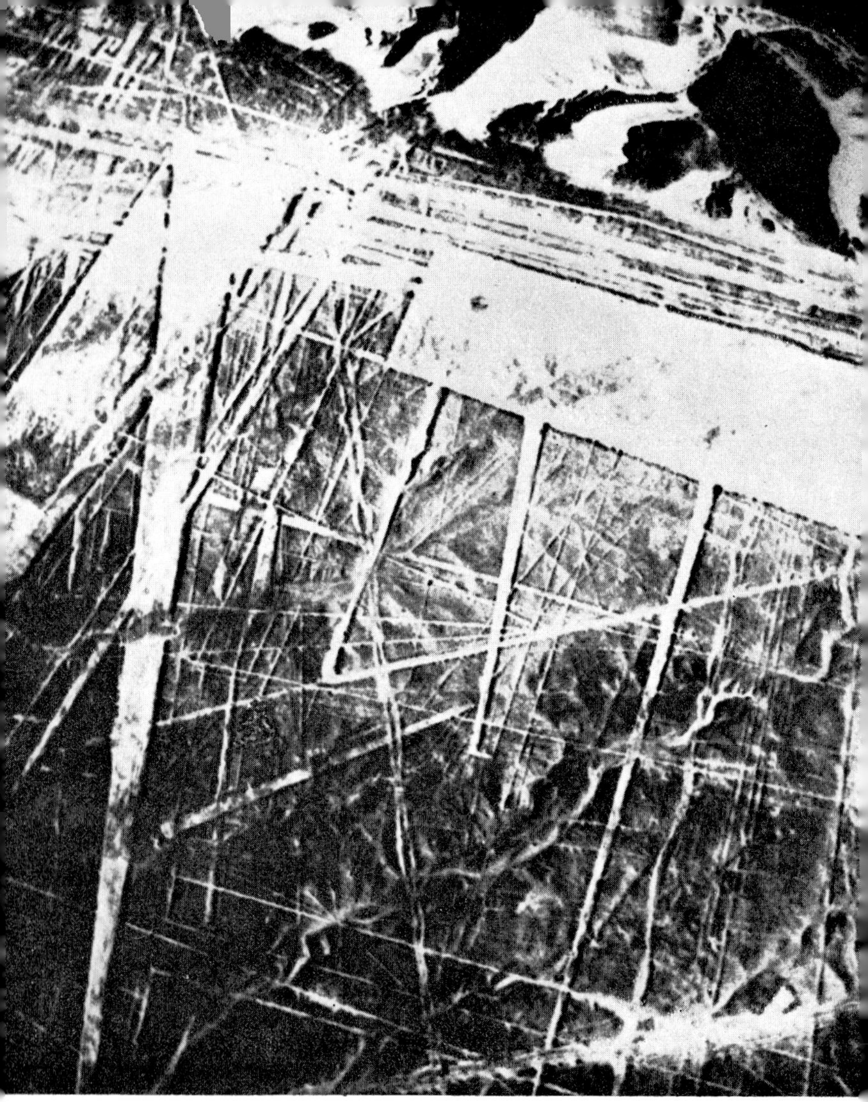

Die Bodenmarkierungen von Nazca, Peru, stellen ein archäologisches Rätsel dar, an dessen Lösung Maria Reiche seit Jahrzehnten arbeitet. Aus der Luft gleichen diese Flächen und Linien flugtechnischen Anlagen, ohne es jedoch zu sein. Es kann sich nur um – freilich gigantische – Hinweiszeichen handeln, die in ihren Ausmaßen erst aus großer Höhe zu erkennen sind. (Foto: Maria Reiche, Stuttgart und Peru)

Welten abhängig als auch von der Mitwirkung der technisch offenbar begabteren Titanen. Es mußte also ihr Bestreben sein, so bald wie möglich und so gründlich wie möglich auf der Erde Fuß zu fassen. Hieran aber mochte den uranischen Göttern so wenig liegen wie den Titanen. Die ersteren mußten befürchten – was alle Kolonialmächte tun – ihren Einfluß auf die Kolonisatoren und damit ihr Nutzungsrecht an der Erde zu verlieren, sobald diese erst einmal eine gewisse Selbständigkeit erlangt hatten – eine Gefahr, der rechtzeitig begegnet werden mußte, denn wahrscheinlich lag dem Abenteuer dieser interplanetarischen Landnahme eine gleich verzweifelte Notwendigkeit zugrunde, wie sie in nicht allzu ferner Zeit auch die künftige Erdbevölkerung zu ähnlichen Unternehmungen zwingen könnte. Die Titanen wiederum sahen sich durch die Expansion ihrer Vettern in zunehmendem Maße bedroht. Schon hatten sie die Freiheit des Handelns weitgehend eingebüßt, die Herrschaft über unseren Planeten, auf dem sie die ersten gewesen waren, zum Teil verloren. In mehreren Kriegen waren sie gedemütigt oder von besetzten Gestirnen verdrängt worden; zur Zeit, da die Götter mit einer systematischen Kolonisierung der Erde begannen, glich ihre bewaffnete Koexistenz mit den Titanen aufs Haar einem kalten Krieg.

Nun aber die Menschen! Jene untauglichen Rassen, die ehedem die Erde bewohnt hatten, waren liquidiert und durch andere, tauglichere, ersetzt worden. Nur, leider, auch diese erwiesen sich als ein Problem. Der Homo sapiens, intelligenter, willensstärker, vorausschauender als seine Vorgänger, zeigte sich bald als ein zwar brauchbareres, jedoch eigenwilligeres und daher gefährliches Werkzeug. Das Dilemma bestand für die Götter darin: Sie mußten den Menschen erziehen, mußten ihm gewisse Kenntnisse vermitteln, eine gesellschaftliche Ordnung geben, damit er seine Aufgabe, nämlich sie zu ernähren und ihnen als Arbeitskraft sowohl bei der Gewinnung von Rohstoffen als auch bei deren Verarbeitung zu dienen, erfüllen könne. Damit aber begaben sie sich zwangsläufig nach und nach ihrer eigenen Überlegenheit; der Zeitpunkt war – wie noch in jeder Kolonie und bei jedem Kolonisationsprozeß – abzusehen, an dem der Mensch, zu Wissen und Selbstbewußtsein gelangt, sich nicht länger mit der ihm zugewiesenen Rolle begnügen, sondern seine Rechte energisch einfordern würde.

Von allen Seiten bedroht, sahen sich die Götter ganz auf sich allein gestellt. Sie hatten nicht nur ihren an sich schon ungeheuer schwierigen Auftrag durchzuführen; sie mußten sich auch der Titanen erwehren, die sehr unwillige Helfer waren und keine Gelegenheit zu Sabotageakten vorübergehen ließen. Dies alles in einer fremdartigen, ungewohnten Umwelt, in der es zunächst keine Versorgungsmöglichkeiten für sie gab. An Machtmitteln einzusetzen hatten sie nur den Willen des Weltenherren, auf den kein Verlaß war, wie sich noch zeigen wird, und eine hochentwickelte Technik, deren Funktionieren jedoch von der Mitwirkung unwilliger Hilfskräfte abhängig war, die unter anderem auch eben die Waffen herstellten, mit denen sie zum Gehorsam gezwungen wurden. Und wie die neuen Bewohner Mirtlos sich entwickeln würden, war überhaupt noch nicht abzusehen.

Angesichts dieser Situation verdienen die Götter, ungeachtet all ihrer Mängel und Mißgriffe, Bewunderung, ja, bis zu einem gewissen Grade unser Mitgefühl, denn sie haben – so muß man schon zugeben – aus einer von vornherein fragwürdigen, verfahrenen Sache noch immer das Beste zu machen versucht, soweit sich dies nach so langer Zeit beurteilen läßt.

Und so trennten sie Himmel und Erde

„Und großer Ru, der du zu Maurarahu erhebest den Himmel, erscheinen werden die Götter und Finsternis wird dort sein, dort herrschen wird die Nacht der Finsternis . . .[49]"

Dieser tahitianische Kriegsgesang an Ru oder Tu, einen der niederen Götter, an ihn, „der die Erde erforschte", spielt auf ein Ereignis an, das sich weder zeitlich einordnen noch ungeachtet aller heutigen astrophysikalischen Kenntnisse befriedigend erklären läßt: die Trennung von Himmel und Erde.

Wir haben gehört, daß manche Völker – außer den Polynesiern auch die Sumerer, die Hurrither, die Thai, die Mikronesier, die Sibirier und die Bakairi – Erinnerungen an ein Gestirn bewahren, das mit der Erde verbunden und ihr so nahe war, daß Menschen oder Götter von dem einen auf das andere zu gelangen vermochten. Die Bakairi und die Thai, auch die Sibirier und die Polynesier, also Völker, die weit voneinander entfernt leben, machen recht genaue Angaben darüber; andere, die Germanen etwa, wissen gar nicht davon, und wieder andere, die Sumerer, berichten nur die Tatsache der Trennung. Hieraus läßt sich schließen, daß ein Teil der Menschheit sich bereits auf der Erde oder auf jenem rätselhaften Gestirn befand, der andere aber erst eintraf, nachdem die Trennung vollzogen war.

Daß es sich bei jenem Gestirn nicht um den Mond gehandelt haben kann, bekunden solche Mythen, in denen dieses Gestirn und der Mond gesondert erwähnt werden, auch haben die Buschmänner in Südafrika eine Sage, nach der ein großer Kontinent im Atlantik versunken ist zu einer Zeit, da zwei Monde am Himmel standen. Ein Trümmerring kann es auch nicht gewesen sein, denn die Bakairi sagen ausdrücklich, ihre Väter hätten auf jenem Himmelskörper gelebt, und alles sei dort so gewesen wie auf der Erde. Andererseits heißt es bei den Polynesiern: „Der Himmel war um die Erde gespannt und wurde niedergedrückt von den Armen des großen Kraken Fe'e oder Tumura'i-kuna (Anfang des irdischen Himmels), falls dies nicht auch wieder nur eine fälschliche Interpretation der Missionare ist.

Ru gelang es, den großen gefleckten Kraken, der den „Himmel", jenes andere Gestirn, und die Erde umklammert hielt, durch Zaubersprüche zu töten, doch lockerten sich seine Arme nicht, so daß es nach wie vor auf der Erde finster blieb; Ru, so wie Poseidon „Herr des Meeres und des Weltenraumes", schlug deshalb vor, Rangi und Papa, den Himmel und die Erde nämlich, zu vernichten, was ihm den Ruf eingetragen hat, der Urheber alles Bösen zu sein. Als die Götter das ablehnten, versuchte er den „Himmel" anzuheben. Das gelang ihm jedoch zunächst nur „bis zur Spitze der Pfeilwurzpflanze" und nach neuerlicher Anstrengung bis zur Höhe eines Korallenbaumes. Er mühte sich so sehr, daß er bucklig wurde; am Ende zerriß er, und seine Eingeweide wirbelten davon, um auf der Insel Bora Bora als Staubwolke niederzusinken. Vielleicht liegt uns hiermit der Bericht einer Sprengung vor. Daraufhin flog Ru zu Tane nach dem zehnten oberen Himmel empor, um dessen Hilfe zu erbitten[157].

Tane bestieg seine weiße „Lieblingsschwalbe", eine Kombination von Flugzeug und Raumschiff, und schwebte zur Erde hinab. Hier begann er große Holzblöcke als Pfeiler aufzurichten und Keile darunter zu treiben sowie auch lange Balken, die ihm als Hebel dienten. Obwohl Rangi – bei anderen auch Atea – vor Schmerzen schrie, fuhr Tane hartnäckig fort, ein Loch in ihn hineinzubohren. Schließlich, als alles nichts fruchtete, stellte sich Tane auf den Kopf, stemmte die Füße gegen Rangi und begann, seines Gejammers nicht achtend, ihn langsam von Papa, der Erde, fortzudrücken[110].

An diesem Punkt der Erzählung sollten wir uns daran erinnern, daß die Titanen den Unternehmungen der Götter mit Argwohn und Ablehnung gegenüberstanden. Jener Maori-Häuptling, der vor hundert Jahren Sir George Grey diese Geschichte erzählte, wie auch Grey selbst sahen in ihr gewiß nichts anderes als einen Naturmythos, denn was die alten Polynesier „Himmel" nannten, war gewiß nicht dasselbe, was Grey darunter verstand, hatte sich doch selbst in den germanischen Sprachen die Bedeutung des Wortes „Gimle" vollständig gewandelt. Für den Engländer wäre es unmöglich gewesen, sich unter der polynesischen Vokabel für Himmel einen festen Körper vorzustellen. Und so berichtet er denn auch nur mit leisem Sarkasmus, wie die Götter über diesem Vorhaben hart aneinander gerieten.

Schon als „Tu mit dem bösen Gesicht" geschrien habe: „Wir wollen sie töten!" – Rangi und Papa nämlich, war es zu heftigem Streit zwischen ihnen gekommen. Als Tane dann eine vernünftigere Lösung vorschlug: „Wir wollen sie lieber auseinanderreißen, damit der Himmel über uns weit sei und die Erde zu unseren Füßen", war einer der Götter, Tawhiri, vermutlich ein Titan, den man später deswegen den „Herrn der Stürme" nannte, wutentbrannt fortgeeilt und hatte die übrigen Götter mit Flugzeugen und Bomben angegriffen. Man mag diese Überlieferungen aber auch so auslegen, daß hier einmal wieder der kausale Zusammenhang von den Menschen nicht erfaßt worden ist, indem sie Tawhiri, der zornerfüllt die Götterversammlung verlassen hatte, für die wilden Stürme, die Rauch- und Staubwolken, die tobenden Gewitter, vor deren Gewalt sich die Götter in unterirdische Schutzbunker zurückzogen, verantwortlich machten, obwohl die atmosphärischen Störungen gewiß auf das Auseinandergehen der beiden Himmelskörper zurückzuführen sind.

Tu scheint so etwas wie ein polynesischer Prometheus gewesen zu sein. Er sah den Menschen gleich; er lehrte sie, den Vögeln Schlingen zu stellen und Netze für den Fischfang zu verfertigen. Er liebte den Krieg, tötete mitleidslos jeden, der sich ihm widersetzte, sorgte aber auch dafür, daß Getreide und Gemüse angebaut wurden. Die Folgen des Kampfes zwischen Tu und Tawhiri zeigten sich unter anderem in wilden Böen, Wirbelwinden, schwarzen oder düsterrot glimmenden Wolkenmassen, heftigen Sturmfluten, einem schrecklichen Regen, Nebel und Tau. Aber am Ende brach dann die Sonne durch; die Gestirne erschienen am Himmel, nachdem Rangi aufgeflogen war und weit draußen im Weltenraum schwebte. Es wurde hell und warm auf der Erde[49].

Auf Samoa und Tonga erzählen die Insulaner hingegen: Früher sei der „Himmel" so nahe gewesen, die Menschen hätten mit den Köpfen dagegengestoßen und der Taro sowie andere Pflanzen hätten erfolglos versucht, ihn emporzudrängen. Da sei ein Mann, Tiktiki mit Namen, des Weges gekommen; der habe sich erboten, den Himmel anzuheben, wenn man ihm zu trinken gebe. Eine alte Frau reichte ihm einen Kavatrank, und er drückte ohne sonderliche Mühe den „Himmel" von der Erde fort[210]. Andere wieder behaupten, es sei nicht Tiktiki, der erste Mensch und Gemahl der vom Monde stammenden Hine gewesen, sondern Maui; und er habe damit den Göttern keinen Gefallen getan[211].

Während die Melanesier sich damit begnügen, lediglich die Nähe des „Himmels" festzustellen, und sich beklagten, weil hierdurch die manchmal recht lästigen Besuche der geflügelten Himmelsmädchen erleichtert würden[26], was aber offenbar geschehen war, als die Sonne bereits am Himmel stand, bekunden die Mikronesier, nach der Vereinigung von Erde und Himmel sei es dunkel auf der Erde geworden und erst wieder licht, als der älteste und höchste ihrer Götter, Nareau, die Trennung der beiden Gestirne durchgeführt habe – dies mit Hilfe von mythischen Tieren, die dem Hörer des Liedes vermutlich Werkzeuge oder Geräte verbildlichen sollen:

Hört nur, hört, wie es stöhnt, das alte „Zusammenhalten“,
Fahr' dazwischen, Rochen, du großer, säg' es entzwei,
Wölbe den Rücken, Schildkröte, brich es in Stücke,
Recke die Arme, Krake, reiß es auseinander,
Richt' auf dich, du Aal, du Pfeiler der Wölbung,
Du Stütze des Himmels . . .
Hört das Brüllen, hört das Rollen! Noch nicht,
noch immer nicht ist das ‚Zusammenhalten‘ getrennt[212]!

Auch bei den Chinesen wird die Trennung des Himmels von der Erde mit den Streitigkeiten zwischen Göttern und Titanen in Zusammenhang gebracht. Nachdem nämlich Fu-hsi mit seiner Schwester und Gemahlin Nü-kua, vom Himmel herabkommend, auf dem K'un-lun Gebirge gelandet war, bewog er die wild umherschweifenden Erdbewohner zum Gehorsam und setzte den ersten Urkaiser Yi king ein; hierüber ergrimmte sein Bruder und Widersacher Kungkung, der einen besseren Anspruch auf die Erde zu haben glaubte als Fu-hsi, so sehr, daß er „den Himmel an einem Ende zum Einsturz brachte“. Nü-kua indes „befestigte den Himmel wieder[25]“.

Zu jener Zeit hätten Erde und „Himmel“ die Gestalt eines Eies gehabt und seien durch P'an-ku, der hier die Rolle einer Säule oder Stütze spielt, auf die Länge seines Körpers auseinandergehalten worden. Die Menschen aber hätten sich über die fortwährenden Besuche der Himmelsbewohner – die wenig zu essen gehabt hätten, wie auch von Bakairi und Melanesiern bezeugt – bitter beschwert, weil die ungebetenen Gäste ihnen Nahrungsmittel zu stehlen pflegten. „Daraufhin“, so heißt es im Shu-king, einer Sammlung der ältesten geschichtlichen Texte der Chinesen, vom ersten göttlichen Herrscher, dem ‚vom Himmel gekommenen Huang-ti‘, dem Begründer der chinesischen Kultur und des chinesischen Staates, „tat der erhabene Himmelsherr Einhalt dem Volke der Miao und vernichtete es . . . Dann befahl er dem Tschung-li, der Verbindung zwischen Himmel und Erde ein Ende zu machen, damit es künftig kein Herabsteigen der Himmelsbewohner mehr gebe[10]".

Diese Trennung von Himmel und Erde hatte jedoch ihren Hauptgrund in dem Gegensatz zwischen Fu-hsi und Kung-kung, die hier – nicht anders als in Persien Ahura Mazda und Ahriman – als feindliches Brüderpaar, nicht aber als Exponenten zweier verschiedener Rassen von Göttern gesehen werden. Eine andere chinesische Mythe berichtet, Kung-kung habe in Gestalt eines fliegenden gehörnten Ungeheuers mit Tschuan-hiu, einem der fünf Urkaiser oder Wu-ti, um den Besitz der Erde zu kämpfen gewagt; er sei besiegt worden und aus Wut „nahm er den Berg Pu-tscheu auf die Hörner", der als Himmelssäule diente. Das Band zwischen Himmel und Erde zerriß, der Himmel senkte sich im Nordwesten, die Erdachse neigte sich gegen Südosten, Sonne, Mond und Sterne – sie sind also alle schon da – verschoben sich, die Gewässer traten über ihre Ufer, und heftige Winde wirbelten Rauch und Staub weit über alle Länder hin[65].

Für manche Mythologen stellte dieser „Himmels"-Mythos ein unlösbar erscheinendes Rätsel dar, weil doch andererseits, dem Tch'u-tse zufolge, die Chinesen sich den Himmel – wie übrigens die Maya und Azteken auch – aus neun Stockwerken oder Stufen aufgebaut dachten. Es ist amüsant, die geistvollen Deutungsversuche beunruhigter Fachgelehrter zu lesen, denn der Widerspruch liegt nicht in den Mythen selbst, sondern entsteht durch ihre falsche Interpretation; jener „Himmel", der von der Erde getrennt wurde, ist nicht der Himmel, wie wir ihn auf Grund eines anderen Übersetzerirrtums heute verstehen, sondern ein Himmelskörper, eine andere Welt. Und als solche müssen nun auch die sogenannten „Himmel" des Vishnu, des Odin und anderer aufgefaßt werden.

Im Kapitel über die Raumfahrt werden wir die „Mutter Ot" der Mongolen näher kennenlernen, die bei der „Trennung von Himmel und Hölle" geboren wurde und unter Feuer und Rauch zum Himmel aufstieg[197]. Die Finno-Ugrier entsinnen sich, so hörten wir, jener fernen Zeiten, da der Himmel dicht genug über ihren Zelten hing, um deren Spitzen zu berühren, und es nur Vögeln und sehr kleinen Menschen möglich gewesen war, sich zwischen ihm und der Erde aufzuhalten. Aber dann habe sich eine Frau beklagt, weil Rauch und Nebel in ihr Zelt zurückgeschlagen seien, und die Götter hätten einen „Riesen" beauftragt, den Himmel anzuheben. Dies sei geschehen; seither gebe es keine Verbindung zu den Himmelsbewohnern mehr[155].

Nach Meinung der Madagassen, die übrigens wie fast alle Völker, den „Himmel", jenes andere rätselhafte Gestirn, als männlich, die Erde hingegen als weiblich betrachteten, woraus sich eine Anzahl meist schwer verständlicher philosophischer oder religiöser Konzeptionen entwickelte, ging die Trennung beider nicht gar so glimpflich vonstatten. Auch hier wurde ihr Anlaß in dem Streit der Götter des Oben und des Unten erblickt, die einander durch Feuerstürme und Meteoritenregen bekämpften, bis der „Himmel", von seinen Bindungen an die Erde gelöst, nach oben entschwindet[35].

Im hurrithischen „Gesang des Ullikummi" ist es ebenfalls der Streit der Götter, der zur Trennung von Himmel und Erde führt, denn kurz vor seinem Höhepunkt, als über den Angriff auf Ullikummi beraten wird, erzürnt sich der Urriese Upelluri: „Als sie den Himmel und die Erde auf mir errichteten, wußte ich nichts von alledem. Als sie kamen und den Himmel von der Erde trennten mit einem Hackmesser, wußte ich auch nichts davon[160]". Die hurrithischen Texte sind in einer agglutinierenden Sprache geschrieben, die weder mit den indoeuropäischen noch mit den semitischen Sprachen verwandt ist. Woher die Hurrither stammen, wissen wir nicht, nur, daß sie ihre Vorstellungen von den Göttern und von dem „Königreich im Himmel" gleich fertig mitbrachten, als sie um 2300 v. Chr. in das Rampenlicht der vorderasiatischen Geschichte traten; es könnte also sein, daß sie jene Geschehnisse miterlebt haben, die sie auf ihre eigene Art erzählten und die von den Sumerern ganz anders wiedergegeben wurden.

Die Sumerer kannten eine Göttin Nammu, die „Mutter" der Götter am Anfang der Dinge, identisch vermutlich mit Cybele oder Eurynome; sie wird durch das Ideogramm für „Meer" dargestellt; das bedeutet, sie ist aus dem Urmeer gekommen, dem Himmelsraum, aus dem auch die Erde und die anderen Welten entstanden sind. Dem sumerischen Mythos zufolge war die Trennung von Himmel und Erde eine der ersten Taten der Götter; sie ging der Besiedlung der Erde mit Menschen voraus. Enlil, der Herr des Windes und des weiten Himmelsraumes, unterzieht sich dieser schwierigen Aufgabe:

Der Herr, entschlossen zu tun, was nützlich war,
Der Herr, dessen Entschlüsse unerschütterlich sind,
Enlil, der aus der Erde den Samen des Landes keimen läßt,
Dachte sich aus, den Himmel von der Erde zu trennen,
Dachte sich aus, die Erde vom Himmel zu trennen . . .[213]

Bei Kramer[7] lesen wir: „Im Anfang war das Nachtmeer, von dem die Sumerer glaubten, es sei niemals erschaffen und ewig. Es brachte den Himmel – eben jenes rätselhafte Gestirn – und unsere Erde, beide miteinander verbunden, hervor. Himmel und Erde bestanden aus solider Materie. Zwischen ihnen und durch sie entstand die gasähnliche Atmosphäre, die sich ausdehnte und sie trennte. Außerdem schuf jenes gasähnliche Element den Mond, von dem die Sumerer annahmen, er bestünde aus dem gleichen Material wie unser Planet. Erst nachdem Himmel und Erde voneinander getrennt waren, wurde pflanzliches, tierisches und menschliches Leben auf der Erde möglich; es entstand aus der Vereinigung von Luft, Wasser und Erde."

Für nicht wenige unserer Zeitgenossen, deren Vorstellungen vom Ursprung der Welt und von der Herkunft des Menschen entweder der Heiligen Schrift entstammen oder durch die Forschungsergebnisse der Naturwissenschaften bestimmt worden sind, mögen dies bestürzende Neuigkeiten sein. Woher wußten die frühen Menschen über dergleichen Dinge und Vorgänge Bescheid, da doch – nach wohlbegründeter Auffassung der Naturwissenschaftler und Archäologen – erst um 6000 oder auch 7000 vor Christus die ersten bescheidenen Anfänge höherer Gesittung erkennbar sind – und diese vorwiegend im vorderasiatisch-mittelmeerischen Raum?

Wir haben festgestellt, daß in den Schöpfungsmythen neben mancherlei Ungereimtheiten, die auf Mißverständnissen oder auf dem Unwissen späterer Generationen beruhen mögen, eine beträchtliche Anzahl tatsächlicher Kenntnisse enthalten ist, die der Mensch – falls sein Werdegang wirklich so verlief, wie es Anthropologen und Paläontologen annehmen – unmöglich von sich aus hat erlangen können.

Hat der Mensch das Entstehen von Himmelskörpern zu beobachten vermocht? War er Zeuge der Trennung von Himmel und Erde? Woher kennt er den Bau des Universums, die kreisende Bewegung des Milchstraßensystems, die Himmelsmechanik? Eine Erforschung dieser Dinge müßte eine astronomische Wissenschaft von gleichem, wenn nicht von höherem Niveau als unsere zur Voraussetzung gehabt haben; diese wiederum ist nicht denkbar ohne den breitesten soziologischen Unterbau, ohne eine weltumspannende Zivilisation mit all ihren vielen geistigen und technischen Hilfsmitteln, für deren einstige Existenz sich nun freilich auf unserem Planeten keinerlei Anhaltspunkte finden. Sollte der Mensch am Ende älter als diese Erde sein?

Hören wir nicht immer wieder, „alles Wissen sei den Menschen von den Sternen gekommen", von den Göttern also? Lehnt man es nun ab, in diesen Göttern „hehre Lichtgestalten" zu erblicken, esoterische Wesenheiten, was sie ja nach Aussage der Mythen ganz gewiß nicht waren, so bleibt nur der Schluß, auf den Himmelskörpern nahe dem Licht, im Zentrum der Galaxis, müsse eine Zivilisation menschlicher Wesen von erstaunlicher Höhe bestanden haben und möglicherweise noch bestehen; diese fortgeschrittenen menschlichen Wesen, die „Götter", brachten im Zuge ihres Kolonisationsversuches den Erdbewohnern jene Grundlagen des Wissens, auf denen alle späteren irdischen Kulturen dann weiterbauten – die Grundlagen, und diese wiederum nur in Gleichnissen und Bildern, um sie dem Auffassungsvermögen einer rohen Erdenmenschheit anzupassen.

Die raschen Fortschritte der wissenschaftlichen Forschung und, damit verbunden, der technischen Entwicklungen lassen nur zu leicht den langen dunklen Weg durch die Jahrtausende vergessen, der zu den heutigen Erfolgen führte. Vieles von dem, was uns noch zu entdecken bleibt, hat der Mensch vielleicht niemals gewußt, weil es ihm möglicherweise von den Göttern vorenthalten wurde; anderes hat er gewiß vergessen, manches mißverstanden, oder es wurde verschlüsselt an Generationen weitergegeben, denen der Kode verlorengegangen war. Und so mag manches von dem, was als Mythe oder als esoterische Lehre auf uns gekommen ist, recht wohl der letzte verblassende Rest einstigen konkreten Wissens sein.

Die Götter ergreifen Besitz von der Erde

An einem sonnigen Morgen kurz nach dem Ende des Zweiten Weltkrieges überflog die deutsche Studienrätin und Amateurarchäologin Maria Reiche in etwa 2200 Meter Höhe die Plateaus von Nazca in Peru, um die geheimnisvollen Gräben, die sie in jahrelanger Mühe freigelegt hatte, von oben her zu betrachten. Sie traute ihren Augen kaum, denn unter dem Einfallswinkel der Sonnenstrahlen zu dieser Stunde enthüllten sich nicht nur die von ihr bereits untersuchten und gereinigten Pfade als riesige Bilder von phantastischen Tieren, sondern nahezu alle Plateaus waren mit kilometerlangen, kreuz und quer verlaufenden Linien und Strichen, geometrischen Figuren – Dreiecken, Kreisen, Spiralen – über und über bedeckt[214].

Der Boden der Pampas auf diesen Plateaus am Westabfall der Kordilleren besteht aus eisenhaltigem, rötlich-grauem bis schwarzem Geröll, dessen Beimengungen infolge des allmorgendlichen Taufalles oxydierten. Die Verfärbung reicht jedoch nirgends tiefer als fünf bis zehn Zentimeter; der Untergrund ist gelblich-weiß. Die Zeichnungen wurden in der Weise hergestellt, daß ihre unbekannten Schöpfer die dünne Oberschicht entfernten und den Abraum zu beiden Seiten der „Pfade" aufhäuften, wodurch sich unter bestimmten Lichtverhältnissen die weißen Striche infolge der Schattenwirkung besonders heraushoben. Das Klima bewirkte, daß jene Zeichnungen unverändert geblieben sind, abgesehen von der Erosion durch Flüsse und Bäche, die sich gelegentlich über diese etwa 350 Meter über dem Meere liegenden Hochflächen ihren Weg bahnten.

Die Plateaus von Nazca selbst sind regenarm. Eine etwa 700 Meter hohe Bergkette schirmt sie gegen das Meer hin ab, so daß es hier weder eine Bewölkung wie in den westlichen Küstenregionen gibt, noch lange andauernde, heftige Regenfälle wie am Ostabfall der Anden. Von den gelegentlich auftretenden Morgennebeln abgesehen, gibt es hier fast immer nur Windstille und beständigen Sonnenschein – Bedingungen also, wie sie für einen Flugverkehr gar nicht günstiger gedacht werden können.

Weder die Inka noch die spanischen Konquistadoren hatten eine Ahnung von dem Vorhandensein der riesigen Bodenzeichnungen, was mehr als alle wissenschaftlichen Datierungsversuche auf ihr hohes Alter schließen läßt, denn sie müssen zur Zeit ihres Entstehens von so großer Bedeutung gewesen sein, daß es unbegreiflich bleibt, warum sich die heutigen Bewohner der Gegend ihrer nicht mehr erinnern; zum anderen fanden sich weder in Mythen noch in Chroniken irgendwelche Hinweise oder Andeutungen auf ein Werk, das man als eines der Weltwunder bezeichnen muß. Keiner der gelegentlichen Besucher erkannte den Charakter und die Abmessungen dieser Gräben. Doktor Richard N. Wegener hatte sie noch 1939 für die Reste großartiger Bewässerungsanlagen gehalten. Andere Betrachter deuteten sie gar als Ackerfurchen. Bis dann 1941 der amerikanische Historiker Paul Kosok einige der „Gräben" mit Hilfe von Kompaß und Schrittmesser aufnahm und vorläufige Skizzen anfertigte. Aber das Geheimnis entschleierte sich nicht.

Erst aus der Luft ergab sich ein umfassendes Bild: Eine kaum überschaubare Menge von Strichen und Linien, von breiten, rechtekkigen oder auch als langschenklige Dreiecke gestalteten Flächen zu beiden Seiten des Pan American Highway, der hier viele von ihnen überquert. Die Flächen wirken auf den Flieger beinahe noch aufregender als die zwischen ihnen eingestreuten riesigen Figuren – diese Spinnen, Vögel, Kröten, Pfeile oder auch die Spiralen, die überall auf der Erde als megalithische Piktographien zu finden sind und noch heute bei den afrikanischen Dogon als Abbilder der Ströme des Universums bei der Anlage ihrer Äcker in Erscheinung treten. Die Figuren und Flächen, deren Zweck sich weder aus altperuanischen Mythen deuten, noch nach heute gebräuchlichen Normen – etwa als Äcker oder Versammlungsplätze und dergleichen – erklären läßt, erinnern den modernen Piloten an verlassene Landepisten – dies um so eher, als manche unter den keilförmigen Flächen sich, einem derartigen Zwecke vollkommen entsprechend, dem Gelände, besonders in einigen Seitentälern des Nazca-Flusses, anpassen und an ihrer Basis eines der sonderbaren Zeichen aufweisen, wie man sie auf den Felszeichnungen der älteren Steinzeit, etwa auf der von Professor Marcel F. Homet[215] untersuchten Pedra Pintada im Inneren Brasiliens wiederfindet.

Die von Paul Kosok geäußerte Vermutung, diese riesigen Zeichnungen, deren Gestalt nur aus großer Höhe deutlich zu erkennen ist, hätten als Abgrenzung von kultischen Versammlungsplätzen für die Mitglieder bestimmter, durch Tiersymbole gekennzeichneter Clans gedient oder auch als eine Art gigantischen Observatoriums[216], trifft ganz gewiß nicht zu. Zufällig sah er am 21. Dezember, dem Tag der Sonnenwende, von seiner Arbeit im Ingenio-Tal aufblickend, die Sonne am Endpunkt einer der langen, anscheinend sinnlos über die Landschaft gelegten Linien untergehen; er fand noch einige geometrische Linien mehr, die auf diesen Punkt zulaufen, sowie andere, die in Beziehung zu gewissen Gestirnen zu stehen scheinen; deshalb nannte er die Plateaus von Nazca das „größte Astronomiebuch der Welt".

Zumeist parallel verlaufende, niedere Mauern aus hellem Gestein erwecken den Eindruck von ungemein breiten Straßen mit leicht erhöhten Rändern und sorgsam geebnetem Mittelteil. Oft sind sie mehrere Kilometer lang, bisweilen aber nur sehr kurz; hier und da zweigen schmalere Wege von ihnen ab. Einige dieser Markierungen scheinen, von verschiedenen Zentren ausgehend, auf astronomische Punkte, etwa die des Sonnenuntergangs oder -aufgangs oder auf den der Tag- und Nachtgleiche ausgerichtet zu sein, was den Gedanken an eine astronomische Bestimmung der Anlagen zunächst nahelegte. Eine Menge über das ganze Areal verstreuter, kleinerer Steinbauten oder vielmehr ihre Überreste wurden als „Unterkünfte für Astronomen" angesprochen. Außerdem sieht man an den Endpunkten der geometrischen Figuren große Steinhaufen, unter denen man Grabstätten vermutete, jedoch nicht fand.

Die komplizierten Muster von Tierfiguren, geometrischen Linien, Straßen und Plätzen bedecken ein Gebiet von sechzig Kilometer Länge und acht bis fünfzehn Kilometer Breite, das zu den wasserärmsten der Erde gehört. Das Tafelland am Fuße der Anden bildete einst eine zusammenhängende Fläche, die aber im Laufe langer Zeiten durch enge, tiefe, von plötzlich aus den Bergen herabstürzenden Wassermassen in den Boden gerissene Schluchten, besonders im südlicheren Teil, zerschnitten wurde. Die auf solche Weise entstandenen Plateaus sind über und über mit den Markierungen bedeckt.

Nur wenige Dörfer sieht man in jener Gegend; heute, wie schon in grauer Vorzeit, bietet sie kaum mehr als einigen tausend Menschen eine Existenzmöglichkeit. Und diese geringe Bevölkerungsdichte allein müßte ein Hinderungsgrund dafür gewesen sein, derartige, über die Bedürfnisse des Alltags weit hinausgehende Werke durchzuführen. „Die Herstellung der Markierungen muß sich über lange Zeit erstreckt haben, während derer die gewohnten Maße beibehalten wurden, indem man die alten Maßstäbe von Generation zu Generation weitervererbte", vermutet Maria Reiche[214] und bewundert die technische Perfektion der Figuren, die von ihren Schöpfern nie gesehen worden sind, da man sie tatsächlich nur vom Flugzeug aus überschauen kann. Offenbar geht auch sie hierbei von der keineswegs feststehenden Voraussetzung aus, die Daseinsformen der Menschen wie denn überhaupt die Verhältnisse auf der Erde seien zur Zeit des Entstehens dieser Zeichnungen nicht wesentlich andere gewesen als die heutigen.

Ein weiteres Rätsel ist die ungeahnt weite Verbreitung dieser Art Anlagen. Man findet ähnliche in anderen Teilen der peruanischen Küstenregion, die freilich nicht so gut erhalten sind, einige sogar in nächster Nähe der Hauptstadt, weniger als zehn Meilen von Lima entfernt, wieder andere im nördlichen Chile, so daß es den Anschein hat, als seien diese Markierungen über das ganze westliche Andenland verbreitet gewesen.

So sehen wir ein geheimnisvolles Zeichen von riesigen Ausmaßen in den Hang der Küstenberge zwischen Callao und Pisco gekerbt. An die hundert Meter hoch und ebenso breit, gemahnt es an einen stilisierten Dreizack, an jenes Symbol Poseidons, der dem griechisch-vorderasiatischen Mythos zufolge als „Herr der weiten Unterweltstore", also als Kontrolleur der Raumfahrt, galt. Als Seezeichen könnte diese Markierung wohl kaum gedient haben, denn einmal fand, nach Meinung der Historiker, ein Seeverkehr vor und noch während der Inkazeit nur mit besegelten Balsaflößen und nur im Bereich der Küste statt, so daß sich eine derartig aufwendige Arbeit wohl kaum gelohnt haben dürfte, und dann wäre ihr Zweck auch nicht einzusehen, denn in ihrer unmittelbaren Nähe befindet sich kein Hafen, bei dessen Ansteuerung das Zeichen als Landmarke hätte von Nutzen sein können; außerdem hätte ein Turm oder ein Mast den gleichen Zweck erfüllt.

Wenn es sich nun bei diesen Markierungen auch nicht um ein „gigantisches Observatorium" handelt oder um das „größte Astronomiebuch der Welt", wie Paul Kosok ein wenig voreilig behauptete, so ist seine Meinung, diese Zeichen hätten zur Astronomie in Beziehung gestanden, doch nicht ganz von der Hand zu weisen. Astronomie und Astronautik bedingen einander. Voreilig mag es allerdings auch sein, die Markierungen und Flächen von Nazca als prähistorische Flugplätze anzusprechen; aber gerade dies scheint, ehe nicht eine andere, einleuchtendere Erklärung gefunden ist, die einzige zu sein, die in das Gesamtbild vom „Goldenen Zeitalter" paßt.

Um als Observatorium zu dienen, sind die Anlagen zu umfangreich und zu weit verbreitet. Für solche Zwecke hätte bei der äußerst geringen Bevölkerungsdichte in jenem Gebiet, die des sterilen Bodens wegen zu allen Zeiten die gleiche gewesen sein muß, ein Bauwerk von der Größe des englischen Stonehenge vollauf genügt. Die wenigen Bewohner, die man für diese Landschaft auch unter besseren klimatischen Bedingungen einer früheren Zeit annehmen muß, haben eine derartige Arbeitsleistung niemals allein zu vollbringen vermocht.

Eine mächtige Zentralgewalt muß daher bedeutende Arbeitermassen in dieser Gegend zusammengezogen, verpflegt und beaufsichtigt haben, denn Umfang und Menge der Relikte, selbst wenn sie über Generationen hin entstanden sein sollten, lassen eine andere Erklärung gar nicht zu. Soweit uns jedoch ein Blick in die nebelhaften Jahrhunderte vor der Inkaherrschaft möglich ist, erkennen wir im Andenraum nur kleinere Stammesfürstentümer, die einander bekämpften und sicherlich nicht in der Lage waren, Arbeiten solchen Ausmaßes durchzuführen.

Überhaupt scheint das Bevölkerungs- und Ernährungsproblem, nicht anders als im Falle des Berges Kailāsa in Tibet oder der rätselhaften Emblematic Mounds im Mississippital bei Ohio, der Schlüssel zu dem Geheimnis von Nazca zu sein.

Im Gebiet um Ohio wurde nach umfangreichen, sorgfältigen Untersuchungen festgestellt, daß jene Gegend niemals eine dichtere Bevölkerung ernährt haben kann. Nun gibt es aber in ihr zahlreiche künstliche Erdhügel von oft beträchtlicher Höhe, wie etwa den Great Serpent Mound, deren wahre Gestalt auch wieder nur allein aus der Luft erkennbar ist. So wie die neunzehn großen Zeichnungen auf den Plateaus von Nazca, stellen auch diese Mounds Pflanzen, Vögel, Schlangen, Kröten und Spinnen dar – alles Symbole und Ideogramme, wie wir sie bei der Raumfahrt und dem Flugverkehr der Götter noch kennenlernen werden. Nun haben aber amerikanische Archäologen beim Nachgraben in den Mounds Körbe gefunden, aus denen sich schließen läßt, daß ein Riesenheer von Arbeitern jahrzehnte-, ja generationenlang die für diese Bauten benötigte Erde von weither herbeigeschleppt haben muß. Zu welchem Zweck? Wer hat diese vielen Menschen über lange Zeiträume hin beköstigt, bekleidet, beherbergt? Welcher mächtige Impuls oder welche Macht haben sie zu einer so langwierigen, mühevollen Tätigkeit gezwungen? Keine dieser Fragen wurde bislang beantwortet[217].

Auch Tibet, ganz besonders im Quellgebiet von Saledsch und Brahmaputra, ist öde, unfruchtbar, überaus arm an Pflanzen, Tieren und Menschen. Und nun hören wir – es ist vielfach bezeugt – von den fünf „goldenen Städten" der Götter in Nähe des Kailāsa, von volkreichen Palästen, Kasernen, Werkhallen; wir erfahren jedoch nicht, ob eine Versorgungslinie nach den fruchtbaren Tiefländern bestanden habe, weder nach China noch nach Indien, was doch gewiß nicht unerwähnt geblieben wäre. Wie also wurden die Bewohner der fünf „goldenen Städte" versorgt?

Bisher sind die Markierungen von Nazca noch immer das einzige Relikt, das ein wenig Licht auf die astronautischen Unternehmungen der Götter zu werfen, die Aussagen der Mythen zu erhärten vermöchte, verstünde man sie zu lesen. Denn auch die Mounds stehen sozusagen beziehungslos im Raum. Vor allem liegt es wohl daran, daß niemand bisher versucht hat, die Dinge im kosmischen Zusammenhang zu sehen oder an den Orten nachzuforschen, wo es den Überlieferungen zufolge Stützpunkte der Götter gegeben haben soll.

Dem Kailāsa nicht allzu fern liegt der K'un-lun, ein riesiges Gebiet, in das sich höchst selten ein Wissenschaftler verirrt – und wenn, so ist es ein Geologe oder Zoologe, der sich nur für sein eigenes Fach interessiert. Nun soll es in China jedoch eine Menge Sagen und Legenden über jenes Gebirge geben, in denen so mancher wertvolle Hinweis enthalten sein mag. Nur sind sie – leider – noch nicht in europäische Sprachen übersetzt. Und die politischen Auseinandersetzungen zwischen den Staaten machen es dem Forscher so gut wie unmöglich, sich an Ort und Stelle umzuschauen. Sowohl am Kailāsa als auch auf dem K'un-lun müßten umfangreiche Untersuchungen unter Einsatz von Flugzeugen durchgeführt werden, mit dem Ziel, ähnliche Anlagen oder Markierungen wie bei Nazca zu entdecken, vielleicht sogar verborgene Höhlen, unterirdische Schutzbunker und andere Werke dieser Art, denn die Bekundung des Brahmanen Sandales, die wir zitiert haben, ist keineswegs die einzige, die auf dergleichen hindeutet.

Die beiden anderen Hauptstützpunkte der Götter, von denen die Mythen berichten, existieren nicht mehr. Der eine muß sich in Arizona befunden haben[177], denn zahlreiche Sagen und Legenden nord- und mittelamerikanischer Indianer erzählen davon. Dies freilich so unbestimmt, als wären ihre Vorfahren nicht selbst Zeugen der überlieferten Begebenheiten gewesen, sondern hätten nur von anderen darüber gehört. Diese Region, seit Jahrtausenden eine menschenleere Einöde, wie ihr Name schon aussagt, muß vor Zeiten ein Kulturzentrum ersten Ranges gewesen sein, aber ebenso auch der Schauplatz einer schrecklichen Katastrophe.

Die noch heute in Arizona und Neumexiko lebenden Washoe-Indianer erzählen nämlich, „in grauer Vorzeit sei ihr Volk von einer Rasse menschenähnlicher, ihnen jedoch weit überlegener Wesen unterworfen worden. Diese hätten ihre Vorfahren gezwungen, den Boden zu bearbeiten, denn sie hatten die Früchte zum Nutzen der Menschheit entdeckt; und auf einer Insel des Tahoe-Sees hätten sie einen gigantischen Tempel erbaut mit einem Turm oder mit einer hohen Säule, auf deren Spitze ein großes, weithin durch die Nacht leuchtendes Feuer unterhalten worden sei[218]". Welche Rolle dieser Stützpunkt beim Endkampf zwischen Göttern und Titanen spielte, wird zu gegebener Zeit erzählt.

Der Tahoe-See liegt hoch droben in der Sierra Nevada, dort, wo die Grenze zwischen Nevada und Kalifornien nach Südosten abknickt, und etwa sechshundert Kilometer nordwestlich vom berüchtigten Death Valley, dem Todestal, einer völlig verwüsteten, kochendheißen Senke am Südwestrande des Großen Beckens. Im Death Valley gibt es unter anderen Merkwürdigkeiten, die auf eine gewaltige Katastrophe deuten, durch Hitzeeinwirkung verglaste Trümmer einer offenbar uralten Stadt, deren Erbauer unbekannt sind[219].

Schon im Zusammenhang mit den Erdkatastrophen und der Lehre Cuviers sprachen wir von dem Phänomen, das der ebenfalls in diesem Gebiet befindliche Große Colorado Cannon darstellt, und daß er unmöglich sein Dasein allein der natürlichen Erosion verdanken könne. Die Geologen geben zu, das Rätsel seiner Entstehung lasse sich aus erdgeschichtlicher Erfahrung heraus vorerst nicht lösen. Denn weder ist die Herkunft der ungeheuren Wassermassen, die ihn ausgewaschen haben müßten, bekannt, noch stimmt die hierfür anzusetzende Zeit mit dem verhältnismäßig geringen Alter der dortigen Erdformation überein; auch würde – wie Hans Wolfgang Behm ausführte – ein solcher Vorgang noch längst nicht das Entstehen der eigenartigen Seitenschluchten erklären. Die Landschaft um den Colorado ist auch aus anderen Gründen interessant: Hartnäckig erhalten sich bei den dortigen Indianern Legenden über verborgene Höhlen, in denen die Götter ihre „Donnervögel" aufbewahrt haben sollen.

Anstatt dergleichen Überlieferungen zu belächeln, wäre es – besonders nach den Erfahrungen des Zweiten Weltkrieges – wohl eher angebracht, solchen Angaben einmal auf den Grund zu gehen, denn inzwischen wissen wir ja, daß sie zumeist auf dem Boden eines realen Sachverhaltes zu entstehen pflegen und daß sich im Dunkel der Erde noch manches für uns Wissenswerte, wahrscheinlich sogar praktisch Verwertbare verbirgt.

Ein Gleiches gilt für alle die Aussagen, die Atlantis betreffen. Es sind nicht wenige, ganz abgesehen von den Dialogen Platons; und faßt man sie zusammen, so ergibt sich aus ihnen ein plastisches, durchaus glaubhaftes Bild. Trotzdem und obwohl eine Menge von Tatsachen auf den verschiedensten Gebieten das einstige Vorhandensein eines atlantischen Inselkontinentes wahrscheinlich machen, gehört es seit den Tagen des verdienten, aber schon bei seiner Chronologisierung der ägyptischen Geschichte recht anfechtbaren Historikers Eduard Meyer allem Anschein nach zum konventionalen Berufsethos dieser Disziplin, die Arbeiten außenseiterischer Atlantologen zu zerpflücken oder zu ignorieren. Eduard Meyer, ein für die Jahrhundertwende mit all ihrer hybrischen Anmaßung typischer Gelehrter, hatte seinerzeit auf Grund des damals zur Verfügung stehenden Wissens behauptet, daß Atlantis „eine reine Fiktion ist, der keinerlei geschichtliche oder naturwissenschaftliche Kenntnisse zugrunde liegen[79]". Dieser Satz, der sich durch seither bekannt gewordene Tatsachen längst erledigt hat, wurde und wird noch immer von all jenen nachgebetet, die eigenes Nachdenken und Überlegen als zu mühevoll oder riskant empfinden und auf jeden Fall zwei Grundvoraussetzungen jeden Fortschritts unberücksichtigt lassen: einmal, daß wissenschaftliche Forschung nichts anderes zum Ziele haben kann als die Erkenntnis der absoluten Wahrheit, zum zweiten, daß es ganz ohne Bedeutung ist, wer und auf welchem Wege er dieses Ziel erreicht.

Anstatt nun die Frage „Existierte Atlantis oder nicht?" polemisch lösen zu wollen, was der Sache nach unmöglich ist, sollte man versuchen, doch einmal praktische Feldforschung auf dem Meeresgrund zu betreiben. Die heutige Technik gibt uns alle hierzu nötigen Mittel an die Hand.

Den Mythen zufolge wurde Atlantis bereits von den Titanen als

Stützpunkt für die Raumfahrt benutzt. Am Anfang der Dinge hatte Eurynome über jeden der sieben Planeten einen Titanen und eine Titanin gesetzt, was übrigens auch der polynesischen Auffassung entspricht, so den Atlas und die Phoibe über den Mond[220]. Als Zeus seinen Krieg gegen die Titanen begann, wählten diese anstelle des Kronos, der zu alt geworden war, den Atlas zum Anführer. Der Krieg währte, wie berichtet, länger als zehn Jahre und endete mit dem Siege der jungen Götter. Die Titanen wurden teils in den Tartaros, in ihre lichtlosen unteren Welten, verbannt, teils auf einer Insel weit im Westen der Säulen des Herakles interniert und dort von Kyklopen bewacht; Atlas mußte von nun an „das Himmelsgewölbe auf seinen Schultern tragen[64]".

Dem kosmischen Weltbild der Mythen gemäß muß dieser Verbannungsort im Westen die Insel Atlantis, identisch mit der Phaiakeninsel des Odysseus, gewesen sein. Dort hatten die Titanen unter Aufsicht Dienst zu tun. Und die Aufgabe des Atlas bestand eben darin, den interplanetaren Verkehr zu organisieren. Diese Anschauung wird durch die Rolle der Asuren, jener Titanen der indischen Überlieferung, bestätigt und ergänzt. Daß aber Atlantis mit der Phaiakeninsel gleichzusetzen ist, geht aus der Odyssee hervor: Poseidon erhielt bei der Verteilung der Erde unter anderem die Insel Atlantis zugesprochen[220], doch war er ebenso auch Herr der Phaiakeninsel; dort stand – so erzählt Homer – der ihm geweihte herrliche Hain inmitten eines von „phallischen Steinsetzungen", den Menhiren, umhegten Beratungsfeldes[12]. Und mit den phallischen Säulen wiederum verbindet sich sein Beiname Euryplos, der sich in seiner Bedeutung „Herr der weiten Unterweltstore", zweifellos auf die Raumfahrt bezieht.

Auch die Phaiakeninsel lag jenseits der Säulen des Herakles. Ihre Bewohner, die „grauen Männer", geboten über eine der damaligen Menschheit unbegreifliche, uns Heutigen jedoch durchaus vertraute Techne; sie galten als die „Fährleute der Seelen", als „Mittler zwischen Diesseits und Jenseits", eine Definition, die erst von viel späteren Generationen esoterisch aufgefaßt worden ist. Was den Philologen vergangener Jahrhunderte unglaublich erscheinen mochte, ist durch die heutige Astronautik in den Bereich des Möglichen gerückt, nämlich – Odysseus habe mit seinem Phaiakenabenteuer die Grenzen dieser Erde überschritten; die Geschichte von der nächtlichen Jenseitsfahrt der Phaiaken zu Rhadamanthys in die untere Welt sei ein auf Wahrheit beruhender Bericht[12].

In Platons Dialogen wird das atlantische Inselreich eingehend beschrieben, so genau, daß er damit weit über das philosophische Ziel hinauszugehen scheint. Wir erfahren, die Hauptinsel, steil aus dem Meere ragend, habe hohe Berge, fruchtbare Ebenen, dichte Wälder mit Wild aller Art sowie auch mineralhaltige Quellen gehabt. Ihre Bewohner hätten sich vorwiegend mit dem Anbau von Obst und Getreide beschäftigt, doch hätten sie auch die reichlich vorhandenen Bodenschätze, vor allem schmelzbare Erze, abgebaut und verarbeitet oder Viehzucht und Fischfang betrieben. Die Hauptinsel soll 3000 Stadien lang und 2000 Stadien breit gewesen sein, woraus sich eine Gesamtbodenfläche von 2053,5 Quadratkilometern ergibt. Ihre von einem mit dem Meer in Verbindung stehenden Kanal umgebene Hauptstadt Poseidonis, im Scheitel einer lieblichen, durch hohe Berge gegen Nordwinde geschützten Bucht liegend, zählte nicht weniger als 60 000 Grundstücke oder Häuser. Heute vermuten sie die Atlantologen südlich von der Azoreninsel Dollaborata ungefähr dreitausend Meter tief auf dem Meeresgrund[131].

Die Dächer von Poseidonis sowie auch die Wände des Königspalastes und die Stadtmauern sollen aus jenem rotgoldenen Metall Oreichalkos bestanden haben, das nach Aussage der Ägypter und Inder von den Göttern hergestellt und verwendet wurde. Und wenn Platon von der „schwarzen Magie“ ihrer Bewohner spricht, so dürfte dies eine spätzeitliche Interpretation für Chemie und Physik gewesen sein. In der Tat wurde ja auch den Phaiaken dergleichen nachgesagt. Sie galten als hervorragende Techniker; ihre Schiffe aus glänzendem Metall fuhren ohne Segel und Ruder pfeilschnell gegen den Wind, und sie fanden trotz Nebel oder Nacht unweigerlich ihr Ziel[12]. Gewisse Übereinstimmungen zwischen den griechischen Mythen und den germanischen lassen die Vermutung zu, daß Poseidon mit Niördr identisch ist, Poseidonis mit Noatun. Weder Griechen noch Germanen, noch gar die Philologen und Schriftgelehrten späterer Zeiten vermochten sich auch nur im entferntesten vorzustellen, wovon in den alten Geschichten die Rede war, und nur so kam es dahin, daß man in ihnen, je weniger sie verstanden wurden, desto eher „Produkte der Phantasie“, kurzweilige Märchen sah.

Was aber sagen sie aus, das nach heutiger Erfahrung unglaublich wäre? Wir wissen genau, es hat Katastrophen gegeben. Wir brauchen nicht erst den Krakatau in der Sundastraße anzuführen, denn nur wenige Jahre ist es her, da ein Eiland südlich von England aus den

Fluten des Atlantik tauchte und wieder versank, bevor es von irgendeinem Staat in Besitz genommen werden konnte; sogar die Amerikaner kamen zu spät. Warum sollte da nicht einst infolge einer kosmischen Katastrophe ein ganzer Archipel versunken sein? Und was die Raumfahrt betrifft – wir werden Näheres darüber hören –, so hat der Bericht über die Phaiakenfahrt zu Rhadamanthis in die untere Welt für den, der das Universum nicht länger als unzugänglich betrachtet, so wenig etwas Unglaubwürdiges wie die Aussagen über die metallenen Wunderschiffe der „grauen Männer", denn Fahrzeuge ihrer Art, ausgerüstet mit Echolot, Funkpeilgerät und Radarortung, können wir alle Tage auf unseren Gewässern sehen, wenn auch nicht gerade solche aus rotgoldenem Metall. Ähnlich verhält es sich mit fast allen Überlieferungen, so daß Pierre Grimal in ihnen „die geistige Vorgeschichte einer menschlichen Gesellschaft" erblickt[24]; tatsächlich aber scheint es doch so zu sein, daß der heutige Mensch im Begriff steht, die Taten der Götter und – hoffentlich nicht – ihre Irrtümer nachzuvollziehen.

Allerdings gibt das von Platon gezeichnete Bild ein Atlantis wieder, dessen Ursprünge tausend Jahre oder länger zurückliegen. Man darf keinen Augenblick vergessen, daß die in den Mythen erzählten Geschehnisse chronologisch nicht geordnet sind. So läßt sich auch kaum mehr feststellen, zu welchem Zeitpunkt die unterseeischen Anlagen entstanden. Auch sie scheinen ursprünglich ein Werk der Titanen gewesen zu sein, dessen sich die Götter dann später bedienten. Von Aegir, dessen submariner „Palast" bei der Insel Lesöe im Kattegat gelegen haben soll, wird berichtet, er sei von den Göttern zu einem Festmahl nach Asgard geladen worden; er habe sich damit erkenntlich gezeigt, daß er sie seinerseits in seinen Palast einlud. Dies wurde von den Asen übel aufgenommen, glaubten sie doch, er sei nicht imstande, sie angemessen zu bewirten. Sie wurden jedoch durch die Güte der Speisen und Getränke überrascht. Alle Räume des unterseeischen Bauwerkes waren gleich jenen in Asgard durch indirektes Licht erhellt, die Wände mit goldglänzenden Metallplatten belegt; und die Speisen kamen wie von selbst herbei. Diese technische Perfektion verdroß Loki offenbar so sehr, daß er Aegir schmähte, dessen Diener Fimafengur erschlug, mit den übrigen Göttern in heftigen Streit geriet[106], was vermuten läßt, diese Vorfälle hätten in der Anfangsphase der Auseinandersetzung zwischen Göttern und Titanen stattgefunden. Auch Frigg, eine Tocher der Jöten und Odins

Gemahlin, bewohnte einen unterseeischen Palast namens Fensalier, was „das Gewundene" heißt. Der Name deutet an, daß es sich bei diesem Bauwerk nicht um einen Wohnsitz gehandelt haben kann, sondern wohl eher um eine Anlage, vermutlich militärischen Charakters, die der frühen Menschheit unheimlich und unbegreiflich erschien. Als Fensalier entstand, muß aber für diesen Bau bereits eine dringende Notwendigkeit bestanden haben, denn Frigg ist sorgenvoll. Sie schaue in die Zukunft, so sagten die Menschen von ihr, sie bange um Baldrs Leben, doch was sie ahne oder zu wissen glaube, das verrate sie nicht[145], oder mit den Worten Freyjas im Lokasenna: „Frigg allein kennt die Zukunft, doch sie entdeckt sie keinem."

Welchen Zwecken solche unterseeischen Anlagen dienen sollten, geht aus dem Verhalten Poseidons hervor. Poseidon ist einer der ältesten Götter des Mittelmeerraumes; die Bedeutung seines Namens ist nicht bekannt. Er gilt den Hellenen als Bruder des Zeus, und es heißt, er sei eigensinnig, aufbrausend, ja, geradezu streitsüchtig gewesen. Als nun, nachdem sie ihren Vater Kronos gestürzt, Zeus, Hades und Poseidon das Universum unter sich teilten, beanspruchte Zeus die Oberherrschaft im Himmel, über die lichtnahen Welten also, Hades erhielt die untere Welt, Poseidon jedoch das „Meer" – ein spätzeitliches Mißverständnis, denn sein Beiname Euryplos besagt, daß damit nicht die irdischen Meere gemeint waren, sondern der Okeanos, der Weltenraum. Die Erde als mittlerer Stützpunkt aber sollte allen gemeinsam zur Verfügung stehen. Mit dieser Regelung scheint Poseidon durchaus nicht einverstanden gewesen zu sein. Grollend zog er sich nach Hellas zurück und begann unverzüglich, bei Aigai auf Euböa seinen unterseeischen Palast zu bauen[11].

Auch bei Tainaron, dem heutigen Kap Matapan, einem der südlichsten Punkte des Peloponnes, wurden submarine Anlagen ähnlicher Art errichtet, die der Thetis unterstanden. Thetis ist niemand anderes als Eurynome, die auch Aphrodite, die „Schaumgeborene", in Palästina aber Ishtar oder Ashtaroth heißt. Ihren Namen erhielt sie, weil sie sich nackt aus dem Schaum des Meeres erhob und auf einer goldenen „Muschel" bei Kythera an Land gelangt sein soll. „Manche glauben, daß sie dem Schaum entsprang, den der von Kronos zur Erde hinabgeschleuderte Phallos des Uranos hervorgerufen hat[13]." Wir erinnern uns jedoch, welche Beziehung der Phallus zur Raumfahrt hat und halten uns nicht bei den spitzfindigen Deutungsversuchen um diesen Mythos auf. An Tatsachen enthält er die

Aussage, daß ein kegelförmiger Gegenstand herab aus dem Himmelsraum bei Kythera ins Meer stürzte, daß er Schaum verursachte und daß sich aus diesem Schaum ein anderer goldglänzender, also wohl metallischer Behälter in Form einer „Muschel" löste, dem die Göttin Thetis entstieg. Anstatt in dem poetischen Erinnerungsbild urmenschlicher Zeugen dieses Ereignisses nach Symbolismen oder Allegorien zu fahnden, täte man besser, auf dem Meeresgrunde bei Kap Tainaron nachzuforschen, gibt doch Pausanias[31] eine Überlieferung der mittelmeerischen Urbevölkerung wieder, derzufolge man bei Tainaron einst unter Wasser habe Hafenanlagen, ja sogar Schiffe sehen können, die der Thetis gehörten. Dieses sogenannte „Märchen" antiker Fabeldichter ist während des Zweiten Weltkrieges in Form von submarinen U-Boot-Basen zur unbezweifelbaren Wirklichkeit geworden.

Mögen dergleichen Aussagen auch immer in poetische Bilder gekleidet sein, sie bergen doch einen realen Sachverhalt: Die Muschel ist ein Behälter, der sich öffnet und schließt. In gleicher Eigenschaft führt ihn uns die melanesische Mythe vor. Und daß es sich so und nicht anders damit verhalten hat, ergibt sich allein schon daraus, daß ähnliche Beobachtungen von Völkern gemacht worden sind, die mit den Griechen eine unmittelbare Berührung nicht gehabt haben können.

Auf sumerischen Rollsiegeln aus der Zeit um 2800 v. Chr. ist der unterseeische Palast des Erdbeherrschers Enki abgebildet[57]. Enki galt als Sohn Enlils, der wiederum mit Poseidon identisch zu sein scheint, weil ihm bei der Verteilung des Universums die Kontrolle über den Weltenraum zugesprochen worden war, während An die Herrschaft über die oberen Welten, Ninhursag über die unteren Welten erhalten hatte[7].

Und ließe sich solche Übereinstimmung auch immer auf frühe Berührungen der sumerischen mit prähellenischen Kulturen des Mittelmeerraumes zurückführen, so muß doch die gleiche Aussage über den mexikanischen Tlaloc befremden. Gleich Enki, Poseidon, Aegir gilt auch er den Azteken als Regengott, als Herr des Meeres, des Okeanos also, des Weltenraumes, und so wie Aegir bedient er sich bei seinen Reisen der „Schlangen", die wir für Flugzeuge halten müssen. Seine unterseeische Behausung soll bei Tlalocan gelegen haben, dem mythischen Tollan, das im Osten von Mexiko vermutet wurde und der Beschreibung nach möglicherweise Atlantis ist. Ob wir in Tlaloc die gleiche Persönlichkeit vor uns haben wie den Dionys[46] oder Poseidon oder Aegir oder ob es sich um verschiedene Götter mit gleichen Funktionen handelt, bleibe dahingestellt. Wichtig für unsere Zwecke ist die Tatsache, daß man an verschiedenen Orten der Erde die gleiche Beobachtung machte, daß es sich dabei also nicht um ein „Spiel der Volksphantasie“ gehandelt haben kann.

Außer diesen größeren Stützpunkten, Raumfahrtbahnhöfen und Siedlungszentren scheinen die Götter nach und nach auch kleinere Stationen und Flugplätze angelegt zu haben, etwa von der Art jenes Turmes auf der Insel im Tahoe-See. Bei den Chinesen gibt es mehrere Beschreibungen von dem „leuchtenden Tale Yan-ku“ im äußersten Osten der Erde, wo sich an einem See der riesige Baum Po, oder Fusang, oder auch K'ong-sang befinden soll. Ihm entsprechend kennen sie im äußersten Westen den von den Göttern errichteten Baum Jo auf dem Berg Yen'tse, der ebenfalls an einem See oder an dem Flusse Mong liegt. Diese „Bäume“ sollen rote, nachts leuchtende Blüten, also Lichter, getragen haben[65].

Während der Regierung Chuens, eines der Urkaiser der Chinesen, errichtete der göttliche Baumeister Yü, nachdem er am Nordende des K'un-lun einen riesigen neunköpfigen „Drachen“ getötet hatte, inmitten eines von ihm zuvor gegrabenen Sees einen Turm, von dem aus die Bewegungen der Drachen am Himmel beobachtet wurden[65]. Diese Erzählung ist nun nicht eine Erinnerung an den Kampf des Urmenschen gegen die Ungeheuer, sondern an eine Episode des Götterkrieges; verständlich wird sie erst, wenn wir erfahren haben, was unter der Bezeichnung „Drache“ bei den Chinesen zu verstehen ist. Auf dem Berge San-wei im Westen des Landes befand sich ein Flugplatz für die „Geisterwagen“ der den Göttern feindlichen Dämonen oder Titanen[40]. Derartige kleinere Stationen oder Flugplätze gab es viele rings um den ganzen Erdball. Auf Aofa zum Beispiel, einer Insel der Neuen Hebriden, hatte die „Wolkenschlange“ Figona ihren Landeplatz auf dem künstlich planierten Gipfel des „heiligen“ Berges Hoto, wo noch heute ein uralter, ihr geweihter mächtiger Altar aus Diorit zu sehen ist[221].

An diese Aussagen der Chinesen über Stützpunkte der Götter schließen sich die Überlieferungen der Yasiden an, jener zu Unrecht als „Feueranbeter“ oder „Teufelsdiener“ verleumdeten kurdischen Bergstämme, die auch heute wieder um ihres Glaubens und reineren Lebenswandels willen auf unerhörte Weise verfolgt werden. Hoch über dem Tale von Sheik Adi in Kurdistan, ihrem Heiligtum, erhebt sich auf einer geräumigen, aus weißen Felsquadern gefügten Plattform ein ebenfalls weißer, konischer Turm, dessen Spitze eine riesige, blitzende Kugel aus Goldblech oder aus Bronze trägt. Die von ihr reflektierten Sonnenstrahlen sind weit über das Land hin zu sehen. Neben der erstaunlichen Ähnlichkeit dieses Turmes mit der germanischen Irminsul oder mit den Säulen des Toth in Ägypten, die ja auch Kugeln oder ein Bündel Flammen tragen, ist es seine Beziehung zum Magischen, die ihn so bedeutsam erscheinen läßt. Die Sagen der iranischen Bergvölker bekunden: Vor Zeiten habe sich quer durch Kurdistan, Persien und Tibet bis weit in die nördliche Mandschurei eine Kette von sieben derartigen Türmen über die wilden Gebirge gezogen. Auf einsamen, hochragenden Gipfeln stehend, die goldschimmernden Kugeln auf ihren Spitzen umstrahlt von Licht, hätten sie den Magiern zum Aufenthaltsort gedient, und diese hätten von ihrer hohen Warte aus die Bewegungen des Erdkörpers kontrolliert oder gar zu beeinflussen versucht[222].

Von dem heiligen Berge Minis'ei der Jurak Samojeden wurde schon berichtet; im Ural liegend, soll er eine Säule oder einen Turm getragen haben, weshalb er denn auch „der Träger" hieß. Aus dem Zusammenhang gelöst, erscheint diese Legende ziemlich sinnlos, doch im Verein mit ähnlichen Überlieferungen anderer Völker ergänzt sie das Bild von einem Netz zahlreicher Stützpunkte und Beobachtungsstationen, mit dem die Götter unseren Planeten umspannten. Auch die Samoaner kannten an einem nicht näher bezeichneten, aber auf hohen Bergen liegenden Ort, den sie „Aufgang zum Himmel" nannten, einen „Baum" Toamarama, den „Baum des Mondes", der mit der Raumfahrt der Götter in Verbindung stand[223].

Außer unterseeischen Anlagen bauten die Götter in Erwartung eines offenbar für unvermeidlich gehaltenen Krieges von Anfang an auch unterirdische Stützpunkte, Schutzbunker und Flugzeughangars. Die tibetanischen Überlieferungen vom unterirdischen Königreich Agarthi, die in anderem Zusammenhang eingehender behandelt werden, gehören ebenso hierher wie die erwähnten Legenden nordamerikanischer Indianer von weitläufigen Höhlen, in denen die „Donnervögel" der Götter abgestellt und repariert wurden. In der von Posnanski und Bilau genau untersuchten uralten Tempelstadt Tiahuanaco am Titicacasee fanden sich, wie d'Orbigny berichtet, nicht nur unter dem tief in den Erdboden eingelassenen Sonnentempel Kalasasaya, sondern auch über die ganze Stadt verstreut merkwürdige unterirdische Gemächer mit dicken, festgefügten, gegen Erdstöße abgesicherten Mauern, sehr schmal, aber bisweilen miteinander verbunden, ganz in der Art, wie der heutige Großstädter seine Luftschutzräume zu bauen pflegt.

Sie werden auch gegenwärtig noch von den Andinos als Keller benutzt[164].

Die im Bundahishn, dem persischen Buch von der Urschöpfung, erwähnte Burg Vara, die möglicherweise mit dem unterirdischen Königreich Agarthi identisch ist, wurde erst kurz vor der Katastrophe erbaut[224] und kann daher an dieser Stelle übergangen werden. Doch wird sogar im Kalewala erzählt, der Sampo, die „Zaubermühle", ein Flugzeug oder Raumschiff der Titanen, habe seinen Standort in einer tief in den Berg reichenden Höhle auf einer der unteren Welten gehabt; die Anlage sei von einem mächtigen Volk unter Herrschaft einer schrecklichen Zauberin oder Titanin bewacht worden[41].

Die Mythen zeichnen also ein ganz anderes Bild von der Vergangenheit als wir es von der Schule her oder aus landläufigen Publikationen kennen – ein mythisches, also nicht zeitlich fixierbares Bild, wohlverstanden; doch gibt es in ihm so viele Einzelzüge, die uns bekannt vorkommen, nicht wenige darunter, die erst durch die wissenschaftlich-technischen Errungenschaften unserer Zeit einen Sinn erhalten haben, verständlich geworden sind, daß es auch dem skeptischsten Betrachter immer schwerer fallen dürfte, dergleichen Überlieferungen für reine Phantasie zu halten. Dieser Eindruck verstärkt sich, sobald wir uns mit der Raumfahrt der Götter beschäftigen. Dann erhebt sich nämlich unabweisbar die Frage: War Neil Armstrong wirklich der erste Mensch auf dem Mond? Oder wiederholte sich am 21. Juli 1969 nur ein Vorgang, der vor zwölf- oder fünfzehntausend Jahren für die Menschen nichts Außergewöhnliches gewesen ist?

Gesellschaftsreisen nach anderen Gestirnen?

Würde die NASA heute einen Journalisten einladen, an einer Mondreise teilzunehmen, wie und was würde er darüber berichten? Natürlich wäre er selbst über die astronautischen und physikalischen Voraussetzungen hinreichend orientiert, doch sähe er sich gezwungen, seine Kenntnisse in vereinfachender Form, erläutert an Beispielen aus dem Alltagsleben, einem breiteren Leserkreis zu übermitteln. Dieser Vorgang ist gegenwärtig in jeder Zeitung zu verfolgen. Weiterhin geht das Gelesene, Gehörte oder am Bildschirm Miterlebte durch den vielfachen Filter individueller Auffassungen und Meinungen, bis als Endprodukt ein interessantes, aber wohl kaum noch besonders zutreffendes Bild vom tatsächlichen Geschehen übrigbleibt. Die Realität ist zum Mythos geworden, dies nicht etwa erst nach Jahrtausenden, sondern bereits innerhalb eines Menschenlebens.

Unter diesem Gesichtswinkel sollten die Überlieferungen betrachtet werden, die sich auf die Raumfahrt der Götter beziehen. Die Raumschiffe der Götter wurden, wie wir vernommen haben, als Eier, Schildkröten, Muscheln, Felsen, Spinnen, Phalloi, Pfähle, Bäume oder Säulen gesehen, und nur ihrer Funktion nach sind sie gegenwärtig noch als Flugkörper zu erkennen. Weitere Überschichtungen haben sich daraus ergeben, daß spätere Erzähler den aus animistischen Epochen her „heiligen" Baum mit den „eisernen Bäumen" der Götter zunächst verglichen, dann verwechselten.

Vollständig wurde die Verwirrung, als eine sehr spätzeitliche Generation von Philosophen diese Art Überlieferungen esoterisch auszudeuten begann.

Wer nun heute den Start einer Mondrakete bei Kap Kennedy miterlebt, fühlt sich ebenfalls unwillkürlich zu mancherlei Vergleichen angeregt, nicht anders als die Menschen der Urzeit, denn tatsächlich gleicht ja die gen Himmel steigende Rakete einem rasch emporwachsenden Baum oder Pfahl, ihr Kondensstreifen einem weißen Baumwollseil, der, scheint die Sonne darauf, zu einem bunten Regenbogen wird, der sich ins Nirgendwo wölbt, zu einer kosmischen Brücke, auf der die Götter auf- und niederfahren. Der Fuß dieser Bifröst- oder Cinvad-Brücke ruht auf einem Berge, dem Kailāsa etwa; und hier befindet sich also auch der Çakad-i-Daitik, der „Gipfel des Gerichtes", jener Ort nämlich, an dem darüber befunden wird, ob der Erdenmensch würdig sei, eine andere Welt zu besuchen, und wenn ja, dann – welche von ihnen[191].

Wie wir gehört haben, lagen derartige Start- und Landeplätze zumeist auf Bergen; sie wurden von Titanen oder Asuren, was dasselbe ist, kontrolliert und betreut, von den „grauen Männern" der Odyssee[12]. Zu Zeiten herrschte ein dauerndes Hin und Her zwischen den Welten. Bajame, der Kulturheros der Aranda in Ost-Australien, der auch Daramulum genannt wird, fährt immer wieder auf dem Rücken der Regenbogenschlange auf und nieder, wobei ihn bisweilen Menschen begleiten dürfen. Er nimmt seinen Weg über einen hohen Berg, den er am Ende der Götterzeit einsinken läßt, damit die Menschen nicht über ihr irdisches Maß hinauswachsen[35]. Sollte dies auch nur ein lokaler Mythos sein, so nimmt es doch wunder, wenn er in jeweils höchst individueller Form auch an ganz anderen, weit von Australien entfernten Orten der Erde wiederkehrt. Im östlichen China war es der schon von den ältesten Klassikern erwähnte T'ai-chan, von dem die Raumschiffe nach den unteren Welten abgingen, während man über den K'un-lun im Westen nach den oberen Welten gelangte. Um dies zu bewerkstelligen, mußte der Reisende, da ihn sein Weg zum Himmel durch ein geheimnisvolles, todbringendes „dünnes Wasser" führte, zunächst einmal von einem „roten Wasser" trinken, das dreimal den Berg umfließt und dann zu seiner Quelle zurückkehrt, um hierdurch Unsterblichkeit zu erlangen[225]. Dieser Weltraumhafen wurde auch die „Untere Hauptstadt des Himmels" genannt.

Die Brücke nun, die zu den anderen Gestirnen führte, zu den „unendlichen Lichtern", wie es im Bundahishn heißt, wird bald als Regenbogen bezeichnet, bald als Schlange. Hierin mag auch der Grund für die sonst kaum begreifliche Bedeutung zu suchen sein, die der Schlange im Denken und Empfinden des Menschen eingeräumt worden ist. Vermutlich handelt es sich um eine prälogische Ideenverbindung. „Alle Weisheit kommt von den Sternen[29]", und Träger dieser Weisheit ist – so wie bei den Ägyptern die Säule des Thot – bei vielen Völkern die Schlange, jene Schlange nämlich, die, vom Himmel kommend oder zum Himmel aufsteigend, unsere Erde mit anderen Welten verbindet. Sie wiederum darf nicht mit den bösen Wolkenschlangen der unteren, lichtfernen Regionen, mit den Nagas, verwechselt werden.

Es ist also kein Zufall, wenn manche Kulturbringer bei verschiedenen Völkern mit der „Schlange" gleichgesetzt oder später gar als solche bezeichnet wurden, wie es denn auch kein Zufall ist, daß so viele Götter auf dem Regenbogen vom Himmel herabkommen oder zu ihm hinaufsteigen, galt doch der Regenbogen bei den Polynesiern Tahitis geradezu als der „Weg der Götter[157]", auf Samoa und Neuseeland als Symbol eines Gottes[210] oder als sein Aufenthaltsort, denn Uenuku, „der Segelnde", wohnte, dem allgemeinen Glauben gemäß, sogar in ihm[211]. Aus diesem Grunde wohl auch, der ganz gewiß kein esoterischer war, nannten die Tahitianer ihr Königsschiff „Regenbogen[49]".

Bocchia, der Kulturheros der Chibcha und Muisca, erschien, nachdem er sich mit seiner Antagonistin Chia zerstritten und diese das Hochtal von Bogotá überschwemmt hatte, auf einem Regenbogen; er schleuderte seinen goldenen Stab – so wie der indische Kashyab sein magisches Schwert – gegen die Berge, die hierdurch zerbarsten und das Wasser abfließen ließen[42]. Von Oro, dem polynesischen Gotte, wissen wir schon, daß er auf einem Regenbogen nach Bora Bora niederfuhr, um hier ein Erdenmädchen zum Weibe zu nehmen[18]. Und es wundert uns daher wenig, wenn wir erfahren, daß die Litauer wie die Kelten ganz ähnliche Vorstellungen hegten. Die Litauer vergöttlichten den Regenbogen sogar unter dem Namen Diwirik[197]. Und bei den Kelten kam der „Herr der Milchstraße", Lugh, auf einem Regenbogen zur Erde herab, um den Menschen alles Wissen von den Sternen zu bringen[54].

Die Schlange, die unter Flammen und Rauch zum Himmel auffuhr, wie sich die Dinka und andere nilotische Stämme Afrikas erinnern, und dann zum Regenbogen wurde, galt als Hüterin des heiligen Feuers und wurde in ihrem irdischen Bilde verehrt, weil man glaubte, daß die Verstorbenen, von der Schlange aufgehoben, selbst zu Schlangen geworden seien[113]. Bei den Fon, einem Kriegervolke in Dahomey, wird der Regenbogen, „der die einzelnen Teile des Universums zusammenhält" – eine poetische Umschreibung des Verkehrs- und Verwaltungsproblems –, als Schlange Dan Ayido Hwedo, die sich selbst in den Schwanz beißt, dargestellt[113], wobei man freilich einräumen muß, daß es sich hier um eine verblaßte Erinnerung an die Midgardschlange, den Trümmerring der Anfangszeit handeln mag, denn sie ist später noch von manchen Völkern, den Chinesen und den Alt-Peruanern, mit dem Regenbogen verwechselt und dieser deshalb besonders gefürchtet worden.

Es ist doch merkwürdig, wenn sich sowohl Sumerer als auch Mikronesier und Polynesier die Verbindung der Erde mit anderen Welten als ein Seil oder einen Strick vorstellen, die Madagassen etwas poetischer als eine silberne Kette, die sudanesischen Fali, wie in der Geschichte vom göttlichen Schmied berichtet, als eine Bohnenranke. All diesen Äußerungen liegt, da Übernahmen ausgeschlossen erscheinen, ein und derselbe Vorgang zugrunde, das Erlebnis des Aufsteigens von Raumschiffen nämlich, was dadurch zum Ausdruck kommt, daß auf Neuseeland der mit einer Himmelsfrau verheiratete Hikatoro, der seinem Weibe, das ihm durchgebrannt ist, folgen will, an einem „Strick" zum Himmel emporgezogen wird[211].

Wie anderen Ortes gesagt, ist nach Meinung der Mikronesier die obere Welt, das „Lichtreich", von der Erde durch einen breiten, tiefen, absolut finsteren Graben getrennt, aber mit ihr durch herabhängende „Seile" verbunden. Zwei Brüder, Tawaki und Karihi, wollten einst den Himmel besuchen; sie begaben sich nach dem Ort, „wo die Seile herabhängen" und von einer alten, blinden Frau bewacht werden. Karihi ergriff einen nicht an der Erde befestigten Strick und wird „von einem Ende des Himmels zum anderen geschleudert". Sein Bruder Tawaki, der einen festgemachten Strick zu fassen bekommen hat, kann, aufsteigend, seinen Bruder retten und gelangt mühelos zum Himmel empor[110]. Dies ist natürlich die sehr spätzeitliche Wiedergabe eines Erlebens, das wahrscheinlich schon von den Zeitgenossen des Urhebers nicht richtig erfaßt worden war; außerdem weiß man auch nicht, ob Sir George Grey die Geschichte recht verstanden – und wenn, ob er sie richtig wiedergegeben hat, denn ihm, der in der ersten Hälfte des vorigen Jahrhunderts lebte, vermochte sie naturgemäß nichts zu sagen. Es berührt indes sonderbar, daß ja auch Odin an seinem vindga meidi a, „des Falken Baum", neun Nächte lang im Weltraum hin und her geschleudert wurde, wie es im Hávamál der Saemundar-Edda heißt[85]. Aber darauf kommen wir noch zurück.

Die Raumfahrzeuge selbst werden noch unterschiedlicher beschrieben, doch schälen sich aus dem Wirrwarr der Erinnerungen drei Haupttypen einigermaßen klar heraus: Einmal die eigentlichen Raumschiffe, wie das des Osiris, von dem Plutarch[53] erzählt, aus goldgelbem Metall, mit Glasfenstern, gleich jenem, in dem der irische Heroe Ossian von freundlichen Feen nach der oberen Welt Tir nan Og gebracht wurde[54]. Hierzu rechnen auch die „Himmelseier", von denen schon häufig die Rede war, der „Lotus" der Ägypter und Inder, die im Himmelsmeer schwimmende „Schildkröte" der Erdmutter Chiracán Ixmucane bei den Quiché Maya und auch des indischen Vishnu, sowie „der Feuerdrache mit dem langen, glatten, weißen Leib, der den ganzen Himmelsraum beherrscht", im Awenhai-Mythos der Irokesen[95].

Zum anderen die Spezialfahrzeuge, die sich sowohl im Weltraum als auch innerhalb der Erdatmosphäre ziemlich ungehindert bewegen konnten – der „Stern von Bethlehem" etwa, der „Hakenstern" der Chinesen, der „Himmelstempel Gottes" in der Offenbarung Johannis, jene Vimanas und Baibans, die „feurigen Wagen", die aber wohl schon zu den Flugzeugen gehören, Odins „Hengst" Sleipnir, möglicherweise identisch mit Yggdrasil, und nicht zuletzt alle die Drachen, Wolkenschlangen, fliegenden Untertassen, gekrümmten Opfermesser, Spinnen, Kröten und anderen Tiere oder Gegenstände, die nur dadurch als Raumschiffe kenntlich sind, daß sie sich unter Feuer und Rauch in den Himmel erheben und Menschen oder Frachtgüter transportieren.

Als dritte, auffälligste Kategorie bleiben die Bäume, Säulen, Phalloi, über die wir auch schon einiges vernommen haben.

Der „Stern von Bethlehem" ein Raumschiff? – wird man sich wundern. Tatsächlich ist die Erinnerung an ihn viel älter als der uns so geläufige Bibelbericht, wie man in den belorussischen Apokryphen nachlesen kann. Sie wurde nur von den frühen Christen übernommen. Im übrigen war es kein Stern, sondern ein hell strahlender, langsam dahingleitender Flugkörper, der seinen Kurs willkürlich ändern konnte und Schwingen sowie auch Strahlen besaß, mit Hilfe derer er sich im Kreise zu drehen vermochte. Längere Zeit schwebte er über dem Berge Wans, und dann glitt er wie ein Adler auf dessen Gipfel hinab. Sein Erscheinen regte die Bevölkerung Palästinas und Syriens dermaßen auf, daß seinetwegen Sternwarten auf den Bergen eingerichtet wurden. Da dies jedoch nach der Flut geschehen sein soll und seitens seiner Besatzung kein Kontakt zu den Menschen gesucht oder hergestellt wurde, ist hier über ihn nichts weiter zu sagen.

Vielleicht aber schwebte dem Verfasser der Offenbarung Johannis eben dieser Flugkörper vor, als er schrieb: „Und der Tempel Gottes ward aufgetan im Himmel und die Arche seines Testamentes ward in seinem Tempel gesehen; und es geschahen Blitze und Stimmen und Donner und Erdbeben, und ein großer Hagel[226]". Denn dieser „Himmelstempel" war seiner Funktion nach nicht etwa ein Bauwerk, sondern ein Flugkörper, in dem sich Himmelsbewohner unter Donnergetöse und Blitzen zur Erde niedersenkten.

Die Chinesen erinnern sich noch heute schreckerfüllt an einen „Hakenstern", der sehr groß war, mit lautem Krachen auf die Erde fiel und dort, wo das geschah, Feuer um sich verbreitete. Sein Erscheinen soll einen Krieg angekündigt haben[40].

Bei den Thai gelten die Mitglieder der Familie Ch'en als Nachkommen des Donnergottes, weil vor Zeiten, bei einem Gewitter, ein großes „Ei" in ihr Haus gefallen sei, aus dem dann ein Kind der Himmelsbewohner hervorkam und von den Ch'en bewirtet und aufgezogen wurde. Noch genauer sind die Überlieferungen der Liao-Kultur: Die ganze Welt sei aus einem Ei hervorgegangen, heißt es da. Die ersten Menschen aber und nach ihnen die Ahnen der heutigen Häuptlingsfamilien seien in „rotgoldenen Eiern" auf die Erde herabgekommen; ein solches Ei habe einem großen gelben Sack geglichen, sechs Füße gehabt, vier Flügel, denen der Fledermaus ähnlich, keine Augen, kein Gesicht, und – es habe getanzt[40].

Hier nun ergeben sich Beziehungen zum achtfüßigen Flügelroß Sleipnir Odins oder zu den dreibeinigen „Donnerraben", auf die wir später zurückkommen wollen. Aber man vergleiche doch einmal die Beschreibung des Hakensternes mit einem Foto der Mondlandefähre „Eagle". Selbstverständlich wird es sich bei den beiden Objekten nicht um ein und dasselbe Fahrzeug handeln, weil die Götter offenbar technisch weiter fortgeschritten waren als die Menschheit im gegenwärtigen Augenblick; da jedoch die physikalischen Voraussetzungen heute wie damals die gleichen sind, könnten irdische Konstrukteure zu ähnlichen Formen gelangt sein wie ihre Vorgänger vor vierzehntausend Jahren.

Nahezu unglaublich mutet indes eine durch Thomas de Torquemada überlieferte Legende der Azteken an, welche besagt, der Urgöttin Omecihuatl sei das tecpatl, ein Opfermesser aus Obsidian, entfallen und habe 1600 Götter zur Erde gebracht[35]. Ob es sich hierbei um ein Raumschiff handelte, bleibt zweifelhaft, allein schon der Menge der Passagiere wegen. Doch wir erinnern uns an jenen sichelförmigen Himmelskörper, interpretiert als Angelhaken oder

Eberzahn, mit dessen Hilfe die Erde auf ihre jetzige Umlaufbahn gebracht worden sein soll. Und bei allem dürfte wohl klar sein, daß es sich hier nicht um die Frage „Monotheismus oder Polytheismus bei den Azteken" dreht, wie Pierre Grimal meint; es ist ganz einfach die Aussage über ein Geschehnis, weiter nichts.

Im Frühjahr 1964 wurden – wie der russische Philologe Wjatscheslaw Saizew mitteilt[74] – bisher unbekannte, um 1350 gemalte Fresken im Kloster Dešani zu Kosovo-Metohija, Südjugoslawien, entdeckt, auf denen die Ikonenmaler Engel in stromlinienförmigen Flugkörpern dargestellt haben, bei denen die Düsenausstrahlungen deutlich zu erkennen sind. Wörtlich heißt es in dem Bericht: „Andere Engel, die den Flug von unten verfolgen, schrecken, die Hände schützend vor Augen und Ohren haltend, zurück, als fürchteten sie, daß dieser Anblick sie blind, das Rauschen der fliegenden Körper sie taub machen könne." Nun, es scheint fast so, als seien den Mönchen Überlieferungen zugänglich gewesen, von denen unsere Fachphilologie nichts weiß.

Wie die Ägypter sich laut Plutarch an die Reste des Osirisschiffes auf einer der oberen Nilinseln erinnerten, so auch die Mantras beim Berge Ophir auf der Halbinsel Malakka an das Wrack eines Flugkörpers, denn sie behaupten, ihre Vorväter seien in einem großen, von den Göttern erbauten „Schiff" vom Himmel herabgekommen und auf den Bergen gelandet; man könne die Reste des Schiffes dort noch sehen[227]. Einer auf Hawaii, Lono und Tahiti verbreiteten Sage nach tötete Rongo sein Weib Kaikilani Alii aus Eifersucht und verließ dann in seinem „dreieckigen Wolkenschiff" die Erde, mit dem Versprechen, dereinst wiederzukehren. Aus diesem Grunde wurde Kapitän Cook auf Hawaii zunächst für Rongo gehalten und verehrt[49].

An den gekrümmten konischen Gegenstand, der, hier als Mauis Angelhaken, dort als der Eberzahn Vishnus, dann wieder als das Opfermesser der Göttin Omecihuatl interpretiert, tatsächlich aber als ein Flugobjekt anzusehen ist, erinnert auch Baldrs „Schiff" Ringhorn, ein beringtes Horn, das ihn, nachdem er getötet worden war, unter Feuer und Rauch nach seiner Heimat, einer der oberen Welten, trägt[145]. Die Germanen späterer Zeiten und mit ihnen Dichter und Maler bis in die Gegenwart hinein vermochten in dieser Geschichte nur das ihrer eigenen Geisteswelt entnommene Bild eines nordischen Langbootes zu sehen, das unbemannt auf das nächtliche Meer hinaustreibt und mit der Leiche Baldrs an Bord verbrennt; doch in der Edda ist hierüber gar nichts gesagt, und der Vergleich mit ähnlichen Vorgängen dieser Art bei anderen Völkern läßt den Verdacht zu, daß solche Deutungen der Wahrheit nicht sehr nahe kommen.

Wäinämöinen, so wird im Kalewala erzählt, verläßt die Erde; er steuert sein „erzbeschlagenes Boot" zu den oberen Erdenräumen und unteren Himmelskreisen; er fliegt demnach in eine andere Welt, in den alleruntersten Himmel, nachdem er versprochen hat, dereinst auf die Erde zurückzukehren[41], wobei die Bemerkung über das „erzbeschlagene Boot" auffällt, denn nichts dergleichen hat es zu der Zeit, da das Kalewala entstand, gegeben, – im Nordland so wenig wie im Mittelmeerraum, wo sich aber ebenfalls die Erinnerung an eine „erzene Argo" erhalten hat.

Was nun das Feuer, den Rauch, das Getöse betrifft, das zu den Begleitumständen solcher Abfahrten unvermeidlich zu gehören scheint, so findet man schließlich zahllose Aussagen darüber – unter anderen jene Himmelfahrt des Herakles vom Gipfel des Oite, sehr poetisch ausgeschmückt nach dem Verständnis der Zeit. Das Feuer des „Scheiterhaufens" wird durch Blitze des Zeus entfacht, die vom Himmel fallen. Herakles gleicht nicht länger einem Menschen, sondern erscheint, wie eine Schlange, die ihre Haut abgeworfen hat, in der vollen Majestät seines göttlichen Vaters. Eine Wolke verhüllt ihn vor den Augen seiner Gefährten, als ihn Zeus unter Donnerdröhnen in seinem „vierspännigen Wagen" zum Himmel holt. Hier nahm ihn Athene bei der Hand und stellte ihn feierlich den übrigen Göttern vor[64].

Nun wurde auf dem Oita schon alljährlich zur Erinnerung an dieses Ereignis ein Bildnis des Herakles verbrannt, als Rosse in Hellas noch unbekannt waren, wie die dortigen frühen Inschriften und Statuen bekunden. Er fuhr auch nicht zum Olympos auf, das hätte er leichter haben können, sondern nach „dem Silberschloß, das hinter dem Nordwind liegt", zu den kymerischen Männern also, die ebenfalls hinter dem Nordwind wohnen[12] und Titanen sind, demnach in eine untere Welt.

Überhaupt verdiente es der Herakles-Mythos, einmal gründlich durchleuchtet zu werden, war doch Hebe, des Herakles Braut, niemand anderes als Hipta oder Hepatu, die Erdmutter der Mitannier; und dieser Name wiederum ist ein hurrithisches Wort, indentisch mit Hawwa, der „Mutter allen Lebens", in der Genesis Eva genannt[46].

Himmelfahrt des Quetzalcoatl, irrtümlich als der „geschundene Gott" Xipe Totec gedeutet, unter Feuer und Rauch (Codex Mendoza, Mexico City).

Auch Quetzalcoatl, der Kulturbringer der Tolteken, steigt nach Zerstörung der letzten Sonne mit seinem Zwillingsbruder Xolotl am Strande von Yucatán unter Feuer und Rauch zum Himmel auf und entschwindet in östlichen Fernen, nicht ohne zuvor versprochen zu haben, daß er eines Tages zurückkehren werde, was zu dem tragischen Irrtum der Azteken über den Charakter und die Absichten der spanischen Konquistadoren führte[39].

Mit Hilfe des Feuers erhob sich, einer Arosi-Mythe zufolge, der melanesische Kulturheros Suganainoni zum Himmel, um dort seine von Göttern getötete Mutter zu rächen, und auf dieselbe Weise kehrte er nach vollbrachter Tat auf die Erde zurück[221]. Auf den Karolinen war es Ulefat, der von einer Irdischen geborene Enkel des ersten Götterpaares Sabukur und Halmelul, ein Heroe also wie Herakles, der entzündete ein großes Feuer, das ihn sicher zum Himmel trug, nachdem er beim ersten Versuch abgestürzt war[228]. Erwähnt wurde auch schon die Mutter Ot der Mongolen, die bei der „Trennung von Himmel und Hölle" nach der Erde kam und, zum Himmel auffahrend, ein Getöse vollführte, das alle Sphären durchdrang, wobei sie eine wohltuende Wärme ausstrahlte[197], was wiederum an jenes phallische Sonnensymbol Hopu Tu der Polynesier gemahnt, das, zum Himmel aufsteigend und ihn „durchbohrend", Hau Ora, den „glühenden Atem des Lebens", von sich stößt[229].

Alle diese Aussagen, die vergangenen Generationen nichts bedeuteten und ihnen bestenfalls als Auswüchse einer blühenden Phantasie erscheinen mochten, haben für uns Heutige, die wir immer wieder Raumschiffe starten sehen, eine ungeahnte Glaubwürdigkeit erlangt, so unter anderem auch die biblische Geschichte von der Begegnung zwischen dem Propheten Elia und dem Himmelsherrn auf dem Berge Horeb:

„Und siehe, der Herr ging vorüber und ein großer starker Wind, der die Berge zerriß und die Felsen zerbrach, vor dem Herren her; der Herr aber war nicht im Wind. Nach dem Winde kam ein Erdbeben. Und nach dem Erdbeben kam ein Feuer; aber der Herr war nicht im Feuer. Und nach dem Feuer kam ein stilles sanftes Sausen. Da Elia das hörte, verhüllte er sein Antlitz mit dem Mantel und ging heraus und trat in die Tür der Höhle. Und siehe, da kam eine Stimme zu ihm und sprach: Was hast du hier zu tun, Elia[230]?"

Nicht anders im zweiten Buch der Könige: „Da aber der Herr wollte Elia in Wettern gen Himmel holen, gingen Elia und Elisa von Gilgal ... Und da sie miteinander (am Jordan hin) gingen und redeten, siehe, da kam ein feuriger Wagen mit feurigen Rossen, und schieden die beiden voneinander; und Elia fuhr also im Wetter gen Himmel[231]."

Nun war Elia, wie gesagt, nicht der einzige, der von den Göttern „aufgehoben" und auf die Reise nach anderen Gestirnen mitgenommen wurde. Tatsächlich entsteht – dies besonders für die spätere Götterzeit – der Eindruck, als habe ein dichter interplanetarischer Verkehr geherrscht, ein fortwährendes Hin und Her zwischen den Gestirnen. Überlieferungen dieser Art gehören keineswegs nur einem einzigen oder einander benachbarten Kulturkreisen an, weshalb sich ihre globale Verbreitung wohl kaum durch Übernahmen erklären läßt. Außerdem – und aus diesem Grunde werden einige von ihnen hier angeführt – enthalten sie gewisse Einzelheiten der Beobachtung, die den menschlichen Reisenden besonders aufgefallen sind oder von Bedeutung erschienen und deshalb immer wieder weitererzählt wurden.

Nicht wenige Gestalten der griechischen Mythen wurden, oft aus recht trivialen Gründen, noch zu ihren Lebzeiten von den Göttern entrückt. Eos, Tochter des Titanen Hyperion und der Titanin Theia, verführte, obschon sie mit dem Titanen Astraios verheiratet war, mit Vorliebe hübsche Erdgeborene und verschleppte sie zunächst auf den Olymp, dann nach einem fernen Gestirn, unter anderen den Orion, einen jugendlichen Jäger aus Böotien, der ein Sohn des Poseidon gewesen sein soll, sowie auch die Brüder Ganymedes und Tithonos. Ganymedes wurde indes um seiner Jugend und Schönheit willen von Zeus beansprucht und zum Mundschenk der Götter erhoben[64]. So wie diese wird auch der jugendliche Held Kleitos, weit berühmt wegen seiner Schönheit, von Eos umgarnt; er zeugt mit ihr einen Sohn, den Memnon, und Eos, um ihn nicht durch Alter und Tod zu verlieren, gibt ihm den Trank der Unsterblichkeit und nimmt ihn mit sich nach dem Gestirn der Götter[12].

Allerdings, den Angaben der Griechen ist in dieser Hinsicht wenig zu trauen, verwandelten sie doch, was sie von den Ureinwohnern der Hellas vernommen hatten, nur zu gerne in pikante Histörchen und Allegorien, die einzig der Unterhaltung dienten. Man könnte es dabei belassen, wären nicht ganz ähnliche Bekundungen, aber ernsterer Art, in der Bibel, im Gilgamesh-Epos, in den Sagen und Mythen mancher Naturvölker zu finden.

Samab, der höchste Gott und Schöpfer der Welt bei den Damara, einem den Herero zugehörigen Bantustamm in Südwestafrika, behandelte Menschen, die auf einem äußerst schwierigen, durch finstere Abgründe führenden Wege bis zum höchsten Himmel, noch jenseits der Sternenwelt, wo er residierte, gelangt waren, keineswegs freundlich; er tötete sie[113]. Die Massai kennen eine Geschichte, derzufolge sich die Göttin Neiterogob in den bis dahin ersten und einzigen Mann auf der Erde, den Helden Kintu, verliebte. Er wurde in den Himmel geladen und bestand mit Hilfe der Zauberkünste Neiterogobs alle Prüfungen, die der höchste der Götter ihm auflerlegte. Danach kehrte er, begleitet von seiner göttlichen Gemahlin, Haustiere und Nutzpflanzen mit sich führend, zur Erde zurück. Der Himmelsherr hatte ihn vor der Abfahrt gemahnt, den Himmel nicht ein zweites Mal aufzusuchen, es werde sein Tod sein. Auf halbem Wege stellte Kintu jedoch fest, daß er das Futter für die Hühner vergessen habe. Die Warnungen seiner Gefährtin in den Wind schlagend, kehrte er um. Aber schon wartete der Tod auf ihn; Kintu starb und auch alle Kinder, die ihm Neiterogob inzwischen geboren hatte[169]. Ähnliche Mythen von Besuchen urzeitlicher Menschen auf oberen Welten haben die Madagassen; deshalb sind sie auch überzeugt, es müsse einst zwischen der Erde und anderen Gestirnen eine Verbindung bestanden haben, die durch Schuld der Menschen unterbrochen worden sei[35].

Merkwürdig ist ein bei den Chaco-Stämmen Brasiliens erhaltener Bericht über eine Raumfahrt zur Venus. Von diesem Gestirn, das in den Mythen der mittel- und südamerikanischen Indianer überhaupt eine große Rolle spielt, von einigen sogar angebetet wurde, kam einst eine liebliche Göttin zur Erde herab, und hier verliebte sie sich in einen armen, häßlichen Jüngling. Von seiner Mutter deswegen gescholten, nimmt sie ihn mit zur Venus zurück; allein, der Unglückliche stirbt infolge der Kälte des Weltenraumes[35]. Diese Aussage ist in mehr als einer Hinsicht interessant: einmal, weil sie die Behauptungen des griechischen Mythos über Eos, die man nicht so recht ernst nehmen mag, bestätigt, die weiblichen Himmelsbewohner hätten sich oftmals mit irdischen Männern abgegeben, zum anderen wegen der Frage: Woher wußten die Bewohner des heißen, relativ ebenen Gran Chaco um die todbringende Kälte im Weltenraum? Ja, sie pflegten sogar die Sterne als „Eisfeuer“ zu bezeichnen.

Der mehrfach erwähnte Bajame, Kulturbringer der Ost-Australier, entführt einen ihrer Medizinmänner, nachdem er ihn zuvor „getötet“ hat, auf dem Rücken der Regenbogenschlange in seine obere Welt, wo er ihn wiedererweckt und ihm magische Kräfte verleiht[35]. Nach heutiger astronautischer Erfahrung würde das bedeuten: Der Mann wurde in Tiefschlaf versetzt und am Ort der Bestimmung wieder aufgeweckt. Auch darf man mit einigem Recht in solchen Vorstellungen und Praktiken der Schamanen Reste einer früher einmal tatsächlich gewonnenen Erfahrung vermuten; denn was bedeutet das wohl, wenn Herakles in veränderter Gestalt, seiner eigentlich wahren jetzt, auf dem Gestirn der Götter anlangt, wenn auf Neuseeland der edle Tawhaki, nachdem er auf Erden durch Vögel in Stücke zerhackt, von den Göttern wieder zusammengeflickt wird und nun seiner Frau, die ihm durchgebrannt ist, in den Himmel folgt – dies unter Donnergetöse, wobei sein Körper funkelt und blitzt; in „fremder Gestalt“ steigt auch er empor, wird in der oberen Welt dennoch erkannt und von den Göttern als Gast geduldet[223].

Hinter derartigen Äußerungen, deren Gleichartigkeit nicht zufällig ist, verbirgt sich zweifellos ein versunkenes Wissen um Vorgänge oder Zustände, die heutigen Astronauten noch nicht wieder bekannt geworden sind. Die Cashinava am Amazonas erzählen, einst habe der Vater ihres Kulturbringers diesen sowie auch einige Menschen zum Himmel aufgehoben, ihnen aber zuvor geraten, gut zuzuhören und rasch zu gehorchen, wenn er an einem bestimmten Punkte des Weges ausrufen werde: „Wechselt die Haut, wechselt die Haut!“ Im entscheidenden Augenblick jedoch hätten sie ihn mißverstanden. Dieses Mißverständnis trage daran Schuld, wenn die Menschen ihre Körper nun nicht mehr erneuern könnten, wie es die Schlangen und Eidechsen tun[35].

Nach Ansicht der Taulipáng und Arekuna in Venezuela verbindet ein Weltenbaum, wie bei den Germanen, die Erde mit den Gestirnen der Götter; sie behaupten sogar, in alter Zeit hätten „bevorzugte Menschen auf mehreren Fahrten verschiedene fremde Himmelskörper besucht[86]“. Daß dies für Erdgeborene mit beträchtlichen Gefahren verbunden war, bekunden polynesische Raumfahrtberichte. Ihnen zufolge war es einst nicht besonders schwierig, Boluto zu erreichen, das auf Samoa auch Pali-uli heißt, das „dunkle Gebirge“ – wie bei den Sumerern Kurnugea – das Land des Kane nämlich, eine der unteren Welten, wo es den Lebensbaum geben soll und in seinem Schatten den Quell des Lebenswassers; doch die dortige Luft brachte den Erdenmenschen baldigen Tod[18].

Das ist eine Erfahrung, die sowohl mit unseren heutigen astrophysikalischen und -biologischen Kenntnissen übereinstimmt als auch mit der Überlieferung, zu Beginn ihres Aufenthaltes auf der Erde hätten die Götter Masken tragen müssen. Manche unter ihnen, Baldr zum Beispiel, haben sich indes niemals so recht an die irdischen Verhältnisse gewöhnt. Doch vielleicht gab es ein Mittel, die schädigende Wirkung andersartiger Luftzusammensetzungen aufzuheben, jenes Lebenselixier etwa, das die Göttin Hsi-wang-mu auf dem K'un-lun hütete und das möglicherweise dasselbe ist, wie jenes „rote Wasser“, das der Reisende am K'un-lun vor Beginn der Raumfahrt zu trinken gezwungen war. Auf jeden Fall mußten bei Raumfahrten komplizierte Vorbereitungen getroffen werden, was allerdings die Durchführung von Massentransporten nicht hinderte.

Die uralte Stadt Ajhudja, das heutige Audhee, in Ost-Hindustan hat einen „Himmelstempel“, den Ssorgadoari; er steht an der Stelle, wo der Gott Rama einst alle Bewohner dieses Ortes mit sich „zum Himmel aufgehoben“ haben soll[29]. Und von Varuna, dem Herrn des himmlischen wie des irdischen Ozeans wird gerühmt, er habe den

Menschen beim Besteigen des Raumschiffes der Götter hilfreich beigestanden[27], womit ihm eine der Funktionen Heimdalls zugefallen ist. Gesellschaftsreisen von Menschen nach anderen Gestirnen scheinen also während des goldenen Zeitalters nicht eben selten stattgefunden zu haben.

Das Erstaunliche an der Sache ist einmal die Vielzahl solcher Erinnerungen, die kaum einen Zweifel daran läßt, daß es dergleichen wirklich einmal gegeben habe, zum anderen aber auch die Vergeßlichkeit des Menschen. Man fragt sich: Woher kommt das? Wie ist es möglich, daß Geschehnisse von solcher Tragweite bis auf das mythische, also recht verschwommene Bild jener Urzeit nahezu vollständig aus dem Bewußtsein der Menschheit entschwinden konnten?

Da gibt es nur eine Antwort: Das Kataklysma, die Flut!

Jene Erdkatastrophe, über die wir berichten wollen, war die tief einschneidende Zäsur. Denn nach der Flut waren die architektonischen und literarischen Denkmale vernichtet, die sichtbaren Zeugen der großen Vergangenheit zerstört, die Götter verschwunden. Keiner lebte mehr, der die Davongekommenen hätte sammeln, ihnen als Lehrer hätte dienen können. Die neu heranwachsende Generation sank in Roheit und Barbarei zurück. Was an Erinnerungen übriggeblieben war, wurde schon bald nicht mehr verstanden. Die nicht länger sichtbaren Götter verblaßten zu transzendenten Wesen; ihre Taten und Werke erhielten den Schein des Wundersamen, gedeutet, verbreitet, benutzt von den Priesterschaften all jener Glaubensformen oder Religionen, die sich in beständig wachsender Zahl etablierten, je mehr das Bewußtsein ehemaliger Gemeinsamkeit verlorenging. Die Religionen der Menschheit stellen Trümmer eines einst allen gemeinsamen geistigen Besitzes dar.

Der Styx, über den Charon die von Hermes geleiteten Besucher der unteren Welten fuhr, begrenzte diese auf der westlichen Seite. Der dreiköpfige Höllenhund Kerberos – ein Flugzeug, wie später nachgewiesen wird – bewachte ihre „Ufer“. Man landete bei einem Hain schwarzer Pappeln auf der trostlosen Asphodeloswiese, an deren Rand sich die hierher Verbannten sowie auch die Schatten der Toten drängten[13]. Charon ist nur eine andere Bezeichnung für den Fährmann „Wendegesicht“ der Ägypter, denn dieser wie jener fährt die Seelen der Abgeschiedenen nach der unteren Welt des Osiris, wo sie sich vor einem Totengericht zu verantworten haben[141]. Sie unterliegen der Verwandlung – wie übrigens bei den Polynesiern auch –, worin sich ein unbestimmtes Erinnern an Vorgänge ausspricht, die irgendwie mit dem Raum-Zeit-Problem Einsteins zusammenzuhängen scheinen und auf die sich nicht nur der Ausruf der Cashinava „wechselt die Haut" bezieht, sondern auch die Sitte der Mumifizierung, denn nicht nur bei den Ägyptern wurden die Toten einbalsamiert, in dem Glauben, sie könnten am Ende der Überfahrt von den Göttern wiederauferweckt werden, sondern auch bei den Polynesiern, hier freilich nur die Häuptlinge und die Adligen. Man sah die Prozedur als unerläßlich für die Überfahrt nach Boluto an, setzte die Mumien auf den Maraes, den heiligen Plattformen, auf denen die Götter oder ihre geflügelten Boten – so glaubte man – zu landen pflegten, bei, und man nannte sie Le faa-Atua-lala-ina, „sonnnengetrocknete Götter[232]". Zumindest scheint hierdurch ein Hinweis auf den Ursprung und Sinn der noch immer rätselhaften Mumifizierungsriten gegeben.

Wie Vishnu, der Durchmesser der Raumesweiten[92], so ist auch Hermes oder Thot, der als „Thot von der Säule" den Göttern Nektar und Ambrosia von ihrer fern im Nachtmeer liegenden Heimat, den Menschen aber Wissenschaften und Künste von den Sternen herab auf die Erde bringt, seiner Funktion nach ein Astronaut. Er wurde deshalb häufig mit Flügelschuhen und Heroldsstab dargestellt[233]. Und so ist er es denn auch, an dem wir die Raumfahrt der Götter zu rekonstruieren versuchen wollen.

Der Weg der Götter

„Ich weiß eine Esche, überschüttet mit hellem Glanz“, so beginnt der Sänger sein Lied von Yggdrasil im Codex Regius der Saemundar-Edda[234]. Vor den inneren Augen seiner Zuhörer läßt er das Bild des Weltenbaumes erstehen, ein kosmisches Gemälde von unerhörter Großartigkeit und Eindruckskraft. Jahrtausendelang glaubte der germanische Mensch, daß Yggdrasil diese Weltesche sei.

Entwicklung der Yggdrasil. Raumschiff Odins? Relief auf den Extern Steinen.

„Die Weltsäule, die gleichsam das All trägt – universalis columna, quasi sustinens omnia“, so beschrieb um 850 n. Chr. der Bischof Rudolf von Fulda ihr steinernes Abbild, die Irminsul. Daß er hierbei auf alte sächsische Überlieferungen zurückgriff, steht einwandfrei fest, denn den römischen oder christlichen Quellen aus jener Zeit ist über die Irminsul nichts zu entnehmen. Wir wissen nur, sie war ein sehr altes germanisches Heiligtum unweit der Eresburg, ein gewaltiger Steinpfeiler, mit einer die Welt versinnbildlichenden Kugel gekrönt; weithin sichtbar erhob sie sich auf steiler Bergeshöhe. Nach Erstürmung der sächsischen Volksfeste Eresburg durch ein Heer Karls des Großen wurde auch die Irminsul 772 n. Chr. von den Siegern in dreitägiger Arbeit zerstört[207].

Ende Januar 1895 hielt der schottische Gelehrte Eirikr Magnusson vor der Philological Society Cambridge einen Vortrag, der in der wissenschaftlichen Welt wie ein Donnerschlag widerhallte. Unwiderlegbar wies Magnusson nach, daß die Vorstellung von der Yggdrasil als Weltenbaum auf einem durch Lautverschiebung im 13. Jahrhundert entstandenen Irrtum der Sänger beruhe, daß es nicht Yggdrasil askr heißen müsse, sondern Yggdrasils askr, die „Esche Yggdrasils“, daß folglich Yggdrasil – der Name bedeutet „Reittier des Schrecklichen“, nämlich Odins – nicht mit dem kosmischen Weltenbaum identisch sei, sondern ein pfahlähnlicher Gegenstand, der metallisch glänzte, ein und dasselbe wie der vindga meidi a, des „Falken Baum“, im Hávamál der Saemundar Edda, wobei vindga „windschnell“ heißt, der Baum aber die Bedeutung eines horizontalen Pfahles hat. Dieser windschnelle, metallisch glänzende Gegenstand, an dem Odin neun finstere Nächte lang in eisiger Kälte hing und durch den Himmelsraum hin und her geschleudert wurde, hatte den Philologen bisher ein unlösbar erscheinendes Rätsel aufgegeben und manche unter ihnen zu abenteuerlichen Deutungen verlockt, die darin gipfelten, es sei ein Galgen gewesen und Odin habe sich hier in der Rolle Christi gezeigt; es müsse sich demnach um eine Übertragung aus dem Orient handeln.

Auch dieses Phantasiegespinst zerriß Magnusson, indem er ebenso unbezweifelbar dartat, daß Yggdrasil nichts anderes sei als Odins achtfüßiges Wunderroß Sleipnir – der Name leitet sich vom germanischen slipa, also „schlüpfen, gleiten, schweben“, her, und dieses Zauberpferd habe zum Tummelplatz eben den Weltenbaum gehabt, seine Weide aber im Wipfel der Weltesche[85].

Ergänzen wir noch die Ausführungen Magnussons durch die Feststellung, daß auch Sleipnir, so wie der „Höllenhund“ Garm, von Loki in jenem geheimnisvollen „Eisenwalde“ hergestellt worden war, der fern im Osten auf unzugänglichen Bergen lag. Der Mythos drückt den Sachverhalt freilich poetischer aus.

Wir entsinnen uns jenes Riesen, der von den Asen beauftragt wurde, die Götterburg Asgard zu bauen. Vertragsgemäß wurde diese Arbeit im Laufe eines Winters vollbracht – und zwar mit Hilfe des gewaltigen „Rosses“ Swadilfar, das ungeheure Lasten wie spielend zu bewegen vermochte. Allein, der Name mit der Endung „far“ deutet schon an, daß es sich nie und nimmer um ein Roß gehandelt hat, sondern um ein Fahrzeug, ein Schiff, vielleicht ein Raumschiff. Loki sann auf Betrug. Hatte er erst die Asen beschwatzt, einen unannehmbaren Preis – die Sonne, den Mond und die Göttin Freyja – zu bieten, da der Titan den Vertrag ja doch nicht einzuhalten vermöge, so mußte er jetzt, von den Göttern heftig geschmäht und bedroht, den Handel irgendwie rückgängig machen. Er verwandelte sich deshalb in eine reizende Stute, der Swadilfar, seine Stränge zerreißend, voller Leidenschaft folgte, so daß sein Herr das Werk nicht vollenden konnte. In dem sich hieraus ergebenden Streit ward der Riese von Thor mit dem Hammer erschlagen[106]. Aus der Verbindung zwischen Loki als Stute und dem Hengst des Titanen soll Sleipnir hervorgegangen sein.

In unsere heutige Begriffswelt und Sprache übersetzt: Loki entführte das Gerät oder Raumschiff der Titanen in seine Werkstätten, nach dem Eisenwald. Hier wurde Sleipnir, ein konisches, pfahlartiges, metallisch schimmerndes Gebilde hergestellt, das acht „Füße" besaß, windschnell den Weltraum durcheilte und gleitend, ausschwebend auf der Erde zu landen pflegte, für gewöhnlich jedoch in der lichten Region nahe dem Zentrum der Galaxis stationiert war. Innerhalb von neun Tagen vermochte es Odin von Asgard zur Erde oder von der Erde nach Asgard zu tragen. Was ist das für ein Gebilde? Was könnte es sein?

Jede einzelne der in dieser Mythe enthaltenen Angaben findet ihre Entsprechung in den Sagen anderer Völker. Vom Lingam haben wir ja bereits gehört.

Im Winter 1953 rodete der Maurer Dörner in einem Walde der Gemeinde Etzelsdorf am Seeberg bei Nürnberg, wo sich in grauer Vorzeit ein Sonnenheiligtum befunden haben soll, Wurzeln aus; er stieß hierbei auf Stücke blanken Metalls – Goldblech, so stellte sich heraus. Von Fachgelehrten zusammengefügt, ergaben die Fundstücke einen fünfundneunzig Zentimeter hohen, kegelförmigen Gegenstand, der, an den Seiten mit waagrecht angeordneten Scheiben, Strichen, hervorstehenden Stollen verziert, am unteren Rande über einem allerdings völlig korrodierten Kupferring einen Kranz von achtspeichigen Rädern hatte. Nach Vergleichen mit ähnlichen Funden gelangten die Vorgeschichtsforscher zu dem Schluß, dieses Gebilde, der sogenannte „Goldhut von Etzelsdorf", müsse aus der späten Bronzezeit zwischen 1000 und 800 v. Chr. stammen; vermutlich ein Weihgeschenk an den Sonnengott, habe es wahrscheinlich als Aufsatz eines priesterlichen Prunkstabes gedient[235].

Beim Betrachten der „dreitausendjährigen Goldsäule", die weder eine Säule ist, noch ein Hut, fallen, abgesehen von ihrer Form, die verblüffend an eine moderne Raumrakete erinnert, die symmetrisch an den Seiten angeordneten Nocken sowie auch der Kranz von Rädern an ihrer Basis auf. Was haben sich die alten Sonnenanbeter dabei gedacht? Welchen Gegenstand in ihrer Gedankenwelt mochte dieser „Goldhut" repräsentieren? Es muß sich um ein kultisches Symbol gehandelt haben, doch – um welches? War es ein Sinnbild der Gottheit? Wozu dann die Räder? Und während man noch darüber nachgrübelt, sich in die Gedanken- und Erlebniswelt jener fernen Zeit zu versetzen sucht, sieht man ganz ähnliche Formen und Gegenstände, wie man sie aus Holz, Stein oder Erz bei fast allen Völkern der Erde antrifft, vor seinen geistigen Augen vorüberziehen. Und sie alle haben den gleichen Sinn; sie weisen gen Himmel, zu den Sternen; sie sind Symbole für Wissen, Ordnung, Gerechtigkeit – Sinnbilder auch der Göttermacht.

Unwillkürlich kommt uns nun auch Yggdrasil wieder in den Sinn, das mit dem Weltenbaum verwechselte Fahrzeug Odins, und somit auch die Rolle, die Bäume, Pfähle, Säulen im Denken und Empfinden der frühen Menschheit gespielt haben, die sie bei den sogenannten Naturmenschen auch heute noch spielen.

An den Ufern des Euphrat stand einst ein Huluppu-Baum. Inanna, die Himmelskönigin, sah ihn und ließ ihn nach Erech, ihrem Heiligtum, bringen, wo sie ihn in ihren Garten pflanzte, um aus ihm, sobald er herangewachsen, einen Stuhl und ein Bett zu machen. Die Zeit verging, der Baum wurde groß, aber Inanna konnte ihn nicht fällen lassen, denn in seinem Wurzelstock hatte sich die „Schlange" eingenistet, in seiner Krone der „Vogel Zu", der bisweilen Unheil bringt. Im Stamme selbst wohnte Lilith, die Zerstörerin.

Inanna vergoß bittere Tränen und wandte sich an Utu, den Sonnengott. Gilgamesh, Sumers großer Held, hörte Inannas Klage. Gewappnet mit einer Rüstung, die fünfzig Pfund wog, und mit seiner vierhundert Pfund schweren Axt, einem Gegenstück zum Hammer Thors, erschlug er die Schlange. Der Vogel Zu mit seiner Brut entflog nach den Bergen. Lilith barg sich an einem entlegenen, wüsten Ort. Und nun fällten Gilgameshs Männer den Baum. Inanna fertigte aus dem Stamm einen „Pukku", aus den Zweigen aber einen „Mikku" an. Die Bedeutung der beiden Wörter blieb bisher unbekannt. Beide Gegenstände schenkte sie Gilgamesh zum Dank.

Aus Gründen, die aus dem an dieser Stelle unleserlichen Text nicht ersichtlich sind, fielen Pukku und Mikku durch ein „Loch" in die untere Welt Kurnugea. Gilgamesh versuchte, sein Eigentum wiederzuerlangen. Da ihm dies nicht glückte, setzte er sich ans Tor zur Unterwelt und weinte. Sein Gefährte Enkidu sagte: „Warum weinst du, Herr? Ich bringe dir deinen Pukku und deinen Mikku von der ‚Oberfläche der Unterwelt' wieder herauf."

Gilgamesh aber warnte ihn eindringlich vor den Tabus und den Gefahren der unteren Welt. Er dürfe „keine reinliche Kleidung" tragen, das werde die Feindschaft der Bewohner von Kurnugea erregen; er dürfe sich nicht mit dem „guten Öl des Fahrzeuges" beschmieren, sonst würden die Unterweltler es riechen und zusammenlaufen; er solle auch nicht sein „Wurfholz" in die untere Welt schleudern, denn die Getroffenen würden ihn umringen und festnehmen.

Enkidu freilich hörte nicht auf die guten Ratschläge seines Herrn. Er wurde in der unteren Welt festgehalten und daran gehindert, wieder zur Erde aufzusteigen. Gilgamesh, zu Tode betrübt, trug Enlil, dem höchsten der Götter, unter Tränen seine Bitte um Beistand vor: Nicht Namtar, einer der Dämonen oder Titanen, halte Enkidu fest, auch nicht Ashak, ein anderer Dämon, nein, die Unterwelt selbst sei es, die ihn nicht freigebe. Enlil indes lehnte das Ansuchen ab. Nun flehte Gilgamesh den gutherzigen Enki an, den Gott des Weltenraumes und der Wissenschaften, der – wie wir hörten – einige Züge Tlalocs und Poseidons wie auch des Thot oder Hermes trägt. Enki gebot dem Sonnengott Utu, eine „Öffnung" zu schaffen, damit Enkidu wieder zur Erde heraufgelangen könne[7].

Sind das „Märchen"? Noch um die Jahrhundertwende hätte man diesen Bericht als ein solches bezeichnen dürfen, doch – heute? Sind wir nicht Zeugen der Landung auf dem Mond? Zählen wir nicht voller Sorge und Spannung die Sekunden, bis es den Astronauten gelingt, die Mondfähre von dem fremden Gestirn wieder abzuheben? Sollte hier ein ähnlicher Vorgang stattgefunden haben? Auf das „Loch" oder die „Öffnung", die der Sonnengott Utu schuf, damit Enkidu seinen Rückweg antreten konnte, kommen wir noch zurück. Aber was war es für ein „Fahrzeug", von dem im Text ganz unvermittelt die Rede ist? Und was bedeutet es, daß man in der unteren Welt „keine reinliche Kleidung" tragen, nicht nach dem „Öl seines Fahrzeuges" riechen darf? Ruder- und Segelschiffe – denn solche waren es, die nach dem spätzeitlichen Glauben späterer Generationen den Chubur der Babylonier, den Styx der Griechen überquerten, um die Seelen der Toten oder ihre mumifizierten Körper in jenes dunkle Land zu tragen – solche Schiffe wurden gewiß nicht geölt. Wie, wenn der Huluppu-Baum gar kein „Baum", sondern ganz etwas anderes gewesen wäre? Wenn hier eine ähnliche Verwechslung oder Vermischung der Begriffe stattgefunden hätte wie im Falle der Yggdrasil im germanischen Kulturbereich? Die Möglichkeit ist nicht auszuschließen. Es könnte ja sein, daß auch hier uralte animistische Vorstellungen mit Erinnerungen an ein wirkliches Geschehen während der Götterzeit zusammengeflossen sind.

Bäume waren den Menschen der Vorzeit, neben manchen anderen Dingen – Steinen, Pflanzen, Tieren, dem Wasser, dem Feuer, der Luft, neben Naturerscheinungen wie Blitz und Donner und auch den „Lichtern des Himmels", heilig. „Kindern und sogenannten Primitiven erscheint der schattenspendende Baum noch als freundlich, das heißt, so, als veranlasse ihn eine innere Regung zu einem für den Beschauer angenehmen Verhalten; er spendet Schatten im Sinne eines eigenen Tätigseins[236]."

Das Leben der Melanesier wird weitgehend vom „Mana" bestimmt; „unter diesem Worte verstehen wir den nach Anschauung jener Menschen an jedem Lebewesen haftenden, aber auch auf Gegenstände durch den Gebrauch übertragbaren Seelen- oder Kraftstoff, der als etwas Transzendentes oder Metaphysisches aufgefaßt wird[237]".

Wenn also unter anderem Steine und Bäume der Urmenschheit beseelt erschienen, so erklärt sich hieraus doch noch immer nicht ein Symbolismus, wie er im megalithischen Menhir, dessen vergänglicher Vorläufer der „Baum" oder auch der „Pfahl" gewesen ist, zum Ausdruck gelangt. Bei den Yao in China gelten die in Kiangsi häufig vorkommenden Kampferbäume als Symbole des Lebens[40]. Irgendwie hängen, chinesischer Anschauung gemäß, die „Feuergötter" mit Bäumen oder Baumgöttern zusammen, ohne daß ein eigentlicher Baumkult getrieben würde. Vielmehr wird der Baum nur als Träger oder als Behausung des Gottes gedacht, wie sich denn auch der als „Kranich" vorgestellte Feuergott den Baum zum Wohnsitz wählt.

Wie bei Griechen und Germanen waren auch in China die zur Begegnung mit den Göttern bestimmten, durch einen Erdaltar gekennzeichneten, auf Bergen gelegenen Orte mit Bäumen umstanden. Das Fällen eines Baumes galt, nicht anders als in Europa und in Nordamerika, für frevelhaft. Der Berg selbst aber wurde nicht als Gottheit verehrt, sondern nur, weil Götter sich auf ihm niederließen[40].

In Honan hört man viele Mythen über K'ung-sang, den „hohlen" Maulbeerbaum, in dem der erste Herrscher der Shang, jener Sintflutheros I Yin, „geboren" oder „vom Himmel herabgekommen" sein soll. In solchen Aussagen ist die eigentliche Funktion dieser Art „Bäume" angedeutet. Und so wird denn auch die Legende aus Süd-

Kuangsi verständlicher, derzufolge ein trockener „Einbaum" vor langer, langer Zeit aus einem Klosterteich plötzlich als „Drache zum Himmel aufgestiegen" sei. Um der Seele eines Verstorbenen den Weg in den Himmel zu bahnen, pflegten die Frauen des Stammes der Wuning-Man mit einer Nadel, dem verkleinerten Abbild des Baumes oder Pfahles, gegen den Himmel zu stechen[40].

Das Heiligtum der Zuni lag auf dem Berge Tsikomo, einem der südlichen Ausläufer der Rocky Mountains, 3666 Meter über dem Meer – ein künstlicher Steinhügel auf einem kleinen Plateau, aus dessen Spitze ein langer, entrindeter Fichtenstamm emporragte. Der Ort galt ihnen als „Nabel der Welt", wie ja auch der Kailāsa und Cuzco in Peru genannt wurden, der „Stamm" oder die „Säule" als Sinnbild für die Verbindung von unten und oben, von Erde und Himmel. Ein wenig tiefer den Hang hinab befand sich der „Schrein der Weltmitte", ein ovaler Ring von aufgerichteten Steinen, von dem nach den Seiten hin kurze, aber sehr breite, mit säulenartigen Felsblöcken eingefaßte Wege ausgingen[39]. Die Anlage erinnert sowohl an ganz ähnliche im Bereich vorzeitlicher Megalithkulturen, in Carnac etwa, als auch an die Markierungen von Nazca und die Steinsetzungen im südlichen Vorderindien sowie im Osten Afrikas von Abessinien bis hinunter nach Rhodesien.

Bei den kanadischen Jägerstämmen klingt das Pfahl- oder Säulenmotiv ebenfalls oft genug an, etwa bei den Algonkin, deren Kulturheros Mänabosho, das „Große Kaninchen", Lehrer handwerklicher Künste und Vernichter der riesigen Wasserungeheuer, an einer unermeßlich hohen Tanne vom Himmel auf die Erde herabgeklettert sein soll, oder auch bei den Athabasken, wo der große Zauberer Nayeweri einst an einem „aus einer Höhle ragenden Baum" zum Himmel emporgestiegen ist. In den hölzernen Tempeln der Delawaren stellte die Mittelsäule die „Achse des Universums" dar, die alle Welten miteinander verbindet[88].

Allgemein fällt bei all diesen Äußerungen eine erstaunliche Kenntnis des Universums auf, denn unserer heutigen landläufigen Meinung nach wußten die Alten ja angeblich nicht, daß die Gestirne Himmelskörper sind. Durch reine Beobachtung hätte sich ein so weitgehendes astronomisches Wissen wohl kaum erlangen lassen. Gewisse Beobachtungen, wie etwa die blaue Farbe unseres Planeten, die erst wieder von heutigen Astronauten gemacht werden konnten, aber bereits im Awenhai-Mythos bekundet sind, können nur durch

Erfahrung gewonnen worden sein. Da nun aber solches Wissen recht unbestimmt, vermengt überdies mit älteren animistischen oder totemistischen Survivels zutage tritt, muß man es wohl für die Reste einer einst umfassenden, allgemein verbreiteten Lehre halten. Die „heiligen" Bäume, Pfähle, Menhire oder Säulen stellen also gleichsam nicht mehr so ganz begriffene Modelle einstiger technischer Einrichtungen dar.

Man muß nicht unbedingt ein Naturmensch aus dem tiefsten Urwald sein, um in der zum Himmel aufsteigenden Raumrakete das Bild eines emporwachsenden gigantischen Baumes zu sehen. Tatsächlich wurde eben dieses Bild, wie auch jenes von der Regenbogenschlange, in den Berichten über den Start der Mondrakete Apollo 11 wiederholt von Presse- und Funkreportern verwendet. Nicht anders aber ist dieses Ereignis bildlich in verschiedenen mexikanischen Codici[19] dargestellt oder im Hávamål der Saemundar Edda[238] mit atemberaubender Eindringlichkeit geschildert.

Aus dem Baum ist der Pfahl geworden, aus dem Pfahl der Menhir, aus dem Menhir dcr Obelisk; und weil man in diesem Gegenstand ein Sinnbild des Lebens, der Fruchtbarkeit, der kosmischen Ordnung sah, wurde er in einer späteren Zeit, wo man sich seiner ursprünglichen Funktion nicht mehr entsann, zum Phallus als dem Symbol der Zeugung.

Kultische Säulen als Symbole für die Verbindung von Erde und Himmel haben sich im ganzen nordgermanischen Kulturbereich bis auf unsere Tage erhalten: als heilbringende Türpfosten an den Toren niedersächsischer Bauernhöfe, als sogenannte Rolandsäulen, als Marktsäulen oder Gerichtszeichen, wie etwa die noch immer vor dem Bonner Justizgebäude stehende, mit einer Kugel gekrönte Steinsäule, oder auch als Ansbalken. „Die Darstellung des Himmelsgottes durch einen Holzpfahl oder Balken, der aus einem Steinhaufen ragt, klingt noch zu frühgeschichtlicher Zeit nach in dem gotischen Worte ‚ahls' oder ‚alchs', das auf eine Urbedeutung ‚Holzgötze' zurückgeht", bemerkte Günter Kossina 1929 auf der Magdeburger Tagung für Vorgeschichte[207].

In den mehr als hundert, der Almeria-Kultur zugehörenden Megalithgräbern von Los Millares stehen inmitten der Totenkammern konische Säulen, die – so nimmt man an – den Verstorbenen den Weg zum Himmel weisen sollen. Ein bis sechs, in einigen Fällen sogar bis zu zwanzig Meter hohe Menhire, oft für sich allein stehend, dann wieder nahe bei oder auf einem Megalithgrab, kommen zahlreich in der Bretagne vor, bisweilen, jedoch nicht ausschließlich, in Verbindung mit einem Totenkult. Sie leiten sich ohne Zweifel her von dem ursprünglicheren hölzernen Pfahl, denn derartige Vorbilder sind den Archäologen aus dem Mesolithikum und dem jüngeren Paläolithikum bekannt[239].

Träger und Symbol aller Wissenschaft war den Ägyptern die Säule, weshalb denn auch Thot bei ihnen wieder und immer wieder als Säule dargestellt worden ist, und zwar als eine Säule, die entweder – wie die Irminsul – eine Weltkugel trägt oder auch ein Bündel Flammen. Wie wir noch hören werden, war es Thot oder mit anderem Namen Hermes, der die Seelen der Verstorbenen auf der „großen Weltenbahn", an deren Anfang und Ende er steht, durch alle Sphären geleitete. Er fertigte die ersten Mumien an und so auch die des Osiris, um sie durch das Nachtmeer auf dem „großen Kreis" nach dem Heimatgestirn der Götter zu befördern. Auch seine Säule wurde deshalb „Lebensbaum" genannt[29].

Man gedachte seiner durch einen Obelisken im Tempel von Heliopolis, der Deltastadt On, sowie auch in Edfu am oberen Nil durch eine Säule mit dem Horusfalken, mit Symbolen also, die auf seine Verbindung zur Luft- und Raumfahrt hindeuten. Und auch Osiris, dessen Residenz die Deltastadt Dedu, das Busiris der Griechen, gewesen ist, wurde entweder als ein in Mumienbinden gehüllter Mensch dargestellt oder in Gestalt eines seltsamen, aus grauer Vorzeit stammenden Pfeilers[32].

Diesem Symbol entsprechen, nicht nur in Ägypten, sondern auch in Persien und Indien, jene riesigen Obelisken und Monolithen, die noch immer unser Staunen erregen. Wir finden sie in den Ruinen der uralten Stadt Mavalipuram, unweit Ellora in der indischen Provinz Mysore, wo sie, der Sage nach, vor achttausend Jahren der mit göttlichen Kräften begabte Baumeister Wiswas Karma aufgerichtet haben soll. Sie wiederum erinnern an Hom, den persischen Lebensbaum, der als „Ursprung menschlicher Entwicklung" gilt und während der Regierung Dschamsids durch Ahura Mazda zu „neuem Leben erweckt", das heißt doch wohl „wieder in Betrieb gesetzt" worden ist. Im Laufe der Zeiten wurde die Säule zu einem esoterischen Symbol der Mithras-Mysterien. Pausanias indes, dieser geniale Reiseschriftsteller und Kunstfreund des Altertums, brachte noch um 180 n. Chr. sieben damals bereits sehr alte Spitzsäulen

Griechenlands zu den sieben Planeten in Beziehung, womit er auf ihre ursprüngliche Bedeutung verwies[31].

Im übrigen waren die Säulen Attribute des Urfeuers, die Obelisken der Sonne aufgerichtet. Dem kadmisch-thebanischen Dionys, einem Sohn des Zeus, der Hörner und eine Schlangenkrone trug und berühmt war als Lehrer des Weinbaus, Gesetzgeber und Städtegründer, einem der zwölf großen Götter, wird in einem Orakelspruch des Epitheton „Säule“ beigelegt[29]. Ein orphischer Hymnus besingt den Bacchus als den, der das schreckliche Zittern der Erde zum Stillstand gebracht, das Zeus hervorgerufen hatte, als er in einer „feuerumhüllten Säule“ unter Donner und Windesbrausen hinab zur Semele fuhr[240]. Und auch Mithras senkte sich in einer „feurigen Säule“ auf den Felsenberg Diorphus nieder. Mithras wiederum ist niemand anderer als Memnon, jener Gesetzgeber und Religionsstifter der Äthiopier, der bei den Griechen Perseus heißt und von dem man sagt, er habe das „heilige Feuer“ des Zeus herab auf die Erde gebracht und in Ägypten die Obelisken errichtet[29].

Dem Horus, der Herodot zufolge als letzter der Götter in Ägypten regierte und mit Apollon identisch ist, errichteten die Könige der fünften Dynastie prächtige Tempel, deren Aussehen und Anlage an moderne Raketenbasen erinnert; wahrscheinlich gehen sie auf uralte, damals schon nicht mehr verstandene und nur in Äußerlichkeiten bewahrte Überlieferungen zurück. Diese Heiligtümer bestanden aus einem großen, zur Plattform erhöhten, ummauerten Vorhof mit einem riesigen Brandopferaltar in der Mitte, dahinter auf mastabaähnlichem Unterbau ein hoher, zum Himmel weisender Obelisk. Allem Anschein nach handelt es sich bei diesen Anlagen um eine Nachahmung des einstigen Sonnentempels zu Heliopolis[32].

So begegnet uns der Konus oder Obelisk oder auch nur Pfahl bei nahezu allen Völkern als ein Kultgegenstand, doch stets nur in der einen Bedeutung – als Träger der Macht und des Wissens, als Verbindung zu den Gestirnen. Dem Huluppu-Baum entspricht daher auch „der große Mast des Landes Sumer, der bis in den Himmel reicht[7]“, den man vor den Toren der Tempel zu errichten pflegte und der nicht etwa den Weltenbaum Gish-gana versinnbildlichte, sondern den Flugkörper, der die Welten miteinander verband. Daß dem in der Tat so ist, zeigt eine Mythe der in New Mexico lebenden Keres, einem Unterstamm der Puebloindianer, derzufolge Iyatiku, die „Mutter der Menschen“, von einer unteren Welt einen Nadelbaum emporwachsen ließ, mit dessen Hilfe die Menschen auf die Erde gelangten und hier von den Göttern an den ihnen bestimmten Siedlungsort geleitet wurden[177]. In moderner Version kehrt das so verstandene Sinnbild des Pfahles oder Obelisken als Astronautendenkmal in Moskau wieder.

Auf der aus Sandstein gemeißelten sogenannten „Siegesstele" des Naram-Sin[241], der von 2260 bis 2223 v. Chr. in Mesopotamien regierte, sieht man am Hang eines Berges, den ein mit Axt und Hörnerkrone ausgestatteter Gott, gefolgt von einer Schar menschlicher Priester oder Krieger, ersteigt, ein großes konisches, oben abgerundetes und mit Hieroglyphen beschriebenes Gebilde, darüber zwei Sterne, zu Füßen des Gottes einen zusammengebrochenen Menschen, im Begriff, seinen Speer zu schleudern, und zur Rechten stehend einen anderen, der bittend oder betend die gefalteten Hände hebt. Was immer Naram-Sin, der „König der vier Weltgegenden", hierdurch hat bekunden wollen, ein Phallus oder gar ein Berg ist dieser Kegel nicht. Einen Phallus hätten die kunstbegabten Sumerer gewiß realistischer zu gestalten vermocht, da sie sich ja auch sonst der geringfügigsten Einzelheiten liebevoll annahmen, und für einen Berg wiederum erscheint das Gebilde viel zu symmetrisch und glatt; auf seine wahre Bedeutung scheinen die beiden darüberstehenden Gestirne hinzuweisen.

Wurden in gleicher Gestalt nicht auch die Palladien altgriechischer und vorderasiatischer Städte im Altertum dargestellt? Für gewöhnlich bestanden solche Kultbilder aus Stein. Man nannte sie Baetylien, was nach Eusebius „belebte Steine" bedeutet und auf Baetylios, eines der vier Kinder des Uranos und der Gaia, zurückgeht; und man glaubte unter anderem, die Götter hätten nicht nur ungeformte Steine, sondern ihre eigenen Abbilder aus Holz, Metall oder Stein vom Himmel herabgesandt[165]. Aischilos nennt die alten Götterbilder „brétas", weil sie gleich den Steinen, die Meteore oder Aerolithen gewesen sein mögen, vom Himmel gefallen seien[31]. Aus den Hermeshügeln, den Hérmeios lóphos, deren es viele im alten Hellas gab und von denen besonders der oberhalb der Hauptstadt Ithakas bekannt geworden ist, pflegte ein hoher Holzpfahl emporzuragen. Ein sakraler Holzpfahl dieser Art wurde auch von Achilleus als Rennziel bei den Leichenfeiern für Patroklus vor Troja errichtet[11]. Und am Eingang zum Acheierlager stand ein heiliger Stein, unten breit, oben spitz, der so schwer war, daß ihn zwei Männer nicht auf den Wagen zu heben vermochten[11].

Hierher gehört auch wohl jene merkwürdige Episode aus dem Trojanischen Krieg, da der listenreiche Odysseus eines Nachts mit Diomedes zusammen das Palladion der Trojer stiehlt, ein konisches Gebilde aus schimmerndem Erz, das die Götter vom Himmel herabgesandt haben sollen. Er trug es ins Lager der Acheier und zum Zelt des Achilleus, wo vor dem vermeintlichen Idol ein Opferfeuer entzündet wurde. Nicht lange, und der erzene Konus begann unter Flammengesprüh und hervorzischendem Rauch zu hüpfen; dreimal sprang er empor, fiel dann um und blieb schwelend liegen; voller Entsetzen suchten die Helden das Weite[11].

Alle die phallischen Steine, Hermespfähle und Säulen wurden „mit glänzendem Öl gesalbt", was uns an jenes Schiff denken läßt, mit dem Enkidu in die untere Welt fuhr; sicherlich handelte es sich hierbei um die nur mehr unbestimmte Erinnerung an eine einstige technische Notwendigkeit.

Nicht anders als die Delawaren sahen auch die Jurak-Samojeden in der Mittelstütze ihres Zeltes ein Sinnbild für den Weltenbaum oder die Weltachse, an der entlang man zu den oberen Himmelssphären aufzusteigen vermag[155]. Ilmarinen, der göttliche Schmied der Finnen, vermutete ihren Endpunkt im Polarstern. Bei der Beschreibung der großen Erdkatastrophe im Chilam Balam wird unter anderem erwähnt, daß sich Bäume – ein weißer, ein schwarzer, ein gelber – von der Erde zum Himmel erhoben und damit die endgültige Zerstörung eingeleitet[99]. Und in der indischen Nahusha-Legende flieht Indra, der sich schuldig fühlt, den Brahmanen Trishiras getötet, die Asuren betrogen zu haben, in einem „hohlen Lotosstengel" bis an die Grenzen des Universums[65].

Man muß sich vor Augen halten, daß die Raumfahrt damals nicht von der Erde ausging, folglich auch nicht eine Angelegenheit der Menschen war. Die Erdbewohner begriffen davon so gut wie nichts. Es soll ja gegenwärtig noch zivilisierte Zeitgenossen geben, die ein Flugzeug besteigen, weit über Land und Meer geflogen werden und am Ende doch nicht zu sagen vermögen, wo sie eigentlich gewesen sind. Einen gleichen Eindruck erweckt der Verfasser des Buches Henoch; Henoch wird vom Engel aufgehoben und nach anderen Gestirnen transportiert, von seinem Refugium im Weltraum aus, vielleicht dem Mond, sah er im Augenblick des Planetoideneinschlages, wie die Erde sich neigte, wie sie abzustürzen drohte, doch wo er sich nun tatsächlich befand, darüber verliert er kein Wort[55]. Nimmt man nun für die Menschen des „Goldenen Zeitalters“ einen Zustand von Primitivität und Unwissenheit an, so ist die Menge der zwar damals schon nicht verstandenen, jedoch zutreffenden Beobachtungen ganz erstaunlich.

Enki bat Utu, eine „Öffnung“ zur unteren Welt herzustellen. Befände sich diese untere Welt nun innerhalb der Erde, so wäre es ganz und gar sinnlos, den Sonnengott damit zu behelligen. Die untere Welt schwebt jedoch gleich unserem Planeten im Weltenraum, also muß das Versperrende in eben diesem Raume vorhanden sein. Man möchte im ersten Augenblick an Wolken denken und die Geschichte für einen Naturmythos halten, wie ja auch Poseidon oder Zeus als Hüter der „Wolkentore“ von den späteren Griechen mißverstanden worden sind. Die Sumerer kannten sieben Tore zu den unteren Welten, was ein Analogon zu den sieben Patals der Inder ist. Im „Ägyptischen Totenbuch“, einer Sammlung uralter Texte, die das Geschehen nach dem leiblichen Tode behandeln, also transzendental sind, aber doch höchstwahrscheinlich auf Erfahrungstatsachen beruhen, heißt es:

„Hat eine Seele sich entschlossen, den Schoß des ewigen Vaters zu verlassen, so überläßt dessen Liebe sie sich nicht selbst, sondern er übergibt sie den leitenden Geistern. Sie, diese Geister, geleiten die Seele hinab, umhüllen sie drunten mit einem Körper und stehen ihr immer zur Seite. Die ‚Bahn‘ aber, auf der die Seelen hinab- und wieder hinaufsteigen, ist der Zodiakus.

Solange die Seelen sich noch in den oberen Sphären befinden, steht ihnen die Möglichkeit der Umkehr offen, selbst wenn sie den Tierkreis schon erreicht haben sollten, bis in das Sternbild des Löwen hinein, wo gleichsam die Grenzmarke oder die ‚Pforte‘ zum irdischen Dasein ist. Danach kommen sie ins Sternbild des Krebses, in dem die Pforte liegt, durch welche die Seelen niedersteigen. Sie wird die ‚Menschenpforte‘ genannt und von Dämonen bewacht. Von dort geht es immer tiefer hinab, bis die Seele endlich in einen Leib gelangt . . .“

Es folgt eine Beschreibung der Seelenwanderung durch verschiedene Körper und Existenzen, was hier nicht von Interesse sein kann. Dann:

„Nach dreitausend Jahren aber, wenn das ‚Große Jahr‘ eintritt, kehrt sie auf dem gleichen Wege zurück; durch die ‚Götterpforte‘ steigt sie wieder hinauf. Diese Pforte aber, die sie passieren muß, liegt im Sternbild des Steinbocks . . .[9]“

Wie weit lassen die im „Totenbuch“ enthaltenen Angaben sich mit heutigen Kenntnissen in Einklang bringen? Sollte in der Aussage über den „Großen Kreis“ oder über die „Weltenbahn“ ein verschlüsseltes Wissen um die „allgemeine Relativitätstheorie“ verborgen sein, ein Wissen um die Existenz „gekrümmter Räume“? Die Beantwortung dieser Frage muß dem Astronomen überlassen bleiben. Hier sei nur festgestellt, daß es von gar nicht abzuschätzender Bedeutung wäre, einmal herauszufinden, ob und wenn – welche Hinweise die Überlieferungen zu geben vermögen.

Gesagt wurde schon mehrfach, daß die vorsintflutliche Menschheit nicht nur von der Gestalt der Erde und anderer Himmelskörper, vom Bau des Universums, von der Himmelsmechanik, von astrophysikalischen Sachverhalten und Gesetzen eine an Gewißheit grenzende Ahnung hatte, sondern über manche Gestirne, über die Zustände und Vorgänge im Raum bestimmte, obschon nicht vollständige Angaben machte, die sich gegenwärtig noch nicht, möglicherweise jedoch in nicht allzu ferner Zeit empirisch nachprüfen lassen. Dies gilt auch für Begriffe wie „Pforte“, „Himmelstore“ oder „weite Unterweltstore“.

Moderne Raumforscher „haben die Lufthülle der Erde, ihren Eigenschaften entsprechend, in verschiedene Abschnitte, gleichsam ‚Stockwerke‘, unterteilt“, wobei allerdings der Übergang von einem Stockwerk zum nächsten nicht immer scharf definiert ist und auch in seiner Lage – der Höhe über dem Erdboden – schwankt[243]. Die astronomische Grenze der Lufthülle liegt etwa in zweitausend Kilometer Höhe, die strahlenbiologische Weltallgrenze bei rund dreißig Kilometern. Die Existenz eines irdischen Magnetfeldes, des Van-Allenschen Magnetgürtels, der spiralförmig den Erdball umschlingt und mit anderen interplanetarischen Magnetfeldern in Verbindung steht, wurde von den Raumsonden des Jahres 1958, von *Pionier I* und *Pionier III*, nachgewiesen. Seither wurde zwar festgestellt, daß diese Magnetfelder an sich für den Raumfahrer keine Gefahr bedeuten, aber – sie lassen sich, wie es bereits experimental geschehen ist, durch Atomexplosionen im Weltraum künstlich aufladen. Und da man überall im Universum derartige Magnetfelder oder Strahlungsgürtel antreffen kann, liegt die Vermutung nahe, die den Raum durchmessenden Götter hätten Kenntnis von den gefährlichen Eigenschaften solcher Sperriegel gehabt und auch noch manches andere gewußt, was der heutige Astronaut sich erst durch praktische Erfahrung aneignen muß.

Dergleichen Mutmaßungen werden fast zur Gewißheit, wenn wir im Rigveda[92] die Erzählung von den „drei Schritten des Vishnu" oder auch vom „Kampf um Tripura" lesen. Vishnu durchmißt mit drei Schritten die „Dunstkreise" der Erde. Beim ersten Schritt reichen ihm Sonne und Mond bis an die Brust; beim zweiten Schritt befinden sie sich in Höhe seiner Schenkel; der dritte Schritt führt ihn in geheimnisvolle, selbst den leichtbeschwingten Vögeln nicht erreichbare Fernen.

Vergleichen wir diese Aussage mit der des Platon im Phaidon über die „wirkliche Erde", so sind wir wohl kaum noch geneigt, in ihr nur ein Produkt der ungezügelten Hinduphantasie oder das Ergebnis metaphysischer Spekulationen zu sehen. Nun hören wir aber außerdem, der Daityafürst Maya, jener Anführer der Titanen, der später im Götterkrieg einen mit dem Lebenstrank gefüllten Teich anlegte, habe drei „Burgen", die Tripura, erbaut – eine eiserne auf der Erde selbst, eine silberne im Atmosphärengürtel unseres Planeten und eine goldene, weit entfernt draußen im Himmelsraum schwebend[244].

Daityas oder Asuren, die bei den Griechen Titanen hießen, hatten als hervorragend begabte Techniker im Auftrage der Götter mancherlei Werke auf unserem Planeten zu verrichten. Vermutlich war auch Hephaistos einer von ihnen; er überlebte den Titanensturz, weil er die Götter rechtzeitig vor ihren Anschlägen gewarnt hatte. Und auch von ihm wird berichtet, er habe im Himmelsraum technische Wunderwerke aus „rotem Golde" geschaffen[11].

Was heute möglich ist, kann auch vor Zeiten schon möglich gewesen sein. Selbst einzelne Angaben im Tripura-Bericht – etwa, daß die untere der drei Stationen aus Eisen, die nächste silbern, jedenfalls silbrig glänzend, die im Raume jedoch golden gewesen sei – erscheinen nach heutigen technisch-physikalischen Maßstäben durchaus glaubhaft. Natürlich war der äußerste jener Satelliten nicht wirklich aus Gold, sondern von jenem unbekannten Metall, das die Götter für ihre Geräte und Maschinen verwendeten. Natürlich waren es auch nicht „drei Schritte", die Vishnu tat, sobald er sein Heimatgestirn aufsuchen wollte; vielmehr handelte es sich wohl um drei Etappen, in denen sein Raumschiff die Strecke zu bewältigen hatte.

Nicht anders läßt sich die Aussage des Ägyptischen Totenbuches deuten, daß den Seelen bis zu einem bestimmten Ort „die Umkehr noch freistehe", ebenso auch die Erwähnung der „Wächter" auf den verschiedenen Stationen. Man erinnere sich der Bemerkung, die Proclus über die „uranischen Sirenen“ macht, „deren je eine auf jeder der acht Sphären“ – gemeint sind hier die sieben Stufen oder Stockwerke oder Himmelskörper des uns noch unbekannten kosmischen Systems – „stehe und, indem sie sich unablässig im Kreise drehe, einen singenden Ton von sich gebe[245]“.

Was würde ein Kongoneger oder ein Indio vom Rio Xingu, kehrte er von einer Reise durch die Länder der westlichen Zivilisation in den Urwald zurück, seinen Stammesgenossen wohl über die Radartürme des weißen Mannes berichten, die ja auch als Horchposten am Rande des Weltraumes stehen und, indem sich ihre silbern blinkenden Schirme beständig drehen, ein singendes Geräusch vernehmen lassen?

Und wie würde sich ein Bericht wohl tausend Jahre später anhören, nachdem die zivilisierten Völker einander mit Atombomben und Laserstrahlen ausgerottet haben, ihre Städte, Straßen und technischen Anlagen längst vom Urwald überwuchert sind und nur die Schamanen einiger schweifender Jäger- und Sammlerhorden ein unbestimmtes Erinnern an dic Zeiten der „weißen Götter“ bewahren?

Wir hörten, daß die Götter jene von Licht erfüllte Sphäre nahe dem Zentrum der Galaxis, in der sich die von ihnen besiedelten Gestirne befanden, als das „Große Oben“ bezeichneten, den lichtfernen, kalten Abgrund des Raumes, den Tartaros, die Heimat der Titanen, jedoch als das „Große Unten“. Uns sind zwar die nach irdischen Maßstäben ungeheuerlich anmutenden Entfernungen bekannt, doch wissen wir nichts darüber, auf welche Weise und mit welcher Geschwindigkeit diese Strecken überwunden wurden.

Gleich fern von der Erde ist des Tartaros finsterer
Abgrund.
Wenn neun Tag' und Nächte dereinst ein eherner Amboß fiele vom
Himmel herab, am zehnten käm' er zur Erde;
wenn neun Tag' und Nächte sodann ein eherner Amboß fiele hinab
von der Erd', am zehnten käm' er zum
Abgrund.
Ehernes Geheg umläuft den Tartaros; aber umher ruht dreifach
gelagerte Nacht an dem Eingang; oben herab dann wachsen die
Wurzeln der Erd' und ungebändigten Meeres.
Allda sind die Titanen im nachtenden Schlunde des
Dunkels

eingehemmt, nach dem Rate des schwarzumwölkten
Kronion.
Tief in der dumpfigen Kluft am Rand der unendlichen
Erde.
Keiner vermag zu entfliehen; denn es schloß Poseidon den
Ausgang
fest mit eherner Pforte und rings umschränkt sie die
Mauer[13].

Was bedeutet hier wohl die Zeitangabe: neun Tage, neun Nächte? Gewiß bezieht sie sich auf irdische Verhältnisse, um den Menschen, die sicherlich nichts von den Verhältnissen im Universum wußten, eine wenn auch ungenaue Vorstellung zu vermitteln; über die tatsächlichen Geschwindigkeiten und Entfernungen sagt sie jedenfalls nichts aus. „Interstellare Entfernungen gehören in eine andere Größenordnung als interplanetarische. Ein Raumschiff, das sich mit einer Geschwindigkeit von 100 km/sec fortbewegt – einer Geschwindigkeit, mit der heute noch nicht einmal bei den kühnsten Projekten gerechnet wird –, könnte den Mars in wenigen Tagen erreichen, bis zum Alpha Centauri, dem nächsten Fixstern, brauchte es jedoch dreizehntausend Jahre[246]."

Auch Hermut, Sohn Odins und Kurier der Asen, identisch vielleicht mit Hermes oder Thot, benötigte jeweils neun Tage und neun Nächte für den „Ritt" auf dem windschnellen Sleipnir von Asgard nach Midgard oder von Midgard nach Helheim, der unteren Welt[116]. Und ein ungenannter Astronaut der Urzeit schildert im Hávamål der Saemundar Edda eindringlich die Leiden seiner Raumfahrt: „Ich hing an dem windigen Baume – der Weltesche – neun Nächte lang, durch Speer verwundet, und ergab mich Odin auf jenem Baum, dessen Wurzeln niemand kennt. Mit Brot und Trinkhorn labten sie mich nicht. Ich spähte nieder, nahm die Runen auf, weinend nahm ich sie auf; von da an fiel ich wieder[85]." Selbst Magnusson verkennt hier den Weltenbaum noch als Galgen, aber die Aussage über das Aufnehmen der Runen und den weiteren Fall, die sich auf einen Galgen oder auf einen gewöhnlichen Baum niemals beziehen können, sind wohl eindeutig.

Daß die Raumfahrt auch damals kompliziert und gefährlich war, scheint unter anderem aus einer auf der Südseeinsel Aitutaki bekannten Mythe hervorzugehen. Te Erui, eine Art polynesischer

Odysseus, der so wie Quetzalcoatl und Herakles zahlreichen Nachfolgern seinen Namen lieh, ein Sohn Te Tarevas – was „weiter Raum“ bedeutet und auf seine Funktion hinweist –, lebte auf Avaiki, jenem dunklen Gestirn im Urabgrund, der Heimat der Polynesier. Er und sein Bruder Matareka beschlossen, das „lichte Land“ irgendwo draußen im Nachtmeer aufzusuchen. Sie bauten ein „Boot“, das hieß „Des Dunkels überdrüssig“ sowie ein anderes, „Schlaflose Nächte“ mit Namen. Nach langer Fahrt durch Kälte und Finsternis erblickten sie in der Ferne ein Land, das sie „Lichtschimmer“ nannten. Doch ein „Sturm“ drehte ihr Fahrzeug um und um, und so kehrten sie nach Avaiki zurück. Sie bauten zwei neue „Boote“; das eine hieß „Unabänderlicher Entschluß“, das zweite „Geh seitwärts“, denn sie hatten entdeckt, daß ihr Ziel auf geradem Kurs nicht zu erreichen sei. Zwei weitere Startversuche mißlangen. Aber ein zauberkundiger Priester auf Avaiki rät ihnen nun, den Mast des neuen Schiffes O-tu-i-te-rangi-márama, nämlich „Aufgerichtet im Lichte des Himmels“ zu nennen. Und jetzt gelangen sie, an „Lichtschimmer“ vorüber, nach dem Lande des Lichtes. Hier zum ersten Mal können sie einander deutlich sehen; eine Sonne scheint hell, und alles ist schön[18].

Auf das noch immer ungelöste, aber wahrscheinlich doch bestehende Raum-Zeit-Problem Einsteins scheint die keltische Mythe von Ossians Fahrt nach dem Paradies Tir nan-Og anzuspielen. Ossian wurde von der Feen-Göttin Niamh in einem „gläsernen Boot“ nach Tir nan-Og geführt, wo er dreihundert selige Jugendjahre mit ihr verlebt; dann packt ihn Heimweh nach der Erde. Niamh warnt ihn: Alle seine Jugendgefährten seien gestorben, die Menschheit sei

Gefiederte Wolkenschlange, Symbol Quetzalcoatls, auf einer Maya-Stele.

seither eine ganz andere geworden. Da er jedoch auf der Erfüllung seines Wunsches besteht, gibt Niamh ihm ihr „Zauberroß“, doch „er dürfe nicht den Fuß auf die Erde setzen“, so sagt sie. Allein, Ossian, im Bannkreis der Erde angelangt, stürzt, und als er sich vom Boden erhebt, da ist er ein blinder Greis, beraubt seiner göttlichen Gaben[54].

Von Gucumatz, der bei den Tolteken Quetzalcoatl heißt, wird im Popol Vuh berichtet, er habe für die Reise von der Erde zu seinem himmlischen Gestirn nur sieben Tage benötigt. Auch hat es bei ihm den Anschein, als wäre für verschiedene Zwecke auch jeweils ein andersartiges Fahrzeug in Gebrauch gewesen. „Sieben Tage lang nahm er die Gestalt einer Schlange an, sieben Tage war er ein Adler, sieben Tage ein Jaguar[17].“ Besonders die letzte Aussage sollten wir uns merken, denn der „Jaguar“ als Sinnbild für ein Flugobjekt kommt in amerikanischen Mythen häufig vor, ohne daß aus ihnen recht klar wird, welche Funktion er hat; bald jagt er als fliegender „Mondjaguar“ die Menschen und tötet sie, bald kämpft er mit Wolkenschlangen und Donnervögeln weit draußen im Himmelsraum, dann wieder verkriecht er sich unter die Erde.

Schwebende Gestalten mit Aura. Höhlenzeichnungen im Camonica, Schweiz.

Auf den Tassili-Fresken sehen wir die menschlichen Gestalten, die dem eiförmigen Fahrzeug entsteigen, in merkwürdigen, an Raumfahrerkleidung gemahnenden Anzügen und mit runden Helmen dargestellt[76]. Ähnliche Zeichnungen fanden sich in den Höhlen von Val Camonica in den Schweizer Alpen, bei Fergana in Australien, nahe bei Nawoi in Usbekistan sowie im mittleren Teil des Columbia River Tales in New Mexico. Wir hörten von den Quiché Maya, daß die göttlichen Zwillinge Hunahpú und Ixbalanqué Masken, Handschuhe und Beinschienen anlegten, bevor sie sich aufmachten zu der unteren Welt Xibalba[17]. In der allerdings sehr spätzeitlichen Legende von Párshva-nâth Jinendra wird der brahmanische Weise von seinem ewigen Antagonisten, dem Dämonen oder Daitya Samvara, bedroht, aber von Dharanendra und Padmávati, König und Königin der „Schlangen", nämlich der in den unteren Welten stationierten Flugkörper, mit ihren unsichtbar machenden Kappen beschützt[27]. Auf die Tarnkappen kommen wir noch zurück. Auch Enkidu mußte, wie wir vernommen haben, besondere Kleidung anlegen, bevor er sich nach Kurnugca, in die untere Welt, begab.

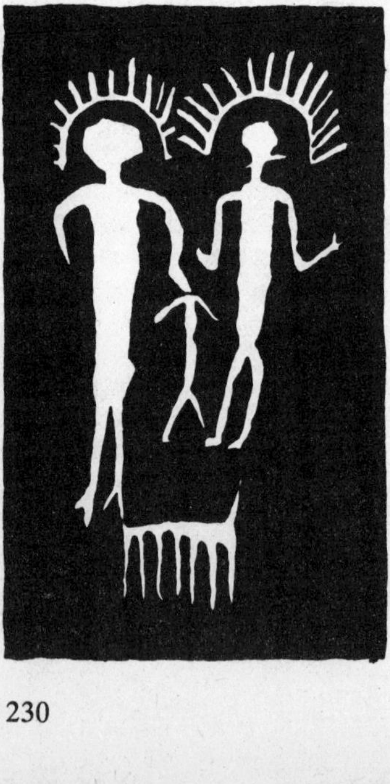

Götter mit Helm und Aura. Präkolumbische Felszeichnung im Tal des Columbia River.

Da nun immer wieder übereinstimmend bei verschiedenen Völkern behauptet wird, die Götter seien vom Monde herabgekommen oder Menschen zu ihm aufgestiegen, wie etwa die beiden samoanischen Jünglinge Punifanga und Tafalin, deren erster an einem „Baum“ zu jenem Gestirn emporkletterte, sein Bruder Tafalin aber „vom Rauch eines mächtigen Feuers“ hinaufgetragen wurde[210], liegt die Vermutung nahe, der Mond habe als eine Art Durchgangsstation oder aber auch als „Vorhafen“ für die Erde gedient – eine Rolle, die er auch künftig bei der modernen Astronautik wieder spielen soll.

Allerdings mag er damals sehr viel anheimelnder als heute gewesen sein. Die Polynesier auf Tahiti erzählen, Hina, die „große Göttin der Finsternis“, habe eines Tages, als der Mond groß und rund war, mit ihrem Bruder Ru ihre „Schale“ oder „Muschel“ bestiegen und das Gestirn besucht. Ihr gefiel es so gut mit seinen Feigenhainen und freundlichen Landschaften, daß sie beschloß, eine Zeitlang dort zu verweilen[247].

Nach Meinung der Eskimo in Alaska nahmen der Himmelsgott Alignak und dessen Schwester-Gemahlin, die Titanin Sedna, den Mond in Besitz, was wieder mit der griechischen Geschichte von Atlas und Phoebe übereinstimmt. Tatsächlich bewiesen die Eskimos Verständnis und einige Kenntnis von den Verhältnissen auf dem Mond, teilten sie ihn doch in ein „Land der Nacht“ und ein „Land des Tages“ ein. Im Land des Tages gefiel es allen Besuchern und so auch Sedna sehr. Sie wohnte dort in einem von Lärm und Hitze erfüllten Doppelhaus.

In einem dahinterliegenden Dorf verbringen die Seelen der Abgeschiedenen die Zeit mit Singen, Spielen und Jagd; manchmal unterbrechen sie sich, um einen lebenden Menschen, den Alignak in seinem mit vier schwarzköpfigen Hunden bespannten Schlitten als Gast von der Erde mitgebracht, zu begrüßen[154].

Unzählige Mythen und Geschichten über den Mond könnte man so zusammenbringen, denn kein anderes Gestirn, nicht einmal die Sonne, hat Geist und Herz der Menschen so bewegt wie er, keines ihre Phantasie in gleichem Maße erregt. Sämtlichen Aussagen, so phantasievoll und märchenhaft ausgeschmückt sie auch immer sein mögen, sind zwei Züge gemeinsam: einmal die Behauptung, er sei bis zu seiner Verbrennung im Tarakamayakampf „ein sehr schönes Gestirn“ gewesen, zum anderen, die Götter hätten ihn als eine Art Stützpunkt für ihre Raumfahrt benutzt. Vielen sogenannten Naturvölkern, wie zum Beispiel den Massai in Ostafrika[248] kommt, wenn sie etwas über die amerikanischen oder russischen Raumfahrten hörten, ein Besuch auf dem Mond ganz selbstverständlich vor, denn astronautische Unternehmungen dieser Art sind ihnen aus ihren eigenen Sagen und Legenden wohlbekannt.

Verteilung der Erde

Die Verwandlung der Überlieferungen im Laufe langer Jahrtausende, das ist es, was es uns nahezu unmöglich macht, den Urzustand am Beginn des Goldenen Zeitalters wirklichkeitsgetreu zu rekonstruieren. Für wahr gilt, was jedermann weiß oder besser – was er zu wissen glaubt. Aber – ist das die Wahrheit? Manches Geglaubte beruht, wie im Falle der Yggdrasil, teils auf zufälligen Irrtümern – Lautverschiebungen, Verwechslung von Begriffen und dergleichen –, teils aber auch auf absichtlichen Verfälschungen zu dem Zweck, eine alte Lehre, weil unaustilgbar, neuen Bedürfnissen anzupassen. In jedem einzelnen Falle müßte der Werdegang einer Vorstellung so weit wie irgend möglich zurückverfolgt werden, wenn einem an der Erhellung des wahren Sachverhaltes liegt.

Eine solche umfassende Arbeit hätte mehr Sinn als es im Augenblick scheint. Früher oder später würde man damit der „Urwahrheit" näher kommen, würde hierdurch viele der Vorurteile und Glaubenspostulate beseitigen, die gegenwärtig den Menschen vom Menschen trennen; man würde vielleicht herausfinden, daß es am Anfang nur eine einzige, für alle Menschen verbindliche Lehre gegeben und daß diese Lehre durchaus im Einklang mit Vernunft und Empfinden gestanden hat.

Dem mythischen Weltbild zufolge sind alle Geschöpfe – Tiere, Menschen, Götter und Titanen – so wie es Darwin annahm, jedoch innerhalb viel größerer Zeiträume und nicht auf unserem Planeten allein, sondern auf vielen Gestirnen der Galaxis, ja, des ganzen Universums möglicherweise, aus einer einzigen Wurzel hervorgegangen, haben sich in einander folgenden Wellen über fernere Himmelskörper ausgebreitet und an ihren jeweiligen Siedlungsorten Sonderentwicklungen durchgemacht, bis einige Stämme von ihnen durch die Götter wieder auf der Erde zusammengezogen wurden, um hier eine neue Menschheit, Fauna und Flora zu bilden. So nur allein wäre die Gleichartigkeit kosmisch-religiöser Anschauungen bei den Menschen gegenüber ihrer bedeutenden physischen und psychischen Verschiedenheit zu erklären. Wie wir festgestellt haben, erinnern sich manche Völker noch recht genau, von woher und auf welche Weise sie auf die Erde gekommen sind.

Für die Götter als Kolonisatoren bestand eine dringende Notwendigkeit, die ziel- und zwecklos umherschweifenden Menschenhorden zu befrieden, ihrem Dasein einen Sinn zu geben, ehe man daran denken durfte, sie an Arbeit zu gewöhnen und Nutzen aus ihrer Tätigkeit zu ziehen. Am Anfang aller Erziehung mußte deshalb die Lehre vom Kosmos stehen und von dem schöpferischen Prinzip, dem er samt aller Kreatur seine Existenz verdankt. Diese sittlich-religiöse Lehre mit ihren praktischen Konsequenzen hat einen unauslöschlichen Eindruck bei den Menschen aller Hautfarben und aller Zungen hinterlassen. Nur dort, wo sie nicht verkündet wurde, bei den „vergessenen" Dema-Verehrern[185], blieben sie und die Götter unbekannt. Weniger phantasiebegabte als traditionsbewußte Völker haben diese Lehre vom „Weltgesetz", das weder eines komplizierten Rituals noch einer vermittelnden Priesterschaft bedarf, treu bewahrt, ist doch Gehorsam gegen dies Gesetz die Grundvoraussetzung allen Lebens.

Ebenso viele Namen hat es wie Erscheinungsformen. Heraklit und nach ihm die Stoiker nannten es Logos. Merkwürdigerweise geht ihre Auffassung vom Logos, was ursprünglich ja nur „Wort" bedeutete, auf althebräische Quellen zurück[249]. Diese wiederum beziehen sich auf noch ältere persische Vorstellungen, denen zufolge das Urwort Honover, „das da war, bevor es den Himmel gab", die ewig wirkende Lebenskraft in allen Dingen ist[14]. Aus ihr und durch sie sind das Urwasser, das Urfeuer, das Urlicht, ist schlechthin alles geworden.

Dem Urwort Honover entspricht, allerdings individuell abgewandelt, das Parabrahma der Inder, „eine Potenz, eine allem zugrunde liegende, tragende, erhaltende, schaffende Kraft, die ewige Essenz alles Seins[27]"; es darf freilich nicht mit dem langlebigsten aller Hindugötter, mit Brahma, dem indischen Kronos, verwechselt werden. Bei manchen Völkern wird das Weltgesetz überhaupt nicht verehrt, kommentiert oder bildlich dargestellt; es ist ganz einfach da, als „Heiliger Geist" in und über allen Dingen, als Amun bei den Ägyptern, als Tao bei den Chinesen; ja, sogar bei sogenannten „primitiven" Stämmen, wie den Cagaba der Sierra Nevada de Santa Marta, wo es „Aluna" heißt[39], bei den Eskimo als „Sila" oder „Pinga"[250], als „Mana" bei Melanesiern und Polynesiern[251], bei den

Irokesen wird es „Orenda" genannt, bei den Algonkin „Manitou", bei den Sioux „Wakonda", der „Große Geist" [251].

Diese Idee als den Ursprung jeder Religion aus dem „numinosen Machterlebnis"[252] herzuleiten, muß als Mißgriff erscheinen, wenn man sich vor Augen hält, daß sie bei weit voneinander entfernt lebenden, nicht nur durch geographische Grenzen, sondern auch durch Schranken der Sprache, der Mentalität, des kulturellen Niveaus getrennten Völkern anzutreffen ist. Auch die „Gleichartigkeit der Denkprozesse bei allen Menschen", wie Franz Boas sie annimmt[253], kann hier nicht als Erklärung dienen, denn wir haben gesehen, auf welch verschiedene Weise ein und dieselbe Beobachtung interpretiert wurde. Der Gedanke vom „Weltgesetz" muß schon von außen, wie übrigens manche andere Dinge und Vorstellungen auch, an die Völker und Stämme herangetragen worden sein.

Wo man es gleichsetzte mit dem höchsten Gott, dem „Weltenherrn", beruht dies entweder auf einem uranfänglichen Mißverständnis oder aber auf einer absichtlichen Verfälschung der Erinnerungen durch die Priesterschaften späterer, auf das Goldene Zeitalter und die Katastrophe folgender Epochen. Nahezu alle Völker kennen den obersten Weltenherrn, hier noch als menschenähnliche Persönlichkeit von außerordentlicher Macht, dort ins Transzendentale erhoben, aber stets an der Spitze einer lockeren Hierarchie von Göttern, die zumeist mit einer Trinität – etwa bei Sumerern, Indern, ja, selbst bei Azteken, Maya, Griechen oder Germanen – beginnt, sich nach unten über eine begrenzte Anzahl hoher, in der Ratsversammlung stimmberechtigter Götter bis zu der breiten Menge dienender Wesen, jener fliegenden Boten – Angeloi, Dews, Fravashi, Piloten gleich den Maruts der indischen Mythen, die göttlich, doch keine Götter sind.

Ehedem haben auch die Israeliten diese Hierarchie von Göttern gekannt. Heißt es doch, wie erwähnt, in der Genesis: „Die Götter – Elohim – schufen Himmel und Erde." Der französische Gelehrte Jean Astruc[254] wies schon 1753 nach, daß es sich bei der heutigen Form der Genesis um zwei verschiedene, einander überschichtende Texte handle, daß Jahwe ursprünglich nur einer und längst nicht der bedeutendste unter den Göttern des israelischen Pantheons gewesen sei. Der Weltenherr, so wie wir ihn nach Aussage der Mythen zu zeichnen versuchten, hat niemals und nirgends ein einzelnes Volk bevorzugt, ja, nicht einmal die Bevölkerung eines bestimmten Gestirnes und schon gar nicht die der Erde.

Ihm, wie auch den Göttern ganz allgemein, ermangelt bei näherem Zusehen der Status des Sakrosankten durchaus. Die Götter waren profilierte Persönlichkeiten von Fleisch und Blut, verwundbar, sterblich. Nur eben, ihre Gedankengänge und die sich aus ihnen ergebenden Handlungsweisen mußten den Menschen der Urzeit unbegreiflich sein; bis zu einem gewissen Grade blieben sie es, ungefähr so, wie zu Beginn der Kolonialzeit die Logik und das Verhalten des weißen Mannes einem Melanesier unverständlich war. Der Völkerkundler wird in den sich hierauf beziehenden Überlieferungen manches ihm in praxi Bekannte wiederfinden. Die Behauptung späterer Epigonen vom Geiste des Xenophanes, die Sumerer hätten ihre eigenen sozialen Verhältnisse und Ordnungen auf die Ebene der Götter projiziert, ist schon deshalb unhaltbar, weil einer der sumerischen Herrscher, wie keilschriftlich überliefert, sagte: „Was dem Menschen als schön erscheint, kann den Göttern mißfallen und umgekehrt. Wer lernt begreifen den Willen der Götter im Himmel[255]?"

Der höchste Weltenherr, ob wir ihn nun Uranos, Brahma, Zurvan oder Tangaroa nennen, hatte also, offenbar dem Zwang der Umstände – Nahrungsmangel, Übervölkerung – gehorchend, seine „Söhne" ausgesandt, damit sie mehrere Gestirne innerhalb des als „Achse" oder „Weltenbaum" beschriebenen kosmischen Expansionssystemes besetzten und kolonisierten. In Wahrheit waren diese seine Söhne „feindliche Brüder", eben jene Götter und Titanen, zwar desselben Stammes, jedoch von durchaus gegensätzlicher Mentalität. Ihr Antagonismus hatte nicht nur Palastrevolutionen – wie die Ermordung des Uranos durch Kronos, dessen Tod durch den Blitz des Zeus oder den Birmah-Brahma-Konflikt – mit all ihren universalen Konsequenzen zur Folge gehabt, sondern auch die Verpflanzung menschlicher Stämme von anderen Gestirnen auf die Erde und schließlich den mit einer Katastrophe endenden Götterkrieg. Ja, es scheint fast so, als habe der Weltenherr die Götter nur aus dem Grunde nach unserem Planeten entsandt, um sich ihrer zu entledigen; war es doch vorauszusehen, daß sie bei der Durchführung ihres Auftrags mit den Titanen aneinandergeraten würden, und als dies eintrat, da war und blieb die Haltung des Weltenherrn absolut zweideutig.

Bereits bei der Verteilung der Welten innerhalb des Expansionsraumes unter die Götter hatte es böses Blut gegeben, wie sich am Birmah-Brahma-Konflikt, am Zorn des Poseidon oder am Streit des Ahriman, richtiger Angra Mainyu, mit Ahura Mazda zeigt oder auch an dem auf ältesten Überlieferungen beruhenden Glauben der Yasidi, Melek Ta'us, ihr „König Pfau", ein gefallener Engel – denn Melek leitet sich vom hebräischen Malach ab, was Angelos, also Bote, bedeutet – sei der „wahre Herr der Erde[222]".

Die „gefallenen Engel" wiederum waren nichts anderes als die von Zeus und den jungen Göttern mit Hilfe der Kyklopen und der „Hundertarmigen" aus dem Himmel, den oberen Welten, vertriebenen und auf der Erde zur Zwangsarbeit verurteilten Titanen. Zwischen beiden Parteien, die eine wie die andere verachtend und tödlich hassend, standen solche hochintelligenten displaced persons wie Hephaistos, Loki oder Maui, wenn diese drei nicht überhaupt miteinander identisch sind.

Ein Streiflicht auf die Vorgänge wirft möglicherweise jene von philosophierenden Brahmanen später esoterisch aufgefaßte Episode des Handels zwischen Vishnu und Bali, die als „Vâmana avatâra" bezeichnet wird. Einst hatte der mächtige Asurenfürst Hiranyakashipu, ein Bruder des Hiranyâksha, Indra und die übrigen Lichtgötter von den drei oberen Welten vertrieben. Sein weiser, friedfertiger Sohn Prahlada wußte jeden Streit mit den Göttern zu vermeiden. Nicht weniger klug und maßvoll verhielt sich sein Enkel Bali, als er zur Herrschaft gelangt war. Doch die Götter grollten. Sie ersuchten Vishnu als den einzigen, der Bali zu bezwingen vermöge, ihnen die Gestirne wiederzubeschaffen. Vishnu, nur zu gerne bereit, verwandelt sich in einen Zwerg, begibt sich als solcher zu Bali und verlangt von ihm so viel Land, wie er mit drei Schritten überschreiten könne. Bali, von Nârada, dem Götterboten, gewarnt, weiß genau, wer dieser Zwerg ist. Dennoch gewährt er die Bitte, weil es Sünde ist, einem Brahmanen etwas abzuschlagen. Vishnu nimmt seine eigentliche Gestalt wieder an und durchmißt das Universum mit zwei Schritten; für den dritten findet er keinen Platz. Unter dem Vorwand, betrogen zu sein, droht er den Asuren mit Krieg.

Wieder einmal erkennen wir hier die schon im germanischen Mythos bemerkte Neigung der Götter zu List und Betrug, wenn auf geradem Wege nichts zu erreichen ist. Bali läßt sich jedoch zu einem Kampf nicht drängen; er beugt sich und wird dafür mit der Herrschaft über die unteren Welten belehnt. Vishnu gibt die drei oberen Welten den Göttern zurück[65]. Es existieren noch andere Fassungen der gleichen Legende, in denen die Begegnung ganz anders verläuft und einen anderen Ausgang nimmt; allen gemeinsam ist jedoch der das Geschehen auslösende Charakterzug der Götter, der sowohl von den Germanen als auch von anderen Völkern beobachtet wurde und ein Indiz für die innere Wahrheit des Berichteten zu sein scheint.

Im Bundahishn ist angedeutet, daß Zurvan – als Zarvana Akharana im Awesta bereits metaphysisch als schöpferisches Prinzip gedacht[14], ursprünglich aber eben doch anthropomorph, identisch mit Kronos – den Gegensatz zwischen seinen Söhnen Ahura Mazda und Ahriman absichtlich hervorgerufen und gefördert habe, da das Widereinander der Prinzipien Gut und Böse, Licht und Dunkel der Impuls allen Lebens sei[191].

Das Bild jenes Goldenen Zeitalters, als auf das Dunkel und die Kälte der Sonnenferne ein angenehmes warmes Klima gefolgt war und der Mensch sich auf der lieblich grünenden Erde einzurichten begann, erscheint uns deshalb wie eine vom letzten Abendschein beglänzte freundliche Landschaft, über die sich bereits die ersten Schatten nahenden Unheils breiten.

Die Zahl der auf die Erde entsandten „kommandierenden" Götter war verhältnismäßig gering. Bei den Griechen waren es, Zeus an der Spitze, zwölf, ebenso auch bei Sumerern, Indern und Germanen. Deutlich heben sich diese „jungen Götter", die Anunnaki der Sumerer und Babylonier, die Adityas der Inder, die Asen der Germanen, von den Titanen, Igigi, Asuren oder Daityas und von den Reifriesen ab. Obwohl letztere so hervorragende technische Gaben und Kenntnisse hatten, müssen sie den neuen Herren des Universums intellektuell doch unterlegen gewesen sein, denn sie waren es ja, die den Göttern vernichtende Waffen schufen und somit zu deren Überlegenheit beitrugen.

Man mag einwenden, die Zwölfzahl könne bei Indoariern, Indern, Germanen, Griechen wechselseitig übernommen worden sein oder einem Urmythos entstammen; oder es könne sich auch um eine Übernahme von den Sumerern handeln. Allein, wie kommt es dann, daß auch die afrikanischen Fali von den zwölf Wesen sprechen, die mit dem göttlichen Schmied vom Himmel herabgekommen seien, später dann freilich mit den Elementen gleichgesetzt worden sind[35]? Zu erklären ist dies nur so, daß die Fali zwar von den Göttern reden hörten, sie selbst aber nicht erlebt haben, – und dies nicht etwa von Mund zu Mund, auf dem Wege über ein Dutzend fremder, oft feindlicher Völkerschaften, die durch ethnische und sprachliche

Schranken voneinander geschieden waren, sondern von ihrem eigenen Kulturbringer, dem göttlichen Schmied, oder von dessen Begleitern.

Die Ägypter zählten nur neun Hauptgötter. Der Lehre von Heliopolis zufolge war diese Neunheit (psedjet) aus dem Nachtmeer Nun herabgekommen; zunächst das Götterpaar Schu und Tefnut, dann die zweite Generation Gebeb, der Gott der Erde, und die Himmelsgöttin Nut, die wiederum die dritte Generation Osiris und Isis sowie auch Seth und Nephis erzeugten[32]. Legt man diese Genealogie zugrunde, so kann – selbst wenn man die längere Lebensspanne der Götter berücksichtigt – das Goldene Zeitalter nicht sehr lange gewährt haben, da Horus oder Apollon, der Sohn der Isis und des Osiris, der Letzte der Götter auf Erden gewesen ist.

Unterstellt man ferner, daß diese Bekundung weitgehend den Tatsachen entspricht, daß das transzendentale oder allegorische Rankenwerk nichts anderes als die Frucht späterer Deutungsversuche ist, so scheinen sie mit den Überlieferungen der sehr viel nüchterner denkenden Chinesen übereinzustimmen, denn diese kennen fünf Urkaiser, die Wu-ti, vor der Flut[10], von denen Huang-ti der erste gewesen sein soll. Die Dauer der Götterzeit in China würde also nur um eine Generation von der in Ägypten abweichen.

Die Altaier glauben, das Universum werde von siebzehn großen Göttern regiert[197], während auf der Erde ungezählte, von jenen abhängige kleinere „Geister“ herrschen. Die Bezeichnung „Geist“ scheint hier jedoch eine irrige Interpretation seitens der Ethnologen zu sein, denn diese „Geister“ wurden, obschon mit Bäumen, Felsen, Bergen oder Gewässern assoziiert, doch durchaus als körperlich aufgefaßt und um ihrer Machtmittel willen gefürchtet.

Die Juruba in Westafrika, deren höchstes Wesen Olorun dem Weltgeist oder Parabrahma entspricht, fern im obersten Himmel weilt und so wenig wie bei anderen Völkern von ihnen nicht kultisch verehrt wird, haben außer ihrem Hauptgott Obatala sechzehn große Götter, die sich die Erde gebietsweise teilten oder bestimmte Funktionen ausübten. Diese Vorstellungen freilich sind dergestalt mit traditionellen afrikanischen Glaubenselementen animistischen oder totemistischen Ursprungs durchsetzt, daß man ihnen nur wenig über Art und Charakter der eigentlichen Götter entnehmen kann[113].

Wie erwähnt, kannten die Jakuten vierundfünfzig gute und fünfundvierzig böse Götter sowie auch eine Unzahl Gats von niedrigerem

Rang, die auf den Gipfeln hoher Berge wohnten, aber so, wie der Beherrscher der Erde selbst, gelegentlich, einen Regenbogen als Spur ihres Aufstieges hinterlassend, den Himmel besuchten, vor allem den Mars und die Venus, was ja übrigens auch von Maya und Tolteken geglaubt wurde, weshalb denn diese Gestirne hier wie da eine gewisse Verehrung genossen[197].

Zahlreichen Überlieferungen dieser Art läßt sich entnehmen, daß die Hauptgötter von einer beträchtlichen Menge von Hilfskräften begleitet waren, was bei irdischen Beobachtern zu Verwechslungen und Irrtümern führte. Die Götterlisten von Ur, die erhalten geblieben sind, nennen nicht weniger als sechshundertachtunddreißig Namen[141].

Im Spiegel der Mythen haben wir miterlebt, wie die Götter die Erde ins Licht der Sonne hoben, wie sie unseren Planeten wohnlich machten, ihn mit menschlichen Stämmen von anderen Gestirnen besiedelten, wie sie selbst in goldglänzenden Raumschiffen aus den Himmelsweiten herabkamen oder als Schlangen, Feuerdrachen, Bäume, Säulen unter Flammen, Rauch und Getöse zu ihnen aufstiegen, wie sie sich von Kyklopen und Titanen ihre „goldenen Städte" auf den Menschen kaum zugänglichen Bergeshöhen errichten ließen, Flugplätze anlegten und in immer schärferen Gegensatz zu ihren Brüdern oder Vettern, den Titanen, gerieten.

Solche mühevollen, kostspieligen und oft gefährlichen Unternehmungen müssen einen Sinn, einen realen Zweck gehabt haben. Wir gehen wohl kaum fehl in der Annahme, es sei eine gleiche Notwendigkeit gewesen, wie sie letzten Endes auch hinter allen heutigen Raumfahrtversuchen steht: das Problem der Übervölkerung, die Gefahr des durch den Fortschritt der Zivilisation bewirkten Rohstoff- und Nahrungsmangels.

War dem so, dann wird begreiflich, weshalb sie ein für die Ansiedlung geeignetes Gestirn, wie unseren Planeten, mit so hohem Aufwand kolonisieren, weshalb sie es mit Menschen besiedelten und diese zu erziehen und zu belehren trachteten. Der Prozeß, der sich in den Mythen abzeichnet, ist genau der gleiche, wie er sich uns als koloniale Expansion Europas darstellt – und nicht anders die unausbleiblichen Folgen.

Viele Generationen hindurch waren die auf unseren Planeten transportierten Menschen sich selbst überlassen geblieben; sie hatten sich als nomadisierende Jäger oder Sammler ernährt. Bei solcher Lebensweise offenbar völlig verwildert, waren sie dennoch vollwertige

Menschen mit allen Anlagen zu einer höheren Daseinsform geblieben; zahlreiche Relikte aus jener Zeit beweisen es.

Für die Götter ergab sich nun das Problem, die umherschweifenden Horden seßhaft zu machen und so weit – doch nicht weiter – zu zivilisieren, daß sie die ihnen zugedachte Aufgabe, Nahrung zu beschaffen oder als Arbeitskräfte bei der Gewinnung von Rohstoffen zu dienen, erfüllen konnten. Die ihnen vorausgegangenen Urrassen waren infolge mangelnder Intelligenz hierzu nicht in der Lage gewesen. Die Götter hatten sie liquidiert. Doch der neue Mensch, dieses braunhäutige, schwarzköpfige Geschöpf mit seiner Verschlagenheit, dem raschen Blick, der zugreifenden Hand, mit dem schamlosen Egoismus und mit seinem Wagemut beunruhigte die Götter mehr als alle Titanen. Mit welchen Taten mußte man bei ihm rechnen? Wie lange würde er ein willfähriges Werkzeug bleiben?

Sie hatten ganz recht mit ihrer Besorgnis, die Götter! Was sich vorbereitete, spiegelt eine ägyptische Legende wieder: Rè, erschreckt über die wachsende Aufsässigkeit der Menschen, über ihre Anmaßung und Dreistigkeit, beruft eine Ratsversammlung der Götter ein; sie beschließt, einen Teil der Menschheit zu vernichten. Mit dieser Aufgabe wird Hathor-Sechmet betraut. Kaum war die Entscheidung getroffen, da bereut der oberste der Götter, inkonsequent, wie nur je – wir kennen ja den Charakterzug bei Zeus und bei Odin, bei An, Zurvan und Tangaroa –, seine Härte und versucht, die strafende Göttin durch einen Blutregen irrezuführen, den er über Ägypten niedergehen läßt. Wahrscheinlich ist dies nur ein später hinzugefügter Allegorismus, um die Unschlüssigkeit des Gottes, seinen schwankenden Sinn zu illustrieren. Rè, des Zwistes mit den Menschen müde, besteigt den Rücken der von acht „Geistern" gestützten, die Decke des Himmels symbolisierenden „Kuh", was an Odins achtfüßigen Sleipnir erinnert, und erhebt sich auf ihr zum Himmel[192].

„Dieses Bild", bemerkt Pierre Grimal hierzu, „liefert uns ein typisches Beispiel für die Leichtigkeit, mit der die Ägypter mehr oder weniger parallele mythologische Gedanken – hier die Vorstellung vom Himmel als Ozean und als Decke des Universums – kombinieren, ohne sich im geringsten an der Widersprüchlichkeit oder Unlogik solcher Verschmelzungen zu stören[24]." Die hier geäußerte Meinung beruht jedoch auf Unkenntnis dessen, was die Ägypter unter „Himmel" verstanden haben, sowie auch auf Irrtümern seitens der Übersetzer, denn einmal wird die Geschichte bei mehreren Mythologen immer wieder anders erzählt und gedeutet, und dann war den Ägyptern der Himmel kein „Meer", sondern Nun, das Nachtmeer, der dunkle Weltenraum, der Okeanos der Griechen, der die Erde an allen Seiten umfließt. Erst heute ist jenes uralte Bild dem Menschen wieder verständlich geworden.

Ein Gleiches gilt für die Bemerkung, „die Götterversammlung habe sich nach dem Vorbild der sumerischen Stadtgesellschaft organisiert[24]", was schon deshalb nicht zutreffen kann, weil die Götter früher da waren als die Menschen und ihnen Gesetze und eine soziale Ordnung gegeben haben, wie die Sumerer selbst und auch andere alte Völker einmütig bezeugten. „Es ist ein innerster Zusammenhang zwischen dem Himmel oben und dem Volke unten, und wer das im tiefsten Grund erkennt, der ist der wahre Weise", heißt es im Shuking, dem chinesischen „Buch der Urkunden[10]".

Die Götterversammlungen entschieden über die Geschicke der Menschheit; in ihnen wurden die Gebiete sowohl als auch die jeweiligen Aufgaben verteilt. Oft scheint es hierbei, kaum anders als auf modernen Friedenskonferenzen, ziemlich heiß hergegangen zu sein, wobei der traditionelle Antagonismus zwischen Göttern und Titanen zur Verschärfung der Gegensätze beitrug. Durch ihn erklärt sich auch das häufige Auftreten des fälschlich als Archetypus gedeuteten „feindlichen Brüderpaares". So zum Beispiel auf Madagaskar: Der gute Gott Andriamanitra und der böse Titan Andrianahary hatten gemeinsam die Erde erschaffen sowie auch das erste Menschenpaar, dann aber wollten sie nicht länger zusammenarbeiten, da ihre Meinungen weit auseinandergingen. Wo der eine die fleißigen, friedlichen Bienen schuf, da der andere die Wespen – und so fort[182]. Es ist die alte Geschichte, bei fast allen Völkern bekannt, überall zwar stets höchst individuell, jedoch im Kern mit anderen übereinstimmend weitererzählt; nicht zuletzt taucht sie als der Kain-Abel-Konflikt in der Bibel auf. Und wir werden noch sehen, daß solchen „Legenden" nicht nur ein realer Sachverhalt, sondern auch ein tiefer, die Natur des Menschen und sein Schicksal umfassender Sinn zugrunde liegt.

Als die jungen Götter die Oberhand gewonnen hatten, wurden ihre Gegner, die Titanen, den Menschen gegenüber als Ausbünde jeder nur möglichen Schlechtigkeit verteufelt, während doch die blanken Tatsachen, wie im Falle des Bali oder jenes Riesen, der die Paläste auf Asgard baute, eine ganz andere Sprache reden. Wir haben den Kampf zwischen Tu und Tawhiri im polynesischen Mythos der Trennung von

Himmel und Erde miterlebt. Obwohl nun Tu, aller Überlieferung nach, ganz vernünftig zum Wohle der Menschen denkt und handelt, ist er später „Tu mit dem bösen Gesicht, Tu, der den Krieg liebt, Tu, der die Menschen verschlingt“; seine Gegner indes, die den Planeten verheerten, die Menschen ins Unglück brachten, werden plötzlich „der edle Tawhiri“ genannt, „der gute Tane[110]“. Kurz, der Sieger hat immer recht!

Aber auch untereinander waren die Götter so wenig einig, wie die Paare der Boten oder Kulturbringer, die sie nach verschiedenen Orten der Erde entsandten. „Vor Zeiten“, berichtet Homer[11], „ist die Welt unter die Söhne des Kronos und der Rheia aufgeteilt worden. Poseidon erhielt das Meer, Hades die untere Welt, Zeus den weiten Himmel, aber die Erde und der hohe Olymp gehörten allen gemeinsam.“ Hesiod[13] bestätigt, Zeus als der oberste der Götter habe nach Niederwerfung der Titanen Vorrechte und Machtbefugnisse an die einzelnen Götter vergeben. Poseidon ließ sich, dem Bericht Platons[256] zufolge, auf der großen Insel Atlantis nieder, Athene, die mit der ägyptischen Neith identisch ist, in Griechenland, das göttliche Geschwisterpaar Isis und Osiris in Ägypten und in Indien als erster Vishnu, der die bezeichnenden Beinamen „Durchmesser der Raumesweiten“ oder auch „Herr des weiten Himmels“ führte[257]. In China setzte, nachdem es auf dem K'un-lun gelandet war, das Götterpaar Fu-hsi und Nü-kua den ersten Urkaiser Yi-king[19] oder nach anderen Quellen Huang-ti, den „gelben Kaiser“, ein.

Eine Sage der Cenufana, die das kolumbianische Tiefland zwischen Rio Cauca und der Küste des Karibischen Meeres bewohnen, erzählt, in alter Zeit habe ihr Gebiet aus den drei Provinzen Fincenú, Pancenú und Cenufana bestanden, jede von einem Gott regiert. Oberherr aller sei der Gott von Cenufana gewesen; die Landschaft Fincenú habe er seiner Schwester, die von Pancenú seinen Gefährten überlassen. In Fincenú habe sich damals ein Heiligtum mit vierundzwanzig vergoldeten Götterbildnissen befunden; alljährlich seien Tausende von Menschen dorthin gepilgert[39].

Tangaroa, im Boluto, jener „Mitte der Nacht“, auf dem Gestirn Pali-uli residierend, sandte, so vernahmen wir, zwei Götterpaare aus, die Erde für Menschen bewohnbar zu machen. Eines dieser Paare ist uns durch die Überlieferungen der Tonga-Insulaner näher bekannt. Der jüngere der Brüder, Vaka-aku-uli, ist klug und geschickt, er macht immer nur nützliche oder schöne Dinge; Tubo, der ältere, hingegen, träge, gefräßig, heimtückisch, zerstört das von Vaka-aku-uli Geschaffene immer wieder, und zuletzt tötet er seinen Bruder aus Neid[170]. Wenn hier keine Übernahme aus dem Alten Testament vorliegt, was ja immerhin möglich ist, da schon die ersten Entdekkungsreisenden – Saavedra, Torres, Tasman und andere – den Südseeinsulanern mit Vorliebe biblische Geschichten erzählten[258], so finden wir das alte Kain-Abel-Motiv in neuer Form.

Wamara heißt der oberste Gott der hamitischen Baziba in Südostafrika. Gleich dem Tangaroa Polynesiens soll auch er am Anfang der Dinge aus der Urnacht hervorgetreten sein. Er hatte vier Söhne, die er über die vier Bereiche der Welt setzte, nämlich den Helden Kagoro, den Gott der Gewässer Mugasha, Ryangombe, den Gott der Herden, sowie Kazoba, den Herrn über Sonne und Mond, dessen Sohn Hangi, so wie Atlas, das Himmelsgewölbe trug[113]. Weder der Zufall, noch eine Übernahme, noch gar die „Gleichartigkeit der Denkprozesse" können zur Erklärung derartiger Übereinstimmungen dienen; sie sind die Erinnerung an einen Sachverhalt, von dem die Kenntnis einst allgemein verbrcitet war.

Indischen Mythen gemäß wurden acht Welthüter eingesetzt: Kuvera im Norden, Vaya im Nordwesten, Varuna im Westen, Surja im Südwesten, Yama im Süden, Agni im Südosten, Indra im Osten, Soma im Nordosten. Dies ist allerdings eine spätzeitliche, zudem recht unbestimmte Angabe über ihre Funktionen. Man könnte diese „Welthüter" jedoch recht gut mit heutigen Kommandeuren eines Frontabschnittes oder besser – eines Luftbereiches vergleichen, denn ständig fliegen die Maruts, die ihnen unterstellten „Sturmgötter" als Piloten „feuriger Wagen", der Vimanas, die betreffenden Gebiete ab, als zuverlässige Wächter gegen die stets Gefahr drohenden Asuren.

Wie unerläßlich solche Maßnahmen waren, zeigt unter anderem, daß Varuna einst von dem Asuren Kalanemi unvermutet angegriffen, überwunden, sein Posten von Asuren besetzt wurde, – ein regelrechter Handstreich. Aber Vishnu greift entschlossen ein; er vernichtet Kalanemi und stellt die alte Ornung wieder her[259]. Im Ramayana wird Kalanemis Tötung dem Affenkönig Hanuman zugeschrieben, doch scheint dies eine Erfindung des Dichters zu sein, weil seine Darstellung sich in den Rahmen des Gesamtgeschehens kaum einfügen läßt[260].

Gleich nach der Besetzung der Erde hatten die Götter verschiedene Schwerpunkte gebildet: am Kailāsa, in Arizona, am Titicacasee, auf dem K'un-lun, oder auch auf den Karolinen im Stillen Ozean, wo Solal einen Raumflughafen errichtet haben soll[229]. Um die Zeit, da das Dunkel von der Erde wich und die Lichter am Himmel erschienen, ließ sich Kon Isla Tc'hsi Huiracotsa, begleitet von anderen Göttern, auf die Fluten des Sees bei Tiahuanaco nieder, so daß die Menschen glaubten, er sei es, der Sonne und Mond erschaffen habe. Tiere und Menschen, die ihn angriffen oder auch nur seinem Gebote nicht folgten, verwandelte er in Steine; den Überlebenden gab er Häuptlinge, die ihm für deren Wohlverhalten verantwortlich waren. Dann sandte er seine Begleiter in die vier Provinzen, wo sie ausriefen: „Kommt hierher, ihr Menschen, bevölkert dieses Land, denn so befiehlt es Kon Tc'hsi Huiracotsa, der die Welt erschaffen hat!" Er selbst begab sich zunächst nach Cuzco, danach ans Meer – in die Gegend von Porto Viejo – wo er über das Wasser davonschritt, so als sei es festes Land, während die zurückbleibenden Götter auch fernerhin Tahuantinsuyu, die „Vier Weltgegenden", regierten[163].

Daß die Götter unseren Planeten Erde nach Gebieten oder Interessensphären unter sich aufgeteilt haben, ist bei vielen Völkern, bei den Chinesen, Indern, Japanern, Ägyptern und Altamerikanern, bezeugt; dies aber jeweils nur in dem Grade, wie sie Kenntnis davon oder Interesse daran gehabt haben. Die Germanen zum Beispiel sagen so gut wie nichts über die zivilisatorische Tätigkeit der Götter aus. Odins Tätigkeit beschränkt sich so ziemlich darauf, neugierig und daher weise zu sein, Met in erheblichen Mengen zu trinken und sich gelegentlich in blutige Schlachten zu stürzen. Weil sie selbst nur selten behelligt wurden, schätzten die Germanen ihre Götter. Ähnlich verhält es sich mit den Japanern; auch sie hielten stets einen gewissen Abstand zu ihren Göttern, die ihnen zwar mancherlei Kenntnisse vermittelten, aber sonst wenig von ihnen verlangt zu haben scheinen[261].

Ganz anders die Sumerer, Inder, Griechen. Sie nahmen lebhaftesten Anteil auch an den intimeren Angelegenheiten ihrer Götter. Wenn Zeus sich mit Hera zankte, nahmen die Hellenen für die eine oder andere Seite Partei. Diese Einstellung wurde nicht etwa erst durch Homers die Götter vermenschlichende Dichtungen hervorgerufen, sondern scheint – worauf früheste Inschriften und Kunstwerke hindeuten – schon bei den Ureinwohnern Griechenlands, den Pelaskern, Karern und anderen, vorhanden gewesen zu sein. Athene erfand die für den Menschen nützlichsten Gebrauchsgegenstände,

Geräte und Waffen; sie kümmerte sich um die Existenzgrundlagen und häuslichen Verhältnisse der ihr Anvertrauten. Darüber werden wir noch Näheres hören. Auf jeden Fall hielten die Menschen sich für mitbetroffen, als Poseidon, nicht zufrieden mit seinem atlantischen Inselreich, obendrein auch noch Attika forderte und auf dem Felsen der Akropolis von Athen jene salzige Quelle erschloß, die man noch heute dort sieht, während Athene an ebenderselben Stelle den ersten Ölbaum pflanzte.

In diesem poetischen Bild erscheint kurz und eindringlich der Gegensatz nicht nur im Charakter der Götter, sondern auch in ihren Absichten und Zielen. Wie schon Prometheus oder Loki, scheint auch Athene ihre kolonisatorische Aufgabe recht ernst genommen zu haben, während andere Götter, nicht zuletzt Zeus, sich wie Konquistadoren betrugen. Ein solcher Mangel an einmütiger Gesinnung verrät mehr als alle persönlichen Zänkereien, wie sehr es bei dem Unternehmen an einer soliden ethischen und materiellen Grundlage sowohl als auch an straffer, zielbewußter Führung fehlte. Wutschnaubend forderte Poseidon Athene zum Zweikampf heraus. Doch trat Zeus dazwischen, verwies die Streitenden an das Göttergericht, vor dem dann auch Kekrops, zu jener Zeit Stadtkönig von Athen, als Zeuge erschien. Die Mehrheit der Richter entschied zugunsten Athenes: Sie habe den Bewohnern Attikas das bessere Geschenk gemacht. Eine Sturmflut, die bald danach die Thriasische Ebene, in der Athenes Stadt liegt, verheerte, schrieben die Menschen dem Zorn des enttäuschten Poseidon zu[64].

Auch die Sumerer kannten ein Göttergericht, dem der Sonnengott Utu, auch Samas genannt, vorstand: vor ihm wurden die offenbar recht häufigen Streitigkeiten zwischen den Göttern ausgetragen. Es tagte am Ubshukinnaku, dem gewöhnlichen Versammlungsort der Götter, wo sich Duku, die Schicksalskammer, befand, in der über das Geschick der Welt und der Menschen entschieden wurde[255].

Bevor wir uns den kolonisatorischen Unternehmungen der Götter zuwenden, der sogenannten „agrarischen Revolution", ist noch einiges über ihren Flugverkehr, ihr Nachrichtenwesen und über ihre technischen Machtmittel zu sagen.

Feurige Wagen

Bellerophon, Sohn des korinthischen Königs Glaukos, Sportflieger, Offizier und renommierter Playboy, verließ seine Heimatstadt in einer Wolke, nachdem er zunächst einen gewissen Belleros, dann seinen Bruder Deliades in den Hades befördert hatte. Er floh zu Proitos, dem König von Tiryns, dessen Gemahlin Anteia sich alsbald in ihn verliebte. Da er ihre Leidenschaft nicht erwiderte, verleumdete sie ihn beim König. Proitos, von Zorn ergriffen, sandte den lästigen Gast nach Lykien zum König Jobates, dem Vater der Anteia, mit folgendem Schreiben: „Bitte, schaffe mir den Überbringer dieses Briefes vom Hals; er versuchte mein Weib, deine Tochter, zu vergewaltigen[64]."

Jobates, über den Auftrag wenig erfreut, ersuchte den Helden, die Chimaira, ein Ungetüm „vorne Löwe, in der Mitte Ziege, hinten Schlange[11]", zu erlegen. Sie sei eine Tochter der Echidne, die sein Feind, der König von Karien, sich als Haustier herangezogen habe. Bellerophon bestieg also sein Flügelroß Pegasos – der Name bedeutet ursprünglich „Blitz und Donner des Zeus"; erst in viel späterer Zeit wandelte er sich zu dem Begriff „Dichterroß[79]" –, erhob sich auf ihm in die Lüfte und tötete die Chimaira, indem er sie, dicht über sie hinfliegend, mit „Pfeilen" angriff und ihr dann „einen Bleiklumpen, der an der Spitze eines Speeres befestigt war, in den Rachen warf, so daß das Blei im Feueratem des Ungeheuers schmolz, ihm die Eingeweide verbrannte und ihm den Atem nahm[13]".

Dieser Versuch, den Bellerophon umzubringen, war also gescheitert. König Jobates beauftragte ihn nun, ein Heer der kriegerischen Solymer und der mit ihnen verbündeten Amazonen, das sich an den Grenzen seines Reiches sammelte, zu zerstreuen. Bellerophon, ohne einen Augenblick Zeit zu verlieren, startete sogleich mit seinem Pegasos, fand die feindlichen Heere in einer Ebene, die keinerlei Deckung gegen Luftangriffe bot, und zerstreute sie, indem er, außerhalb des Bereiches der gegnerischen Flak hoch am Himmel kreisend, riesige „Felsbrocken" auf sie hinabfallen ließ. Diese und andere Taten des Helden überzeugten Jobates, sein Schwiegersohn müsse sich in Bellerophon getäuscht haben, und so gab er ihm seine Tochter Philonoe zur Frau. Bellerophon, vom Glück verwöhnt, wähnte sich nunmehr den Göttern gleich; er beschloß, zum Olymp hinaufzufliegen. Zeus jedoch sandte ein „Moskito", das stach den Pegasos unter den Schwanz. Pegasos bäumte sich auf, schleuderte seinen Herrn zur Erde und flog allein weiter zum Olymp, wo er von nun an Zeus als „Träger des Blitzes" diente[11].

War Pegasos wirklich ein Roß?

Nein, ganz gewiß nicht! Pferde können nicht fliegen, soweit man weiß. Überdies erscheinen Roß und Reiter erst um 1000 v. Chr. in der hellenischen Welt, wie Schachermeyr[262] nachgewiesen hat. Erst zu dieser Zeit erhält auch Poseidon seinen Charakter als Schiffahrts- und Pferdegott. Die Geschichten um Bellerophon, Pegasos und die übrigen als „Flügelrosse" umschriebenen Flugmaschinen – den Areion, jenes „Mondwesen in der Höhe", das Herakles später bei einigen seiner Taten als fliegenden Untersatz benutzte, die angeblich „vom Winde gezeugten" Brüder Xanthos und Balios, sowie den Skyphios, den Sthenon und den Enkelados – entstammen hingegen einer viel älteren Schicht.

Odins achtfüßiger Sleipnir, der gleich dem Fenrirwolf in Lokis Werkstatt entstanden war und der beim Flug durch die Lüfte eine „feurige Spur am Himmel" hinterließ[85], gehört ebenso hierher wie alle die „Blitzrosse" von weißer oder vielmehr glänzender Farbe, die bald als „funkelnd" oder „blinkend", bald als „feurig" beschrieben werden. So „tanzt denn auch Covina, die Gewitter- und Blitzdämonin der Armenier, auf einem feurigen Roß einher, der Blitz ist ihre Peitsche, das Getrappel ihres Hengstes der Donner"; sie stammt aus dem „Meer", so wie auch der Blitzheros Sanassar sein feuersprühendes Pferd und sein Blitzschwert aus dem Meere – dem Okeanos oder Nachtmeer nämlich – erhalten hat. Nicht anders reitet der Winddämon Surb Sargis auf einem „Schimmel" durch die Luft, der Nebel und Wolken von sich schnaubt, die als Schneeflocken niedersinken, während von seinem „Hufschlag die Erde erzittert[263]".

Alle diese blinkenden, fliegenden Rosse der Götter sind unweigerlich mit Blitz und Donner verbunden; sie können Tod und Verderben bringen. Odin jagt auf seinem Schimmel Sleipnir an der Spitze des „wilden Heeres" durch die Lüfte. Loki verwandelt sich gelegentlich in eine feuersprühende, mit rasender Geschwindigkeit dahinfliegende Stute. „Geisterrosse" steigen aus den Gewässern auf und versinken wieder in den Fluten[262]. Und was ist davon zu halten, wenn Leukothea, jene Meeresgöttin, mit deren Hilfe Odysseus zur Phaiakeninsel gelangte, in Gestalt eines „Wasservogels" davonschwebt und, ins Meer tauchend, den Blicken entschwindet[12].

Die geflügelten Boten der Götter wurden bereits erwähnt, jene achtundzwanzig Izeds des Ahura Mazda, die Vorläufer der späteren christlichen Engel waren und durchaus nicht körperlose Lichtgestalten, sondern wachsame, scharfsichtige, zu praktischem Handeln befähigte Wesen[209]. Aber auch die Götter selbst trugen gelegentlich Flügel. „So hatte die zu Smyrna verehrte Nemesis Fittiche und in der Hand ein Rad als Sinnbild ewigen Wandels[31]." Griechenlands Götter pflegten sich ja alle in den Lüften zu tummeln. Daß sie jedoch Flügel trugen, wie es das berühmte Bild der Nike des Paionios im Museum von Olympia oder der Nike von Samothrake im Pariser Louvre zeigt, diese Vorstellung gehört einer der Götterzeit sehr fernliegenden späteren Epoche an.

Homer, der solche damals schon uralten Sagen in seine Dichtungen übernahm, berichtet nämlich nur, daß die Götter sich aus der Luft auf die Erde herabgesenkt hätten, nicht aber, wie das geschehen sei[11], während Hesiod sich mangels einer besseren Erklärung die Götter bereits geflügelt dachte[13]. Zeus kam, als Hektor vor Ilion durch seine Gegner hart bedrängt wurde, aus dem Äther herab, um ihm beizustehen, und die Achaier flohen entsetzt[11]. Zumeist hüllten sich die Götter bei solchen Anlässen in dichte Wolken künstlichen Nebels (achlys) ein, der die Blicke der Menschen verdunkelte. Agenor wird von einem Gott, in einer Wolke verborgen, aus dem Kampf entrückt und später auf gleiche Art zurückgebracht. Da Homer sich nur auf die unbestimmten Sagen aus grauer Vorzeit zu stützen vermochte, verlieh er den Göttern dort, wo sie sich in unbegreiflicher Weise zum Himmel erhoben, Vogelgestalt. Athene entschwindet so dem Telemach als „Adler"[12]; zu anderer Zeit erscheint sie als weitflügeliger Raubvogel, hoch droben im Himmelsblau kreisend[11]. Und weil nun die Götter zumeist nur als Vögel, seltener als Erdentiere vorgestellt wurden, erlangten die Vögel später, nachdem der tatsächliche Sachverhalt vergessen war, den Status der Heiligkeit. Bis in geschichtliche Zeiten hinein galten sie – wie Odins Raben Hugin und Munin stets in der Nähe der Götter schwebend – als Boten des Himmels. Zu Babylon hielt man sie in Käfigen und nannte sie „Zungen", weil man glaubte, sie kündeten den Willen der Götter. Und vier solcher „Götterzungen" schwebten stets über dem Throne des Königs, während er Recht sprach, um ihn an das ewige Gesetz zu erinnern[264].

In Wahrheit aber waren wohl auch die Raben Odins keine Vögel im zoologischen Sinne, wozu spätere Geschlechter sie gemacht haben, sondern fliegende Götterboten von der Art der Walküren und Idisen, die gleich den T'ao-t'i in China, den Oromatua oder Apa in Polynesien oder wie jenes Himmelskind Yetar der Melanesier[47] ihre Flügelkleider abzulegen vermochten oder sie so, wie Freyja, Niördrs Tochter und Oberste der Walküren, es tat, an andere ausleihen konnten, denn Loki benutzte das Federkleid der Freyja auf seiner diplomatischen Mission nach Thrymheim, ins Riesenland[116]. Im östlichen Himmelsmeer, jenseits des Abgrundes Ku'ei-hiü, schwimmen – so glaubten die Chinesen – fünf als „Inseln" bezeichnete Gestirne, die allesamt von menschenartigen aber geflügelten Wesen bewohnt sein sollen[225].

Flügelsonne mit technischen Details vom Tell Halaf, Nordmesopotamien, sowie hörnertragende, bärtige Gestalten. 9. Jahrhundert v. Chr.

Auf Maevo in Melanesien wird erzählt, wie einst eine Frau, die im Himmel wohnte, mit ihren Gespielinnen herab auf die Erde kam, um hicr im Meere zu baden. Zu diesem Zweck entledigten sie sich ihrer Schwingen. Quat, der Kulturbringer der Melanesier, stahl der hübschesten von ihnen die Flügel und vergrub sie neben dem Hauptpfahl seiner Hütte. Nachdem die Himmelsfrauen gebadet, legten sie ihre Schwingen wieder an und flogen zum Himmel auf, nur die Bestohlene mußte zurückbleiben; sie weinte bitterlich. Quat nahm sie in seine Hütte und heiratete sie. Obwohl er sie gut behandelte, weinte sie oft, weil sie von seiner eifersüchtigen Mutter geschlagen wurde. Eines Tages wuschen ihre Tränen den Sand vom Versteck der Flügel fort, und so konnte sie wieder die Erde verlassen[26].

Betrachten wir auf den Töpfereien der Chimu, einem untergegangenen Volke im Nordwesten Südamerikas, dessen Ursprünge im dunkeln liegen, die von Vögeln verfolgten, miteinander kämpfenden Himmelsschlangen oder die geflügelten, mit Helmen und Masken bewehrten Kriegergestalten, die Vogelkrallen an den Füßen tragen und einen langen Vogelschweif, der den geflügelten Gottheiten Griechenlands, wie auch den sonst recht ähnlichen Figuren auf dem Sonnentor zu Tiahuanaco fehlt[69], erinnern wir uns ferner der Sagen über Daidalos und Ikaros oder Wieland den Schmied, einen Alben, der von dem germanischen König Nidud gefangengehalten und, um ihn an der Flucht zu hindern, verstümmelt worden war, sich aber Flügel schmiedete und davonflog[145]. In allen diesen Fällen wird es schwer gelingen, eine andere Erklärung für diese global verbreiteten Ideen zu finden außer der einen, daß es sich bei ihnen um Erinnerungen an eine erlebte Wirklichkeit handelt.

Bei den Ägyptern wurde Horus, der Sohn des Osiris, häufig mit einem Falkenkopf oder überhaupt als Falke dargestellt, dies jedoch

Hethitische Flügelsonne mit Gleitkufen auf einer Inschrift bei Karakuyu, Türkei.

erst zu späterer Zeit, denn die im Louvre befindliche Bronzeplastik stammt aus der Zeit der dreißigsten Dynastie um 350 v. Chr. Sein ursprüngliches Symbol war die Flügelsonne; ein Sinnbild wohlgemerkt, nur dazu bestimmt, etwas über die Art seiner Tätigkeit auszusagen. Dies Symbol ist alt; es erscheint schon als Relief auf einem Orthostat vom Tell Halaf, Nordmesopotamien, als von drei gehörnten, bocksfüßigen Männern getragene Flügelsonne mit vier Rosetten an ihrem Schwanzende, die an Düsenöffnungen erinnern[59].

Primitiver in der Darstellung, jedoch deutlich ihren Zweck verratend, erscheint die Flügelsonne auf einer hethitischen Inschrift von Karakuyu in Kappadokien[59]. Hier hat sie ein von den Schwingen klar abgesetztes Speichenrad mit Nabe, das Propellerflügeln ungemein ähnlich sieht; ihre Schwingen, an den Enden gezackt, werden unter dem Rumpf durch gebogene Kufen unterbrochen und sind mit Kreuz- und Querlinien bedeckt, so als solle ein Geflecht angedeutet werden. Unwillkürlich entsinnt man sich jenes melanesischen Kulturbringers Vingaga, des „Fliegers mit den gewebten Flügeln". Ein heiliger Stein, der die Form von Flügeln hat, wird noch heute in dem Dorfe Atabulu auf der melanesischen Insel Pentecost verehrt; diesen Ort, heißt es, habe Vingaga vor Zeiten gegründet, habe die Bewohner in Sitte, Recht und handwerklichen Fähigkeiten unterrichtet, um danach wieder in seine himmlische Heimat emporzufliegen[265].

Wir kennen auch noch ein Goldplättchen aus Sardes in Lydien; es stellt den Ahura Mazda dar, auf einem kreuzförmigen Luftgefährt, dessen Flügelenden nach oben aufgebogen sind, während der ebenfalls gebogene, darunter befindliche Teil einer Kufe oder einem Schwimmer ähnelt[59]. Zu erwähnen ist auch die goldene Brustplatte

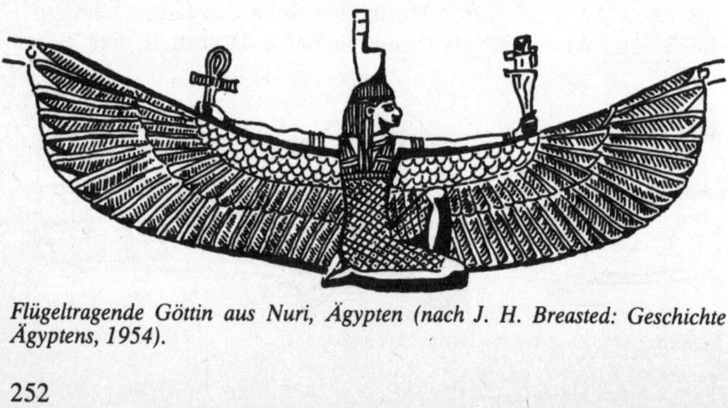

Flügeltragende Göttin aus Nuri, Ägypten (nach J. H. Breasted: Geschichte Ägyptens, 1954).

einer äthiopischen Königin aus Nuri, die um etwa 700 v. Chr. entstand; sie zeigt eine sitzende Göttin mit ausgebreiteten, gewaltigen Flügeln, die in der rechten Hand den rätselhaften Nilschlüssel Tan hält, in der linken einen nicht erkennbaren Gegenstand[32].

Welchen Namens immer und in welcher Weise auch dargestellt, alle diese Flügelwesen, Blitzrosse oder Vögel können gar nichts anderes gewesen sein als Flugmaschinen. Weder sind sie „Gebilde der Volksphantasie“, noch erscheint es denkbar, sie seien als solche über alle Schranken hinweg von Volk zu Volk wechselseitig übertragen worden. Dies wird besonders klar, wenn man die Reliefs in den Ruinen von Persepolis[266] oder auch jenes über der Inschrift des Dareios auf dem Felsen von Behistun, der „Götterstätte“, in Westpersien vor Augen hat. Sie zeigen ein stilisiertes Flugzeug mit zwei geschwungenen, in runde Kufen, Räder oder Füße – auch der Pegasos soll ja „mondförmige“, also runde Hufe gehabt haben – auslaufenden Beinen, zwei geraden Flügeln, einem breiten Schwanz und mit einem runden Mannloch in der Mitte, aus dem der Gott Ahura Mazda, priesterlich gekleidet, in der linken Hand einen Reif oder ein Rad, die rechte wie segnend oder mahnend erhoben, halben Leibes hervorragt.

Ahura Mazda im Flugzeug. Relief in der persischen Königspfalz Persepolis, Persien.

Ahura Mazda im Flugzeug, auf dem Felsen von Behistun, Persien.

Unter den großen Göttern des indischen Trimurti war es Vishnu, der die höchste Verehrung genoß. Sein Name bedeutet, wie gesagt, „Durchmesser der Raumesweiten" oder auch „Herr des weiten Himmels[257]". Das Rigveda sagt über ihn: „Der schöne, befiederte Vogel ist der ältere Bruder der Sonne!" Brahma, der bisweilen auf dem goldrot funkelnden Schwane „Hamsa", im Germanischen „Gans", sausend und donnernd über die Lande hinfährt, verteilte vor Zeiten die Himmelskörper an die einzelnen Götter; die Götter wiederum teilten unseren Planeten unter sich. Vishnu als „Herr der Sonnen" wurde so auch zum „Gebieter der Vögel[92]". Was bedeutet das anderes, als daß man ihn – wie in Ägypten Horus – zum Kommandeur der Luftflotten ernannte? Als solcher zog er auf seinem rotgoldenen Adler oder Falken Garuda, der aus dem Ei der Vinata, einer Tochter Prajapatis, hervorgegangen war und auch der „Schlangenesser", nämlich der Nagas, hieß, in den Kampf, als es zum offenen Krieg zwischen den Göttern kam[92].

Gefiederte Wolkenschlange auf einer Maya-Stele.

Einzelne Züge jener Kampfhandlungen beweisen, daß wir es mit Tatsachenberichten zu tun haben, nicht aber mit dem Versuch, kosmische Vorgänge allegorisch oder esoterisch zu deuten. Im Rigveda heißt es ganz eindeutig, die mit Göttern bemannten „Vögel" hätten sich nach einer Weile, ermüdet vom Kampf, zur Erde niedergelassen, hier aus dem Teich, der vom Asurenfürsten Maya angelegt worden war, das aus dem Quirlen der Milchstraße gewonnene Lebenswasser zu sich genommen und sich danach wieder, laut aufbrüllend, in die Luft erhoben und ins Gefecht gestürzt.

Dergleichen haben doch auch wir während des Zweiten Weltkrieges erlebt?

Garuda, seine Brüder Aruna, Saudamini und zahlreiche andere wurden „Luftwandler" genannt; ihre Schnelligkeit übertraf den Wind, ihr Flug erschütterte Himmel und Erde. Mit ihren schimmernden Flügeln erweckten sie den Anschein, als verhüllten dunkles Gewölk und der Regenbogen Indras den Himmel. Der Glanz ihres Gefieders wird bald mit Gold, bald mit der Sonne, bald mit dem Feuer am Weltende verglichen. Von der Brust Garudas hing ein glänzendes Juwel herab; er trug einen Haarbusch und war mit blauen, roten und gelben Wimpeln geschmückt. Zur Nahrung dienten ihm „Schlangen[158]".

Auf keinen Vogel trifft eine derartige Beschreibung zu, wohl aber in manchen Punkten auf ein Kampfflugzeug, zum Beispiel da, wo gesagt wird, es habe nach einiger Zeit wieder landen müssen, um aufzutanken. Der „Lebenstrank" wird also wohl Treibstoff gewesen sein. Das glänzende Juwel an der Brust Garudas, wie auch der übrigen Luftwandler, könnte als Scheinwerfer, als Ortungsgerät oder als eine uns unbekannte Apparatur gedeutet werden, der Haarbusch als Antennen. Was aber die Wimpel betrifft, so wird man einen Vogel, der sich mit bunten Fähnchen schmückt, nicht so leicht finden.

Immerhin ließe sich einwenden, daß diese Überlieferungen aus ein und derselben Quelle stammen mögen, da sie benachbarten Kulturkreisen angehören. Man erinnere sich jedoch, in welcher Verfassung sich die Menschheit gegen Ende des Jungpaläolithikums, zwischen 15 000 und 12 000 v. Chr., nach Meinung der Vorgeschichtsforscher befunden haben soll: Die Menschen jener Zeit beschäftigten sich mit Fischfang und Jagd, sie malten Höhlen aus, wobei das „Wie" bisher ungeklärt blieb, denn weder Feuer- noch Rauchspuren wurden in den Höhlen gefunden; sie schufen Tierplastiken und weibliche Statuetten und sich selbst schmückten sie mit Federn, durchbohrten Tierzähnen, Bernstein und Muschelschalen.

Nähme man auch einen animistischen Glauben an „Seelenvögel", wie unter anderem die Germanen ihn kannten, als allgemein verbreitet an, wo bliebe da Raum für die Entwicklung solcher Ideen? Wir hörten vom Donner, Feuer und Rauch der Flügelrosse, vernahmen, daß Wieland sich seine Schwingen selbst geschmiedet habe; auf den Vasenbildern der Chimu erkennen wir sogar die Nieten, mit denen die einzelnen Teile der Ausrüstung aneinander befestigt sind. Wie kämen Naturmenschen dazu, sich dergleichen technische Einzelheiten auszudenken? Uns Heutigen hingegen kommt das alles durchaus vertraut und glaubhaft vor, weil wir die Beispiele dafür, daß so etwas möglich ist, beständig vor Augen haben. Der Kampf der Horusfalken gegen die Pygmäen wurde ja letzthin erst wieder in Vietnam ausgetragen; vielleicht halten dort lebende Reisbauern die Maschinen der amerikanischen Luftwaffe für riesige Falken oder bezeichnen sie doch so, denn auch wir haben ja Flugzeuge unter den Namen „Storch", „Ente", „Moskito" oder „Lightning" gekannt. Und wie mögen sie wohl die Maschinen benennen, in denen die Gefallenen nach Amerika transportiert werden, so wie jene Falken und Ibisse nach dem Glauben der Ägypter die Toten nach dem paradiesischen Gestirn, der Insel Earu, trugen[32]? Bei den Massai in Ostafrika wird noch heute ein Flugzeug mit Ndegge, einem Suaheliwort für Vogel, bezeichnet[248]. Einen allgemein gültigen Namen kannten die Menschen der jüngeren Altsteinzeit für solche Erscheinungen nicht, noch vermochten sie deren Charakter und Wirkungsweise zu erfassen. Deshalb hören wir in den Überlieferungen von geflügelten Wesen, von goldroten oder silbern blinkenden Vögeln, von Flügelrossen, Flügelstieren, Flügellöwen, Blitzpferden, feurigen Wagen, fliegenden Glocken oder Säcken und Himmelsdrachen; sie alle haben – so unterschiedlich ihr Aussehen beschrieben wird – die eine entscheidende Eigenschaft miteinander gemein: Sie sind Diener oder Geräte der Götter und – sie fliegen.

Bei den Thai in China wird der nur des Nachts umherfliegende „Geisterwagen" auch als Vogel Hsiu-liu oder als Eule Ch'ih-hsiaou umschrieben. Als Geisterwagen hatte er neun Köpfe und einen Leib, als Eule hingegen nur einen Kopf, aber drei Körper. Er wohnte im Westen auf dem San-wei Berg. Sein Nahen kündigte sich durch hohles Sausen an. Und die Furcht vor dieser Erscheinung war so nachhaltig, daß die Thai noch heute ein Bild der Eule auf den Dächern ihrer Häuser anbringen; bezeichnenderweise soll es ein Schutz gegen Blitzschlag sein[40].

Wie merkwürdig, daß auch bei den Maya in Mittelamerika dic Flugzeuge der unteren Welt Xibalba „Eulen“ genannt und sehr gefürchtet wurden. Wir hörten davon im Zusammenhang mit der Landung der Chanes bei Tamoanchan in Yucatan. Im Popol Vuh ist erzählt, wie Ixquic, die göttliche Jungfrau, durch Eulen von der unteren Welt nach der Erde heraufgebracht wird[17]. Und am Quetzalcoatltempel von Teotihuacan ist dieser Gott in der Rolle des Regenbringers mit einer Eulenmaske, so wie in Ägypten Horus mit dem Falkenkopf, dargestellt[66]. Die Boten der unteren Welt Xibalba hießen Pfeileule, Einbeineule, Rotfedereule und Kopffedereule; Pfeileule flog geradeaus wie ein Pfeil, Rotfedereule hatte einen roten Rücken, Einbeineule nur ein Bein, Kopfeule bestand nur aus Kopf und Flügeln[17].

In der chinesischen Yao-Kultur begegnet uns der Rabe als „Vogel der Sonne“ wieder; die Elster heißt hier „Göttermädchen“ und verbildlicht eine der Himmelsfrauen[40]. Es gibt aber auch eine echte Schwanenjungfrauenmythe im Kreise Yanghsin in Hupei: Dort heiratete einst ein Mann eine vogelgestaltige Himmelsfrau und hatte zwei Töchter mit ihr; als diese herangewachsen waren, legten die drei Frauen Vogelkleider an und flogen himmelwärts davon.

In Kiansu werden viele Geschichten vom Donnerraben erzählt; und in den Provinzen Shensi und Shansi weiß man noch einiges über jene mythischen Vogelbarbaren, die Götter waren, Federkleider trugen und irgendwo im Osten lebten. In Südwestshansi gibt es den „Flügelberg“; dorthin wurde der mythische Städtebauer Kun verbannt, und dort versammelten sich die geflügelten Götter[40].

Neben dem „dreibeinigen“ Donnerraben kannte man bei den Thai auch den Wundervogel Chung-ming, der Name bedeutet „doppeltes Licht“. Er gleicht einem Hahn, kreischt wie der Phönix und leitet seine Abkunft von der Sonne her. Den Tibetanern erschien der Rabe, das Kurierflugzeug der Götter, stets dreibeinig, was auf seinen wahren Charakter als technisches Flugobjekt hinweist. Die meisten unserer heutigen Flugzeuge sind dreibeinig. Ein Donnerrabe war, wie erwähnt, auf dem K’un-lun stationiert, wo er der tigergesichtigen Göttin Hsi-wang-mu, die auf jenem Gebirge den Lebenstrank hütete, als Bote zur Verfügung stand und ihr auch das Essen brachte[40].

Als Himmel und Erde durch Chiminigagua getrennt worden waren – so erzählen in Südamerika die Muisca –, als die Gestirne sichtbar wurden, flogen die großen, schwarzen Vögel der Götter über die ganze Erde, sie verbreiteten strahlende Helle und strömten den Lebenshauch aus[139]. Sollte damals die Atmosphäre der Erde verändert oder gar mit Hilfe von Flugzeugen künstlich geschaffen worden sein? Die Eskimo schreiben das Erscheinen der Himmelslichter ja auch einem Raben mit künstlichen Flügeln und einer Schwalbe zu[267]. Bei den Kwakiutl im Nordwesten Nordamerikas war der „Donnervogel" Hochhoku ein riesiger Rabe[39].

Die Donnervögel spielten bei den Indianern Nordamerikas überhaupt eine große Rolle. „Als im Jahre 1911 das erste Flugzeug über der Odjibwäe Reservation Red Lake in Minnesota, USA, auftauchte, da wußten die Indianer sofort, worum es sich handelte. Das fliegende Monstrum war natürlich ein Donnervogel, jener riesige Gegner der mythischen Schlangen, dessen Augen Blitze sprühen und dessen Flügelschläge den Donner erzeugen. Eilig lief jedermann zum See hinunter, um Tabak zu opfern", berichtete der Ethnologe Werner Müller[88]. Schon ein halbes Jahrhundert vor ihm hatte sein amerikanischer Kollege Copway, dem damals jeder Gedanke an Fliegerei und Flugzeuge völlig fernliegen mußte, mitgeteilt: „Niemand schien glücklich genug, das Versteck dieser großen Vögel zu entdecken, die Ah-ne-me-keeg, nämlich Donnervögel, genannt werden. Sie werden selten gesehen, aber oft droben im Himmel gehört, weil sie jetzt höher fliegen als sie es früher einmal taten. Sie schwanken, und das Feuer sprüht aus ihren Augen[268]."

Überflüssig, zu sagen, daß die Donnervögel überall auf dem amerikanischen Doppelkontinent bekannt gewesen sind. Nach Meinung der Athabasken brachte der göttliche Rabe Jetl den Menschen das Feuer vom Himmel, und einige von ihnen rettete er vor der Flut[149]. Gleiches geschah nach Überlieferung der Washoe-Indianer am Tahoe See, wie später berichtet wird[218]. Schetewuarha, die höchste Göttin der Chamacoco in Kolumbien, wurde „Mutter der Vögel" genannt, jener fliegenden Wesen nämlich, die gleich den unterweltlichen Eulen Quetzalcoatls den Regen bringen, weshalb sie von einigen frühen Ethnologen als „Wolken" mißdeutet wurden[269]. Und auch der Sacsahuaman, jener „Falkenfelsen" oberhalb Cuzcos, auf den wir in anderem Zusammenhang zurückkommen, mag als eine Art Fliegerhorst für die Götter gedient haben, vernehmen wir doch aus dem

Popol Vuh, daß Falke, Adler und Papagei bei Mayas wie Azteken identisch sind, daß sie als Sonnen- oder Feuervogel gelten und als Boten der Götterdreiheit Huracán, Chipi Cakulhá und Raxa Cakulhá zwischen der Erde und den oberen und unteren Welten verkehrten[17].

Die Bewohner Ozaniens wissen Hunderte solcher Geschichten zu erzählen, angefangen bei den Osterinsulanern, wo auf dem kaum ersteigbaren Vogelfelsen Motunuk vor der Südspitze ihres Eilandes vor langer, langer Zeit fliegende „Vogelmenschen" gehaust haben und noch heute Piktographien von ihnen zu sehen sind[270], über die Tonganer und Neuseeländer, die von Maui glaubten, er könne sich in einen riesigen, glänzenden Vogel verwandeln[271], bis zu den Tahitiern, die Tangaroa mit einem großen, blinkenden Vogel in Verbindung bringen[272].

Daß der „Vogel Zu" der Sumerer ein Flugzeug und nichts anderes war, wird im Verlauf der weiteren Ereignisse klar. Aber sogar die Buschmänner in Südafrika haben aus ihrer früheren Heimat, der Sahara, die während des Götterkrieges Schauplatz dramatischer Geschehnisse war, die Überlieferung von ihrem großen Zauberer Cagn mitgebracht, daß er als Boten „Vögel" zu benutzen pflegte[273]. Ilmarinen, der sich eine Braut aus dem Nebelland der Riesen gewinnen will, schmiedet dem Kalewala zufolge einen „eisernen Adler", den „Flammenvogel", aus dessen Flügeln und Augen Feuer sprüht, wenn er sich mit dem göttlichen Schmied zum Himmel erhebt; „der Himmel verschiebt sich, die Hörner des Mondes brechen", als nun auch er – so wie der chinesische Donnergott mit dem Riesenfisch Ao – mit einem Meeresungeheuer, dem gigantischen „Wasserhund" kämpft, was wiederum an den Kampf des griechischen Perseus mit dem Keto gemahnt. Louhi, Herrin des Nordlandes oder einer der unteren Welten, macht aus den Trümmern von Wäinämöinens Schiff einen „Adler", der mehrere hundert Mann transportieren kann; Wäinämöinen selbst wiederum wird so, wie Odysseus von Leukothea, von einem Adler aus dem Meere gerettet und nach dem Nordland getragen[41].

Wenn die schwanengleichen Graien, mit denen Perseus zu tun hatte, Schwestern der häßlichen gorgonischen Ungeheuer Medusa, Stheno und Euyale waren, so kann es sich auch bei ihnen nur um Flugzeuge gehandelt haben, denn als solche wurden sie von Göttern und Heroen benutzt[64]. Über den Adler, der täglich die Leber des auf dem Kaukasus angeketteten Prometheus gefressen haben soll – was übrigens auch nur als Verbildlichung eines realen Vorganges durch spätere Generationen zu werten ist –, wird gesagt, er sei von Typhon gezeugt, von Echidne geboren worden, die mit Angerbode, der titanischen Helferin Lokis, identisch sein mag[13]. Auf Typhon näher einzugehen, dürfte sich lohnen, da er – ein Flugzeug des Seth im Götterkrieg – zu der ganzen Kollektion der von den Titanen in den unteren Welten hergestellten fliegenden Festungen gehört, jenen dunkelroten, vielköpfigen, überaus gefährlichen Fackeldrachen, Phoinix- oder Geisterwagen, mit denen der zehnköpfige Feng-chü der Chinesen ebenso identisch ist, wie der Höllenhund Garm und der Mondhund Managarm, der Fenrirwolf, Sköll oder auch Kerberos, er, wie Chimaira, ein Kind der Echidne[13].

Hesiod, Pindar, Apollodoros und andere wissen noch, daß Typhon in der Korykischen Höhle von Kilikia hergestellt worden sei und zwar aus Rache für den Untergang der Giganten auf den Phlegreischen Feldern. Er war dunkelrot, hatte viele Köpfe und „Knochen aus Eisen[53]“, nicht anders als Garm, der in der Gnipahöhle von Helheim hausende Höllenhund[116]. Von seinen Schenkeln abwärts bestand er aus sich windenden Schlangen, Feuer sprühte ihm aus den Augen, aus den Mäulern troff glühende Lava; obendrein umwogte ihn eine Wolke von Gestank. Und nun wollen wir uns in die Seele eines attischen Hirtenbuben versetzen, der zum ersten Male im Leben die Abgeschiedenheit der heimischen Berge verlassen und einen modernen Flugplatz betreten hat. Um die Ecke des Hangars ins offene Hallentor spähend, bietet sich ihm ein Anblick, der ihn mit Grausen erfüllt:

So aus den Häuptern gesamt, wenn er schaute, brannt' es
wie Feuer;
Auch war hallende Stimm' in all den entsetzlichen
Häuptern
Von vielartigem Wundergetös', denn in häufigem Wechsel
Lautet nun für die Götter Verständliches; jetzo hinwieder
Schallt es wie dumpfes Gebrüll des in Wut anrasenden
Stieres;
Jetzo gleich wie des Löwen, in unaufhaltsamer Kühnheit;
Jetzo gleich dem Gebelfer der Hunde tönte es seltsam;
Jetzo wie gellendes Pfeifen, das rings nachhallet in
Berghöhn[13].

So etwa mag einem technisch nicht vorgebildeten Naturmenschen das Warmlaufenlassen und Überprüfen der Motoren eines heutigen Skyliners erscheinen. Auch der Angriff auf den Olymp, die Niederlage des Blitze schleudernden Zeus, die Flucht der sich in Schutzbunkern bergenden oder nach Ägypten evakuierten Götter[64] passen vollkommen ins Bild.

Ganz ähnlich beschrieben wird im Yü-Mythos jener riesige, dunkelrote Fackeldrache mit den neun Köpfen, der in der nordwestlichen Wüste Chinas hauste, durch seinen Atem Wind und Regen erzeugt, Sümpfe hervorgerufen und die Erde verheert haben soll; Yü vernichtete ihn im Norden vom K'un-lun[65].

Von diesen monströsen Fackeldrachen abgesehen, verfügten Götter und Titanen noch über andere Typen von Flugzeugen: den „silbernen Pfeil" des Herakles etwa, von späteren Generationen gleichgesetzt mit dem „silberweißen Mondroß" Areion, mit dem er die „furchtbaren Riesenvögel" am See Stymphalos besiegte, die ihre Federn wie Pfeile auf den Gegner abzuschießen[79] vermochten; den im Kalewala als „Zaubermühle" beschriebenen Sampo, der auf die verschiedenste Weise gedeutet wurde, als Himmel, als Gestirn, als Wolke, als Regenbogen, als Tempel, als Schiff, und nichts anderes war als ein Flugzeug, denn er schwebt im Himmel, dreht sich, wie ein Hubschrauber und daher „Mühle", zermahlt den Wohlstand seiner Gegner. Er wird in einer Höhle der unteren Welt aufbewahrt und streng bewacht, da sein Besitz Frieden und Reichtum sichert[41].

In China, vor allem im Yüeh-Gebiet, hört man Erzählungen über „fliegende Glocken", die auf geheimnisvolle Weise erscheinen und verschwinden. Solche Berichte können recht alt sein, denn Glocken sind keine Erfindung des Buddhismus, noch des Christentums; viele wurden ausgegraben, die vorgeschichtlichen Zeiten zugehören. Das „Tier Lei" sei hier ebenfalls genannt, „ein Wesen wie ein Klumpen, ohne Kopf, ohne Augen, ohne Glieder; es fliegt nur bei Dunkelheit, wobei es ein donnerähnliches Getöse macht[40]."

Beliebt als Bild für das sonst nur schwer zu Beschreibende ist der Wagen, eine spätzeitliche Verbildlichung, die erst nach Einführung von Roß und Wagen in Gebrauch gekommen sein kann. Wir hören von feurigen Himmels- oder Geisterwagen, wie dem Vogel Hsiu-liu oder der Eule Ch'ih-hsiaou bei den Thai. Und diese wissen auch vom Donnergott mancherlei zu erzählen, der gleich dem germanischen Thor, dem indischen Vishnu, dem griechischen Poseidon und dem

Tupan der Guarani in Südamerika, rotes Haar und zwei Hörner – ein Attribut auch der sumerischen und der ägyptischen Götter – hatte und in der Hand eine grüne Jadeaxt trug. Wie Thor, Vishnu und Poseidon fuhr er in einem „Donnerwagen" durch die Luft. Kein Symbolismus, keine Allegorie, denn einst fiel ein solcher Donnerwagen im Bezirk Yen-ling-hsien unter lautem Getöse und Flammensprühen zur Erde; er war schwarz, hatte einen Eberkopf – der Eber erscheint auch in germanischen, indischen, griechischen Mythen mit gleicher Bedeutung –, sowie Hörner, Fledermausflügel, einen Pantherschweif, je zwei Krallenzehen an Füßen und Händen. Der gleiche Gegenstand stürzte in der Nähe von Hsou-an-chou, beim heutigen Wu-hu, vom Himmel, noch dazu in die Hütte einer Gebärenden; aus den Trümmern vermochte er sich nicht mehr zu erheben[40].

All das erinnert sehr an Flugzeugunglücke ähnlicher Art in unseren Tagen.

Mit Staunen und Grausen sahen die Menschen jene feurigen Wagen, die Vimanas oder den Baiban des Elia, oder auch den rotgoldenen oder purpurroten Siriusvogel, den Phoinix, der „sein Nest verbrennt und hierbei Abschieds- und Reiselieder singt[274]", eine wahrhaft poetische Umschreibung für den Start einer heutigen Raumrakete. Leider sind diese Fahrzeuge nirgends genauer beschrieben. Wir hören nichts über ihr Aussehen, abgesehen von der Bemerkung, daß sie „aufgerollten Schlangen" glichen, also rund waren; hingegen kennen wir ihre Funktionen genauer. Während die Vimanas, von den siebenundzwanzig Maruts gelenkt, mit ihren goldenen Rädern wie Blitze aufglänzend, von je drei „Hirschen" durch die Lüfte gezogen werden, sind es „Böcke" beim ebenfalls feuersprühenden Wagen Thors. Horn oder Geweih scheinen hier also ein besonders augenfälliges, ganz bestimmt aber technisches Merkmal zu verbildlichen. Auch die südamerikanischen Guarani sahen ihren Donnergott Tupan unter lautem Getöse durch den Himmel fliegen; sie identifizierten sein Flugzeug jedoch nicht als „Wagen", den sie gar nicht kannten, sondern als einen „Holzblock", der von riesigen „Vögeln" begleitet wurde[166].

Als der kalte Krieg zwischen Göttern und Titanen, allmählich sich verschärfend, zu gewaltsamen Übergriffen von beiden Seiten führte, waren es ganz besonders die Nagas oder Wolkenschlangen der unteren Welten, die von Menschen wie Göttern gefürchtet wurden. Aus dem Wust vielfältiger Aussagen, widersprechender Beschreibungen, esoterischer Verbrämungen ein klares Bild von diesen Flugobjekten zu gewinnen, ist nicht eben leicht. Die Bezeichnung „Wolkenschlange“ scheint sich einmal auf die wirkliche Gestalt zu beziehen, wie ja auch moderne Überschallflugzeuge oft genug ein reptilähnliches Aussehen haben, zum anderen aber auch auf das Erscheinungsbild am Himmel. Selbst dem modernen Menschen, der die Kondensstreifen der Düsenjäger durch den Himmel ziehen sieht, drängt sich unwillkürlich der Vergleich mit Schlangen auf.

Von den nach der Flut lebenden Indern, die sich nur dunkel der grausigen Erlebnisse ihrer Vorfahren erinnerten, wurden die Nagas personifiziert und noch später zu philosophischen Prinzipien umgedeutet. Der Sage nach hielten die Schlangen auf einer der unteren Welten Garudas Mutter Vinata gefangen; sie wurde von Garuda befreit. Nun aber war ja Garuda ein Flugzeug – aus rotgoldenem Metall, wie es im Vishnu Purana heißt – Vinata folglich auch. Andere Völker geben eine noch genauere Beschreibung von den Wolkenschlangen als die phantasiebegabten Inder. Wie schon die Böcke oder Hirsche der feurigen Wagen, so trugen auch die Wolkenschlangen Hörner. Dem indischen Mythos zufolge erwarben sie sich Verdienst, weil sie das Amrta, das Lebenswasser, aufleckten, das Garuda beim Befreien seiner Mutter verschüttet hatte[92]; im Kalewala heißt es, sie hätten „Bier“ getrunken, als Wäinämöinen sie in ihrem unterweltlichen Versteck im „Stahlberg“ beschlich und vernichtete[41]. Jener Stahlberg könnte ein metallener Hangar gewesen sein, das Bier oder der Lebenstrank eine Art Kraftstoff. Auch Garuda, Saudamini und andere metallene „Vögel“ nahmen während des Tarakamayakampfes den Lebenstrank zu sich.

Bei den Kelten erscheint die Wolkenschlange gehörnt, mit einem Widderkopf[275], bei Maya, Tolteken und Azteken als Mazacoatl, die Hirschschlange[139], identisch mit den Mashekenapek, den fliegenden, gehörnten Schlangen bei den zur Algonkinnation gehörenden Saukindianern in den Prärien des Mittelwestens, wo sie mit den Aiyamwoi, jenen bösen Riesen oder Titanen, in Verbindung gebracht werden, die unseren Planeten vor der Machtübernahme durch die Götter besetzt hielten[149]. Außerdem aber hatten sie auch etwas mit den gefährlichen „Eulen“ der unteren Welt Xibalba gemein, wie der mythische Name Tamoanchan, den wir im Zusammenhang mit den Chanes erwähnten, andeutet[66]. Man findet diese Wolkenschlangen kindlich naiv, aber mit künstlerischem Geschmack auf den Chimu-Töpfereien dargestellt[69].

Bekannter sind die Federschlangenhäupter der Prunkfassade an der Westseite der Ciudadela zu Teotihuacan, Symbole des Himmels, gleich den über Meermuscheln schwebenden Schlangenleibern, die das „Nachtmeer“ andeuten wollen – „phantastische Tierhäupter von einer geheimnisvollen, fremden und schrecklichen Schönheit[42]“.

Auch bei den Germanen, wie bei Maya und Chimu, waren Erinnerungen an gekrönte oder gehörnte fliegende Schlangen ungemein häufig. Den Iranern galt der „Schlangendrache“, die gehörnte Schlange Keresaspa, identisch mit dem sumerischen Drachen von Kur, als Bild des Ahriman[276]. Und die Yasidi, die den persischen Ahriman, das Urbild des Satans in der Christenlehre, als den rechtmäßigen Herrn der Erde unter dem Namen Melek Ta'u, „König Pfau“, verehren, haben an der rechten Seite des Einganges zu ihrem Felsenheiligtum in Sheik Adi, aus dem gewachsenen Stein das Bild einer schwarzen, auf dem Schwanz stehenden Schlange gehauen, ein „alamt el akl“, das Symbol der Weisheit, wie sie sagen[222].

Daß es sich bei diesen „Schlangen“ nicht um das Erdentier handelt, das ja weder Feuer speit, noch Hörner trägt, noch fliegt, auch keineswegs die „Weisheit vom Himmel“ herabbringt, dürfte aus der angeführten Araha-Mythe hervorgegangen sein, der zufolge sich der melanesische Gott Hatuibwari auf der Wolkenschlange Figona zum heiligen Berge Hoto der Insel Aofa niedergelassen hat[221].

Auf den Plateaus von Nazca, die wir nach allem für Flugplätze oder für Modelle von Flugplätzen zu halten geneigt sind, findet man unter Vögeln und geometrischen Zeichnungen auch Spinnen dargestellt, ebenso auf Chimu-Vasen; man sieht sie auf megalithischen Piktographien sowohl als auch unter den Emblematic Mounds in Ohio, stets mit einer deutlichen Beziehung zum Kosmischen. Was sagen die Mythen darüber aus?

Bei den Yana-Indianern in Nordamerika, die zu den Hoka-Stämmen gehören, heißt es in einer Sintflutsage: „Als die Menschen, von Wasserflut und Feuersturm bedrängt, sich auf einen hohen Berg geflüchtet hatten, sprach der Adler zur Spinne: ‚Hast du ein starkes Seil?‘ ‚Ja‘, erwiderte die Spinne. Darauf gebot der Adler: ‚Dann lasse die Menschen in meine Korbhütte gehen.‘ Und der Hütte befahl er: ‚Dehne dich aus!‘ Die Hütte nahm die Menschen auf. Sie wurde von der Spinne am Seil nach oben gezogen und am Himmel festgebunden. So retteten Adler und Spinne die in der Hütte befindlichen Männer, Frauen und Kinder vor dem Verderben[149].“

Die Spirale, dieses geheimnisvolle Zeichen vorzeitlicher Kulturen, fehlt auch in Nazca nicht. Über den Sinn dieses Emblems ist schon viel gerätselt worden. Die afrikanischen Dogon sagen, es handle sich um ein Abbild der kosmischen Ströme, die den Weltraum durchziehen. (Foto: Maria Reiche, Stuttgart und Peru)

Tierfiguren von außerordentlicher Präzision, die ein hohes Maß an Abstraktionsvermögen wie auch an geodätischen Kenntnissen voraussetzen, sind zwischen die geometrischen Zeichen von Nazca eingestreut oder, vom Boden nicht sichtbar, auf den Berghängen angebracht, so als sollten sie für einen Betrachter aus der Höhe etwas Bestimmtes aussagen. (Foto: Maria Reiche, Stuttgart und Peru)

Auf Tanna, einer der südlichen Neuen Hebriden, sollen sich die Götter mit Hilfe von Spinnen durch ein „Tor" oder eine „Pforte" vom Himmel auf die Erde niedergelassen und auf solche Art auch Schweine und Nutzpflanzen herabgebracht haben. Auf der Insel Mota wird erzählt, Quat, der melanesische Kulturbringer, sei „am Faden der Spinne Marawa zum Himmel emporgestiegen" und später in gleicher Weise mit Frau und Kind auch wieder heruntergekommen[265]. Naro, der Schöpfergott, auch „Spinnenherr" genannt, erscheint auf den polynesischen Gilbert Inseln als „einsame Wolke im Leeren schwebend" oder als „Himmelsspinne", die identisch mit Marawa ist, während der Phase des verstärkten Ringens zwischen Göttern und Titanen[35]. Von den Maya hatten wir bereits gehört, daß sich ihre Götter gelegentlich an Spinnweben auf die Erde hinabließen[17].

Die weltweite Verbreitung solcher Aussagen verbietet jeden Gedanken daran, es könne sich um einen Naturmythos handeln, denn auch bei den westafrikanischen Banda und Ashanti erscheint der Flugkörper als Vogelspinne Ananse, die den ersten Menschen Saatgut und Hacke sowie Lebensmittel oder Geräte vom Himmel bringt und ihre Wünsche den Göttern übermittelt. Bei den Njokon in Kamerun ist Njiko, die „Seherspinne", der erste Sohn ihres höchsten Gottes, doch wird er von seinem Vater aus dem Himmel verjagt[113].

Derartige Überlieferungen, deren es eine unübersehbare Menge gibt, zeigen zur Genüge, daß alle die fliegenden, mit Feuer, Rauch, Getöse verbundenen, oft als „aus Metall bestehend" beschriebenen Gegenstände ihrer Funktion nach nicht das sind, was sie dem Namen nach zu sein scheinen. Betrachtet man sie im größeren Zusammenhang des Ringens zwischen oben und unten, des Kampfes zwischen Göttern und Titanen, vergleicht man sie ferner mit den technischen Errungenschaften in heutiger Zeit, so verlieren sie den Charakter des Märchenhaften, Unglaubwürdigen vollkommen, denn nichts, was etwa der Falke Garuda tat, könnte gegenwärtig von uns nicht nachvollzogen werden. Auch Typhon, sobald man ihn seiner mythischen Umnebelung entkleidet, ist nichts anderes als eine moderne Mordmaschine. Aus dieser Sicht wird manches, was der damaligen primitiven Menschheit an den Göttern unheimlich und unbegreiflich erschien, mit einem Male nicht nur verständlich, sondern gleichsam zu einem historischen Modell, an dem sich unser eigenes Denken und Verhalten den Erscheinungsformen einer übermächtigen, alles überwuchernden Techne gegenüber zu orientieren vermag.

Mehr und mehr setzt sich gegenwärtig der bestürzende Gedanke durch, daß die Menschheitsgeschichte vielleicht doch nicht so verhältnismäßig einfach und gradlinig verlaufen sei, wie man auf Grund der spärlichen Relikte und der einleuchtenden Evolutionstheorie bisher annehmen zu dürfen glaubte. So schrieb denn auch der vorzügliche, durch jahrzehntelange praktische Forschertätigkeit in verschiedenen Erdteilen und vor allem durch seine Entdeckung einer Megalithkultur im Urwald Brasiliens bekannt gewordene Archäologe Professor Marcel F. Homet angesichts der Felsbilder am Rio Parimé[215]:

„Ein weiteres irdisches – oder schon außerirdisch anmutendes Ideogramm stellt einen fliegenden Vogel mit ausgebreiteten Flügeln dar. Man kann es als Anzeichen einer plötzlichen Abwanderung oder – sehr weitgehend – als Gründung einer äronautischen Flotte deuten. Das letztere klingt so unwahrscheinlich, daß man größte Vorsicht walten lassen muß, beträfe es doch Flugmöglichkeiten, die auf einem

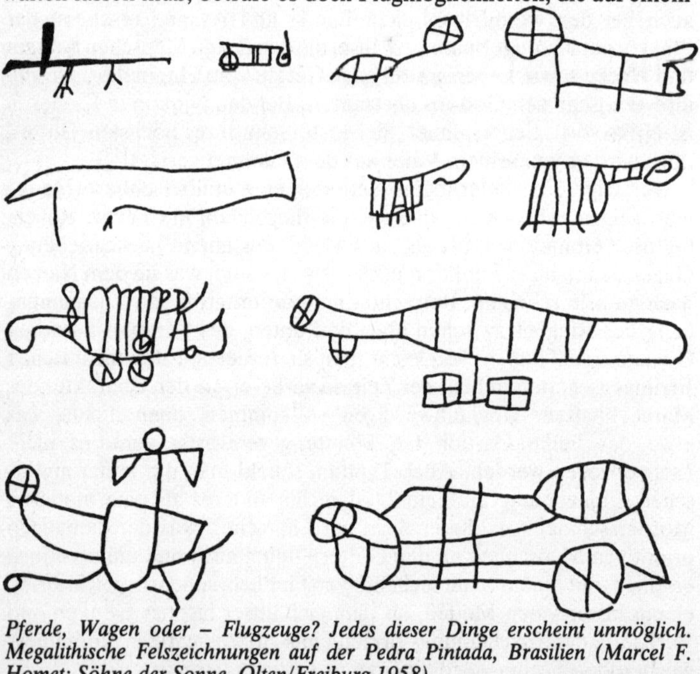

Pferde, Wagen oder – Flugzeuge? Jedes dieser Dinge erscheint unmöglich. Megalithische Felszeichnungen auf der Pedra Pintada, Brasilien (Marcel F. Homet: Söhne der Sonne, Olten/Freiburg 1958).

Kontinent bestanden haben sollen, der spurlos verschwunden ist. Nun beginnt sich aber immer mehr die Überzeugung durchzusetzen, daß der Inhalt der Mythen, welche eine für uns versunkene Tradition weitergeben – richtig gedeutet und verstanden –, nichts anderes ist als die Erinnerung an vergangene Tatsachen. Sie werden freilich in einer Form bewahrt und erzählt, die verstanden werden muß. Es gilt also, den wahren Kern von Mythos, Sage und Legende herauszuschälen und zu erfassen.

In diesem Falle würde es sich um die Tradition des fliegenden Menschen handeln, um den Ikaros-Mythos, und um die Feststellung, ob diese auf Erden genauso verbreitete Sage wie die greifbaren Ketten der wandernden Sonnen, Urnen, rotbemalten Skelette und Pyramidenbauten nichts anderes ist als eine in mythischer Form erhaltene Erinnerung an versunkene Möglichkeiten? Unsere moderne Zivilisation ist nur zweitausend Jahre alt, und schon greift der moderne Mensch mit seinen Flugobjekten über die Erdatmosphäre hinaus. Wenn nun plötzlich eine geologische, kosmische oder atomare Katastrophe die jetzige Menschheit und ihre Werke ausrotten und nichts weiter übrigbleiben würde als einige Elemente – Dokumente, in unserem Sinne – die vielleicht später einmal, nach Tausenden von Jahren, den Nachkommen der Überlebenden nur mehr als eine Ikaros-Legende überliefert werden könnten? Unter den gegebenen Umständen erscheint nicht einmal mehr dies ausgeschlossen. Warum sollte es denn nicht – Jahrtausende oder Jahrzehntausende vor unserer Zivilisation – ebenfalls Kulturen gegeben haben, die sich ihrerseits in jahrtausendelanger Entwicklung zu flugtechnischen Möglichkeiten aufgeschwungen haben? Aber gerade, weil solche Gedankengänge verdächtig naheliegen, muß man besonders vorsichtig bleiben, jedoch nicht nur mit allen bejahenden Feststellungen, sondern auch mit allen a priori Verneinungen. Ist es doch genau so gefährlich, etwas von vornherein anzunehmen, als es von vornherein zu leugnen!“

Die große Wende

„Ich bin dieses Landes Königin, von Hermes unterwiesen. Was ich an Gesetzen gegeben, kann niemand aufheben. Ich bin des Kronos, des ewigen Gottes, Tochter. Ich bin des Osiris Gattin und Schwester. Ich bin die, die zuerst die Früchte zum Nutzen des Menschen gefunden. Ich bin des Herren Horus Mutter. Ich bin die, die im Stern des Hundes aufgeht. Mir ist die Stadt Bubastos erbaut. Sei gegrüßt, sei abermals gegrüßt, du Land Ägypten, das mich geboren hat."

Diese stolzen Worte stehen, mit Hieroglyphen geschrieben, an der Isissäule zu Nysa[29]. Sie enthalten so ziemlich alles, was über die kolonisatorische Tätigkeit der Götter zu sagen ist. Die Götter gaben den Menschen Gesetze, eine soziale Ordnung, lehrten sie Ackerbau und Viehzucht sowie vielerlei Handwerke, Künste und Wissenschaften und ließen sie sich in mauerumwehrten Gemeinwesen zusammenschließen. Das ist leicht gesagt, war aber schwer getan. Wie sah es denn auf der Erde aus zu der Zeit, da die Kolonisierung begann?

In kleineren Horden zogen die Menschen auf Suche nach Nahrung umher. Die Frauen sammelten Wurzeln, Knollen, wildes Obst; die Männer bauten Fallen und stellten mit primitiven Waffen dem Wild nach. Gelegentlich veranstalteten sie Treibjagden. Das Klima besserte sich, unmerklich zwar für die damals Lebenden, aber doch beständig. Anders als die ihnen vorausgegangenen Rassen, verfügten die „neuen" Menschen schon über einen gewissen Kulturbesitz, über Waffen, wie Speer und Harpune, Pfeil und Bogen, mit denen sie auch größere Tiere, das Mammut, das Wollhaarnashorn, Wildpferde, Löwen, Bären, Hirsche, Rens, zu erlegen vermochten. In Felle gekleidet, begleitet von Hunden, die sie offenbar aus ihrer jeweiligen Urheimat mitgebracht hatten, hausten sie in Höhlen, Wohngruben, Hütten und Zelten; sie fochten mörderische Kämpfe mit anderen Horden aus, denn eine Gemeinsamkeit bestand unter ihnen nicht, weil ja auch ihre Sprachen, in undenklich ferner Zeit unter uns unbekannten Verhältnissen aus einer Wurzel entstanden, sich auf den verschiedenen Herkunftsgestirnen gesondert entwickelt hatten. Einige Völker besaßen schon eine Kultur, als sie ihren Erdenweg begannen, andere wieder standen eher dem Tierreich näher als ihren kultivierteren Schicksalsgenossen. Während sich an den steinzeitlichen Funden in etwa ablesen läßt, wie der Mensch damals seine Lebensverhältnisse zu verbessern unablässig bemüht war, kann die Anthropologie das Entstehen seiner Persönlichkeit, seine Entwicklung zu einem sittlichen, zweckbewußten Wesen nicht erklären.

Dies um so weniger, als der Übergang verhältnismäßig spontan erfolgt sein muß, obendrein nahezu gleichzeitig auf der ganzen Erde. „Hunderttausende von Jahren dauert das Verhältnis der Naturzugehörigkeit des Menschen; Jahrtausende währte die Zeit der Naturgemeinschaft, die der Mensch durch Züchtung von Tieren und Pflanzen einging; kaum nach Jahrhunderten zählbar aber ist die Zeit der Naturbeherrschung durch die Technik[277]."

„Leider ist die Entstehungsperiode der ägyptischen Zivilisation ebenso dunkel, wie sie wichtig ist[278]." Dieser Satz gilt für die meisten der ältesten Kulturen. Als die Sumerer um 4000 v. Chr. in Mesopotamien einwanderten, brachten sie ihre Kultur gleich voll entwickelt mit; wir wissen jedoch nicht, woher sie gekommen sind[7]. Und so auch in China die Thai und Hia[23]. Dasselbe Geheimnis umgibt den Ursprung der amerikanischen Kulturen.

„Gehen wir in die ältesten Zeiten Ägyptens zurück, so finden wir hier eine doppelte Menschheit, einen Priesterstamm und Nomaden, Hirtenvölker. Letztere, roh und unkultiviert, einem grobsinnlichen Fetischismus hingegeben, konnten sich die menschliche Seele nicht anders als mit dem Körper verbunden, ihm gewissermaßen untertan, denken; wenn sie auch nicht an einen Untergang der Seele zugleich mit dem leiblichen Tode glaubten, so war doch gewiß der Gedanke und Glaube an die Fortdauer der Seele, als vom Körper getrennt, höchst unbedeutend und unlauter. Hingegen jener Priesterstamm, woher er auch nach Ägypten gekommen sein mag, ohne Zweifel im Besitz höherer Kenntnisse, kannte gewiß die Lehre von der Fortdauer des Lebens und der Unsterblichkeit der Seele, und zwar unter dem Begriff der Palingenesis. Kannten doch ähnliche Priesterstämme Indiens und Persiens dieselbe Lehre. Da sie jedoch die Verhältnisse und Bedürfnisse des Volkes kannten, das sie an Ackerbau und feste Wohnsitze gewöhnen wollten, mußte es ihrem Plan förderlich sein, wenn sie den Glauben an das Verweilen der Seele im Körper dogmatisch und rituell befestigen[29]."

Obschon sachlich richtig, wirft diese Darstellung ägyptischer Vorzeit durch einen Symbolisten des vorigen Jahrhunderts doch einige Fragen auf, die ihr Verfasser nicht zu beantworten vermochte. Woher denn sollten jene „Priesterstämme“ oder Kulturbringer nicht nur in Ägypten, Mesopotamien und Indien, sondern ebenso auch in allen anderen Erdgegenden – in Nordwesteuropa, auf den Südseeinseln, in Nord-, Mittel- und Südamerika und in China – wohl gekommen sein? Ihr höheres Wissen setzte eine höhere Kultur voraus, deren Ursprungsort sich nirgends auf der Erde lokalisieren läßt. Sie waren eben einfach da, wie „vom Himmel gefallen“. Und tatsächlich wird dieser Ausdruck von Historikern und Ethnologen mehrfach benutzt.

In China war es der kleine, von Geheimnis umwitterte Stamm der Hia, von dem Franke[25] sagt: „Entweder handelt es sich um einen Stamm, der, sei er nun kaukasischer oder anderer Herkunft, aus einer anderen Gegend Asiens eingewandert war und sich da niedergelassen hatte, wo wir das hereindringende Volkselement zuerst finden, nämlich in Kan-su sowie im Süden der Provinz Schansi und der Niederung am Hoang-ho, da, wo der Strom aus den Gebirgen heraus in die große Ebene eintritt, in dem fruchtbaren Tale des unteren Lo und I und dem Gartenlande von Huei-k'ing in Honan. Er müßte die Kenntnis des Ackerbaues, vielleicht auch anderer Kulturen, mitgebracht und sich oder seinen Einfluß nach allen Seiten allmählich ausgebreitet haben. Oder aber: ein in der genannten Gegend am Hoang-ho angesessener Stamm mongoloider Herkunft erwarb, durch die außerordentliche Fruchtbarkeit des Bodens oder durch Belehrung von auswärts angeregt, die Kenntnis des Ackerbaues . . .“

Nun findet sich, wie Franke nachweist, anders als bei den Polynesiern oder den altamerikanischen Völkern, in den Überlieferungen der Thai oder Hia keine Spur des Erinnerns an eine Einwanderung oder an frühere Wohnsitze, so daß nur der Schluß bleibt, dergleichen Erinnerungen seien entweder absichtlich aus ihrem Bewußtsein getilgt, oder die Kultur sei jenen Völkern Chinas an Ort und Stelle von „auswärts“ vermittelt worden. Wie aber könnte das wohl geschehen sein? „Die Seßhaftwerdung ist eigentlich immer ein erzwungener Vorgang, da mit ungewohnter Arbeitsleistung verbunden[279].“

Der hervorragende deutsche Vorgeschichtsforscher Professor Friedrich Behn stellte fest:

„Jahrtausendelang hatten die Menschen als Jäger und Fischer auf der Stufe des reinen Sammlertums gelebt. Trotz bewundernswerter Hochleistungen, nicht zuletzt auf künstlerischem Gebiet, die ein hochentwickeltes Geistesleben ahnen lassen, war dieser Entwicklungsstand jedoch nicht geeignet, Grundlage einer fortschreitenden Kulturentwicklung zu werden; er mußte schließlich in völlige Erstarrung verfallen, neuer schöpferischer Taten nicht mehr fähig. Neue Impulse konnten nicht von innen, sondern nur von außen her kommen! Der Übergang vom Jägertum zum Bauerntum in seinen beiden Formen als Bodenbau und Viehhaltung darf unbedenklich als die größte Revolution in der Geschichte der Menschheit bezeichnet werden. Um die Erklärung dieses Phänomens haben sich von jeher unzählige Geister und Federn bemüht, ohne doch mehr als Hypothesen geben zu können. An gesetzmäßige innere Entwicklung kann nicht gedacht werden; niemals und nirgends ist es gelungen, aus Jägern Bauern zu machen. Alle auch in neuerer Zeit durchgeführten Experimente sind restlos gescheitert – schon allein daran, daß ein Jägervolk sich einem Bauernvolk gegenüber als eine Art Kulturadel fühlt[280]."

Diese Impulse „von außen her" müssen außerordentlich mächtig gewesen sein. Dabei war die Anzahl der Kulturbringer stets sehr gering. Abgesehen von der Bekundung im Buche Henoch[55], derzufolge es zweihundert „Engel" unter siebzehn Anführern gewesen waren, die auf dem Berge Horeb landeten, hören wir immer nur, sie seien paarweise, manchmal auch einzeln, wie in China der göttliche Landwirt Shen-nung, aufgetreten. Die erste Begegnung zwischen Göttern und Menschen lief, wie sich denken läßt, für gewöhnlich nicht gerade friedlich ab. Doch sahen die Kulturbringer sich infolge der Überlegenheit ihrer Waffen durchaus in der Lage, das wilde Menschenvolk unter ihren Willen zu zwingen.

In den altirischen Helden- und Königssagen gerät der Heroe Cuchulainn bei dem Beutezug auf die Stiere von Cooley mit der bösartigen Zauberin Meob, dem Urbild der Königin Mab in Shakespeares „Romeo und Julia", aneinander; im Verein mit der Göttin Macha lähmt sie die Krieger von Ulster durch eine „merkwürdige Schwäche", so daß sie sich nicht mehr bewegen können[281]. Ein Gleiches ist in den Sagen anderer Völker, ganz besonders aber bei den Griechen, vielfach bezeugt. Erinnern wir uns nur einmal der Gigantenschlacht auf den Phlegreischen Feldern, wo Dionysos den Giganten

Eurytos mit seinem Thyrsosstab lähmte[64]. Der Thyrsos, später mißgedeutet als „Heroldsstab", weil Hermes einen solchen von Zeus erhielt, ist ein rätselhaftes Instrument aus goldglänzendem Metall, nach Aussage einiger mit „weißen Bändern" geschmückt, nach Meinung anderer mit „blinkenden Schlangen"; die Menschen fürchteten es ungemein[64]. Seine Wirkung, den Gegner zu lähmen, war ebendieselbe wie bei der geheimnisvollen Aigis.

Diese Wunderwaffe, von Hephaistos aus dem durch Perseus geraubten Haupte der Gorgo Medusa angefertigt, wird beschrieben als ein runder, am Rande mit hundert goldfädigen Quasten besetzter Schild, ganz aus „blitzendem Gold", der Angst und Grausen unter allen Gegnern verbreitete, sobald Athene oder Zeus, gelegentlich auch Apollon, ihn erhoben und „schüttelten". Der Feind erstarrte beim Anblick des auf ihm befestigten Medusenhauptes, sank dann wie gelähmt zu Boden, sofern er nicht schon zuvor die Flucht ergriffen hatte[11].

Wenn man nun dieses Gerät, dessen Name ursprünglich „Ziegenfell" bedeutet haben soll, bald als Koller, bald als Brustpanzer, dann wieder als Schild, ja sogar als den „ziegenledernen Kittel libyscher Jungfrauen[46]" zu erklären suchte, so ist das angesichts seiner Funktion vollkommen abwegig. Eher ließe sich darunter ein elektrisches Instrument denken, das lähmende Schläge austeilte, ohne zu töten. Und so heißt es denn auch in der Heimskringla des Snorri Sturluson: „Solche Macht hatte Odin, daß er in der Schlacht seine Feinde blind oder taub machen konnte oder vor Schrecken wie gelähmt . . .[282]"

Eine andere Waffe der Götter war das Zauberschwert, der „goldene Stab" oder „goldene Dolch", bei nahezu allen Völkern wahrscheinlich der gleiche Gegenstand, obwohl unterschiedlich beschrieben. Wir haben gehört, wie Kashyab die Berge des Kaschmirtales mit seinem „magischen Schwert" zerteilte, so daß die Wasser abzulaufen vermochten[89] und anbaufähiges Land zum Vorschein kam. Nichts anderes tat Bocchia, der Kulturheros der Muisca, in der südamerikanischen Kordillere mit seinem „goldenen Stab[42]". Er, wie auch Kashyab, haben dem Menschen nicht nur neuen Siedlungsraum erschlossen, sondern auch Gesetze gegeben, Recht und Ordnung begründet sowie die Künste des Ackerbaues, der Viehzucht und der Weberei gelehrt. Im Andengebiet wurde unter vorgeschichtlichen Felszeichnungen auch die Konstruktionsskizze eines Webstuhles entdeckt. Nach altperuanischer Überlieferung kam Manko Capac mit seiner Schwester und Gattin Mama Occlo auf Befehl Intis, des Sonnengottes, zur Erde herab, um die Menschen in der Kunst des Ackerbaues zu unterweisen; bei Cuzco senkte er einen „goldenen Keil" in das Erdreich, womit in dieser Gegend die Bearbeitung des Bodens ihren Anfang nahm[283]. Der japanische Heroe Susanowo besaß ebenfalls solch ein Zauberschwert, „das Gras zähmt" und deshalb Kuzanagi hieß. Nachdem er aus dem Himmel verbannt worden war, tötete er im Lande Izumo, an der Mündung des Hii, des heutigen Hoang-ho vielleicht, einen achtköpfigen Drachen, der sich an „Branntwein" berauscht hatte, also wohl ein Flug- oder Fahrzeug gewesen ist. Im Inneren des Monstrums fand er jenes berühmte Schwert, das noch heute in Japan als ein Symbol der kaiserlichen Hoheit gilt[284].

Dieses Zauberschwert – was könnte es gewesen sein? Muß man nicht, gemessen an der Wirkung, annehmen, alle diese Waffen hätten auf ein und demselben Prinzip beruht? Der berühmte „Blitz des Zeus" etwa, den die Kyklopen hergestellt hatten, Poseidons „Dreizack", der alles andere, nur kein Fischspeer gewesen sein kann? Schachermeyr[262] kommt, ungewollt, der Wahrheit nahe, wenn er sagt, der Dreizack des Poseidon sei „eine spätere Umbildung aus dem Blitzbündel" gewesen, nur eben nicht, wie er weiterhin mutmaßt, aus einem Bündel natürlicher Blitze abgeleitet, denn es handelt sich hierbei doch offensichtlich um ein technisches Gerät. Identisch mit dieser Waffe, wie auch mit den magischen Schwertern Kashyabs und anderer, dürfte deshalb auch das „goldene Schwert Chrysaor" sein. Zugleich mit Pegasos entsprang es dem Leibe der Gorgo Medusa, nachdem ihr Perseus das Haupt abgeschlagen hatte.

Da nun Pegasos eine Art Sportflugzeug war, mag die Gorgo eine Transportmaschine der Titanen gewesen sein, die von dem Helden demoliert wurde, denn die Ereignisse um den Raub des Medusenhauptes fanden auf einer Insel im äußersten Westen statt, noch jenseits der Säulen des Herakles[64]; und jene Inseln waren durch Titanen besetzt, von Poseidon beherrscht. Sowohl der Pegasos als auch das Goldschwert Chrysaor, das erst spätere Geschlechter, die sich an den wahren Sachverhalt nicht mehr erinnerten, sich als einen „Krieger" vorstellten, sollen von Poseidon mit der Gorgo in einem Tempel der Athene gezeugt, also hergestellt worden sein[64], was nicht nur Rückschlüsse auf den Zweck des Perseusschen Abenteuers zuläßt, sondern auch auf die politischen Absichten des Poseidon und der übrigen auf der Erde stationierten Götter. Mit allen Mitteln strebten sie danach, sowohl waffentechnisch als auch ernährungsmäßig autark zu werden. Sie müssen daher wohl die Befehlsgewalt des Weltenherren als eine stärkere Bedrohung empfunden haben als die durch ihre Abhängigkeit von Alben, Kyklopen und Titanen heraufbeschworene Gefahr; ließ sich doch Thor seinen berühmten Hammer von den Alben Brokk und Sindri anfertigen[146], Indra seine Blitzwaffe von dem Asuren Tvashtri[27], Poseidon Tarnkappe und Dreizack von dem Kyklopen[29]. Auch Sanassar, der Sturmgott der Armenier, bekam seine Blitzwaffe aus dem Meer, entweder dem Nachtmeer oder von der Insel Atlantis, wo die Titanen Werkstätten unterhielten.

Wie auch immer, es gelang den Kulturbringern jedenfalls, sich mit Hilfe ihrer Wunderwaffen und durch ihr überlegenes Wissen bei den Erdbewohnern in Respekt zu setzen. Außerdem waren sie auf ihre Mission offenbar gründlich vorbereitet; wird doch von Huiracotsa ausdrücklich gesagt, er habe „alle Sprachen" der Andenvölker beherrscht[163].

Den freilich oft widersprüchlichen, nicht leicht zu verstehenden Überlieferungen gemäß, scheint zu Beginn der kolonisatorischen Tätigkeit die Situation auf der Erde schon ziemlich verzwickt gewesen zu sein. Die vormaligen Herren unseres Planeten hielten ihn noch stellenweise besetzt; sie wurden von den Göttern verfolgt, ohne daß es zunächst zu offenen Kampfhandlungen kam, und sie ihrerseits bedrohten und verfolgten die neuen Einwanderer, die Menschen. Aus diesem Grunde setzten die Götter „Welthüter" ein, was die Menschen voller Dankbarkeit anerkannten. Die Germanen, damals wie heute Bewunderer überlegener Macht, standen in einem engen Freundschafts- und Treueverhältnis zu den Göttern; die Riesen aber verachteten sie[285]. Die Sumerer hatten zwar schon zur Zeit der Titanenherrschaft auf der Erde gelebt, aber auch sie haßten inbrünstig die Söhne der Tiamat, und sie erwarteten von Göttern und Priestern, gegen diese geschützt zu werden[7]. Anders als sie waren manche der nord- und mittelamerikanischen Völker auch darin den Germanen ähnlich, daß sie sich sozusagen auf gleicher Ebene eng an die Götter gebunden fühlten, an eine wechselseitige Abhängigkeit glaubten und hieraus ihre Vorstellungen von Pflicht und Verantwortlichkeit entwikkelten. Gleich den Juden hielten auch sie sich jeweils für das „auserwählte Volk". Diese Idee hat zweifellos nicht wenig zum Aufstieg der Azteken beigetragen, doch ebenso gewiß ihren jähen Fall bewirkt, wie es die Folge aller vorgefaßten Meinungen ist, die sich nicht revidieren lassen[139].

Auf Tahiti wird Hiro verehrt, der Gott der Diebe, ein Sohn Oros, zu Opoa auf Raiatea geboren. Er hielt es, wie Hermes, dem er in vielem ähnelt, mit den Menschen eher als mit Göttern und Titanen; er gewährte ihnen seinen Beistand, wo er konnte, und machte sich mit ihnen gemein. Einmal befreite er mit großer List eine Jungfrau, die von den Riesen auf einer der unteren Welten gefangengehalten wurde[157]. Auch hier fragt man sich, ob diese Sage nicht den gleichen Vorgang schildert, der uns mit der Entführung Iduns nach Helheim oder Ereshkigals nach Kur überliefert ist?

Während also bei fast allen Völkern eine engere Verbindung zwischen Göttern und Menschen bestanden zu haben scheint, war dies in Ägypten durchaus nicht der Fall. Hier war von Anbeginn ein Abstand festgelegt und wurde konsequent eingehalten; der Pharao galt zwar als Stellvertreter der Götter, war aber selbst kein Gott. Eine Vergöttlichung bedeutender Persönlichkeiten erfolgte hier erst in griechisch-römischer Zeit[24]; ebenso war auch in Polynesien bis kurz vor Ankunft der Europäer die Vergöttlichung von Menschen unbekannt[18]. Dies mag als Beweis dafür dienen, daß die Götter jedenfalls nicht, wie manche Fachgelehrte annehmen, „ins Transzendentale erhobene menschliche Herrscherpersönlichkeiten“ gewesen sind.

Überlegene Kampfmittel, Kenntnis der Stammesidiome wie auch der Mentalität der zu zivilisierenden Völker allein können kaum hingereicht haben, eine verwilderte, rohe Menschheit zu zähmen. Spotten doch die wilden Chavantes am oberen Rio Xingu bis zum heutigen Tag aller Versuche, sie zu „zivilisieren“; grundsätzlich spicken sie jeden Forscher, Händler oder Missionar, der ihr Gebiet zu betreten wagt, mit vergifteten Pfeilen, obwohl ihnen der weiße Mann durchaus kein Fremder mehr ist oder möglicherweise eben deswegen[286]. Wie war es da möglich, es sei denn durch nackte Gewalt, daß die Götter dennoch mit solchen wilden Völkern nicht nur in Beziehung zu treten vermochten, sondern zuletzt auch einen so tiefwirkenden, nachhaltigen Einfluß auf sie gewannen?

In jeder Gemeinschaft gibt es Individuen, die, intelligenter als die übrigen, ihren Zeitgenossen im Denken und Handeln vorauseilen. Zu jener Zeit dürften das die Häuptlinge gewesen sein oder auch Schamanen, denn die Crô Magnons zum Beispiel hatten, wie ihre Grabbeisetzungen vermuten lassen, Anfänge religiöser Glaubensformen aus ihrer Urheimat mitgebracht. Solche Leute nun wählten die Götter als Mittler zwischen sich und der breiten Masse der Menschen aus.

Lichte Haine, möglichst auf Bergeshöhen, wo gefahrlos zu landen war, wurden zu „Götterland“ erklärt; kein gewöhnlicher Erdenmensch durfte sie bei Strafe sofortigen Todes betreten – einzig und allein die erwählte bevorzugte Persönlichkeit, der Priester, und auch er nur zu bestimmten Stunden. In Hellas nannte man einen solchen „heiligen“, das heißt tabuierten Bezirk „temenos“, das „Herausgeschnittene“, so etwa ein kleines Plateau auf dem kretischen Ida, auf dem Zeus bisweilen sein Flugzeug abzustellen pflegte[11]. Aphrodite hatte bei Paphos auf Cypern einen „temenos“, dessen Lage aber bis jetzt noch nicht wieder festgestellt werden konnte.

Abgesehen von den Altären wurden in jenen Bezirken keinerlei Bauten errichtet; zwar waren sie Gegenstand heiliger Scheu, aber keineswegs Weihestätten in dem uns heute geläufigen Sinne. Erst lange nach dem Verschwinden der Götter wurden Tempel zu einer sakralen Einrichtung. Ihr ursprünglicher Zweck blieb jedoch dadurch in Erinnerung, daß man auch sie noch zumeist auf Bergeshöhen erbaute oder auf künstlichen Hügeln, den Stufenpyramiden. Ebensowenig existierten irgendwelche Götterbilder. Der Verkehr zwischen Göttern und Mittlern wickelte sich auf eine recht einfache, fast möchte man sagen „geschäftsmäßige“ Weise ab. Heilige Bezirke dieser Art gab es in Afrika, Indien, China, in beiden Amerika und auf den Inseln der Südsee, wo sie „Gottesgrund“ hießen; auch hier nahten die Götter oder ihre Boten sich fliegend[287].

Bei den Germanen wurden die von den Göttern auserwählten Mittler „Thruth“ genannt, „die dem Gott Vertrauten“; Begegnungen fanden jedoch nur zu festgelegten Zeiten oder aus zwingenden Gründen statt. Hatte der Priester außer der Reihe Bitten oder Wünsche seines Stammes vorzubringen, so zündete er auf dem aus mächtigen Steinen errichteten Altar ein Feuer an. Als ein Zeichen von guter Vorbedeutung galt es, wenn der Rauch gerade zum Himmel stieg. Geschah dies, so rief es den Gott herbei – vermutlich, weil sein Kommen dann flugtechnisch möglich war. Wir hörten von Fu-hsi und Nü-kua, daß sie ein Rauchfeuer auf dem K'un-lun entzündeten, sobald sie den Beistand anderer Götter benötigten[40].

Da uns nun dieser Vorgang aus allen Erdteilen überliefert ist, muß ein erdumspannendes Nachrichten- und Beobachtungsnetz bestanden haben, wahrscheinlich sogar über einen oder mehrere künstliche Erdmonde, wie es gegenwärtig auch wieder gehandhabt wird. Wurde ein solches Signal auf der fernen Götterburg bemerkt, so warfen Odin, Vishnu, Vaya oder Indra – von ihnen wenigstens ist es bezeugt – die Würfel hin, um dem Bedrohten oder Bittenden zu Hilfe zu eilen[27]. Naturgemäß wurde, was Ursache, was Wirkung war, der kausale Zusammenhang zwischen flugtechnischen Gegebenheiten – der Witterung etwa – und dem Verhalten des Rauches, von den Urzeitmenschen nicht erfaßt. Kain erschlug seinen Bruder Abel, weil dessen Opferrauch gerade zum Himmel stieg und sein eigener nicht, aus Eifersucht also, aus Neid; was nur beweist, wie wenig er sich über die Ursache im klaren gewesen ist[288].

Aus den Mythen erfuhren wir, weshalb die Menschen auf unseren Planeten gebracht worden waren, welchem Zweck sie zu dienen hatten. Die Opfergaben, die von den Götterboten regelmäßig eingefordert wurden, beschränkten sich zu Anfang des Goldenen Zeitalters auf unblutige Nahrungsmittel: Früchte, Beeren, die Ähren wildwachsender Gräser, Honig und Milch[289]. Voller Verehrung, mit ehrfürchtigem Schauder, blickten die Menschen zu den Bergen auf[29]; dort oben nämlich, in den abgeschiedenen, stillen Hainen, standen die Altäre, auf denen wissende Priester, die Vertrauten des Gottes, ihre Gaben darbrachten; nur sie erblickten in jenen frühen Tagen den Gott von Angesicht zu Angesicht, sobald der Rauch des heiligen Feuers ihn herbeigerufen, und sie empfingen von ihm die Ratschläge oder Gebote, die sie ihrem Volke zu übermitteln hatten, wie sie auch dessen Bitten oder Wünsche vortrugen. So ergab es sich ganz von selbst, daß sie zu Führern der ihnen Anvertrauten wurden; ein Priesterkönigtum bildete sich.

Erst nachdem die Götter gestorben oder von der Erde verschwunden, ihre Lehren, ihre vordem stets gegenwärtige Macht bei den Menschen nach und nach in Vergessenheit geraten waren, entartete der einst so natürliche und vernünftige Opferdienst zu wahnsinnigem Morden[289]. Den eigentlichen Sinn dieser Einrichtung völlig verkennend, ließ der römische Kaiser Julianus den zu sinnentleerten Idolen herabgesunkenen Gottheiten Hekatomben von Menschen hinschlachten[29]. Auch in Mexiko wurde der milde Opferdienst Quetzalcoatls, dem ebenfalls nur Früchte, Mais, Milch und Blumen dargebracht worden waren, nachdem er gen Himmel gefahren, vergessen, bis dann einige tausend Jahre später die aztekischen Priester des

Kriegsgottes Huitzolopochtli zuletzt einem an Irrsinn grenzenden Blutrausch verfielen[39].

Im Inkastaat, unter der strengen, aber weisen Aufsicht der Amautas, der Gelehrten, hat es dergleichen nicht gegeben. Das Arpha oder Opfer bestand hier vor der Inkazeit ebenfalls nur aus Feldfrüchten, Obst und Milch. Erst unter der Inkaherrschaft wurden bei besonderen Anlässen den Göttern Lamas, Rehe, Hirsche oder auch nur aus Fett geknetete Figuren dargebracht. Lediglich im Norden Perus sind gelegentlich auch Menschen geopfert worden[175]. Blut sei den Göttern verhaßt gewesen, bekunden die Tahitianer – alles, was rot ist und unrein macht; deshalb habe man ihnen in alter Zeit nur Früchte und Blumen zukommen lassen, und erst mit dem Kult des Oro sei auf Tahiti die Sitte des Menschenopfers eingeführt worden, doch werde der dem Gott Geweihte so getötet, daß kein Tropfen Blut verlorengeht[18].

All das klingt durchaus einleuchtend. Aus dem Atrahasis Epos der Babylonier geht hervor, daß die „Götter hungerten[172]", daß sie aus diesem Grunde den Boden Mesopotamiens anfangs von den Igigi, den Titanen, meliorieren und bebauen ließen, bis es zu einem Aufstand kam, bei dem einer der Igigi zur Abschreckung der übrigen getötet und auf der Götterversammlung der Entschluß gefaßt wurde, die Menschen – sozusagen als Gastarbeiter – zu erschaffen, beziehungsweise von anderen Welten auf die Erde umzusiedeln. Bestätigt wird diese Aussage durch ähnliche Überlieferungen im Popol Vuh der Maya Quiché. Andererseits aber ist auch überliefert, daß die Götter im Anfang irdische Nahrung nicht vertrugen, sondern auf ihre Götterspeise, Nektar, Ambrosia, den Lebenstrank Amrta oder die „goldenen Äpfel" der Idun, womit sie regelmäßig durch Raumfahrer wie Toth-Hermes, Vishnu und andere versorgt wurden, angewiesen waren.

Die Tonganer erzählen, einst seien mehrere Götter aus Boluto zu ihnen auf die Inseln gekommen, sie hätten sich hier niedergelassen und von den Früchten des Landes gegessen; drei von ihnen starben sogleich, die übrigen durften nicht nach Boluto zurückkehren, weil sie durch den Genuß irdischer Nahrung sterblich geworden waren. Aber auch kein Erdenmensch gelangte, so sagen sie, ohne Erlaubnis der Götter und ohne gewisse Vorkehrungen dorthin, weil ihn die dortige Luft sonst töten würde[170]. Diese Aussagen wurden im Jahre 1815 niedergeschrieben von einem Missionar, der sich von heutiger

Astronautik und Astrobiologie gewiß nichts träumen ließ. So waren denn auch die polynesischen Götter von dem Lebenswasser Wai-ora-roa abhängig, das auf dem Gestirn Havaiki einem Quell entsprudeln soll[49]. Da wir überzeugt davon sind, daß dergleichen Überlieferungen an weit voneinander entfernten Orten der Erde ein und dieselben Geschehnisse oder Sachverhalte wiedergeben, nur eben jeweils aus individuell verschiedener Sicht, sind wir geneigt, ihnen einige Glaubwürdigkeit beizumessen.

Das göttliche Geschwister- und Ehepaar japanischer Mythen, Izanagi und Izanami, wurde durch den Tod Izanamis getrennt. Erfüllt von dem Wunsch, seine Gemahlin wiederzusehen, macht sich Izanagi auf den Weg in die untere Welt. Hier hat sich Izanami inzwischen einen Palast erbauen lassen. Obwohl ihre Aufgabe auf Erden noch nicht erfüllt gewesen war, widersteht sie dem Drängen Izanagis, mit ihm nach der Erde zurückzukehren. Es sei zu spät, sagt sie, denn sie habe in der Welt der Finsternis Speisen zu sich genommen[261]. Die Demeter der Griechen liebte ihre Tochter Kore sehr. Als Hades die Kore in scinc untere Welt entführt hatte, zwang Demeter dem Zeus das Zugeständnis ab, Kore dürfe zu ihr auf die Erde zurückkehren, sofern sie inzwischen nicht von den Speisen der unteren Welt genossen habe. Tatsächlich hatte Kore sich dort geweigert, auch nur einen Bissen zu sich zu nehmen. Aber gerade, als sie das Fahrzeug des Hermes bestieg, behauptete Askalaphos, der Gärtner des Hades, er habe sie die Kerne eines Granatapfels essen sehen. Fortan, so kam Demeter mit Hades nach längerem Streit überein, mußte Kore drei Monate in der unteren Welt, dann wieder drei Monate auf der Erde verbringen[31]. Auch diese Geschichte dürfte eine astrobiologische Erfahrung bergen. Ähnliche findet man, mehr oder minder verschlüsselt freilich, bei Sumerern, Ägyptern, Indern, Finnen und Germanen; sie alle gipfeln in der Feststellung, der Besucher einer der unteren Welten dürfe dort weder die Luft einatmen, noch Speisen zu sich nehmen.

Lassen wir nun die Mythen zunächst einmal außer acht, so finden wir das Entstehen von Ackerbau und Viehzucht durch archäologische Funde und die Evolutionstheorie nur notdürftig erklärt. Seit 600 000 Jahren hatte der Mensch sich gleich dem Tier von wilden Früchten, Grasähren, Kerbtieren oder auf Zufall beruhender Wildbeuterei genährt. Er war, wie Arnold Gehlen schlüssig nachgewiesen hat[124], seiner Umwelt keineswegs überlegen, sondern eher das Gegenteil, eine fremdartige Erscheinung inmitten der irdischen Natur. Während der sogenannten Älteren Altsteinzeit, dem Altpaläolithikum, sammelte die Frau Wurzeln, Knollen, Früchte, der Mann legte Fallgruben an, in denen er Wildtiere fing; der Hunger muß ihr ständiger Begleiter gewesen sein. In der Jüngeren Altsteinzeit, dem Jungpaläolithikum, errichteten die Menschen bereits größere Wohnbauten, wie jene in Osteuropa; sie kannten die Arbeitsteilung und eine aus Sippenverbänden unter Führung von Häuptlingen bestehende soziale Organisation. Unvermittelt trat der Homo sapiens ins Licht; die älteren Rassen verschwanden. Ebenso plötzlich – und zwar fast gleichzeitig in allen Erdteilen – erfolgte der Übergang von der Sammlerwirtschaft zum Ackerbau, vom Wildbeutertum zur Viehwirtschaft, von der nomadisierenden Lebensweise zur Seßhaftigkeit. Um etwa 12 000 bis 10 000 v. Chr. kam es also zu der von Friedrich Behn so genannten „agrarischen Revolution" und mit ihr begann – man denke an die verflossenen 600 000 Jahre menschlichen Erdenwandels – der kurze, steile Aufstieg zur heutigen Zivilisation.

Der Rätsel sind viele. Wie entstand die Sprache? Woher rührt es, daß die urältesten Sprachen, soweit sie in Dokumenten auf uns gekommen sind, doch offenbar um vieles wortreicher und komplizierter waren als die aus ihnen hervorgegangenen heutigen? Und wer beantwortet die Frage, wie sich die menschliche Sprache wohl gebildet haben mag? Wilhelm von Humboldt sagte ja bereits: „Der Mensch ist nur Mensch durch Sprache; um aber die Sprache zu erfinden, mußte er schon Mensch sein[290]." Ferner stellte er fest, „daß noch keine Sprache im Entstehen ihrer Formen überrascht worden ist. Vielmehr begegnet uns jede bereits als ein fertiges Ganzes, als ein Organismus, in dem es nichts Isoliertes gibt."

Einigermaßen glaubhaft erscheint es noch, daß irgendein Urzeitmensch auf die Idee verfallen ist, Grassamen auszusäen, um sich die Mühe des Suchens und Sammelns zu ersparen; unglaubhaft hingegen, daß er die Gesetze der Auslese erkannt und angewandt haben soll, da ja zum Beispiel die Völker Australiens einerseits über ein höchst kompliziertes genetisches System verfügen, um Inzucht bei den einzelnen Sippen und Stämmen zu verhindern, andererseits aber bis vor kurzem noch über den Zeugungsvorgang selbst durchaus im unklaren gewesen sind[291]. Nehmen wir jedoch einmal an, irgendwo auf der Erde sei der Ackerbau in dieser Weise erfunden und kultiviert worden, habe inmitten der Jäger- und Sammlerstämme eine bäuerliche Kultur hervorgebracht, die nach allen Seiten hin und schließlich über den ganzen Erdenball ausstrahlte, so müßten sich die Expansionslinien, die Wanderwege dieser neuen Invention, irgendwie, sei es auch nur durch Sagen und Mythen, sei es durch andere mit dem Ackerbau in Beziehung stehende Kulturelemente – Pflug, Dreschflegel, Kornspeicher, Erntebräuche, Fruchtbarkeitsriten – nachweisen lassen. Dies ist nicht der Fall.

Weiterhin müßte die Kunst des Ackerbaus bei den von seinem Ursprungsort am weitesten entfernt lebenden Völkern auch zu allerletzt bekannt geworden sein. Auch dies trifft nicht zu.

Übernahmen benötigen gemeinhin sehr lange Zeit. Der Reisanbau, in China schon um 2000 v. Chr. betrieben, erfordert beträchtliche Kenntnisse. Nur sehr langsam, nämlich im Laufe eines vollen Jahrtausends, hat sich diese Wirtschaftsform über Indien, Persien und Mesopotamien bis nach Ägypten verbreitet, noch dazu in einem Erdteil, dessen Völker zu jener Zeit bereits in ständigem wirtschaftlichen und kulturellen Austausch miteinander standen[292].

Und da soll sich die so vielseitige Kenntnisse voraussetzende Kunst der Bodenbearbeitung, die an jedem Ort wieder andere Eigentümlichkeiten des Klimas, des Bodens, der Bewässerung berücksichtigen, über Generationen Erfahrungen sammeln, oftmals neue Methoden ersinnen muß, innerhalb eines knappen Jahrtausends von einem hypothetischen Kulturzentrum – sagen wir mit Bosch-Gimpera[66]: vom Baikalsee – über Kontinente und Meere bis in das Andenhochland ausgebreitet haben?

Obendrein sind die Feldfrüchte in jeder Zone, jedem Erdteil jeweils ganz andere, folglich auch die Methoden des Anbaues und die hierzu unerläßlichen Kenntnisse, Erfahrungen und Geräte. Mangels einer besseren Erklärung behaupten manche Fachgelehrte, die ursprünglich im iranischen Bergland wildwachsende Gerste sei in die mesopotamische Alluvialebene verpflanzt und hier kultiviert worden[293]. Wie geschah das? Durch wen? Für den Anbau waren, wie auch die Mythen bekunden, umfangreiche Vorarbeiten erforderlich. Kanäle und Gräben mußten gezogen, der Boden mußte melioriert werden, was wiederum, sofern es, wie bei der Einwanderung der Sumerer, von vornherein in großem Stil erfolgt, weitgehende Kenntnisse voraussetzt. Sie können nur im Laufe eines langen Entwicklungsprozesses erworben werden. Wo auf dieser Erde aber hätten wohl Bedingungen geherrscht, unter denen die Sumerer in der Lage gewesen wären, sich über Jahrhunderte oder gar Jahrtausende hin solche Kenntnisse anzueignen? Und wo wären die Spuren oder Relikte, die sie dann hinterlassen haben müßten?

Bei Ausgrabungen am Birket-karein, dem Moiris-See der Antike, fand man in Siedlungsresten des ägyptischen Neolithikums Frühformen des Weizens und der Gerste, deren Mutationsreichtum manche Forscher veranlaßte, an intensive Züchtungsversuche zu glauben[294]. Hinter solchen Experimenten müßte eine dringende Notwendigkeit gestanden haben, deren Vorhandensein sich im damals überaus fruchtbaren Ägypten weder aus irgendwelchen Relikten noch aus der geologischen oder biologischen Situation ablesen läßt. Gertrude Caton-Thompson gibt für diese Kultur von Fayum ein nach der C-14-Methode gewonnenes Alter von 4950 v. Chr. an[295], und Fairbridge meint auf Grund der gleichen Datierungsmethode, in der Zeit von 9000 bis 5000 v. Chr. habe ein viel feuchteres Klima mit heftigen herbstlichen Regenfällen in Ägypten geherrscht und eine üppige, artenreiche Fauna und Flora hervorgebracht[296].

Weder das Land Sumer, wo Ackerbau und Viehzucht bereits für die Zeit zwischen 9000 und 6750 v. Chr. nachgewiesen sind[293], noch Ägypten kommen als Ursprungsorte dieser neuen Daseins- und Kulturformen in Frage, denn in beiden traten sie von Anbeginn voll entwickelt in Erscheinung, zum selben Zeitpunkt oder gar schon vor ihm auch an anderen Orten der Erde. Das Alter von Weizen- und Gerstenkörnern, die in einem Bauernhof bei Nea Nikomedia in Makedonien ausgegraben wurden, ist nach der C-14-Methode auf 6220 v. Chr. datiert; zugleich wurde auch festgestellt, daß irgendwelche wirtschaftlichen oder kulturellen Beziehungen zwischen dieser Siedlung und den frühzeitlichen Bauernkulturen des Vorderen Orients nicht bestanden haben[297].

Wieviel weniger darf man da Übertragungen land- und viehwirtschaftlicher Kenntnisse zwischen den Kulturen des Zweistromlandes oder Ägyptens und jenen von Anahuac in Mexiko oder Tiahuanaco in Peru annehmen, während sie in der Alten Welt natürlich nicht von vornherein auszuschließen sind. „Das Problem, ob die mexikanischen Indianerkulturen durch die Kulturen der Alten Welt beeinflußt wurden oder nicht, ist schwerlich nach der einen oder anderen Richtung hin zu entscheiden, weil jede von gleich gut unterrichteten Wissenschaftlern verfochten wird[298]." Auf die Idee, die einen sowohl als auch die anderen könnten unabhängig voneinander die Kenntnisse und die Grundlagen ihrer Kulturen einer gemeinsamen, seither in Vergessenheit geratenen Quelle entnommen haben, ist, wie es scheint, noch niemand verfallen. Vor allem wohl deshalb, weil man versäumt hat, den lebendigen Erinnerungen der Völker die ihnen gebührende Aufmerksamkeit zuzuwenden.

Landwirtschaftliche Erfahrungen, wie sie in Mesopotamien oder Ägypten – angenommen, es verhielte sich so – gemacht wurden, lassen sich zudem weder auf den Plateaus von Anahuac noch auf den Terrassenäckern um den Titicacasee und schon gar nicht in tropischen oder nördlichen Gebieten anwenden. Dort sind es Gerste und Weizen, hier ist es der Mais – Pflanzen von ganz verschiedener Herkunft, verschiedenem Charakter, die jeweils eine völlig andersartige Anbauweise erfordern.

Der Mais ist ein Phänomen.

Ohne dies rätselhafte Gewächs hätte in Amerika eine so zahlreiche Bevölkerung, wie sie von den spanischen Konquistadoren dort angetroffen wurde, gar nicht zu existieren vermocht. Man rechnet für die Ernährung eines Jägers und Sammlers eine Fläche von zwanzig Quadratkilometern als eben ausreichend; das gleiche Areal, intensiv mit Kulturpflanzen bebaut, kann jedoch gut und gern sechstausend Menschen ernähren. Ohne den Ackerbau und die Viehzucht vermöchten heute nur dreißig Millionen Menschen auf der Erde zu leben. Man darf, ohne zu übertreiben, sagen, daß die amerikanischen Hochkulturen ihr Dasein einzig und allein dem Mais verdanken, daß sie ohne diese Getreideart überhaupt nicht entstanden wären.

„Was aber die Maispflanze, dieses so kräftige, anpassungsfähige Gewächs, von allen anderen Getreidearten unterscheidet, ist ihre biologische Hilflosigkeit. Sie bedarf ständig der helfenden, schützenden Hand des Menschen. Sich selbst überlassen, würde sie sehr bald aussterben. Ihre Körner sitzen so fest unter der Hülle des Kolbens, daß kein Wind sie ausstreuen könnte. Fällt einmal eine vergessene Fruchtähre auf den Boden, so können die Körner zwar Hunderte von Sämlingen hervorbringen, doch wachsen diese in so dichten Büscheln, daß sich keiner von ihnen normal zu entfalten vermag[299]."

Woher stammt der Mais? Seine Herkunft ist in tiefes Dunkel gehüllt. Es gibt zwei Verwandte von ihm in Amerika – Teosinte und Tripsacum – die zwar auch zur Gattung der Maydeen gehören, aus denen er aber nicht entwickelt worden sein kann. Vor einigen Jahren ging eine sensationell wirkende Meldung durch die Presse:

„Die Abstammung des Maises wurde durch neue Ausgrabungen von P. C. Mangelsdorf und Mitarbeitern aufgeklärt. Im Tal von Tehuacàn, Mexiko, wurden in fünf Höhlen die Überreste von Maiskolben verschiedener Entwicklungsstadien gefunden. Die frühesten Kolben entstammen den Kulturschichten von El Riego und Coxcatlàn aus der Zeit zwischen 5200 und 3400 v. Chr. Die Autoren sammelten insgesamt 23 607 Maiskolben in den Höhlen. Sie konnten daraus eine lückenlose Entwicklungsreihe von der Wildform her aufstellen, deren Kolben 19 bis 25 cm lang waren und 26 bis 72 Körner in vier bis acht Reihen enthielten. Die weitere Entwicklung der Maiskultur ist durch schöne Bildreihen illustriert. Im Laufe ihrer siebentausendjährigen Kulturperiode machte die Maispflanze nur eine erhebliche Vergrößerung, aber keine grundsätzliche Formänderung durch[300]."

Es liegt auf der Hand, daß die Maiskolbenfunde von Bat Cave durchaus keinen sensationellen Charakter haben. Weder wurde dort die Wildform entdeckt, noch täuschen die schönsten Bildreihen darüber hinweg, daß der Vorgang der Kultivierung so dunkel ist wie je. Aus den Funden auf Mexiko als dem Ursprungsland der Maiskulturen zu schließen, erscheint zumindest voreilig, denn einmal besteht zwischen den hypothetischen Wildformen, die es nicht nur in Amerika gibt, und der Kulturpflanze noch immer die gleiche Zäsur wie etwa zwischen Neandertalern und Crô-Magniden, zum anderen aber auch die geographischen und ethnischen Schranken zwischen den einzelnen Maisbauerkulturen beider Amerika.

Die bikontinentale Einheitlichkeit der Maisbauerkulturen ist nur eine scheinbare; tatsächlich gleichen sie Eilanden im verkehrsfeindlichen Meer der Wildnis. Wir sehen uns hier vor dem gleichen Problem, das auch durch Ähnlichkeiten bei mexikanischen und peruanischen Kulturen in dem einen Bereich, jedoch völlige Verschiedenheit in dem anderen aufgeworfen wird. Nahmen einige Biologen bisher an, Peru sei das Ursprungsland der Maispflanze, so meinen andere jetzt, nach den Funden von Bat Cave, es sei Mexiko, während einige Außenseiter vermuten, der Mais sei überhaupt aus Ostasien eingeführt worden. Dies wiederum dürfte schwer zu beweisen sein, weil sich dort keinerlei Hinweise auf eine frühe Maiskultur finden. Hätte es aber in der Urzeit tatsächlich einen regelmäßigen Seeverkehr über die Weltmeere gegeben, wie einige amerikanische Ethnologen mutmaßen, warum wurde dann gerade dieses Getreide, dessen Wert als Substrat für dichte Bevölkerungen in die Augen sticht, nicht in China oder anderen Gegenden angebaut?

Da die Wissenschaft keine überzeugende Antwort auf diese Fragen zu geben weiß, wenden wir uns wieder den Mythen zu.

Die Huichól in Mexiko bewahrten sich eine Erinnerung an ihren Kulturbringer Mayakuagy, der sie gegen die argen Riesen, die Quinametzin, beschützt, ihnen eine gesellschaftliche Ordnung gegeben und sie in der Kunst des Maisanbaues unterrichtet hatte, die somit in ihren Augen göttlicher Herkunft ist[139]. Auch die nordamerikanischen Odjibwäe kennen einen Maisgott; spaßigerweise heißt er Mondamin. Sieben Tage lang rang er mit einem ihrer Häuptlinge, wurde überwunden, getötet und begraben; aus seinem Grabe wuchs die erste Maispflanze, die den Odjibwäe je zu Gesicht gekommen war[299]. Der Vorgang ist leicht zu erklären, wenn man annimmt, daß jener Mondamin kein Gott, sondern ein Reisender vom Hochland Anahuac war. In dieser Weise mögen sich Mais oder andere Nutzpflanzen gelegentlich verbreitet haben, wohl kaum jedoch über den ganzen Kontinent bis nach Peru hin oder gar über das Meer.

Quetzalcoatl, so behaupteten die Tolteken, die „gefiederte Schlange", habe den Mais aus Tollan, ihrer Urheimat, die sie irgendwo im Himmelsraum wußten, auf die Erde herabgebracht. Dort wuchsen die Maiskolben so groß wie die Handwalzen der Mahlsteine von Anahuac. Deshalb wurde Quetzalcoatl auch bei den Maya, den Bewahrern toltekischen Kulturerbes, als Maisgott Kukulcan verehrt, bei den Hochlandstämmen Guatemalas als Gucumatz. Die Azteken meinten: „Gleich den Göttern seien Mensch und Maispflanze Sterngeborene und stammten gemeinsam aus einer himmlischen Heimat her[299]." Bei den Keres, einem Stamme der Puebloindianer, war es Iyatiku, die „Mutter der Menschen", die sie einst aus einer der unteren Welten auf die Erde heraufgeführt und ihnen hier die Maispflanze geschenkt hatte[35]. Und so geht es fort und fort über den ganzen Doppelkontinent: Der Mais ist ein Geschenk der Götter; er stammt vom Himmel, aus einer anderen Welt!

Weshalb wurde er dann nicht den Völkern der Alten Welt zuteil? Man kann auch fragen: Warum baut ein Landwirt verschiedene Getreidesorten auf verschiedenen Feldern an? Die Völker Mesopotamiens müssen den Mais zumindest gekannt haben, obschon sich keine Spur von ihm in jenen Gegenden erhalten hat. Eine der mit Skulpturen geschmückten Quaderwände in der „Halle der Nationen" zu Nimrud, dem alten Kalhu, zeigt das Basrelief eines bärtigen Mannes. Die Gestalt steht vor einem mannshohen Gewächs, das gar nichts anderes sein kann als eine Maisstaude; in der linken Hand hält der Bärtige ein Körbchen, mit der rechten pflückt er soeben den letzten Maiskolben ab. Die Darstellung ist in allen Einzelheiten so naturgetreu, daß man auch die Flügel, die der Mann trägt, als die genaue Erinnerung an einen realen Sachverhalt werten muß. Sollten die Verrills mit ihrer Hypothese, zur Zeit König Sargons von Akkad habe eine Seeverbindung zwischen Mesopotamien und Peru bestanden, am Ende doch recht behalten?[19]

Einiges spricht dafür, vieles dagegen. So hochentwickelt die alten Kulturen Mesopotamiens auch immer gewesen sind, weder ihr technisches Vermögen, noch die Kopfzahl ihrer Bevölkerungen, noch die Stabilität ihrer Gesellschaftsordnungen erscheinen ausreichend für eine weltumspannende Expansion. In jenem Palast wurde auch ein

Flügelsonne und Maisstaude in Mesopotamien. Teller aus der „Halle der Nationen“ im Palast des Ashurnarsipal zu Kalah, um 884 v. Chr.

der gleichen Epoche zugehörender Teller gefunden, auf dem zwei bärtige Männer zu sehen sind und zwischen ihnen eine Maispflanze, während den Rand ein Fries miteinander abwechselnder Maiskolben und -blüten ziert. Weder in Europa noch in Asien wurden bisher Spuren einer vorgeschichtlichen Maiskultur entdeckt. Den Schlüssel zu diesem Geheimnis findet man vielleicht in der Darstellung selbst: Der Bärtige auf dem Basrelief, ein Gott offenbar, trägt Flügel. Und auf dem Teller aus dem Palaste Ashur-nasi-pals ist zwischen den beiden bärtigen Männern und über der Maisstaude eine Flügelsonne zu sehen, ein Emblem also, das auf den Flugverkehr der Götter hindeutet.

In einer sumerischen Mythe heißt es, der Himmelsgott An, der Weltenherr, habe Weizen, Gerste und Hanf aus der Urheimat der Götter auf die Erde hinabschaffen lassen; Enlil, Herr der Erde, habe diese Vorräte im Gebirge eingelagert und den Zugang „wie mit einer Tür“ verschlossen. Aber die Götter Ninanzu und Minmada hätten darauf gedrängt, „Sumer, das Land, das kein Getreide kennt, damit zu beglücken[301].“

Enki ist es auch, der die Welt ordnet, die Institutionen der Götter und Menschen begründet und die Tätigkeiten auf der Erde regelt, alle Bereiche der Kultur und der Zivilisation: Wasserwirtschaft, Ackerbau, Viehzucht, Weberei sowie andere Künste und Wissenschaften, die von den Sumerern als „me“ bezeichnet wurden. Er beschafft Gurken, Äpfel und Trauben für Nintu, die den Namen Ninhursag erhält, nachdem Enki sie geehelicht hat. Er läßt Kanäle und Gräben ziehen, die Ufer von Euphrat und Tigris befestigen. Und der Mensch ist, wie wir vernommen haben, zu dem Zweck auf die Erde gesetzt, den Boden zu bearbeiten und die Götter zu ernähren[213].

Unzählige Aussagen dieser Art lassen sich beibringen. Isis, Cybele, die Urmutter Bacchùe der Muisca, die aztekische Fruchtbarkeitsgöttin Tlazalteotl, jene weise Frau mit Federkrone und Schlange, die – verbunden mit einem Phalluskult – bezeichnenderweise bei Tamoanchan auf die Erde kam[66], Mama Occlo auch, Gemahlin und Schwester des Manko Kapac, die Mutter Gauteóvan bei den Cagaba in Bolivien, und nicht zuletzt Demeter, die griechische Göttin der Fruchtbarkeit, sowie auch Athene – sie alle lehrten den Menschen die Grundlagen all jener Fertigkeiten, Wissenschaften und Künste, aus denen die großen Kulturen und letzten Endes auch die gegenwärtige Zivilisation erwachsen sind.

Dies wird von Völkern, die von ihrer wechselseitigen Existenz nichts ahnten, übereinstimmend bezeugt. Von Shen-nung zum Beispiel, jenem „göttlichen Landmann" der Chinesen, der einst aus einer Höhle des Berges Lich-shan in Chiang-hsia hervortrat, rühmt man, er habe aus einem krummen Stab den ersten Pflug gemacht, habe Ackerbau und Viehzucht gelehrt, Märkte eingerichtet, die Knotenschnüre zum Berechnen der Warenmenge erfunden und alle Pflanzen auf der Erde gekannt[10]. Nicht anders Quat, der aus den Raumesweiten herabgekommene Kulturheros der Melanesier, der den Menschen Nutzpflanzen und Haustiere brachte[26]; oder der indische Indra, der, so wie Osiris in Ägypten, Roß, Rind und Pflug den Menschen schenkte, ihnen die Lebenskraft einhauchte und die Erde bewohnbar machte, indem er zusammen mit Trita Aptya, dem erdgeborenen Helden, der im Awesta Thrta heißt, den „hörnertragenden Drachen" erschlug[92]; oder Dionysos, Sohn des Zeus und der Semele, auch Bacchos genannt, der die Bewohner Vorderasiens und Griechenlands den Acker- und Weinbau lehrte[206]; oder der mythische Herrscher Tupac Cauri, der den präinkaischen Andenvölkern, so wie Shen-nung in China, die Knotenschnüre schenkte, ihnen hingegen den Gebrauch der damals schon bekannten Linearschrift verbot, wahrscheinlich, weil von ihnen, wie heutigentages bei uns, Mißbrauch mit dieser Kunst getrieben wurde, im übrigen aber die Landwirtschaft wie auch den Bau von Straßen und Festungen nach Kräften förderte[133]; oder auch jenes Kontingent göttlicher Usurpatoren, die – so erzählen die Washoe-Indianer in Arizona – die damals dort umherstreifenden Menschenhorden gewaltsam zwangen, den Boden zu beackern und Bauten zu errichten, denn auch sie hatten, wie Osiris und Isis im fernen Ägypten, „die Früchte zum Nutzen der Menschheit entdeckt[218]".

Über das Göttermädchen Awenhai im Mythos der Irokesen vernahmen wir, es habe von seinem Heimatgestirn Mais, Bohne, Sonnenblume, Tabakpflanze, Wolf, Bär und Biber mit auf die Erde gebracht[95]. Ähnliche Überlieferungen lernten wir bei den afrikanischen Fali, Sara, Dogon und Massai kennen. Aua Maku, ein Gott der Papua auf Neuguinea, errichtete, so heißt es, im Purari Delta einen hohen „Pfahl" und kletterte daran zum Himmel empor; seine Tochter Kauu, mit ihm auf die Erde zurückkehrend, brachte den Menschen das bis dahin unbekannte Feuer sowie auch Kokospalme, Sago- und Jackfrüchte; sie heiratete einen Irdischen, gebar ihm Kinder und flog eines Tages wieder zum Himmel auf[302].

Nicht nur als Spender vieler guter Dinge, als Herren und Beschützer der Menschen treten die Göttergestalten aus den Nebeln der Vergangenheit, sondern auch als Quell aller Weisheit und Wissenschaft. Unter den ägyptischen war es Thot, im Hinblick auf seine astronautische Tätigkeit „Thot von der Säule“ genannt, der Hermes der Griechen, dem man die Erfindung der Sprache, der Zahl und des Buchstabens zuschrieb. Er teilte den Tag in zwölf Stunden ein, lehrte die Menschen rechnen und schreiben, zeigte ihnen, wie man den Lauf der Sterne beobachtet, Felder vermißt, welche Kräuter man bei der Behandlung von Kranken anwendet, wie man Gymnastik betreibt, um sich jung und elastisch zu erhalten, wie man musiziert und noch manches andere mehr. Er gab ihnen Gesetze, kultivierte den Ölbaum, förderte Handel und Verkehr; als Hermes der griechischen Sage erfand er die Leier sowie auch den improvisierten Gesang[233].

So wie Enki in Sumer, Shen-nung in China, die göttlichen Zwillinge Hunaphú und Ixbalanqué, die den Urwald mit „einem einzigen Axthieb“ rodeten, griffen die Götter und Göttinnen anfangs überall kräftig mit zu; sie rodeten Wälder, entwässerten Sümpfe, pflügten den Acker und senkten Samen von Pflanzen ins Erdreich, die den Menschen bis dahin unbekannt gewesen waren; sie spannten Ochsen ins Joch, Rosse vor Pflug oder Wagen; sie ließen Dörfer anlegen und befestigen, verhinderten Kriege zwischen Sippen und Stämmen, bekämpften Seuchen. So schufen sie ordnend, regelnd, die Menschen anleitend und schützend, durch Mund und Ohr ihrer Mittler, wie es die Urmutter Gauteóvan bei den Cagaba[303] mit Hilfe ihrer vier „Urpriester“ tat, aus der wüsten, nur mit wilden Tieren und schweifenden Nomaden bevölkerten Erde in verhältnismäßig kurzer Zeit einen blühenden Garten.

Und so sagt Herodot: „Die Pelasger haben in früheren Zeiten alle ihre Opfer unter dem Gebet an die Götter im allgemeinen verrichtet, ohne den einzelnen Gott namentlich anzurufen; denn sie kannten eben die Götternamen noch nicht. Den Namen ‚Götter‘, nämlich ‚Ordner‘, gaben sie ihnen aus dem Grunde, weil sie allen Dingen Ordnung verliehen hätten und alle Gaben nach ihrem Willen verteilten[67].“ Bei den Skandinaviern hießen die Götter Regin, bei den Germanen Rechen, woraus sich das indische Wort für Herr oder Fürst, nämlich Rajah, herleitet, weil sie die Welt eingerichtet haben[29].

Ausgestattet mit überlegenem Wissen, hoher Intelligenz, mit unheimlichen technischen Geräten und Waffen versehen, bereiteten sie den blutigen Metzeleien zwischen den Menschenhorden ein Ende, indem sie jeden Stamm, jede Sippe, ja, selbst den einzelnen zwangen, in dem ihnen zugewiesenen Gebiet zu bleiben, Mord und Totschlag unter Strafe stellten und sittliche Gebote erließen, die sich nicht nur auf das Gemeinschaftsleben der Menschen erstreckten, sondern auch auf die Tier- und Pflanzenwelt, auf die gesamte Natur. Nicht länger durfte ein Rind, wie bis dahin üblich, getötet werden. Und so galt denn hinfort in Ägypten wie in Indien die Kuh als Sinnbild und Erhalterin des Lebens für heilig, sie war tabu. Der Stier wurde zum Symbol der Zeugung, der unbezwinglichen Lebenskraft. Im präinkaischen Peru bereits und dann später auch unter der Inkaherrschaft gehörten die Lamaherden den Göttern; wer ein Lama tötete, hatte sein Leben verwirkt[163]. Zum ersten Male nach Jahrhunderttausenden lernte der Mensch, daß ein Tier nicht Jagdobjekt, also Beute, sei, sondern sein wertvollster Besitz; ein Besitz, der ihn unabhängiger macht von den Wechselfällen der Natur und ihn von der Angst vor der Zukunft erlöst. Hinter solchen Geboten scheint nicht nur die praktische Notwendigkeit, den Menschen seßhaft zu machen und an regelmäßige Arbeit zu gewöhnen, gestanden zu haben, sondern auch ein höheres Wissen um die Verflochtenheit aller Dinge, das erst heute wieder von einzelnen Wissenschaftlern auf Teilgebieten neu gewonnen, von der breiteren Bevölkerung aber noch längst nicht erfaßt wird – eine großartige kosmische Konzeption.

Fleisch verzehrten die Götter nicht, hingegen forderten sie Milch, Honig, Getreide und Obst. Alles Dinge, die sich von Jägern und Sammlern wohl kaum in hinreichender Menge beschaffen lassen. Also sorgten sie dafür, daß die Menschen den Boden bearbeiten lernten, Obstbäume, Weinstöcke und Oliven pflanzten und hierbei ihr Auskommen fanden. Überall auf Erden begann es nun zu grünen und zu blühen. Vergessen war die lange Nacht, die Furcht vor Kälte, Hunger, Mord; Frieden herrschte, überschattet freilich von der immer drohender sich steigernden Aggressivität der Titanen. Während des Goldenen Zeitalters der Götter regierte im Iran Dschamsid, der halbgöttliche Sonnensohn: „Es gab keinen Hunger, keine Krankheiten, keine Kriege; die Menschen lebten glücklich ohne Leiden, ohne Furcht[304]."

Alles Wissen von den Sternen?

Wie entstanden die alten Kulturen, und wann?

„Kulturen sind Organismen“, stellte Spengler[305] fest. Gegen diese Behauptung ist nach heutigem Wissensstand kaum etwas einzuwenden. Kulturen bilden sich, wachsen, gelangen zur Blüte und vergehen, gleich der Pflanze, nicht anders als Mensch und Tier. Zugleich aber senden sie Impulse aus, die – oft erst nach langer Zeit, oft auch an weit entfernten Orten – neue Kulturen ins Leben rufen.

Es wäre daher verfehlt, das Goldene Zeitalter der Götter auf die gegenwärtige Erdkarte zu projizieren, wie es verkehrt ist, den kulturellen Werdegang der Menschheit mit Sumer beginnen zu lassen. Mythen, jene Erinnerungen an vor langer Zeit stattgefundene Ereignisse, haften für gewöhnlich an dem Ort des Geschehens; sie werden von später eindringenden Völkern übernommen, mit deren eigenen Sagen durchsetzt, erscheinen dann in abgewandelter neuer Form, und dieser Vorgang wiederholt sich mit jeder weiteren Überfremdung.

Vor der Einwanderung der Achaier, die etwa um 2000 v. Chr. begann, war Hellas von Pelasgern und Karern, die bei den Griechen Leleger hießen, besiedelt. Sie bildeten eine Kultureinheit rings um das östliche Mittelmeer. Von ihnen haben die indogermanischen Eroberer nicht nur Teile der Sprache, Ortsnamen wie Korinth und Tiryns, übernommen, sondern auch Sitten und Gebräuche und vor allem – die Götter. Welche Schicksale diese Völker in den achttausend Jahren zwischen der Erdkatastrophe und der historisch faßbaren Zeit erlebt haben, liegt im dunkel.

„Von diesen mag mancher vornehme Herr, wie der Fürst eines ungriechischen kreisrunden Palastbaues auf dem Felsen von Tiryns, sich gegen die griechischen Eroberer noch längere Zeit behauptet haben, bis mit der Zeit, durch verwandschaftliche Bindungen gewiß gefördert, die Zweiheit zu einer neuen griechisch- karischen Einheit zusammenwuchs, die in der mykeneischen Kultur sich einen großartigen Ausdruck schuf[306].“

Aus solchem Grunde darf man die Datierung der Burgen von Tiryns und Mykenai auf das Jahr 200 v. Chr. mit einigem Recht bezweifeln, die mit ihnen verknüpften Sagen indes für wirkliche Erinnerungen halten. Ein Gleiches gilt für alle uralten Siedlungsgebiete, wie auch für die Mythen über ihr Entstehen durch Initiative der Götter.

Um 3700 v. Chr. sind die Sumerer in Mesopotamien eingewandert; sowenig wie bei den Griechen wissen wir bei ihnen, woher? Fest steht hingegen, daß lange vor der Flut schon fünf große Städte in Mesopotamien bestanden haben, nämlich Eridu, Badtibira, Larak, Sippar und Shuruppak[7]. Und wenn es nun heißt, die Sumerer hätten ihre hohe Kultur, ihre sozialen Einrichtungen, ihre Kenntnisse und ihre Mythen völlig ausgebildet mitgebracht, so muß auch dies bezweifelt werden, denn der Prozeß wechselseitiger Angleichung und Durchdringung wird hier derselbe gewesen sein wie bei dem Verhältnis zwischen Karern und Griechen. Nicht anders in China, in Melanesien, in Polynesien und in beiden Amerika. Woher kamen die Thai oder Hia nach China? Wo haben sie ihr Wissen, ihre Fertigkeiten, ihr Erinnerungsgut erworben? Und muß nicht die gleiche Frage auch in bezug auf die Polynesier gestellt werden?

Die Inseln der Südsee sind einer kulturellen Entwicklung nicht günstig. Infolge ihrer Entlegenheit und Vereinzelung ist ein kultureller und wirtschaftlicher Austausch zwischen ihnen nur selten möglich, stets aber mit Mühe und Gefahr verbunden. Trotzdem, obwohl die Zersplitterung der ethnischen Einheit der Polynesier schon ein oder zwei Jahrtausende v. Chr. stattgefunden hat, stellte Cook auf seiner zweiten Reise fest, daß Tahitier und Neuseeländer einander und beide wieder die Marquesaner sprachlich verstanden[181]. Die Maori müssen aber schon um das Jahr 1000 v. Chr. oder noch früher auf Neuseeland gesiedelt haben, denn einer der Vulkane von Auckland, der – wie von Geologen nachgewiesen – bereits in prähistorischer Zeit erloschen ist, wird bei ihnen Ragitoto, das heißt „Blutiger Himmel“, genannt, und also haben sie ihn noch in Tätigkeit gesehen[307]. So ungünstig die Inseln Polynesiens einer Entwicklung auch sind – der Boden ist arm, es gibt keine Metalle, die Entfernungen zwischen den einzelnen Archipelen sind bedeutend –, ihre hohe Kultur, die sie aus einer unbekannten Urheimat mitbrachten, haben sich die Bewohner doch weitgehend bewahrt. Alle ihre Wandersagen weisen, was Heyerdahl[129] auch immer dagegen einwenden mag, eindeutig nach Westen; aber wo liegt das Land, in dem sie diese ihre Kultur „entwickelt“ haben könnten?

Hier schweigt die Wissenschaft. Sie selbst aber sagen, alles Wissen hätten sie aus Havaiki mitgebracht. Dieser Name bedeutet „das unten Gelegene“ und bezeichnet ein anderes Gestirn[18].

So wie in Sumer die Könige, nannten sich auch die Inka in Peru „Herr der vier Weltgegenden“; das Inkareich wurde Tahuantinsuyu, die „Vier Weltgegenden“ genannt[163]. Übereinstimmungen zwischen Mesopotamien und Peru bestehen zwar, wie das Forscherpaar Verrill[19] unbezweifelbar nachgewiesen hat, doch betreffen solche Übereinstimmungen oder Ähnlichkeiten immer nur einzelne Kulturelemente, nicht aber die ganze Kultur; den einzelnen künstlerischen Äußerungen liegen hier wie dort die gleichen Ideen zugrunde, doch dargestellt wurden diese in jeweils höchst individueller Form.

Zwei Vorstellungen sind unter heutigen Fachgelehrten nachgerade zur fixen Idee geworden: daß alle menschliche Kultur überhaupt in Sumer ihren Anfang genommen habe: Es begann in Babel! Zum anderen die Hypothese von einem „prähistorischen Kulturzentrum“, das man bald am Baikalsee, bald auf dem Hochlande von Iran, dann wieder auf versunkenen Kontinenten wie Gondwanaland oder Lemuria, Rutas Mu oder Atlantis sucht. Tatsächlich weisen nun Spuren aller Art aus verschiedenen Richtungen auf solche Kulturmittelpunkte hin. „Unwillkürlich“, so sagte Braghine[131], „kommen wir zu dem Schluß, daß alle diese alten Völker von einer gemeinsamen mächtigen Kultur beeinflußt wurden, deren Brennpunkt uns völlig unerklärlich bleibt.“ Doch wurde bereits festgestellt, daß in den hierfür in Betracht gezogenen Landschaften notwendige Voraussetzungen für die Bildung einer höheren Zivilisation nicht bestanden haben, noch irgendwelche Relikte oder andere Hinweise gefunden wurden, die ein solches Kulturzentrum als den Ursprungsort einer global verbreiteten höheren Zivilisation annehmbar erscheinen lassen. Obendrein weichen die Kulturen, die von einem jener hypothetischen Zentren ihren Ausgang genommen haben könnten, bei aller Gemeinsamkeit im Prinzipiellen – der kosmischen Konzeptionen etwa – doch in so vielen Einzelheiten, der Rasse, des Blutbildes, der Sprache und des jeweiligen Entwicklungsniveaus, voneinander ab, daß ein gemeinsamer Ursprung höchst unglaubhaft erscheinen muß.

Robert Charoux[34] hat schon auf die merkwürdige Verteilung urzeitlicher Kulturzentren, zumeist in sterilen Gebieten, hingewiesen, wobei ihm freilich einige Irrtümer unterlaufen sind. So waren damals vor dem Jahre 10 000 v. Chr. Nordafrika und Ägypten noch keine

Wüsten, sondern fruchtbare, von vielen Tierarten belebte, dicht mit Menschen bevölkerte Savannen[61]. In den Tälern des Hoggar und Tassili, ja, selbst auf dem Dschebel Idinen in Libyen, dem heute völlig kahlen „Geistergebirge", grünten üppige Palmenhaine. Und in entlegenen Oasen der Sahara, durch tausend Kilometer glühenden Sandes vom nächsten Flußlauf getrennt, leben gegenwärtig noch Krokodile, die aus jenen Zeiten übriggeblieben sind. Mesopotamien war ebenfalls ein fruchtbares, freilich recht sumpfiges Land mit Wiesen und Wäldern, das von den ersten Siedlern, jenen Titanen und Göttern der sumerischen Mythen, zunächst einmal mühsam entwässert und bearbeitet werden mußte, ehe sich dort Getreide anbauen ließ[293]. Auch Arizona und das Große Becken von Nevada waren damals keine Wüsten, sowenig wie das Hochland von Anahuac oder die Mesetas um Cuzco und Tiahuanaco. Und wenn sich damals, im Jungpaläolithikum, anstelle der Wüste Gobi ein riesiges Binnenmeer breitete, woran die Geologen nicht zweifeln, so muß an dessen Rändern eine reiche Vegetation und Tierwelt bestanden haben.

Kurz, die Erdkarte sah zu jenen Zeiten ganz anders aus als die heutige; die Flora war eine andere, wie sich aus der Pollenforschung ergibt, folglich auch die Fauna, folglich auch das Leben der Menschen. Velikowsky[308] hat zumindest einen Sachverhalt festgestellt, nämlich den, daß die alten Kulturen fast alle auf vulkanischen Hochländern oder in deren unmittelbarer Nähe entstanden sind. Im übrigen aber ist seine Hypothese von den „belebenden Gasen", die den Bruchspalten entquellen und die Menschen herbeigezogen haben sollen, durch nichts bewiesen. Ebensowenig annehmbar erscheint jene andere Theorie, nach der die auf dem Hochlande lebenden Menschen durch die dort herrschenden härteren Daseinsbedingungen zu größeren zivilisatorischen Leistungen gezwungen worden seien[175]. Auch sie widerspricht allen praktischen soziologischen und ethnologischen Erfahrungen, denn Kultur entsteht gemeinhin erst dort, wo eine menschliche Gesellschaft von der Sorge um das tägliche Brot weitgehend entlastet ist und es sich leisten kann, eine Anzahl von Nichtproduzenten zu unterhalten.

Den spärlichen Beweismitteln, mit deren Hilfe die archäologische, anthropologische und soziologische Forschung das Entstehen frühmenschheitlicher Hochkulturen zu erklären versucht, steht ein reicher Schatz von häufig miteinander übereinstimmenden Mythen, Sagen und Legenden gegenüber, die ganz etwas anderes bekunden. Ihnen kritik- und bedingungslos, ohne Prüfung der Tatsachen, Glauben zu schenken, wäre genauso verkehrt, wie sie von vornherein in Bausch und Bogen abzulehnen. Sie sagen aus, daß in grauer Vorzeit etwas mit der Erde und mit den Menschen geschehen sei, wovon wir nur mehr wenig wissen.

Die Mythen zeichnen ein faszinierendes Bild. Während der zweiten Hälfte des Goldenen Zeitalters erblicken wir über die Erde verstreute Oasen bäuerlichen Lebens. Das Klima war wärmer als heute. Zu lockeren Gemeinwesen zusammengeschlossen, hausten die Menschen in Erdhütten oder Zelten. An Euphrat, Tigris und Nil, an den Ufern des Indus und Hoangho, auf den fruchtbaren, gesunden Hochflächen von Arizona, Anahuac und auf der Meseta am Titicacasee bebauten sie schlecht und recht mit primitiven Werkzeugen den Boden, angeleitet durch ihre Priesterhäuptlinge, die Ratschläge und Weisungen von den auf fernen Bergeshöhen thronenden Göttern empfingen. Die Herden mehrten sich; wurden sie von Raubtieren angegriffen, von Löwen, Tigern, Panthern oder Drachen, denen gegenüber die Faustkeile, Pfeile und Lanzen der Menschen wirkungslos waren, so entzündete der Priester ein Rauchfeuer und bat den herbeieilenden Gott um Hilfe. Der ging dann wohl selbst, das Ungetüm mit seiner Axt oder mit seinem Blitz zu erschlagen[309], oder er ließ Treibjagden veranstalten. Wanderte er in der Wildnis, so duldete er gelegentlich die Gesellschaft eines Menschen und plauderte mit ihm; allem Anschein nach verstanden die Götter viele der menschlichen Idiome.

Unmerklich bahnte sich so im Schicksal der Götter eine tragische Entwicklung an. Was ihnen zunächst ein lästiger Auftrag gewesen sein mochte, diese Besiedlung und Kultivierung unseres Planeten, nahm sie im Laufe der Zeit mehr und mehr gefangen. Die grünende, blühende Erde war ihr Werk; nicht länger konnte sie ihnen gleichgültig sein. Mehr und mehr fühlten sich die Götter auf unserem Planeten daheim, den Menschen immer stärker verbunden. Sie wurden ungewollt, ohne daß sie es wahrnahmen, zu Kindern der Erde. In gleichem Maße aber mag ihr Trotz gewachsen sein; was galt ihnen noch der ferne Weltenherr? Hier waren sie; und ihnen allein gehörte dieser Planet, den sie mit so großer Mühe bewohnbar gemacht und besiedelt hatten.

Dreierlei Gegensätzlichkeiten zeichnen sich in den Mythen ab. Die Animosität zwischen Göttern und Titanen; das Aufbegehren der Erdengötter gegen den Willen des Weltenherrn; die aus dem einen oder anderen entspringende Zwietracht unter den Kolonisatoren selbst. Zwischen den drei Parteien stehen, vielfältig mit jeder von ihnen verknüpft und jede hassend, jeder zu Diensten, von jeder bald beschimpft, bald umschmeichelt, dennoch im Innersten isoliert, Gestalten wie Loki, Maui oder Hephaist. Weder Titanen waren sie, noch Götter oder gar Menschen, aber von hoher Intelligenz. Insgeheim waren sie stets bestrebt, Unfrieden zu säen, die Gegensätze zu verschärfen. Hierzu bedienten sie sich je nach Gelegenheit bald der Titanen, bald der Götter, dann wieder der Menschen; diesen gegenüber spielten sie die Rolle der biblischen Schlange, indem sie die Eitelkeit des menschlichen Herzens nährten und sagten: „So ihr vom Baume der Erkenntnis eßt, werdet ihr sein wie die Götter!"

Prometheus war, so hörten wir, ein Titan, einer der sieben großen Titanen vor der Götterzeit, ein Bruder des Atlas, der auf Atlantis herrschte und den Tartaros, den Urabgrund, bis in die letzten Tiefen erforscht haben soll[64]. Prometheus hatte sich zwar – aus Klugheit, sagt man – bei der Erhebung des Zeus gegen Kronos auf die Seite der jungen Götter geschlagen, aber nichtsdestoweniger: er haßte sie. Durch sein Wissen – Athene hatte ihn Architektur, Astronomie, Mathematik, Navigation, Medizin, Metallurgie und noch manches andere gelehrt – sich ihnen, die er um ihre Roheit und Selbstsucht willen verachtete, weit überlegen fühlend, wandte er seine Zuneigung und Sorge den Menschen zu. Als Zeus die Menschen, in zorniger Eifersucht auf ihre wachsenden Kenntnisse und ihren Unabhängigkeitssinn, vernichten wollte, demütigte sich Prometheus vor ihm, indem er flehentlich für sie um Schonung bat[147]. Dann folgte die Geschichte, wie er den Menschen das Feuer gebracht. Wir kennen sie.

Manche Mythologen leiten das Wort Prometheus vom indischen „pramantha" her, das „Feuerreiber" bedeutet und durch die Swastika versinnbildlicht wird[46]. Doch handelt es sich hier nicht um eine Übernahme, denn die Swastika, von Indien bis Peru beiderseits des Atlantik verbreitet, ist eines der Hauptargumente für das einstige Bestehen der atlantischen Kultur[215]. Prometheus brachte „in einem hohlen Stengel", was an die Raumfahrt gemahnt, das Feuer vom Himmel.

Nun ist der Gebrauch des Feuers schon beim Sinanthropus in der Höhle des Drachenberges bei Chou Kou Tien, also für etwa 400 000 bis 300 000 v. Chr. nachgewiesen. Hieraus ergibt sich ein Widerspruch zu den Mythen, denn im Popol Vuh wird erzählt, wie zahlreiche

Stämme der Menschen, gelbe, braune, rote, schwarze, im Osten umhergingen, müde des Wartens auf die Sonne, denn es war finster auf der Erde, und wie sie dann nach der „Höhle von Tula" zogen. „Als erster erschien Tohil, wie der Gott genannt wurde." Danach kamen zwei andere Götter, Avilix und Hacavits. Die Menschen, in Tierfelle gekleidet, hungernd, bebend vor Frost, wandten sich an Tohil. „Wehe, wir haben kein Feuer, vor Kälte werden wir umkommen", so sagten sie. Nach mehreren vergeblichen Versuchen, das Feuer gegen Wind und Hagelschlag zu bewahren, baten sie ihn zum anderen Male. „Es ist gut, seid ohne Sorge", sagte Tohil und schlug Feuer, indem er über die Sohle seiner Sandale strich[17]. Man sollte wahrhaftig meinen, Tohil habe Streichhölzer benutzt.

Wie schon dem Prometheus, so wurde auch Tohil diese gute Tat von anderen Göttern schwer verübelt. Später, als die Erde belagert wurde, verfolgten sie ihn. Nicht besser ergeht es Maui in Polynesien; er mußte den Versuch, das Feuer für die Menschen von einer der unteren Welten heraufzubringen, mit dem Leben bezahlen. Es gibt zahlreiche Sagen und Legenden darüber. Eine Arawa-Mythe lautet: Entgegen den Warnungen seiner Mutter besuchte Maui seine Ahnin Mahui-ike, eine Titanin, in der unteren Welt und bat sie um Feuer für die Menschen. Mahui-ike brach einen ihrer feuerhaltigen Fingernägel ab. Das Feuer erlosch ihm jedoch unterwegs, und so kehrte er zu ihr zurück. Dies wiederholte sich neunzehn Male. Da wurde die Ahne zornig; sie schleuderte den letzten Zehennagel zu Boden, wodurch die ganze Umgebung in Flammen aufloderte. Mit knapper Not entrann Maui in eines Adlers Gestalt, doch wurden die Schwingen seines Flugzeuges versengt. Dann wandte er sich gegen Hine-nui-te-po, die große Mutter der Nacht, um für die Menschen Unsterblichkeit zu erwirken. Kleine Vögel begleiteten ihn. Als sie die riesige Hine schlafend vorfanden, erklärte Maui, er werde in ihren Körper kriechen und zu ihrem Munde herauskommen, nur dürfe keiner lachen, damit sie nicht erwache. Der Anblick, wie er zwischen den mächtigen Schenkeln hineinkroch, wirkte indes so komisch, daß einer der kleinen Vögel nun doch zu lachen begann. Hine erwachte und zerquetschte ihn[18].

Wer oder was Hine sonst auch gewesen sein mag, hier war sie ein technisches Gerät, ein Flugzeug oder ein anderes Transportmittel, das der polynesische Barde als lebendes Wesen mißdeutet hat, so wie die Griechen den Typhon, die Gorgo, den Ketos oder die Chimaira. Denn wörtlich heißt es: „Ein Gewirr von Seetang ist ihr Haar, in rotem Feuer glühen ihre Augen, ihr Mund ist böse wie das Maul des Hornhechts, ihre Zähne Feuersteine, und ihre Kräfte übertreffen die des Mannes ... Die Menschen zeugen Erben, doch Hine führt sie hinweg[310]."

Übrigens verbirgt sich auch, so wie Maui, der göttliche Schmied Ilmarinen des Kalewala im Inneren einer Maschine, „um Zauberworte zu erlauschen"; brachte den Menschen das Feuer, lehrte sie singen und Zither spielen[41]. Ein Gleiches wird von Zume, jenem weißhäutigen, bärtigen Kulturbringer, der von Osten her aus den Himmelsweiten zu den Karaja am oberen Orinoko kam, gesagt[173]. Und bei den Sibiriern war es Ulu Tojon, ein Titan offenbar, der zusammen mit den bösen Abaasy auf der dritten der unteren Welten des nordwestlichen Himmelsraumes hausend, ihnen das Feuer geschenkt[35].

In Mikronesien kennt man mehrere Lichtbringer, so den Kulturheroen Olifat, einen Sohn des Himmelsgottes Lugeilan, der einst zum Himmel aufstieg, um mit den Göttern Krieg zu führen, und von dort, wie Prometheus, für die Menschen das Feuer stahl, ein Gauner und Schelm, der es gut mit den Irdischen meinte, sie aber immer wieder zum Narren hielt. Unter anderem brachte er ihnen auch die Kunst des Tatauierens bei[311]; und da fragt man sich, ob in dieser Mythe nicht der Schlüssel zu dem ethnologischen Rätsel, das dieser Brauch darstellt, verborgen liege? Der zweite dieser Heroen ist der auf der Gilbert-Insel verehrte Nareau; eigentlich sind es zwei gleichen Namens, die „Alte Spinne" und die „Junge Spinne", von denen der Ältere, so wie auch der polynesische Tangaroa, einst aus der Urnacht Te Bo Ma hervorgekommen sein soll[229]. Und auch bei der Trennung von Himmel und Erde hatte er eine entscheidende Rolle gespielt.

Auf den merkwürdigen Umstand, daß es bei den Völkern beider Amerika fast immer Götter in Tiergestalt waren – Quetzalcoatl, die Grünfederschlange, bei den Azteken, bei den Guarani ein „Geier" als Herr des Feuers, bei den Aymara in Peru ein Coyote, bei einigen Amazonasstämmen Kröte und Jaguar, und dann ganz besonders Mänabosho, das Große Kaninchen, bei der Algonkin Nation – denen der Mensch das Feuer zu danken hat, wurde schon mehrmals hingewiesen.

Stets ist es der gleiche Vorgang: Eine Partei der Götter strebt danach, die Menschen auf ihre eigene Stufe zu heben, die andere trachtet mit allen Mitteln, dies zu verhindern. Von Tupac Cauri, dem mythischen Herrscher präinkaischer Andenstämme, sagten wir bereits, er habe, gleich dem chinesischen Shen-nung, die Menschen im Gebrauch der Knotenschnüre unterwiesen, die lineare Schrift aber bei Todesstrafe verboten[133]. Und in der Tat wurden durch ganz Amerika, vor allem in der Gegend von Rio Mollar, Argentinien, unter den megalithischen Ritzzeichnungen auf Menhiren, die den in Europa bekannten gleichen, Lettern einer linearen Schrift, der griechischen und ägyptischen ähnlich, entdeckt[136]. Wie das, da doch die Schrift angeblich in Sumer erfunden sein soll? Diese Hypothese jedoch, so lange mit schöner Gewißheit vorgetragen, wurde vor kurzem durch die Entdeckung der auf 5000 v. Chr. datierten und damit ältesten Schrift Europas bei Daranowo in Bulgarien gegenstandslos.

Die Griechen behaupten, Kadmos, identisch mit Adam, habe den Menschen die Schrift geschenkt. Das Alphabet der Griechen soll aus der kretischen Hieroglyphenschrift hervorgegangen sein. Das erste geschriebene Alphabet sei, so meinen einige Fachgelehrte, im 18. Jahrhundert v. Chr. unter kretischem Einfluß in Ägypten entwickelt worden. In Übereinstimmung mit den Funden bei Daranowo verlegen die Mythen jedoch das Entstehen der Schrift viel weiter, nämlich in das Goldene Zeitalter, zurück. Die drei Schicksalsgöttinnen, heißt es, nach anderen auch Jo, die Schwester des Phoroneus, hätten die fünf Selbstlaute des ersten Alphabetes sowie die Mitlaute B und T erfunden, Palamedes, der Sohn des Nauplios, die übrigen elf Konsonanten. Hermes, der ägyptische Thot und Gott der Weisheit, habe diese Laute zu Buchstaben geformt. Zwischen der mythischen Datierung und der wissenschaftlichen liegen acht Jahrtausende. Von Kadmos wird gesagt, er habe das pelasgische Alphabet später nach Böotien zurückgebracht[220]. Plinius, dem wir diese Angaben verdanken, versichert nun weiterhin, Menes, der erste Pharao der Ägypter nach der Götterzeit, habe fünfzehn Jahre vor der Regierung des Phoroneus das Alphabet erfunden. Wir vernahmen indes, daß es Thot, also Hermes, gewesen sei, der den Menschen die Kenntnis des Schreibens vermittelt habe, was recht einleuchtend erscheint, da die Götter den Menschen ja Verwaltungsaufgaben hatten übertragen müssen.

Stets und immer wieder ist die Rede davon, daß die ersten fundamentalen Gesetze von den Göttern auf goldenen Tafeln niedergeschrieben und den einzelnen Völkern feierlich übergeben wurden. Mose empfing die Gesetzestafeln auf dem Berge Sinai unter Umständen, die stark an heutige Raumfahrterfahrungen gemahnen. Der Himmelsgott An gab den Sumerern ihr Gesetz auf goldenen Tafeln, den Dupsimati, wie im Gilgamesh Epos[112] erzählt. Diese sowohl als auch die ebenfalls auf goldenen Tafeln niedergeschriebenen Vedas der Inder wurden im Verlauf des kalten Krieges von Titanen geraubt und die Verhältnisse der Menschen hierdurch in Unordnung gebracht. Bei den chinesischen Tai war es die „dreibeinige Schildkröte" Nai, die, im Flusse I lebend, die auf ehernen Tafeln, den Lo-Tafeln, eingegrabenen ewigen Gesetze gebracht haben soll[40].

Durch die Geheimlehre von Jo oder Kiho, dessen Name nur flüsternd an einsamen Orten genannt werden darf, erfuhren bevorzugte Maori auf Neuseeland vom Whare-Kura, dem „Haus der Lehre", das sich im höchsten Himmel, auf der zwölften Welt, im Großen Havaiki, jenem Lichtreich im Zentrum der Galaxis, befindet, in der Urheimat aller Götter und Menschen. Es wurde von Tane verwaltet und bewacht. Hier unterrichtete Jo selbst die Götter der übrigen elf Welten sowie auch auserwählte Menschen über die letzten Dinge[312]. Dies dürfte eine, wenn auch durchaus mythische Erklärung für die rätselhafte, bisher nicht zu erhellende Tatsache sein, daß die Menschen der Urzeit doch offenbar über Kenntnisse verfügten, die über den Rahmen ihrer Erfahrungsmöglichkeiten hinausgingen. Beim Vergleichen der Kulturen stößt man immer wieder darauf, daß es Übereinstimmungen zwischen ihnen gibt, die sich durch bekannte Vorgänge nicht erklären lassen. Derartige analoge Erscheinungen sind weder übernommen, noch können sie einer Gleichartigkeit des Denkens entstammen, da es sich bei ihnen sowohl um geistige als auch um materielle Kulturelemente handelt. Zum Beispiel stimmen nicht weniger als 160 Schriftzeichen auf den Specksteinplättchen, die in den Ruinen von Mohenjo Daro gefunden wurden, mit jenen auf den Rongo-Rongo-Brettern der Osterinsel überein. Die Schrift von Mohenjo Daro gehört der auf 3000 v. Chr. datierten Harappa- Kultur am Indus an, die vor dem Einbruch indo-arischer Hirtenvölker nach Indien bestand. Die Rongo-Rongo-Schrift indes ist zweifellos polynesisch, und die Polynesier haben sich wahrscheinlich erst um 350 n. Chr. auf der Osterinsel festgesetzt. Sie selbst vermögen ihre heiligen Bretter, die Rongo- Rongo, nicht mehr zu lesen. Zwar wird behauptet, diese Schrift sei asiatischen Ursprungs und nunmehr von dem Linguisten Bartel[313] entziffert worden, doch erfahren wir über den

Inhalt dieser Dokumente nichts, weil die Sprache, in der sie abgefaßt sind, unbekannt ist. Die Herkunft dieser Sprache, die man „Austronesisch" nennt, bleibt so hypothetisch wie die in Hinterindien vermutete Urheimat der Polynesier, denn nichts, kein Relikt, keine Volkstumssplitter, Sprachinseln und dergleichen, deutet darauf hin, daß dieses Volk dort je einmal gesiedelt habe, und auch die Verwandtschaft der polynesischen Sprache mit der indonesischen besagt im Grunde nichts, da die beiden Rassen in allen anderen Dingen grundverschieden voneinander sind.

Metraux[314] hat mit Recht darauf hingewiesen, daß wegen der großen zeitlichen und räumlichen Differenz zwischen der Harappa-Kultur und jener der Osterinsel – 3500 Jahre und 13 000 Seemeilen – eine Verbindung zwischen ihnen ausgeschlossen erscheine. Also bleibt uns nur übrig, die Existenz einer von beiden zu verschiedenen Zeiten benutzten Quelle anzunehmen. Den Mythen zufolge können dies nur die Götter gewesen sein.

Ferner künden die Mythen von erstaunlichen medizinischen Kenntnissen, über die die Götter verfügt und in denen sie die Menschen unterwiesen haben sollen. Die alten Völker des westlichen Südamerika, so stellte die Hrdlicka-Expedition fest, hatten eine hochentwickelte Medizin, deren Grundlagen sie von den Göttern erhalten haben wollten; nicht nur vermochten ihre Ärzte mit primitivsten Mitteln tadellose Schädeltrepanationen durchzuführen, sie kannten auch die aseptische Wirkung des Sonnenlichtes auf Wunden und führten auf diese Weise bis in jüngste Zeit staunenerregende Heilungen durch. Obendrein wußten sie die Körper Verstorbener auf die gleiche Art zu mumifizieren, wie das in Ägypten geschehen war, und dies gewiß aus ebendenselben Gründen wie dort oder bei den Polynesiern[315].

Poseidon galt als vortrefflicher Arzt, der sich auch den Menschen gegenüber als hilfreich zu erweisen pflegte. Auf den Kykladen verehrte man ihn als den Vater der Ärzte Machaon und Chiron, doch war dies wohl nur allegorisch gemeint, denn in der Ilias wird Machaon als Sohn des Asklepios genannt[11]. Dieser wiederum ist der bemerkenswerteste unter den mythischen Ärzten, weil er dem Widerstreit zweier Prinzipien zum Opfer fiel. Hermes hatte ihm auf Verlangen Apollons das Leben geschenkt, indem er Keroni, die von Apollon getötete Mutter des Asklepios, auf dem Totenbett operierte[31], und das Kind dann bei dem Kentauren Cheiron Medizin studieren lassen. Andere sagen, er habe die ärztliche Kunst sowohl von Cheiron als auch von Apollon gelernt. Wie nun immer, er überbot bald Götter und Menschen darin. Mit dem Blute der Gorgo Medusa, das ihm Athene schenkte, vermochte er Tote wiederzuerwecken. Nur zum Heilen, zur Erhaltung des Lebens, gebrauchte er seine Kunst. Hades beklagte sich darüber bei Zeus. Als Asklepios nacheinander den Tyndoroeus, den Glaukos, den Hippolytos und den Orion, die alle schon abgeschieden waren, wiederauferstehen ließ, beschuldigte Zeus ihn der Bestechlichkeit und erschlug ihn mit seinem Blitz, „weil er die Ordnung auf der Erde gestört habe[64]“. Sollte sich hinter dieser poetisch verbrämten Geschichte nicht eine uralte Erfahrung oder Erkenntnis verbergen? Uns will es so scheinen, wenn man das Janusgesicht der modernen Medizin ins Auge faßt und die sich aus ihr ergebenden Konsequenzen bedenkt.

Die Sumerer hätten ihre eigenen gesellschaftlichen und menschlichen Erfahrungen in die Sphäre der Götter projiziert, behaupten einige Historiker und Mythologen. Sie selbst hingegen sagen übereinstimmend mit den Polynesiern aus, das Unten sei gleich dem Oben, die irdischen Verhältnisse seien jenen im Himmel nachgebildet[213]. Betrachtet man nun die einstige Existenz der Götter als Realität, stellt man ferner in Rechnung, welche durchaus begreiflichen Gründe sie bewogen, den Menschen diese und jene Kenntnisse zu vermitteln, andere ihnen vorzuenthalten, so besteht wenig Ursache, die Aussage der Sumerer in Zweifel zu ziehen. Den Grundriß des Stufentempels Duranki zu Nippur, der ja das „Band zwischen Himmel und Erde“ darstellte, soll Enki eigenhändig aufgezeichnet haben. Dies müßte aber Jahrtausende vor der Einwanderung der Sumerer in Mesopotamien geschehen sein, und die Geschichte wäre demgemäß eine Übernahme von den Ureinwohnern des Landes[7]. Wie immer es sich damit im einzelnen verhalten mag, das eine wird jedenfalls von allen Völkern immer wieder übereinstimmend behauptet: Die Grundlagen seines Wissens erhielt der Mensch von den Göttern!

Wiswas Karma, der geniale Baumeister der Lichtgötter Indiens, der mit dem Asuren Tvashtri identisch ist, wurde bereits im Zusammenhang mit den riesigen Obelisken von Mavalipuram bei Ellora erwähnt. Er ist dem Hephaistos ähnlich, ein Magier, ein Techniker von höchsten Graden, für die Menschen das Urbild des geschickten Handwerkers. Unter anderem hatte er dem Yama eine Wohnung im „Meer“ erbaut, das heißt: im Nachtmeer, dem Nara, auf einer anderen Welt nahe dem Zentrum des Lichtes, außerdem auch noch ein

Versammlungshaus aus rotgoldenem Metall. Das Haus des Yama war erfüllt von Musik und mit den Düften herrlicher Blumen, umstanden von stolzen Bäumen, in deren Gezweig Scharen bunter Vögel zwitscherten. Nicht weniger ansprechend werden die von ihm errichteten Paläste Varunas und Indras geschildert. Für Kubera, den Gott des Reichtumes, der Poseidon ähnelt, schuf er die Stadt Lanka, die dem Ramayana[260] zufolge auf Ceylon gelegen hat. Auch sie bestand vorwiegend aus jenem rotgoldenen Metall, das die Götter für alle ihre technischen Wunderwerke zu verwenden pflegten; sie hatte – so wie auch Poseidonis auf Atlantis, mit dem sie möglicherweise gleichzusetzen ist – sieben hohe Wälle aus Stein und Erz. Vorher soll sie sich auf dem Kailāsa befunden haben. Bauleiter war sein Sohn Nala, der die Macht besaß, „Steine auf dem Wasser schwimmend zu erhalten". Bei anderer Gelgenheit baute Wiswas Karma für Krishna die Festung Dwarka „in einer einzigen Nacht". Von ihm empfingen die Menschen vielerlei Anregungen und Ratschläge. Ein Gleiches wird von den Chinesen dem mythischen Städtebauer Kun nachgerühmt, der, weil er es mehr mit den Menschen hielt als mit den Göttern, zuletzt nach dem „Flügelberg" im Südwesten der Landschaft Shansi verbannt worden war[40].

Die Götter bauten, wie auch hier wieder deutlich, nicht aus Stein, sondern mit Metall. Dieser Baustoff aber war den Menschen nicht zugänglich. Infolgedessen versuchten sie, das, was sie gesehen oder wovon sie gehört hatten, mit irdischen Materialien nachzuschaffen. Jene kyklopischen Bauten, auf die wir anderen Ortes zurückkommen, waren nicht ihr Werk, wohl aber – dies jedoch viel später, nach der Flut – alle die Stufentürme, die Pyramidentempel und Plattformen, gleich jener rätselhaften erhöhten Fläche zu Persepolis, deren Zweck gewiß der gleiche gewesen ist wie bei den Maraes auf den Inseln Polynesiens. Auch die obere Plattform der Zikkurats war ja ursprünglich als Lande- und Ruheplatz für die Götter oder deren fliegende Boten gedacht; nicht anders der Ahu, die erhöhte Plattform am Ende eines Marae. Es dürfte müßig sein, sich über das Alter solcher Bauwerke zu streiten oder gar zu behaupten, die mexikanischen Pyramiden könnten, schon aus zeitlichen und formalen Gründen, nicht durch die sumerische und ägyptische Kultur beeinflußt worden sein oder den dortigen Bauten zum Modell gedient haben. Alter und Form spielen hierbei gar keine Rolle. Die Idee ist es, die sich über Jahrtausende hin erhalten und im Laufe dieser Zeit unterschiedliche

Ausdrucksformen gefunden hat. Diese Idee, freilich, sowenig wie ihre Verwirklichungen in Holz oder Stein, kann unmöglich einem Menschen des Paläolithikums oder auch Neolithikums, so wie ihn die Wissenschaft uns vor Augen führt, zugetraut werden. Was die Menschen in jener Zeit zu leisten vermochten oder auch nicht vermochten, läßt sich an den Bauten der Megalithkultur ablesen. Der berühmte Marae Maha'iatea bei Paparea auf Tahiti wurde erst 1762, also vor zweihundert Jahren etwa, von Amo aus der Adelsfamilie Teva gebaut; er hatte zehn Plattformen stufenartig übereinander, und das Volk besang ihn als „künstlichen Götterberg". Aber 1865, nach knapp hundert Jahren, war er schon wieder zerstört[18].

Gewaltige Steinterrassen, wie jene zu Persepolis, aber von dunkler Herkunft, finden sich auf zahlreichen Inseln Ozeaniens, auf Swallow, Malden, Hawaii und Tahiti[49] sowie auch auf den Marquesas; hier im oberen Taipi-Tal, einer unbewohnten Gegend, sieht man eine große Terrasse von 100 mal 20 Meter, aus Steinblöcken von 3,00 mal 4,50 Meter mörtellos gefügt, deren Seitenwände völlig glatt sind, ohne Meißelspuren. Sie wurde, bekunden die Insulaner, „vor langer, langer Zeit von den Göttern, als sie die Erde bewohnbar machten, an einem einzigen Tage erbaut[157]".

Rätselhafte archaiische Bauten gibt es auch auf Ponapi und Kusaie, hier auf einem dem Hafen von Matalanien vorgelagerten Eiland. Zwei dieser Bauwerke liegen völlig zertrümmert dicht am Meer. Der Missionar Hale maß ihre damals noch intakten konzentrischen Mauern und fand sie neun Meter hoch, gewaltig dick, aus hexagonalen und polygonalen Basaltblöcken von 7,50 Meter Länge und 60 Zentimeter Dicke nach kyklopischer Bauart ohne Mörtel zusammengesetzt. Diese hundertfünfzig Quadratmeter bedeckenden Gebäude hatten keine Dächer, noch waren Spuren einst vorhandener Dachsparren zu sehen, hingegen gab es in ihnen Kellergewölbe voller Menschenknochen. Die Insulaner erinnern sich, „vor langer Zeit sei die Insel besetzt worden von Männern mit so fester Haut, daß man sie nur durch die Augen habe verwunden können[228]".

Man möchte an Spanier in eisernen Rüstungen denken, denn 1595 hatten Quiroz und Mendaña in jener Gegend geweilt, oder auch an verschlagene europäische Piraten; dies um so eher, als spanische Münzen, ein silberner Zirkel und überdies eine Messingkanone unter den Gerippen im Keller gefunden wurden. Doch die Bauweise dieser Anlagen ist keineswegs spanisch, sie ist kyklopisch. Basalt findet sich auf dieser Insel nicht, hingegen Kalk- und Korallengestein, das sich als Material angeboten hätte, in Menge. Hier scheint ebenderselbe Fall vorzuliegen wie in Machu Picchu, Mykenai und Tiryns, daß nämlich diese Bauten uralt gewesen, dann aber im Laufe der Zeiten von verschiedenen Benutzern in Besitz genommen und jeweils erneuert oder erweitert worden sind.

Nach dem bisher Gesagten dürfte klar geworden sein, daß jenes primitive Weltbild, wie es der Antike zugeschrieben wird, für die Gebildeten niemals Geltung gehabt haben kann. Dieses Weltbild zeigte die Erde als Mittelpunkt, den Himmel darüber als mit Lichtern besteckte Schale, oder auch nach Homer die Erde als flache Scheibe, vom Okeanos umflossen. Homers Vorstellungen beruhten auf dem Mißverstehen urältester Überlieferungen, in denen die Erde ja keineswegs als Mittelpunkt des Universums erschien, sondern als „Mittlere Welt", als Zwischenstation auf einer der interplanetarischen Verkehrsrouten in dem uns unbekannten kosmischen System der Götter. Die Inder wußten recht wohl über die Verhältnisse im Weltenraum und über die Bewegungen der Himmelskörper Bescheid. Die Ägypter kannten die Erde als einen an den Polen abgeplatteten Sphäroiden, denn auf dem Fragment einer altägyptischen Mumiendecke sieht man sie als Ei mit fünf Kontinenten dargestellt[82]. Und die gleiche Form hatten bei den Maya jene Kautschukbälle, die ihnen zu ihrem kosmisch-sakralen Ballspiel dienten. Die Kugelform der Erde war damals allen Natur- und Kulturvölkern wohlbekannt, den Thai in China als auch den Indianern Nordamerikas.

Um die Mitte des vorigen Jahrhunderts erzählte der alte, damals mit der Zivilisation noch nicht in Berührung gekommene Algonkinhäuptling „Kleiner Rabe" einem Forscher folgenden Traum: Eine riesige, schwarzgekleidete Gestalt habe ihn einst zum Himmel emporgeführt, und von dort oben habe er durch einen Spalt im Wolkengebirge die rundgeformte Erde tief unter sich liegen sehen[316].

Woher wußten die Ägypter, die Chinesen, ja, selbst jener alte Indianer oder die Erzähler der Mythe von Awenhai, daß die Erde rund ist? Woher war Platon das mit modernen Ansichten übereinstimmende Bild von der „wahren Erde" zugekommen? Woher hatten die Inder ihre astrophysikalischen Kenntnisse?

Die Vorstellung vom weißgewandeten, silberbärtigen Druiden, der den Auf- oder Untergang der Gestirne aus dem felsigen Rund des Stonehenge über den Daumen peilt und die gewonnenen Werte, bewundert von einer Schar in Ehrfurcht erschauernder Adepten, auf ein Stück Schiefer oder Birkenrinde kritzelt, dürfte den tatsächlichen Verhältnissen in damaliger Zeit wohl kaum entsprechen. Wir wissen, wie ungemein kostspielig astronomische Forschungen sind. Wir wissen, daß es einer leistungsstarken, weltumspannenden Zivilisation bedarf, um Kenntnisse zu erlangen, wie wir sie hinter den verworrenen, fragmentarischen Überlieferungen, den schwer verständlichen Aussagen und den Restbeständen praktisch anwendbaren urzeitlichen Wissens vermuten.

Die Maya, gleich den Sumerern, waren hervorragende Astronomen. Ihr außergewöhnlich kompliziertes Kalendersystem muß – sofern es ihnen nicht von außen her zugekommen ist – lange Zeit zu seiner Entwicklung benötigt haben. Der Mayakalender, Tzolkin genannt, gab dem Jahre 365 Tage. Das Jahr war in achtzehn Monate zu je zwanzig Tagen und einen zusätzlichen Monat von fünf Tagen unterteilt. Sie hatten, was nicht zuletzt ihr Ballspiel beweist, eine zutreffende Ansicht über die Himmelsmechanik sowohl als auch über die Gestalt der Erde und anderer Himmelskörper. Nicht anders als bei den altweltlichen Kulturen geriet jedoch auch bei ihnen das ursprüngliche Wissen nach und nach in Vergessenheit, wurde verfälscht, von philosophischen Spekulationen durchsetzt, allegorisiert und so zu einem kaum noch verständlichen Gespinst von Dichtung und Wahrheit. Gleich den Zeitgenossen Homers stellten auch sie sich zuletzt die Erde als eine flache, auf dem „Weltwasser“ schwimmende Scheibe vor[317]. Darin zeigt sich, daß eine fortschreitende Zunahme der Kenntnisse, eine kontinuierliche Höherentwicklung der geistigen Fähigkeiten weder stattgefunden hat, noch als selbstverständliche Entwicklung zu betrachten ist.

Jedenfalls entspricht der Tzolkin, der nur nach jahrhundertelanger Beobachtung entstanden sein kann, in keiner Weise dem allgemeinen Kulturbild seiner angeblichen Entstehungszeit. Die Benennungen sind magisch-primitiv, während die in ihm ausgedrückten Tatsachen von höchster Erkenntnis zeugen. Ursprünglich ein Mondkalender – Schultze-Jena nannte ihn anthropolunar – wurde der Tzolkin später mit dem Sonnenjahr in Einklang gebracht. Die 260 Tage des Mondjahres, die 365 Tage des Sonnenjahres und die 58 Tage des Venusdurchganges fallen nach 37 960 Tagen zusammen. Man findet diese Zahlen in den Datumsinschriften des „Alten Reiches“, und astronomische Berechnungen mit Werten von 8000 (pictún), über

160 000 (calabtún) bis zu 64 Millionen (alautún) Jahren, ja, sogar bis zu 400 Millionen Jahren sind keine Seltenheit[318].

Hier handelt es sich nun gewiß nicht mehr um die praktisch notwendige Astronomie eines Agrarvolkes, so sehr die magisch-religiösen Benennungen und Verschleierungen, die schon manch einen Forscher irregeführt haben, darauf hinzudeuten scheinen. Die Datierung der Entstehungszeit des Kalenders kann nicht stimmen, wie denn auch die Erklärungen für den Übergang vom lunaren Kalendersystem zum solaren in keiner Weise befriedigen. Ein außerordentliches Ereignis muß diesen Vorgang bewirkt haben; und dieses Ereignis wird nun tatsächlich im fünften Kapitel des Buches Chilam Balam[99] beschrieben: die große Erdkatastrophe, auf die das Goldene Zeitalter der Götter zusteuerte. Während Zeitangaben hierüber im Bereich der altamerikanischen Kulturen nicht vorliegen, berichtet Manetho, ein Priester und Tempelschreiber in Heliopolis zur Zeit der Ptolemäer, in seiner chronologisch geordneten, aber nicht unbedingt zuverlässigen „Geschichte Ägyptens", eine gleiche Änderung des Kalendersystems habe in Ägypten während des 12. Jahrtausends v. Chr. stattgefunden[319]. Dieses Datum differiert mit dem von Platon für den Untergang von Atlantis, nämlich im Jahre 9500 v. Chr., angegebenen um etwa anderthalb Jahrtausende, was aber insofern ohne Bedeutung ist, weil es uns hier darauf ankommt, nicht das genaue Datum, in dem sich dieser wie jener geirrt haben mag, sondern die Tatsache der Katastrophe als solcher festzustellen.

Geschichte ist ohnehin weitgehend eine Vermutungswissenschaft, wie keine andere Disziplin unterworfen dem Tagesdenken und ererbten Vorurteilen. Wie anders wäre es sonst möglich, daß Generationen von Historikern einem so grotesken Irrtum erliegen konnten, wie ihn Velikowsky aufgedeckt zu haben glaubt[320]? Seiner begründeten Meinung nach fehlen entweder sechshundert Jahre in der Geschichte Israels oder diese sechs Jahrhunderte wurden der ägyptischen Geschichte irrtümlich hinzugefügt, die in dieser Zeit stattgefundenen Ereignisse also zweimal erzählt. Vor hundert Jahren noch hatte man so gut wie keinerlei Ahnung vom großen, mächtigen Hethiterreich und seiner erstaunlichen Kultur. Und so mag es noch zahlreiche andere Geheimnisse der Vergangenheit geben, die unter dem wuchernden Gerank der Urwälder, unter dem Wüstensand oder unter dem Staub der Archive begraben ruhen. Wir wissen noch längst nicht alles.

Braghine äußert – mit Vorbehalt – die Ansicht, unser heutiger Mond sei erst während der Katastrophe in der Nähe der Erde erschienen; er beruft sich hierbei auf eine Sage der Buschmänner in Südafrika. Tatsächlich gibt es bei Indern, Arabern, Ostafrikanern und Griechen Überlieferungen und Legenden, die im Zusammenhang mit dem Untergang von Gondwanaland von einer Zeit berichten, in der noch kein Mond oder auch gleich drei Monde am nächtlichen Himmel standen. Unglücklicherweise ist dieser Fragenkomplex, seitens der exakten Wissenschaft nicht ganz ernst genommen und daher nur unzureichend erforscht, zu einer Domäne der Esoteriker geworden. Mit dem Erscheinen unseres jetzigen Mondes soll der bis dahin solare Kalender in einen lunaren umgewandelt worden sein[131].

Allem Anschein nach vergißt der Mensch rascher als er neues Wissen hinzugewinnt; lassen doch die Mythen das einstige Vorhandensein von Kenntnissen ahnen, die zu umfassend gewesen sein müssen, als daß sie so leicht wieder hätten verlorengehen dürfen. Hierfür gibt es nur eine Erklärung: Dieses Wissen, diese Kenntnisse waren keine eigene Erwerbung des Menschen. Er hatte sie sich angeeignet wie etwas Fremdes, ein Kleid, das ihm nicht paßte. Im Grunde benötigte er – damals – ein solches Wissen nicht. Und so war es denn auch niemals sein wirklicher Besitz gewesen. Doch woher kam es ihm zu? Von den Göttern! Die Mythen sagen es. Als die Götter von der Erde verschwanden, als Wasserfluten und Feuerstürme die Menschheit dezimiert hatten, da waren nur mehr Reste jenes einstigen Wissens übrig, aus dem Zusammenhang gerissene Relikte, Bruchstücke, Fetzen eines Kolossalgemäldes, die nun im spekulativen Geiste einer auf ihren Fortbestand bedachten Priesterschaft zu Grundsteinen esoterischer Lehrgebäude wurden.

Den Sagen der Chinesen läßt sich entnehmen, daß die Position unseres Planeten im Weltenraum vor Zeiten eine ganz andere gewesen sei als die heutige[40]. Auch sie verfügten schon recht früh über weitgehende astronomische Kenntnisse, „die natürlich nur dem praktischen Zweck der Ergründung astraler Einflüsse auf die irdischen Verhältnisse dienten . . . Sie verbanden sich mit alten Volkssagen und Mythen und gaben so den Antrieb für den Staatsgedanken, wie er vom Altertum her überliefert ist[25].“

„Aber die Astronomie stellt uns nun wieder vor das Problem ihrer Herkunft: War sie im Lande entstanden oder von außen her eingeführt[25]?“

„Leopold de Saussure hat diese Frage gründlich untersucht, mehrfach seine Ansicht gewechselt, ist jedoch zu keinem endgültigen Ergebnis gekommen. Seiner Überzeugung nach muß das System des Mondkreises asiatisches Gemeingut sein, weil es sich in China sowohl als auch in Indien, Arabien und Babylonien findet. Es beruht auf der symmetrischen Stellung von zwei Paaren besonders leuchtender Sterne – Arcturus/Wega und Hydra/Widder – die einander annähernd gerade gegenüberstanden, und zwar um etwa 4000 v. Chr. Unterschiede bei den Mondkreisen der verschiedenen Völker sind, seiner Meinung nach, durch eine allmähliche Verschiebung zu erklären. Um 4000 v. Chr. habe, so argumentiert er, nur die babylonische Astronomie bestanden; sie müsse daher der Ursprung aller übrigen sein. Für die Anfänge der chinesischen Astronomie komme nach der Polarstellung der von den Chinesen als polar bezeichneten Sterne nur das 27. bis 23. Jahrhundert v. Chr. in Betracht. Die chinesische Anschauung von den fünf Himmelszonen findet sich auch im vorzoroastrischen Iran, in Babylon freilich nur eine Spur davon in den fünf Planeten außer Sonne und Mond. Das System müsse sich von Babylon über ganz Asien verbreitet haben; sollte sich dies aber nicht beweisen lassen, so müsse man eben doch auf den chinesischen Ursprung zurückkommen[25]."

Nun hat aber keiner der Gelehrten, die sich mit der Frage nach der Herkunft des astronomischen Wissens befaßten, den Aussagen der Mythen irgendwelche Beachtung geschenkt. Nach den Überlieferungen der Thai soll jener sogenannte „knochenlose" König von Hsü, der aus einem großen, vom Monde ins Meer gefallenen Ei hervorgekommen sei, das „Wissen von den Sternen" bei ihnen verbreitet haben. Nach Meinung der Yao war es ein gewisser Ch'ang-i, der, vom Monde herstammend, zur Zeit des Huang-ti die Mondberechnung erfand. Anderen Legenden zufolge soll Ch'ang-i aber eine Frau gewesen sein, die Gemahlin des I. Als I sich von der Muttergöttin des Westens Hsi-wang-mu das Elixier der Unsterblichkeit hatte geben lassen, stahl es ihm seine Frau Ch'ang-i und floh damit zum Monde hinauf, dessen Gebieterin sie wurde[40].

Dem Gesamtbild der Menschheit des Jungpaläolithikums und Mesolithikums sind dergleichen Überlieferungen kaum einzuordnen. In Sumer, wie in China oder bei den Maya waren es Furcht und Sorge, die den Menschen veranlaßten, den Himmel zu beobachten, die Jahre zu zählen. Wenn man hierbei zu annähernd gleichen Ergebnissen kam, so nur, weil diesen derselbe Wissenskomplex zugrunde lag. Alle Einzelentwicklungen gehen, ohne daß sich eine Verbindung zwischen ihnen feststellen ließe, auf einen gemeinsamen Ausgangspunkt zurück. Oder mit den Worten Professor Eberhards:

„Die exakte Übereinstimmung der beiden Ansätze, in China einerseits, in Amerika andererseits, als bloße Parallelenbildung auf Grund der gegebenen natürlichen Bedingungen zu erklären, geht kaum an. Wir sind wohl zu der Folgerung genötigt: Altchinesische und altmittelamerikanische Hochkultur schöpften aus ein und derselben Quelle! Ob wir dieser Quelle in China näher sind oder in Amerika, ist eine zunächst offene Frage. Doch haben wir zu ihrer Beantwortung zwei Anhalte, für China einen negativen, für Amerika einen positiven. In China läßt sich, soweit bekannt ist, die empirische Grundlage der Periodenkenntnisse nicht nachweisen, ja, es ist zwischen dem Niveau der Astronomie in den Han-Annalen und dem der keine hundert Jahre älteren des Se-ma Ch'ien ein auffällig großer, nicht überbrückbarer Unterschied festzustellen. Die altmittelamerikanische Überlieferung dagegen läßt – so spärlich das von ihr Erhaltene ist und so wenig vom Erhaltenen bisher der sicheren Deutung zugänglich wurde – mit aller Klarheit die Beobachtungsgrundlagen und die Art ihrer Verarbeitung erkennen[321]."

Wenn nun die Götter Vermittler eines solchen für sie nicht ungefährlichen Wissens waren, so hatten sie einerseits ein weitgehendes Interesse daran, die Bewohner der Erde zu vollwertigen Hilfskräften heranzubilden und auf ihre Seite zu ziehen, andererseits durften sie ihnen keine zu große Selbständigkeit im Denken und Handeln zugestehen – das alte Dilemma aller Kolonialpolitik. Dem Popol Vuh zufolge trübte, wie schon erwähnt, der Gott Huracán die Blicke der Irdischen, nahm ihnen das Erinnerungsvermögen, was sich heute noch oft peinlich bemerkbar macht, minderte ihre Weisheit, ihr Aufnahmevermögen, indem er voller Eifersucht ausrief: „Sollen sie am Ende uns gleich sein, die wir sie schufen, die wir in weite Ferne sehen, alles wissen und alles erblicken[17]?"

Als die zweihundert „Engel" unter Führung des Semjasa auf dem Gipfel des Hermon gelandet waren, machten sie sich mit den Menschen gemein; sie verführten die Töchter der Erdgeborenen und lehrten diese Schwerter, Schilde, Messer und Panzer schmieden und gebrauchen, ebenso Metalle schürfen, Schmuck anfertigen, vor allem aber den Lauf der Gestirne deuten sowie auch das „Binden und Lösen durch Zaubersprüche", worin sich wahrscheinlich die Kenntnis chemischer oder physikalischer Formeln verbirgt. Dies war nun gar nicht im Sinne des Weltenherrn. Zornig dekretierte er: „Ein Befehl ist ausgegangen vom Angesichte des Herrn über die, welche auf der Erde wohnen, daß das ihr Ende sein soll, weil sie alle Geheimnisse der Engel und alle Gewalttat des Satans kennen und alle ihre verborgene Kraft und alle Kraft derer, welche Zauberkünste üben und die Kraft der Bannungen und die Kraft derer, welche Gußbilder gießen[55]."

Mit Schrecken sieht Henoch, „der Eingeweihte", der siebente jener zehn Urväter vor der Flut, das Strafgericht nahen. Ihm wird die Erfindung der Schrift, der Arithmetik, der Astronomie zugeschrieben, doch bekennt er bescheiden, all sein Wissen stamme aus dem „Buch der Weisheit", das der Weltenherr ihm gegeben habe, was ihn, entsinnen wir uns, Adam an die Seite stellt. Im Alter von 365 Jahren soll er lebend, seiner Klugheit und seines Gehorsames wegen, nach dem Gestirn der Götter entrückt worden sein. Und wenn auch sein geheimnisvolles, erregendes Buch nur die Spätfassung durch einen jüdischen Schriftgelehrten aus dem 6. Jahrhundert v. Chr. sein mag, so enthält es doch eine Fülle oft freilich verschlüsselter oder falsch übersetzter Angaben, die irgendwie eben doch auf Tatsachen fußen könnten, und vor allem: – seine Bekundungen stimmen mit den Aussagen anderer Völker ebenso überein, wie sie sich auf die Verhältnisse der Gegenwart anwenden lassen.

So ging das Goldene Zeitalter, von dem wir nicht sagen können, wie lange es gewährt haben mag, seinem Ende entgegen, einem Ende mit Schrecken. Doch war der Mensch auf die Bahn gesetzt, der er von nun an folgen sollte. Das Bild der Götter vor Augen, strebte er beharrlich danach, den Göttern gleich zu sein. Ein legitimer Anspruch, wenn man bedenkt, daß er mit ihnen eines Blutes, eines Stammes ist.

Moira

Die Werke des Hephaist

So, wie die Menschen ihr Wissen, alle Künste und Kenntnisse von den Göttern erhalten hatten, zumindest die Grundlagen oder auch nur die Idee, waren die Götter geistige Kinder der Titanen. Begriffe wie Gut und Böse, Licht und Dunkel, verzerren das wahre Bild. Die Titanen waren nicht durchwegs böse, die Götter nicht ohne Ausnahme gut. Dergleichen Werturteile wurden von späteren Generationen gefällt, die Ausdrücke wie „Söhne des Lichtes“ oder „Herren der Finsternis“ als Allegorien mißverstanden.

Die Titanen waren die Erfinder all jener Dinge gewesen, deren die Götter sich nun beim Ausüben und Erweitern ihrer Macht bedienten. Ungebändigten Geistes, den Impulsen ihres heftigen, leicht zu erregenden, einbildungsfähigen und ideenreichen Naturells unterworfen, waren sie dem nüchternen, egoistischen Denken und Handeln der Götter in mancher Hinsicht nicht gewachsen, doch sich im klaren darüber, wie sehr diese sie brauchten. Eine reinliche Scheidung zwischen Titanen und Göttern bestand nicht, hingegen die ständig sich verschärfende Animosität zweier einander gänzlich entgegengesetzter Wesensarten.

Das heimliche Ringen wurde zur offenen Feindseligkeit, als die Titanen sich der sogenannten „Schicksalstafeln“ bemächtigten. Nach Ansicht der Sumerer war es der Vogel Zu, der dem Enlil die Dupsimati raubte, jene „goldenen Schicksalstafeln“, die Insignien der höchsten Macht, und damit ins Gebirge entflog. Hier, wie im germanischen und im indischen Mythos, sind die Götter zutiefst bestürzt und niedergeschlagen. An befiehlt einigen von ihnen, die Tafeln wieder herbeizuschaffen. Es gelingt ihnen jedoch nicht. Und so ist es Marduk, der Held der „jungen Götter“ im Kampf gegen die Unholde der bösen Titanin Tiamat, der sie am Ende zurückgewinnt[322].

In den sumerisch-babylonischen Mythen wird nicht gesagt, warum die Tafeln geraubt wurden, noch wie es im einzelnen geschah. Die indischen Überlieferungen bekunden indes, daß Brahma, der Weltenherr, geschlafen, den Dingen also zu lange ihren Lauf gelassen habe, was auch durchaus in sein Charakterbild paßt. Diese Gleichgültigkeit oder Lässigkeit benutzend, dringt der Daityafürst Hayagriva in Gestalt eines „goldenen Krokodils“ in Brahmaloka ein, raubt die mit den Vedas beschriebenen „goldenen Tafeln“, verschlingt sie und entflieht mit ihnen in die Weiten des Himmelsmeeres, des Weltenraumes[323]. Die Erde verödet; Wiesen, Felder und Wälder verdorren; Quellen und Brunnen versiegen; Glutwinde brausen über die Länder hin; glühende Kohlen regnen vom Himmel nieder[324]. Die Menschen geraten außer Rand und Band: „Das Weib des anderen, das Leben des anderen, das Gut des anderen raubend, je nachdem sie gerade der Lüsternheit, dem Zorn oder der Habgier verfallen sind, schweifen die Menschen umher. Die Kasten vermischen sich; die Opferrufe verstummen[325].“

Prajapati, einigen indischen Mythen zufolge der höchste Schöpfergott, begibt sich mit anderen Göttern in das „Milchmeer“, nach jener Region des Lichtes, in der sich Vaykuntha befindet, Vishnus Gestirn. Dort fleht er den „Herren der weiten Räume“ um Hilfe an: „Mein Schutzherr, dem eine Schlange zum Ruhebett dient! Du bist der Erste und der Letzte; du bist der starke, überall hingehende Wind! Du bist das Feuer, der Hort der Gluten! Der Daitya, der sich im Himmelsmeer verborgen hält, hat die Vedas geraubt. Auf ihnen aber ruht die ganze Welt, das Bewegliche wie das Unbewegliche.“

Vishnu verspricht, die Tafeln wieder herbeizuschaffen. Er verwandelt sich in einen „Fisch“, das heißt: er besteigt sein Raumschiff; er dringt in die Weiten des Himmelsmeeres ein, trifft dort auf das „goldene Krokodil“ und zerspaltet es mit der Spitze seines Maules[326]; er rammt es. So tötet er Hayagriva und bringt die Vedas nach Brahmaloka zurück.

Der germanischen Sage vom Raub der Idun und ihrer „goldenen Äpfel“ scheint ein gleicher Sachverhalt zugrunde zu liegen, nur ist sie ins Poetisch-Unrealistische oder Allegorische abgewandelt. Idun hütete die goldenen Äpfel, deren Genuß den Göttern Kraft und ewige Jugend verlieh. Loki, um die Folgen eines seiner boshaften Streiche abzuwenden, versprach dem Riesen Thiassi, dem Vater der Skade, Niördrs Frau, ihm die Äpfel auszuliefern und lockte Idun in einen abgelegenen Hain. Hier nun erschien Thiassi in Gestalt eines „Adlers“, bemächtigte sich der Göttin wie auch der Äpfel und entführte beide ins Land der Riesen, nach einer unteren Welt. Die Asen, der belebenden Speise ermangelnd, wurden hinfällig, alt, grau und matt. Sie ergriffen Loki und preßten das Geständnis seiner Übeltat aus ihm heraus. Da sie ihn zu töten drohten, versprach er, Idun und die Äpfel wieder zurückzubringen. In Gestalt eines „Falken“ flog er hinab zur Riesenburg. Dort fand er Idun hinter sieben eisernen Türen eingekerkert. Er verwandelte sich in eine Schwalbe, drang als solche durch ein kleines Fenster und befreite Idun. Thiassi bemerkte jedoch ihre Flucht. Als Adler verfolgte er den Falken bis nach Asgard hin. Die Götter, von Heimdall alarmiert, sahen die beiden Flugzeuge nahen. Als Thiassi im Sturzflug auf die Fliehenden niederstieß, entzündeten die Götter ein gewaltiges Feuer. Hoch schlugen die Flammen empor, versengten die Fittiche des Adlers, so daß er zu Boden stürzte. Thiassi wurde festgenommen und getötet[106].

Streicht man das poetische Rankenwerk in diesen Geschichten ab, so ergeben sich folgende Tatsachen: Die goldenen Tafeln enthielten wissenschaftliche Formeln von außerordentlicher Wichtigkeit. Um was es sich dabei gehandelt hat, können wir Heutigen aus den Überlieferungen nicht mehr ersehen, und wahrscheinlich haben schon die damals lebenden Menschen nichts darüber gewußt. Immerhin kennen wir in der Gegenwart ganz ähnliche Geschehnisse aus dem dramatischen Ringen der Großmächte um das Geheimnis der Kernspaltung. Für die Bewertung der Mythen spielt es keine Rolle, ob das Fluggerät, dessen sich die Titanen beim Raube der Tafeln oder Äpfel bedienten, als Vogel Zu, als Adler, Falke, Fisch oder goldenes Krokodil bezeichnet wird; das Entscheidende ist: es flog! Es flog jedoch nicht nur innerhalb der Erdatmosphäre, sondern auch durch den Raum; also muß es ein Raumschiff gewesen sein.

Die heiligen Bücher der Parsen berichten über den Raub der Schicksalstafeln nichts, doch wissen sie vom Kampf zwischen den „Söhnen des Lichtes“ und den „Herren der Finsternis“, vom Ringen zwischen Ahura Mazda und Ahriman, wobei es zu Gefechten zwischen Raumschiffen kam. Ahura Mazda habe sich, heißt es da, verdreifacht, habe sich von der Sonne so weit entfernt, wie diese von der Erde entfernt ist, habe den Himmel mit Sternen ausgeziert und über sie den Sirius gesetzt. Danach habe er achtundzwanzig von ihm erschaffene Götter in ein „Ei“ getan; ein anderes mit vierundzwanzig Göttern des Ahriman bemanntes Ei habe jedoch das des Ahura Mazda durchbohrt. So sei das Böse auf die Erde gekommen. Es nahe sich aber die Zeit des Schicksals, da Ahriman Pest und Hungersnöte über die Menschen bringen werde; dies sei sein eigener Untergang[29].

Über Wiswas Karma, der identisch mit dem Asuren Tvashtri ist, vernahmen wir, daß er, gleich dem Hephaistos, dem Loki, dem Tu der Polynesier, der Schmied und Baumeister der Götter gewesen sei, „er, der alles macht[260]". Die Tätigkeit dieser Titanen, Asuren oder Riesen beschränkte sich also nicht auf einzelne Gebiete; sie waren Allroundtechniker. Und um den nun folgenden Götterkrieg in der richtigen Proportion zu sehen, ist es notwendig, die technischen Macht- und Kampfmittel, über die beide Parteien in gleicher Weise verfügten, zu kennen.

Die Wissenschaft versichert uns, vor dem vierten Jahrtausend vor Christus habe es keine Eisenverarbeitung auf der Erde gegeben, das früheste Eisen sei meteoritischer Herkunft gewesen. Wir wenden dagegen ein, daß in zahlreichen Überlieferungen von „göttlichen Schmieden" die Rede ist, wie zum Beispiel in der Bibel vom Thubalkain, dem Sohn der Zilla, einem „Meister in allerlei Erz- und Eisenwerk"; von ihm wird bekundet, er habe vor der Flut gelebt[205]. Wir hörten, daß Kyklopen und Alben als Handwerker, die Titanen aber als Techniker und Erfinder für die Götter tätig gewesen sind. Wir erfahren von Dingen, die, obwohl sie mit großer Genauigkeit beschrieben worden sind, bis vor kurzem noch ganz einfach nicht für möglich gehalten wurden.

Heute hingegen sind die meisten dieser märchenhaft anmutenden Ideen bereits verwirklicht worden oder ihrer Verwirklichung nahe. Dies gilt für künstliches Licht und künstliche Sonnen, für unterseeische oder unterirdische Anlagen, für Fliegerei und Raumfahrt, für metallene Schiffe, die ohne Segel noch Ruder durch Nebel und Nacht ans Ziel gelangen, „schneller als ein Vogel fliegt"; dies gilt für Amphibienfahrzeuge, die sich aus dem Meer in die Luft erheben oder an Land steigen und sich hier fortbewegen können. Ferner gilt es für Geräte, mit denen man sich über Länder und Meere hin akustisch verständigen oder in deren Bildschirmen man alle Dinge auf dieser Erde oder im Universum erblicken kann. Wer die TV-Sendungen von der Mondlandung miterlebt hat, wird kaum noch geneigt sein, die Aussagen der Mythen als „Spiele der Volksphantasie" abzutun.

Selbst das, was bis vor kurzem noch als absolut unglaubwürdig galt, jene Berichte über den Bau und die Verwendung der Tripura, ist heute bereits Wirklichkeit geworden. Solche für den Zivilisationsmenschen selbstverständlichen Erscheinungen müssen aber, heute kaum weniger als damals, für einen mit der Technik nicht vertrauten Naturmenschen den Charakter des Magischen, Zauberhaften haben, denn die chemischen oder physikalischen Grundlagen derartiger Errungenschaften sind ihm nicht bekannt, und so vermag er sie sich nur als Zauberei zu erklären. Hieraus ergeben sich bisweilen groteske Situationen, etwa dann, wenn – wie es kürzlich geschehen ist – eine Bauersfrau sich weigert, ein Bankhaus zu betreten, dessen Glastüren sich vor ihr öffnen, ohne daß ein Mensch zu sehen ist. Vorgänge dieser Art wurden von der damaligen Menschheit begreiflicherweise für Magie gehalten; in der Erinnerung wandelten sie sich zu „Märchen" oder wurden ins Transzendentale erhoben. Das beste Beispiel hierfür bietet der „heilige Gral".

In keltischen Epen, dem „Sac des Annwfn" etwa, wird erzählt, wie König Artus sich in einer jenseitigen Welt des „Wunderkessels", in dem die Toten wieder zum Leben erwachen, bemächtigt und auf dieser Fahrt alle Gefährten bis auf sieben verliert[54]. Joseph von Arimathea erfüllte diesen heiligen Gral mit dem Blut und Geist Christi, womit er an ältere Überlieferungen anknüpfte, die sich, bis in die Zeit der Götter zurückreichend, im mittelmeerisch-vorderasiatischen Raum erhalten hatten. Tatsächlich ist der Gral nichts anderes als Dschamsids Zauberschale, die Weltlaterne des Hermes, der Schild des Achilleus, der Spiegel Salomons, das Auge des Horus oder – wenn es sich dabei um einen Nachrichtensatelliten gehandelt haben sollte – dessen Anschlußgerät; er ist der chinesische Zauberspiegel Fang-chen ebenso, wie der „magische Stein" im zwölften Himmel der polynesischen Kosmographie.

Dschamsid habe, so heißt es, da er Esthakar, die „in den Felsen gehauene Stadt", welche nach ihm Dagh-Sham heißt, erbauen ließ, die „Wunderschale", jenen Zauberspiegel der Götter, wieder aufgefunden[29]. In dieser Schale waren, füllte man sie mit einer besonderen Flüssigkeit, alle Dinge auf unserer Erde, in Himmel wie auch auf anderen Welten zu sehen. Ein Gleiches wird vom „Schild des Achilleus" gesagt, den Hephaistos hergestellt haben soll. In ihm erblickte man „Städte, Wälder, Felder, Ströme, Berge, Pflanzen, Tiere und Menschen, Ereignisse, wie Hochzeiten, Gerichtsverhandlungen oder auch Schlachten; was immer im Diesseits oder im Jenseits geschah, es spiegelte sich darin[190]". Auch Hermes oder Thot, Bacchos, Herakles und andere Götter haben ein solches Gerät besessen. Vom Spiegel Salomons, dem „Erdenspiegel", wird gesagt, er sei aus Metall von siebenerlei Art gewesen und „zur Zeit des Neumondes habe sein

Eigentümer die Antwort auf alle Fragen in ihm erblickt[327]". In China sind kultische Spiegel schon für die Chou-Zeit nachgewiesen. Die Thai identifizieren noch heute den Spiegel mit dem Mond und glauben, die Götter hätten eine „mit Wasser gefüllte Schale" gehabt, in der man alle Dinge dieser und jener Welt habe erblicken können. Dieser Zauberspiegel hieß Fang-chen; bald wird er als großer Becher, bald als Muschel beschrieben. Seine Wirksamkeit war, wie beim Spiegel Salomons, von den Mondphasen abhängig[40].

In Teotihuacan, jenem alten, geheiligten Orte, den die Tolteken „Wohnsitz der Götter" nannten und dessen Name einer verschollenen Sprache zugehört, wurde in einem der Innenhöfe des Tempelbezirkes unter einem festen Bodenbelag aus Kies und Mörtel „eine dicke Glimmerschicht, deren Bedeutung unbekannt ist", freigelegt[42]. Auf der Brust mancher altamerikanischer Götterbilder sieht man eine feinpolierte, runde Scheibe, ähnlich jener, die Isis oder Hathor zwischen den „Hörnern" ihres Kopfschmuckes tragen. Und erinnert man sich nun auch noch, daß Garuda, der metallene „Vogel" Vishnus, der nichts anderes als ein Flugzeug war, ein „glänzendes Juwel" auf der Brust getragen hat, so drängt sich einem die Vermutung auf, alle diese Scheiben, Schilde, Schalen, Spiegel oder als was immer sie beschrieben werden, seien nichts anderes gewesen als Apparate, die der Nachrichtenübermittlung dienten, vergleichbar, wenn auch nicht unbedingt gleich unseren heutigen Funk- und Fernsehgeräten.

Tezcatlipoca, der Antagonist Quetzalcoatls, wurde unter anderem auch „der Rauchende Spiegel, der in die Zukunft blickt" genannt, weil er ein solches Gerät besaß[35]. Jo oder Kiho, der Schöpfergott und Weltenherr der Maori, besaß in seinem Palast auf Rangiatea, der zwölften oberen Welt, einen „magischen Stein" in dessen spiegelblanker Fläche alle Dinge im Universum, die gegenwärtigen und die künftigen Ereignisse, zu sehen sind[312]. Von Odin, von Vishnu, von Varuna und anderen Welthütern wissen wir, daß sie alle Vorgänge auf der Erde sowohl als auch im Universum von ihren Wohnsitzen aus zu beobachten vermochten, doch erfahren wir nicht, auf welche Weise dies geschah. Auch Loki hatte in jener Gebirgseinöde, in der sich der „Eisenwald", seine Werkstatt, befand, eine geheimnisvolle Warte, von der aus er alles hörte und sah, was sich auf Erden zutrug, ohne jedoch selbst bemerkt zu werden[146].

Dem Osiris-Mythos der Ägypter zufolge wird das „Auge des Horus" von Seth geraubt, aber schließlich auf Drängen der Götter seinem Eigentümer zurückgegeben. Die Geschichte für sich allein wäre ganz und gar unverständlich, ein Kabinettstück skurriler Phantasie, sollte man meinen. Dann aber fällt durch eine andere, die Legende von Ini-herit, „der die Ferne herbeigebracht hat“, ein erhellendes Licht auf sie. Das „Auge des Horus“, kein richtiges Auge, versteht sich, sondern ein Gerät, versinnbildlicht durch die Löwin Tefnut, gerät mit seinem Herrn in Streit; es überwältigt ihn, zieht sich ins Innere Nubiens zurück, und dort will es bleiben. Aber Ini-herit findet Tefnut und bringt sie nach ihrem Standort This in Mittelägypten heim. Grimal nennt dieses „Volksmärchen“ eine „anschauliche Illustration der Mondphasen“, zäumt aber damit den Gaul vom Schwanz her auf. Denn aus den Mythen anderer Völker erfuhren wir, daß die Wirksamkeit des Spiegels, Schildes, Auges, kurz jenes TV-Gerätes, von den Mondphasen abhängig war, und „auch hier wird das Himmelsauge nach einer Periode des Erlöschens und Verschwindens wieder in seinen früheren Zustand zurückversetzt[24]“.

Lassen wir alle allegorischen Deutungsversuche und poetischen Ausschmückungen beiseite und beurteilen wir den Gegenstand nach seiner Funktion, so ist er ein Gerät, das wie Sonne und Mond am Himmel erscheint, aber nur unter bestimmten Verhältnissen, die vom Monde abhängen, funktioniert, indem es das weit Entfernte sichtbar macht.

Vor dem Hintergrund einer archaiischen Welt müßten sich solche Geschichten in der Tat recht unglaubwürdig ausnehmen. Jene Welt vor zwölf- oder vierzehntausend Jahren war jedoch nur archaiisch, soweit es die Menschen betrifft; die Götter in ihr lebten mit einer „modernen“ Technik, etwa so, wie irdische Astronauten von morgen als Pioniere auf einem fremden Gestirn oder wie Soldaten in der Landschaft eines Atomkrieges. In einer solchen durch die Technik bestimmten Umgebung haben der Hadeshelm, die Tarnkappe des Perseus, wie sie ja nicht nur bei Griechen, Indern und Germanen bezeugt ist, ebenso ihren Platz wie der achlys oder Tarnnebel, der Menschen und Gegenstände vor den Augen des Gegners zerfließen ließ. Auch diese vor kurzem erst in den Vereinigten Staaten gemachte, auf dem Gesetz der Lichtbrechung beruhende Erfindung war, den Göttern und Titanen wohlbekannt, für die damaligen Menschen schiere Zauberei. Nicht anders auch alle die offenbar elektrischen Waffen, der Blitz des Zeus, die Aigis, der Thyrsosstab, deren Art und Wirkungsweise sich die Erdbewohner nicht zu erklären vermochten, weil es in ihrer Umwelt nichts Entsprechendes gab. Die Elektrizität war ihnen nur als Naturkraft in Form von Blitzen bekannt, während sie auf den Gestirnen der Götter und Titanen doch offenbar seit langem benutzt wurde.

Wohnhäuser und Werkhallen auf den dunklen unteren Welten in der lichtfernen Region des Tartaros waren durch künstliches Licht erhellt, so auch das Gestirn der Ongwe, die Heimat Awenhais, durch den „Lichterbaum" Onodscha[95]. Im Popol Vuh wird ein Gerät Zaquitac, das heißt „Kienspan", auf der unteren Welt Xibalba erwähnt; es hatte eine sehr scharfe Spitze und schimmerte bei Dunkelheit grünlich wie ein Knochen. Man benutzte es dort wie eine Taschenlampe[17].

Braghine zitiert eine Überlieferung der Guarani, wonach deren Vorfahren zum Feueranmachen ein Gerät benutzt haben sollen, das nicht der Feuerbohrer war, sondern wie eine elektrische Maschine Funken erzeugte. Ferner erwähnt er jene „riesigen vorgeschichtlichen Bauten auf dem kolumbischen Hochlande, deren kyklopische Hallen weder Fenster noch Kamine besitzen, so daß es ein Rätsel ist, wie die gewaltigen Bauten erleuchtet und geheizt wurden. In dieser Gegend ist es manchmal kalt, aber keine Feuerspuren oder rauchgeschwärzte Stellen sind in den Ruinen gefunden worden. Die Eingeborenen behaupten, die Erbauer hätten eine geheimnisvolle Methode der Beleuchtung und Heizung ohne Feuer angewendet[131]". Atlantologen sind der akademischen Wissenschaft nach immer a priori suspekt. Doch es läßt sich nicht leugnen, daß beide Amerika noch eine Menge ungelöster Rätsel bergen und daß auch das Geheimnis der Atlantis-Mythen noch längst nicht entschleiert ist.

Bestätigt und ergänzt wird dieser rätselhafte Sachverhalt durch ein ähnliches Phänomen sowohl in den prähistorischen Höhlen von Altamira, Lascaux, Combarelles und Font de Gaume, wo man keinerlei Spuren von Feuer gefunden hat und sich betroffen fragte, welche Lichtquelle jene wohl bei ihrem Werk benutzt haben mögen, als auch in den Grabkammern der Pyramiden, die gleich nach ihrer Öffnung genau untersucht worden sind, ohne daß auch nur der geringste Hinweis auf die Art ihrer Beleuchtung gefunden worden wäre. Diese Tatsachen, mehr noch die vielen übereinstimmenden Aussagen in den Mythen machen es wahrscheinlich, daß die Götter nicht nur die Elektrizität gekannt und benutzt haben, sondern daß sie in deren Gebrauch noch weiter fortgeschritten waren als wir.

Berichte über den Götterkrieg, ganz besonders über den Tarakamayakampf, wie sie uns in den Puranas erhalten sind, lassen vermuten, daß Götter und Titanen über noch weitgehendere Kenntnisse verfügten und daß sie sich nicht scheuten, ihr Wissen auf diesem Gebiet zur Vernichtung mehrerer Gestirne zu mißbrauchen. Auch in diesem Falle wurden die unseren Vorfahren noch absolut unglaubwürdig erscheinenden Aussagen der Mythen durch Entdeckungen der modernen Wissenschaft bestätigt.

In den Überlegungen der Ethnologen und Archäologen, die sich mit dem Problem etwaiger Kulturbeziehungen zwischen den mittelmeerischen, amerikanischen und asiatischen Kulturen befassen, taucht immer wieder die Frage auf, ob es in prähistorischer Zeit einen weltumspannenden Seeverkehr gegeben habe oder nicht. Wer das hier vorgelegte, nicht einmal annähernd vollständige Material durchdenkt, wird diese Frage müßig finden. In seegeschichtlichen Standardwerken wird die Entdeckung der Schiffahrt durch einen unbekannten, auf einen treibenden Baumstamm verschlagenen Urmenschen anschaulich beschrieben. Jener frühe Odysseus lernte es irgendwie, mehrere Stämme miteinander zu verbinden; seine Nachfahren vervollkommneten diese Idee; und so sehen wir während des Neolithikums die Flotten karischer, kretischer, phoinikischer und germanischer Balkenflöße über das blaue Mittelmeer oder die graue Nordsee treiben, die Balsadreadnoughts des Kon Tiki Huiracotsa kühn von den Küsten Perus aus in die Weiten des Pazifik steuern oder die Papyrusboote des ägyptischen Sonnengottes Ré den Atlantik überqueren. Ein schönes, ein geradezu rührendes Bild, doch mit den Erinnerungen der Völker stimmt es in keiner Weise überein.

Es wurden festgefügte hölzerne Schiffe auf den Bergesgipfeln verschiedener Erdteile, zumeist in Höhen von über zweitausend Meter, aufgefunden, zurückgelassen von jener gewaltigen Flut, die wir nach den vorliegenden Zeugnissen um das Jahr 10 000 v. Chr. datieren müssen. Zahlreiche Mythen berichten zudem übereinstimmend von den wundersamen metallenen Schiffen der Götter.

Den Mythen zufolge sind die Seelen der Abgeschiedenen von vier freundlichen Geistern, deren Name „Söhne des Horus" auf Raumfahrt und Fliegerei hindeutet, mit einem aus Baumstämmen bestehenden Floß, vom Fährmann „Wendegesicht" oder „Schau zurück" gesteuert, nach dem Paradies Earu, dem "Binsenfeld", das man gen Westen gelegen glaubte, hinübertransportiert worden. Hier erweckten die Götter sie, so wie Isis einst den Osiris, zu neuem Leben und nahmen sie bei sich auf: „Die Tür des Himmels ist dir offen . . .[32]". Diese Vorstellung mag Heyerdahl zu seiner mißglückten Floßfahrt über den Atlantik angeregt haben. Ihr stehen jedoch eine Menge anderslautender Aussagen gegenüber.

Athene, die ebenso tatkräftige, wie maßvolle Göttin der Weisheit, der man ihrer handwerklichen und technischen Fähigkeiten wegen den Namen Ergone beigelegt hat, schuf nicht nur selbst viele Wunderwerke der Götter oder gab die Anregung dazu; sie lehrte auch die Menschen mancherlei Nützliches, die Frauen das Weben, die Männer das Zimmermannshandwerk und die Kunst des Bauens, vor allem aber den Bau von Schiffen. So ist denn auch die Argo ihr Werk, jenes berühmte Schiff der Mythen, in dem die griechischen Helden unter Führung Iasons nach Kolchis fuhren, um das goldene Vlies des iolkischen Widders zurückzuholen[64]. Der Name Argo bedeutet „die Schnelle"[328]. Nun ist aber Schnelligkeit ein relativer Begriff, und so mag die Behauptung, die unter Aufsicht der Athene gebaute Argo sei auf ihrer Reise nach Kolchis schneller gefahren als „ein Vogel fliegt", eine südländische Übertreibung gewesen sein. Sie soll indes auch „wie Erz geschimmert" oder gar ganz aus Erz bestanden haben.

Metallene Schiffe? Ähnliches sagt der Dichter über die Schiffe der Phaiaken aus: „Erzschimmernd, schnell wie ein Gedanke[12]", bedurften sie weder der Segel, noch der Ruder, noch eines Steuers, noch des Steuermannes, selbst wenn sie in finsterer Nacht oder durch dichten Nebel fuhren. Trotzdem kamen Kollisionen bei den Phaiaken nicht vor; das Meer barg keinerlei Gefahren für sie. In einer einzigen Nacht brachten sie Odysseus vom fern im Westen gelegenen Phaiakenland heim nach Ithaka, womit sie dergestalt den Zorn des Zeus erregten, daß er Schiff und Mannschaft in Stein verwandelte[12].

In der Tat, die Geschwindigkeit dieser Schiffe muß phantastisch gewesen sein, wenn das Phaiakenland die Insel Atlantis war, aber gewiß kein Ding der Unmöglichkeit. Ein modernes Tragflächenboot wäre, sofern es hinreichend Kraftstoff an Bord führen kann, möglicherweise imstande, diese Strecke in annähernd gleicher Zeit zurückzulegen.

Den Sagen der Thai zufolge hat es in der Urzeit „kupferne Schiffe" gegeben. Die Miaou erzählen, damals, als die große Flut gekommen sei, hätten sich zwei Menschenpaare in je einer aus Metall gemachten Trommel eingeschlossen, doch eine von beiden sei, weil sie ein Leck bekam, untergegangen. Besonders häufig hört man Sagen von kupfernen Schiffen in Südchina und Annam, wo sie bisweilen zu dem mythischen Kriegsherrn Ma Yüan in Beziehung gesetzt werden. Er habe, heißt es, auch die ersten Bronzesäulen errichten lassen, davon nicht weniger als fünf im annamitischen Lin-i[40]. Bei Lei-chou soll einst ein Kampf zwischen dem Donnergott und einem „Riesenfisch" stattgefunden haben. Dieser Riesenfisch ist identisch mit dem metallenen Fisch Ao der Yüeh-Kultur, der wie ein Drache aussah und „Feuer fraß". Er wurde als Begleiter der Seefahrtsgöttin Kuan-Yin betrachtet und vor allem in Nanching, Fukien, verehrt[40].

Das Ereignis gleicht einem Seegefecht, denn der Donnergott wird als Geisterwagen oder Flugzeug beschrieben, der Fisch Ao aber war aus Metall, fraß Feuer und gehörte der Göttin des Ostmeeres Kuan-yin. Der Wahrheitsgehalt solcher Überlieferungen dürfte kaum zu leugnen sein, sobald man sie an den Erfahrungen der Gegenwart mißt. Im Dasavatacarita erzählt Ksemendra[325], wie Manu, der indische Noah, den als Fisch inkarnierten Vishnu rettet und, als die große Flut über das Land hereinbricht, ein von diesem Gotte erbautes Schiff besteigt. Da nun dieses Schiff steuerlos treibt, erblickt Manu in höchster Not einen riesigen „goldenen Fisch", der ein großes „Horn" auf dem Rücken trägt, welches „Flammen sprüht wie der Gipfel des Meru unter der Glut des Höllenfeuers", und dessen „Augen glänzen wie Sonne und Mond". Hochauf spritzt das Wasser unter den Schwanzschlägen des goldenen Fisches; sein Atem wirft eine schäumende Bugwelle vor sich her, und hinter ihm bildet sich infolge der hohen Geschwindigkeit ein „tiefes Wellental". Manu rettet sich und sein Schiff, indem er eine „Schlange", ein Tau doch wohl, um das Horn des Fisches wirft und sich unter Land schleppen läßt.

Unschwer wird man in dieser bilderreichen Erzählung bekannte Dinge entdecken. Die „goldene" Farbe könnte sich auf das rotgoldene Metall der Götter beziehen, Fische, die „Feuer fressen" und ein „funkensprühendes Horn" auf dem Rücken tragen, gibt es nicht, wohl aber mechanisch angetriebene Schiffe, die in den Augen eines Primitiven so etwa erscheinen mögen. Dies gilt auch für die Bemerkung, die Augen des Fisches hätten „geglänzt wie Sonne und Mond", ganz besonders aber für das durch die Geschwindigkeit hervorgerufene „tiefe Wellental" hinter dem Heck. Sind das nicht physikalische Erfahrungen eines technischen Zeitalters, die von der damaligen Menschheit selbst gar nicht gemacht werden konnten?

Während der ersten Phase des Götterkrieges flüchtete der melanesische Kulturheros Ambat mit fünf Brüdern, unter denen sich auch Awirara, ein Unheilstifter vom Typ Lokis, befand, auf die Neue Hebriden Insel Malekula. Jeden Morgen und Abend spähte Ambat suchend aufs Meer hinaus, niemals jedoch am Tag. Eines Nachts nun erblickte er eine gewaltige „Muschel" draußen auf See, die ein grelles, feuerartiges Licht ausstrahlte. Er gebot seinen Brüdern, zu der Muschel hinauszufahren und sie an Land zu bringen. Diese aber, von Furcht erfüllt, weigerten sich. Da bestieg er selbst ein Kanu, paddelte zu dem Ungeheuer hinaus und stieß ihm einen an einer Stange befestigten Haken in den Rachen, wodurch er es tötete. Mit einiger Mühe brachte er die Muschel dicht unter Land, wobei sie sich immer höher aus dem Wasser hob, bis sie fest auf Grund saß und zu einer Insel wurde. Da sie jedoch angeblich aus „Stein" bestand, aus einem sehr festen Material jedenfalls, denn Metalle kannte man auf den Inseln der Südsee nicht, und daher nichts auf ihr zu wachsen vermochte, ließ Ambat Erde vom Land herbeischaffen und über ihre Oberfläche verstreuen[48].

Es erübrigt sich, näher auf diese Geschichte einzugehen. Man braucht ja nur anstelle von „Muschel" das Wort „Schiff" zu setzen, anstatt „Stein" „Metall" und sich in die Lage hineinzudenken, in der sich die Götter zu jenem Zeitpunkt befanden, so wird der Vorgang vollkommen klar.

Nicht ohne weiteres deutbar hingegen sind andere technische Geräte, Waffen oder Fahrzeuge, deren sich Götter oder Titanen zu Zeiten bedienten. Nur ihrer Funktion nach vermag man sie zu erkennen. Von der Chimaira, die Perseus vernichtete, hörten wir, sie habe schreckenerregend ausgesehen und „Feuer gespien". Außerdem war sie eine Tochter der Echidne, jener Titanin, die möglicherweise mit Lokis bösartiger Riesin Angerbode identisch ist. Echidne hat auch den dreiköpfigen Höllenhund Kerberos, Typhon sowie den zweiköpfigen „Hund" des Geryon und die Sphinx hervorgebracht[13]. Während langer Jahrtausende ohne technische Erfahrung hatten die Menschen sich mangels praktischer Anschauungen so sehr daran gewöhnt, in den „vielköpfigen" und „feuersprühenden", oftmals „geflügelten" Monstern der Sage entweder wirkliche, lebendige Ungeheuer oder in Zeiten der Aufklärung „Fabelwesen der Phantasie" zu sehen, daß man gar nicht erst auf den Gedanken verfiel, jene „Drachen" könnten auch etwas ganz anderes gewesen sein. Wie aber würde zum Beispiel der im Amazonasdschungel weltabgeschieden hausende Bakairi einen modernen Tank beschreiben, den wir selbst ja verbildlichend „Panther" oder „Tiger" nennen, obwohl er nicht die mindeste Ähnlichkeit mit solchen Tieren hat?

Wir vermuteten schon, daß es sich beim Typhon um ein Flugzeug gehandelt habe. Seine „Mutter" Echidne war eine in der Technik bewanderte Titanin; und wenn gesagt wird, sie habe ihn „geboren", so ist dies ein Wort von vielschichtiger Bedeutung und daher bei Übersetzungen nicht nur von einer Sprache in die andere, sondern auch von einer Gedankenwelt in die andere der Gefahr irrtümlicher Interpretationen ausgesetzt. Dies wird ganz besonders deutlich bei einem anderen Produkt der Echidne – der Sphinx.

Die Sphinx, ein metallenes Gebilde mit Frauenkopf, Löwenkörper, Schlangenschwanz und Adlerflügeln, war auf Befehl der Hera vom äußersten Zipfel Äthiopiens nach Theben geflogen, um diese Stadt der Untaten des Laios wegen zu bestrafen. Sie ließ sich nahe der Stadt auf dem Berge Phikion nieder, von wo aus sie den Verkehr nach Theben kontrollieren konnte, was durch die hübsche Legende von den Rätseln umschrieben wird. Angeblich, weil Ödipus das Rätsel der Sphinx gelöst, in Wirklichkeit aber wohl aus einem prosaischeren Grunde, sprang die Sphinx vom Felsen und zerschellte drunten im Tal[64]. Wir Heutigen würden diesen Unfall einen Fehlstart nennen.

Unter dem gleichen Aspekt betrachtet, verlieren auch andere Überlieferungen solcher Art den Charakter des Fabelhaften, die dreibeinige Schildkröte Nai zum Beispiel, die, aus dem Flusse I hervorkriechend, den Thai die Lo-Tafeln bringt[40]. Dieses Monstrum begegnet uns noch im Walam Olum, dem auf Stöcke gemalten Sintflutbericht der Delawaren wieder, auch dort als Gerät, als amphibisches Transport- und Kampfmittel gleich dem im Wasser hausenden „Schlangendrachen" Chiao[40] der Chinesen, dem später ins Transzendentale abgewandelten Seeungeheuer Makara, auf dem der indische Varuna zu reiten pflegte, oder dem Ketos der griechischen Perseus-Sage.

Perseus, auf dem Rückflug von seinem Gorgonenabenteuer im fernen Westen begriffen, fand am Strande von Philistia die schöne Andromeda nackt an den Felsen gekettet. Sie sollte einem im Wasser hausenden Ungeheuer, dem Ketos, geopfert werden. Perseus betrachtete sie mit Wohlgefallen. Von Entsetzen erfüllt, gelobte sie ihm, sein Weib zu werden, und so stieß der Held in verwegenem Sturzflug auf den sich nahenden Ketos hinab. Dieser, durch den Schatten des Flugzeuges auf der Meeresfläche getäuscht, tauchte nicht schnell genug und wurde zerstört[64].

In unzähligen Bildern, Gedichten, Schriften wird das Trojanische Pferd als „Pferd“ dargestellt, was es weder der Beschreibung noch der Funktion nach je gewesen ist. Poseidon, der Zerstörer Ilions, sandte dies schreckliche, offenbar mit dem Ketos identische Monster aus dem Meer. „Von außen unverwundbar“, weil aus Metall bestehend, wurde es durch einen der Helden „getötet“, nämlich außer Betrieb gesetzt, indem dieser durch eine Luke ins Innere einstieg[11]. Man kann wirklich nicht behaupten, diese Beschreibung passe auf ein Pferd.

Die Menschen der Urzeit, die sich mit derart unbegreiflichen, schauderhaften und gefährlichen Dingen konfrontiert sahen, verglichen sie mit Lebewesen oder Gegenständen ihrer eigenen vertrauten Umwelt. So bezeichneten die Sauk-Indianer jene panzerartigen Kampfmaschinen der Aiyamwoi, die vor der Sintflut in weiträumigen Berghöhlen abgestellt wurden, feuersprühend und todbringend über das unwegsamste Gelände krochen, in die Tiefen der Seen und Flüsse tauchten und, wenn es sich so traf, mit ihren geschworenen Feinden, den Wolkenschlangen kämpften, – diese Nahmepashe also, bezeichneten sie als „Puma“ oder „Panther“, obwohl irgendeine Ähnlichkeit mit solchen Tieren nicht bestand[148].

Offenbar hatten die Titanen schon vor der Machtübernahme durch die Götter auf der Erde mit kolonisatorischen Arbeiten begonnen, denn Huang-ti, der erste der fünf chinesischen Urkaiser vor der Flut, hatte mit den Tch'e-yeu zu kämpfen. Dies waren Monster, welche den Erdboden für künftige Feldbestellungen vorbereiteten. Sie hatten scharfgeschliffene Hörner, Köpfe aus Eisen, Stirnen von Kupfer, an den Schläfen Haare, die Schwertern oder Lanzen glichen. Ihr Leib war der eines Menschen, die Füße Rinderhufe; sie hatten vier Augen, sechs Arme, acht Finger, fraßen Sand und Stein, und gelegentlich stellten sie Waffen her. Ihrer soll es zweiundsiebzig, nach anderen Aussagen einundachtzig in China gegeben haben[65].

Weder um Archetypen des Denkens, noch um Versinnbildlichungen von Naturkräften, noch um Spiele der Volksphantasie kann es sich bei all diesen verhältnismäßig genauen Aussagen handeln, denn manche der technischen Einzelheiten in der Beschreibung dieser Gegenstände sind dem heutigen Menschen so verständlich wie ihr jeweiliger Zweck, was allerdings noch vor einem Menschenalter nicht unbedingt der Fall gewesen ist. Merkwürdige Übereinstimmungen im Charakterbild der göttlichen Ingenieure und Techniker fallen ins Auge, obschon sie in Einzelheiten häufig recht abweichend voneinander beschrieben werden.

Hephaistos wird als abschreckend häßlich geschildert, Loki hingegen hat eine anmutige Gestalt; aber beide hinken. Und so auch der Albe Wieland. Maui ist zwar kein Schmied, aber äußerst erfindungsreich; auch hinkt er nicht, doch wurde er gleich dem Hephaist „aus dem Himmel geworfen“. Ihnen allen gemeinsam ist die geistige Überlegenheit gegenüber den Göttern und Titanen, ein luziferischer Stolz und, hieraus entspringend, ein brennender Haß auf ihre Gebieter.

Wieland oder Völundr war ein Albe, also von einer anderen Welt, gleich den Kyklopen ein Gastarbeiter der Götter und Titanen. Von dem nordischen König Nidud gefangen und auf dessen Befehl verstümmelt, damit er nicht zu entfliehen vermöge, mußte er auf einem einsamen Felsen – manche sagen: auf Helgoland – kunstvolle Metallarbeiten für seinen Herrn verrichten. Mit diesem Los wenig zufrieden, schmiedete er sich heimlich Flügel aus Erz, vergewaltigte dann Niduds Tochter Badhild, tötete dessen kleine Söhne, und nach dieser Rachetat flog er mit Hilfe seiner Schwingen davon[145].

Hephaistos, seiner Häßlichkeit wegen von seiner Mutter Hera aus der Höhe des Olymp zur Erde hinabgeworfen, stürzte ins Meer, wobei er sich verletzte und fortan lahmte. Er wurde von Eurynome, die auch Thetis heißt, gerettet und in ihrem unterseeischen Palast versteckt. Hier stellte er wundersame Schmuckstücke für die gütige Göttin her. Als Hera diese Kleinodien sah und hörte, wer sie geschaffen habe, holte sie Hephaistos auf den Olymp zurück, ließ ihm eine Schmiede einrichten und unterstützte ihn, als er um Aphrodite warb.

Eine Tochter des Kronos und der Ehea, verstand sich Hera mit ihrem Bruder Zeus nicht gut. Kein Wunder, da er ihr Gewalt angetan, bevor er sie zu seinem Weibe machte. Sie gebar ihm drei Kinder: Ares, Hebe und Hephaistos. Hephaist indes soll parthenogen gezeugt worden sein, doch glaubte Zeus dies nicht, und zur Strafe für ihren vermeintlichen Fehltritt setzte er Hera in einen erzenen Stuhl, dessen Lehnen sich automatisch um ihren Körper schlossen. Erst durch Hephaist, der sich anfangs weigerte, dann aber, von Dionysos trunken gemacht. dazu bereitfand, wurde sie aus ihrer schmachvollen Lage befreit[11]. Es mag jedoch sein, daß Zeus gar nicht so unrecht mit seinem

Argwohn hatte; behaupten doch andere Autoren, Talos, ein Neffe des Daidalos, sei der Vater des Hephaistos gewesen[31].

Dieser Talos, ebenfalls ein Schmied, und natürlich hinkte auch er, gilt als Erfinder der Töpferscheibe, des Zirkels und der Säge. Daidalos soll ihn vom Dach des Athene-Tempels auf der Akropolis zu Athen hinuntergestoßen haben und deshalb aus der Stadt verbannt worden sein[64]. Doch ist das wohl eine Erfindung späterer Generationen, denn zur Götterzeit gab es, wie wir gehört haben, Tempel noch nicht. Den gleichen Namen Talos hat der erzene Riese, den Hephaistos für Zeus geschmiedet und den dieser an König Minos verschenkt haben soll, damit er die Insel Kreta bewache.

Dieser Talos hatte einen gehörnten Kopf wie ein Stier und nur eine einzige Ader, die seinen Körper vom Kopf bis zu den Fußknöcheln duchzog; sie war mit einem bronzenen Zapfen zu verschließen. Ein archaiischer Frankenstein! Dreimal täglich habe er die Insel umwandern, fremde Schiffe durch Steinwürfe verscheuchen und zu drei Malen im Jahr das auf ehernen Tafeln niedergeschriebene Gesetz des Minos in allen Dörfern verkünden müssen. Als die Sardinier in feindlicher Absicht auf Kreta landeten, begann Talos in rotem Feuer zu glühen; viele der Angreifer tötete er durch seine Glut. Er grinste entsetzlich, während er das tat, weshalb man ja auch noch heute von einem „sardonischen Lächeln" spricht. Zuletzt brachte Medea ihn um, indem sie den Zapfen aus seiner Aderöffnung zog, so daß er verblutete[64 329].

Talos wurde auch Kirkinos, der „kreisförmige", genannt; dies sowie die Erwähnung der „einzigen Ader" hat scharfsinnige Philologen veranlaßt, ihn mit der Bronzeherstellung in Verbindung zu bringen. Den Talos kirkinos verwechselten sie mit dem Vater des Hephaistos und meinten, der Zirkel sei vorwiegend von Bronzeschmieden benutzt worden, die „einzige Ader" aber der Einlauf beim Guß gewesen[46]. Im Hinblick auf das Verhalten des Talos beim Kampf gegen die Sardinier, auf die Tatsache, daß Medea ihn außer Betrieb zu setzen vermochte, indem sie den Kraftstoff abließ, und im Vergleich mit ähnlich beschriebenen Monstren in China oder Amerika muß diese Deutung abgelehnt werden. Der Talos war eine Maschine aus Metall, die sich selbständig fortbewegen und, feuersprühend, Steine oder andere Projektile auf den Gegner schleuderte. Dies Bild von ihm stimmt mit dem des Garuda überein, dem Flugzeug des Vishnu aus goldrotem Metall, das ja auch auf Kraftstoff angewiesen war.

Hephaistos geriet mit Zeus hart aneinander, weil dieser Hera, nachdem sie sich wieder einmal gegen ihn aufgelehnt, mit goldenen Ketten bei den Armen am Himmel aufgehängt und ihre Füße obendrein durch je einen Amboß beschwert hatte. Als Hephaistos protestierte, schleuderte Zeus ihn ein zweites Mal vom Olymp. Es wird sich aber nicht um den Olymp gehandelt haben, sondern um ein benachbartes Gestirn, heißt es doch, Hephaistos sei einen ganzen Tag hindurch gefallen und auf die Insel Lemnos gestürzt; deren Bewohner hätten ihn, da er beide Beine gebrochen, gesund gepflegt. Seither vermochte er sich nur mehr an goldenen Krücken fortzubewegen[11].

Das hinderte ihn jedoch nicht, staunenswerte technische Meisterwerke zu entsinnen und anzufertigen: jene „Frauen aus Gold", die ihm in der Schmiede halfen und gar nichts anderes als Maschinen gewesen sind. Oder auch jene zwanzig „goldenen Dreifüße auf Rädern", welche „ganz von selber zu den Versammlungen der Götter laufen" und danach wieder zu ihm hatten zurückkehren können[11]. Er arbeitet jedoch nicht nur für die Götter allein; gelegentlich sind auch Menschen seine Abnehmer. So schuf er die goldenen und silbernen „Hunde" am Eingang des Alkinoos-Palastes, den „Schild des Achilleus", jenes Fernsehgerät, von dem schon die Rede war, und manches andere mehr. Verkrüppelt, boshaft wie Loki, aber nicht weniger genial, rächte er sich an seinem ehebrecherischen Weibe Aphrodite, indem er sie und Ares mit einem automatisch zuklappenden Netz aus unsichtbaren Metallfäden fing und dem Gelächter der übrigen Götter preisgab. Er erfand die sich selbsttätig öffnenden oder schließenden Himmelstore[11]. Als Achilleus im Skamander zu ertrinken drohte, verursachte Hephaistos einen schrecklichen Feuersturm, der die hochgehenden Fluten des Flusses verdampfen ließ.

Humpelnd, ungefügen Leibes, als schnaubendes Ungetüm – pelór sieton – riesenhaft, gewaltig, furchterregend, denkt ihn sich der Dichter[11]. Was ist das für eine Sache mit seinem Sturz? War es die mißglückte Landung eines Raumschiffes? Gleich Loki oder Prometheus oder auch Maya, jenem Asurenfürsten, der die Versorgung der Luftwaffe Vishnus mit dem Lebenswasser organisierte, diente er unbegreiflicherweise den Göttern. Er entging dem Titanensturz, der Verbannung in den Tartaros, weil er sie zuvor gewarnt, so wie auch Prometheus, der zeitig auf ihre Seite getreten war, wie Loki, der Blutsbrüderschaft mit Odin getrunken hatte, wie Maya, der in entscheidenden Stunden zu Vishnu und Indra hielt. Sie alle waren profilierte Charaktere, erfindungsreich, von höchster Intelligenz. Sie haßten die Götter, ließen sich aber von ihnen ausnutzen, verlachen, verhöhnen, brutalisieren. Haben wir es hier mit Mirabeaus des Goldenen Zeitalters zu tun?

Fast scheint es so, wenn man Loki betrachtet, eine Gestalt, wie sie kein Dichterhirn hätte ersinnen können. Die Götter brauchen ihn, seinen Rat, seine Hilfe. Sie beargwöhnen ihn. Er rächt sich durch Bosheit und Niedertracht, verführt ihre Frauen, fördert die Korruption, treibt so die herrschende Göttermacht in den Untergang, der auch sein eigener werden muß.

„Hört, ihr Götter, die ihr im Himmel seid und auf der dunklen Erde ...", so beginnt das hurrithische Epos vom „Königreich im Himmel". Was darin berichtet wird, dürfte älter sein als alle sumerischen, indischen und ägyptischen Überlieferungen. Hier treten bereits die Götter Sumers auf: An, Enlil, Ishtar. Grimal[24] vermutet sogar, daß diese hurrithischen Sagen die „Theogonie" des Hesiod beeinflußt hätten.

Neun Jahre lang war Alalu, identisch vielleicht mit Uranos und ein Titan, König im Himmel, also der Weltenherr; dann besiegte ihn Anu an der Spitze der jungen Götter. Alalu floh hinunter zur dunklen Erde. Neun Jahre war nun Anu König im Himmel, dann lieferte ihm Kumarbi eine Schlacht. Anu floh vor ihm, „wie ein Vogel, der zum Himmel fliegt". Kumarbi ereilte ihn, stürzte ihn aus dem Himmel. Dies erinnert sehr an die Vorgänge um den Sturz des Kronos. In Gestalt eines „Phallos des Anu" landen drei mächtige Götter auf dem Gipfel des Kanzura, des Kailāsa oder des Hermon, darunter auch der Gewittergott Ashtabi. Mit dessen Hilfe, so plant es Anu, soll dem Kumarbi der Untergang bereitet werden, der jetzt die Erde sowie auch die oberen Welten der Götter beherrscht.

Nun folgt der „Gesang des Ullikummi"; in ihm wird erzählt, wie Kumarbi versucht, dem Gewittergott das „Himmlische Königreich" zu rauben. Zu diesem Zweck bringt Kumarbi einen Stein, gleich einem „Pfeil" hervor, der zum Himmel aufsteigen und Kummiya, die glänzende Stadt des Gewittergottes in der Himmelswelt, „zermalmen, zertreten, zerbrechen, die Götter des Himmels wie Vögel erschlagen" soll. Dieses Geschöpf oder Ding wird von den Irrsirra-Göttern zur Erde hinabgebracht. Enlil ist erschrocken über die Absichten des Kumarbi: „So wie er den Gewittergott gemacht hat, so auch jetzt dieses Ding aus Diorit, das Ullikummi heißt."

Gerade wie ein Pfeil, wie ein Turm, wie eine Säule steht Ullikummi im Meer; mit jedem Tag wächst er um eine Elle. Bald ist er so hoch wie der Kuntarra, der Tempel des Himmels. Der Sonnengott erblickt diesen Gegenstand aus Diorit und schlägt in den oberen Welten Alarm. Ashtabi, der Gott des Gewitters, sowie auch der Gott Taschmishu und die Göttin Ishtar fahren zum Gipfel des Berges Hazzi, des heutigen Kasios an der syrischen Küste, hinab. Als der Gewittergott den Ullikummi sieht, sinken ihm die Arme am Körper nieder, Tränen brechen ihm aus den Augen: „Wer kann den Anblick ertragen? Wer wird es wagen, die Schlacht zu beginnen?"

Ishtar versucht, das Monstrum durch Gesang zu bezwingen, aber das Meer sagt zu ihr: „Für wen singst du? Das Ding ist taub, es hört nicht; es ist blind, es sieht nicht; es hat kein Empfinden. Geh', Ishtar, such' deinen Bruder, solange Ullikummi nicht allmächtig geworden ist, solange sein Anblick nicht zu schaurig geworden ist." Ishtar macht sich wehklagend auf den Weg.

Im Himmel, der oberen Welt der Götter, bricht eine Panik aus. Hastig werden vorbeugende Maßnahmen gegen den Angriff des Ullikummi getroffen, die Kampfmaschinen startbereit gemacht. Ashtabi, der Gewittergott, befiehlt: „Man bringe das Fett, man bringe das reine Öl. Man salbe damit die Hörner des Stieres Sherish; man bedecke mit Gold den Schwanz des Stieres Tella. Man mache die mächtigen Felsen klar." Diese sogenannten „Felsen" sind jedoch nichts anderes als Bomben, wie sich bald herausstellt. „Den Blitz, der vor Glanz funkelt, lasse man aus seinem Zimmer!"

Die Zug um Zug auf beiden Seiten erfolgende Aufrüstung unter dem Vorwand, den Gegner damit abzuschrecken, führt unausweichlich zum Krieg. Siebzig Götter, von Ashtabi geführt, besteigen ihre Luftwagen, greifen den Ullikummi an. Der Gewittergott erleidet jedoch eine Niederlage. Die siebzig „feurigen Wagen" stürzen unter Donnergetöse ins Meer, aus dessen Fluten der Ullikummi, unbeschädigt und so drohend wie je, emporragt[160].

Was könnte dieser Ullikummi gewesen sein? Natürlich bestand er keineswegs aus Stein, sondern aus einem Material, das so hart war wie Diorit, also wohl aus Metall. Im Verlauf des nun beginnenden Götterkrieges werden wir aus den Überlieferungen anderer Völker ohne Mühe erkennen, um was es sich bei diesem „Ding aus Diorit" gehandelt hat.

Die Tripura, jene drei Raumstationen, die offenbar für die

Verbindung der auf Erden tätigen Götter mit ihrer Heimat, den oberen Welten im Lichtbezirk Svar, von äußerster Wichtigkeit waren, gaben den Anlaß zum Krieg[244]. Ihre Herstellung war von Brahma den Asurenfürsten Tarakaksa, Maya und Vidyunmalin übertragen worden; diese hatten den Bau mit Hilfe der Daityas oder Kyklopen erfolgreich durchgeführt. Nur durch Shivas „Pfeil" könnten die Tripura zerstört werden, hatte der Weltenherr bestimmt. Die Asuren oder Titanen, jene „grauen Männer" auf der Phaiakeninsel Atlantis, die Fährleute zu anderen Welten, kontrollierten nun also den Nachschub und die Kraftstoffversorgung für die Erde, ja, wahrscheinlich sogar den gesamten interplanetarischen Verkehr zwischen den oberen und den unteren Welten. Vielleicht war dies von seiten des Weltenherrn eine beabsichtigte Politik des divide et impera, wie sie von heutigen Groß- oder Kolonialmächten noch immer mit zweifelhaftem Erfolg betrieben wird. Für die auf der Erde tätigen Götter hingegen mußte der Zustand ganz unerträglich sein.

Den Raub und die Wiedergewinnung der goldenen Tafeln zum Anlaß nehmend, forderten sie kategorisch den Abzug der Titanen von der Erde. Da ihre Forderung von dem Weltenherrn abgelehnt wurde, versuchten sie, sein Gebot mißachtend, die von Asuren und Daityas besetzten drei Raumstationen durch einen Handstreich, bei dem sich Shiva, der Zerstörer, besonders hervortat, in ihre Gewalt zu bringen. Der Anschlag mißlang. Das Vorgehen der Götter hatte eine Art Generalstreik des gesamten Raumfahrtpersonals zur Folge. Tarakaksa erklärte: „Entweder bleiben die Tripura ein Kalpa, nämlich ein Weltzeitalter von 429 408 000 Jahren, unversehrt, unvergänglich und fest, oder es werden die drei Schritte des Vishnu – jene drei oberen, lichtnahen Regionen der Galaxis – dämonenleer[244]", was besagt: Asuren und Daityas legen die Arbeit nieder.

Man einigte sich – vorläufig. Dies jedoch nicht, um einen friedlichen Ausgleich zu suchen, wie es einsichtige Götter und Menschen noch immer hoffen mochten, sondern nur, um Vorbereitungen für einen interstellaren Krieg zu treffen, der allen Beteiligten und Betroffenen den sicheren Untergang bringen sollte.

Belagerung der Erde

Mit Fleiß und Geschick gingen die Menschen ihren alltäglichen Verrichtungen nach. Sie hatten sich an den Zustand der Dinge gewöhnt. Gelegentlich hörten sie von ihren Priestern, was in der Welt der Götter geschah, vernahmen von den Streitigkeiten zwischen Göttern und Titanen, sahen die Raumschiffe da und dort zum Himmel steigen oder aus ihm herabsinken. Freundliche Götter, wie Hermes oder Thot, Athene, die Urmutter Gautéovan oder bevorzugte Menschen wie Henoch, Elia, Dschamsid, vermittelten ihnen nicht nur praktische Kenntnisse, sittliche Grundsätze, sondern auch eine Vorstellung vom Universum und von den Gestirnen der Götter.

Nachdem aber diese Verbindung zu anderen Welten durch den Streik der Titanen oder Asuren unterbrochen worden war, nahm auch für die Menschen der Friede auf Erden ein Ende. Aus dem Buch Henoch[55] erfahren wir, was geschah: „Nachdem die Menschenkinder sich gemehret hatten in jenen Tagen, wurden ihnen schöne und feine Töchter geboren. Und die Engel, die Söhne der Himmel, sahen sie und gelüsteten nach ihnen und sprachen untereinander: ‚Wohlan, wir wollen uns Weiber auswählen und uns Kinder zeugen.‘ “ Ähnlich steht es in der Genesis[330]: „. . . . denn da die Kinder Gottes zu den Töchtern der Menschen eingingen und ihnen Kinder zeugeten, wurden daraus Gewaltige in der Welt und berühmte Männer.“ Heroen nämlich, in der Bibel Giborim genannt. Wir sagten schon, daß nahezu alle bedeutenden Persönlichkeiten der Urzeit – Noah, Methusalem, Melchisedek, Herakles, Henoch selbst und – eine spätzeitliche Übernahme – auch Jesus Christus – Nachkommen außerirdischer Väter gewesen sein müssen. Zeus, Odin, Oro und andere haben eine erstaunliche Anzahl halbgöttlicher Kinder hinterlassen. Oro nahm auf Bora Bora ein irdisches Mädchen zur Frau[18]. Die Thai in China wissen von einem Mann, der eine Himmelsfrau heiratete, die ihm zwei Töchter gebar und dann eines Tages mit ihnen davonflog[40]. Der Kulturbringer Quat zeugte so viele Kinder mit irdischen Frauen, daß ihn die Bewohner der Insel Vanua Leva als Ahnherrn betrachten[50].

Von einsichtigeren Göttern und vor allem vom Weltenherrn wurden diese Zustände nicht gutgeheißen. Athene weigerte sich, im Hause Nestors auch nur zu übernachten[12]. Doch schien es, als habe eine vielleicht durch die Isolierung bedingte biologische Notwendigkeit hinter den zahllosen erotischen Abenteuern der Götter und Göttinnen gestanden. Poseidon zeugte mit seinem irdischen Weibe Kleito, einer Tochter der Erdmenschen Euenor und Leukippe, zehn Söhne, die Atlas, Eumelos, Ampheres, Euaimon, Mnaseas, Autochton, Elasippos, Mestor, Azaes und Diaprepes hießen[256]. Unter sie teilte er das Reich Atlantis auf und verpflichtete sie, sich als Herrscher stets an das auf jener erzenen Säule, die im Vorhof seines Tempels zu Poseidonis stand, von ihm niedergeschriebene Gesetz zu halten.

Wahrscheinlich handelte Poseidon unter dem Zwang der Umstände. Doch auch ohne die Katastrophe würde eine solche Vermischung des göttlichen Blutes mit dem menschlichen früher oder später das Ende der Götterherrschaft herbeigeführt haben. Die Heroen waren schon keine Götter mehr, und in ihren Nachkommen mußte mit jeder folgenden Generation mehr die Gotteskraft erlöschen. Die Menschen, ohnedies überzeugt, daß „Götter und Menschen eines Ursprunges" sind[140], begehrten daher, besonders, nachdem sie durch den Götterkrieg schwer in Mitleidenschaft gezogen worden waren und zum Bau von Verteidigungsanlagen herangezogen werden sollten, heftig gegen den Herrschaftsanspruch ihrer bisher so sehr gefürchteten Gebieter auf. Ja, sie wagten es in der Endphase sogar, diese offen anzugreifen und zu verfolgen[17].

„Wenn zwei Tierarten oder geographisch stärker unterschiedene Rassen miteinander gekreuzt werden, so sind die Nachkommen in der Mehrzahl der Fälle unfruchtbar[331]", lautet das Argument, welches gemeinhin den zahlreichen mythischen Aussagen über die Vereinigung von Menschen und Göttern entgegengehalten wird. Es wird jedoch entkräftet, wenn man voraussetzt, die Bekundung der Mythen über eine gemeinsame Abkunft von Göttern und Menschen sei wahr. Als fremdartig wurden die Götter bezeichnet, jedoch nicht als andersartig. Wenn trotzdem die Kraft ihres Blutes in den Nachkommen versiegte, so ist dies wohl auf jene Unterschiede zurückzuführen, die sich zwangsläufig aus einer individuellen Sonderentwicklung in einer biologisch andersgearteten Umwelt ergeben.

Völlig ausgestorben ist die Nachkommenschaft der Götter jedoch nicht, sondern in den sich während vieler Jahrtausende ständig neu bildenden oder umgruppierenden ethnischen Gemeinschaften aufgegangen, was möglicherweise das oft unmotivierte Erscheinen überragender Talente in ihnen erklärt. Viele führende Geschlechter des klassischen Altertums leiteten ihre Abkunft von den Göttern her, ja, selbst ganze Völker, wie zum Beispiel die Goten[332]. Und bereits 1498 behauptete ein gewisser Anninus von Viterbo, die zumeist blondhaarigen, blauäugigen Germanen stammten von Noah ab. Das bislang ungelöste Rätsel der Blutgruppenverteilung könnte hierin vielleicht seinen Ursprung haben, „denn die Strukturmerkmale der Eiweißkörperchen des Blutes sind absolut erblich und bilden ein sicheres Rassenmerkmal. Nun decken sich aber die geographischen Verteilungsbilder für die verschiedenen Blutgruppen nicht und überschneiden sich auch häufig mit den morphologisch-typologischen Rassengrenzen, was die Rassengenetiker vor immer neue Probleme stellt[333]."

Daß die Götter medizinisch so weit oder weiter fortgeschritten waren als wir, läßt sich nach den Berichten griechischer Autoren über ihre parthenogenen Zeugungsakte mit Sicherheit annehmen. Ares sagt nach der Geburt der Athene zu Zeus: „Selber – autós – gebarst du die verderbliche Tochter[11]"; und Hera spricht von ihrem angeblich ohne männliches Zutun empfangenen Sohn Hephaist: „Mein Kind, daß ich von mir selbst gebar[334]." In einem bei Chrysipp erhaltenen theogonischen Fragment wird dieser Vorgang noch viel deutlicher ausgedrückt: „Durch Kunst gebar sie ihren glänzenden Sohn Hephaistos, ohne den aigisschüttelnden Zeus[190]." Solche techné somai der Götter, als Vorstellung von späteren Religionssystemen, etwa vom Christentum im Fall der jungfräulichen Mutter Maria, übernommen und entsprechend abgewandelt, galt den Alten als heiliges Wunder. Für den modernen Menschen hingegen hat der Vorgang einer künstlichen Befruchtung weder etwas Wunderbares, noch den Charakter des Anstößigen. Was die Götter betrifft, so mag die Parthenogenese ihnen – isoliert, wie sie waren – als Notbehelf in einer bedrängten Lage erschienen sein.

Bedrängt waren sie in der Tat. Die vielen lustigen Geschichten, die man sich später, lange nach ihrem Untergang, von ihnen erzählte, dürfen nicht darüber hinwegtäuschen, daß sie alle von Anbeginn auf verlorenem Posten standen. Sie hatten keine Macht im Rücken, auf die sie bauen durften, denn aus manchen Bemerkungen in den indischen Veden und Puranas geht hervor, daß der Weltenherr sie mit dieser kolonisatorischen Aufgabe nur betraut hatte, um ihrer ledig zu sein. Jedenfalls bevorzugte er weitgehend die Titanen, dies zum Beispiel offenkundig im Falle der Tripura, und schien von ihrer Seite weniger für sich und die Bewohner der oberen Welten zu befürchten als von den auf der Erde um Autarkie bemühten Göttern.

Freilich, autark durfte man sie auch gegen Ende des Goldenen Zeitalters noch immer nicht nennen. Sie konnten auf die Mithilfe der Titanen weder verzichten, noch vermochten sie, da nur gering an Zahl, diese von der Erde zu vertreiben. Dafür gelang es ihnen, die Menschen weitgehend auf ihre Seite zu ziehen. Unbeherrscht, roh und rücksichtslos, wie sie waren, hatten es die von Natur aus viel gutmütigeren Titanen nicht fertiggebracht, sich die Sympathie der Erdbewohner zu gewinnen. Und so beobachten wir über die Jahrtausende hinweg, wie das anfangs hochverehrte Göttergeschlecht der Titanen nach und nach an Ansehen verliert, zum Inbegriff des Bösen wird. Prometheus, der Lichtbringer, wird zum verabscheuten Luzifer; nicht anders Ahriman, obwohl doch ursprünglich ihm die Erde zugewiesen worden war; bei den Polynesiern Tangaroa und Tu; die vorgeblich „argen" Reifriesen bei den Germanen. Der Bibel zufolge warnt Elia, offenbar einer der Getreuen des Weltenherrn, das auf dem Berge Karmel versammelte Volk vor dem „falschen Gotte Baal", der hier für Ahriman oder Luzifer steht: „Wie lange hinkt ihr auf beiden Seiten? Ist der Herr Gott, so wandelt ihm nach; ist's aber Baal, so wandelt ihm nach[335]!"

Aus dem Buch Henoch erfuhren wir, daß zweihundert „Engel", entgegen den Geboten des Weltenherrn, unter Führung Semjasas auf dem Gipfel des Ardis landeten, um sich für immer auf der Erde niederzulassen[55]. Diese Geschichte besagt im wesentlichen nichts anderes als jene vom Kampf der Raumschiffe des Ahura Mazda und des Ahriman; ihr zufolge siegte das Schiff des letzteren, wodurch das „Böse" auf die Erde gekommen sein soll[53].

Wer aber war dieser Ahriman? Ist er identisch mit Zeus, mit Odin, Adam oder vielleicht mit Prometheus, Loki, Hephaist, mit Indra oder mit Brahma, mit Huang-ti oder Kung-kung? Bestanden seine Ansprüche auf den Besitz der Erde etwa zu Recht?

Hier läßt uns die mythologische Forschung im Stich, weil sie diese Gestalten immer nur im Rahmen ihrer jeweiligen Kulturkreise betrachtet hat, nicht jedoch in der globalen und kosmischen Beziehung, in der sie zueinander stehen. Die Yasiden oder Davasin, wie sie selbst sich nennen, verehren ihn, das Urbild des Satan, den „gefallenen Engel", noch heutigen Tages. „Du sollst mich nicht nennen bei meinem Namen, noch mir andere Namen geben, willst du nicht schuldig werden, denn du kennst die Wahrheit nicht; verehre mich nur in meinem Symbol und Bild", heißt es in ihrer heiligen Schrift „Kitab Aswad", dem schwarzen Buch[336].

Bescheidene, freundliche Leute sind es, diese Yasiden; sie leben zurückgezogen für sich in den wilden Bergeinöden Kurdistans. Doch ihr Glaube an die Rechtmäßigkeit der Herrschaft Melek Ta'us, des „König Pfau", wie sie den Gott bezeichnen, steht in gefährlichem Gegensatz zu den religiösen Vorstellungen der ihnen benachbarten Völker. Die höchste Potenz, ein körperloses Geistwesen, vergleichbar dem Logos, habe – so meinen sie – sieben Götter hervorgebracht, deren erster und vornehmster Melek Ta'us gewesen sei. Ihm sei die Herrschaft über unsere Erde für einen Zeitraum von zehntausend Jahren zugestanden worden; deshalb sei er allein der rechtmäßige Gebieter, und alle Irdischen hätten nur ihm allein zu gehorchen und ihm zu dienen. Das höchste Wesen selbst zeige nicht das mindeste Interesse an den Geschicken der Menschen; daher nütze es nichts, es um Hilfe anzuflehen. Nach Ablauf der zehntausend Jahre werde Melek Ta'us heimkehren in das Paradies und mit ihm alle Menschen, die ihm in Treue gedient hätten[222].

Erinnerungen solcher Art, wie sie allein in der Abgeschiedenheit kaum zugänglicher Bergeinöden hatten bewahrt werden können, sollten uns daran mahnen, daß unser Weltbild, worauf auch immer es sich gründen mag, nicht unbedingt das einzig wahre zu sein braucht, und daß es von Bedeutung für die Zukunft ist, das Geheimnis zu lüften, das über der Herkunft des Menschen und über seiner frühen Geschichte liegt.

Elia beschimpfte Baal als den „falschen Gott"; doch wurde dieser von vielen Irdischen nicht nur für den wahren Herren der Erde gehalten, die er von Drachen gereinigt und für Menschen bewohnbar gemacht haben soll, sondern ebenso auch für den Ordner des Universums. Auf den nebelumwogten Gipfeln des Tsaphon thronend, bekämpft er im Verein mit seiner Schwester Anat die „Drachen" der unteren Welten, Tannin und den siebenköpfigen Lotan[337], was ihn als Gegner der Titanen ausweist. Er steht also, wie Zeus und Vishnu, zwischen den Herren des Lichtes und den Fürsten der Finsternis.

Einmal war es also der Kampf gegen die Titanen, die Herren der unteren Welten, der von den Göttern bestanden werden mußte, zum anderen hatten sie sich gegen den Weltenherrn und gegen die

Bewohner der Gestirne im Svar, der lichten Region, zu wehren; mit beiden Seiten waren sie durch verwandtschaftliche Bande verknüpft, von beiden abhängig. Wie nicht anders zu erwarten, entstanden hieraus Parteiungen und Streitigkeiten ohne Zahl unter ihnen selbst.

Ihr Mut, ihre Standhaftigkeit, ihr Stolz erwiesen sich angesichts dieser hoffnungslosen Lage als bewundernswert. Sie sahen sich von sämtlichen Zufuhren abgeschitten; von keiner Seite her durften sie Beistand erhoffen. Trotzdem blieben sie im Guten wie im Bösen die, die sie waren, bis zuletzt. Staunend, von Grausen gepackt, erlebten die Menschen den Kampf der Donnervögel mit den Wolkenschlangen, sahen Herakles mit Antaios, einem Sohn des Poseidon und der Gaia, der zu Seth, dem Brudermörder, hielt, in den Lüften kämpfen: „Er aber, Herakles, rang mit ihm so, daß er ihn der Erde fernhielt, denn die Erde rang hilfreich mit Antaios mit; sie krümmte sich und wankte, wenn er seinen Stand verlor[338]. Von ferne, auf einem Gebirge, von goldenem Gewölk umhüllt, schauten die Götter dem Kampfe zu; danach ehrte Hermes den Sieger Herakles mit einem Kranz[29].“ In heutige Prosa übersetzt, würde die Geschichte lauten: Zwischen den Anhängern des Zeus und des Seth spielte sich ein verzweifelter Luftkampf ab. Herakles versuchte, den Antaios an der Landung zu hindern, Bombenwürfe oder Flakfeuer oder auch die Wirkung von Kampfmitteln, die wir nicht kennen, ließen die Erde erbeben.

Zwei andere Söhne des Poseidon, Otos und Ephialtes, Heroen von riesigem Wuchs und gewaltiger Kraft, drohten die Ossa auf den Olymp und auf die Ossa den Pelikon zu türmen, um sich Zugang zum „Himmel“ zu verschaffen[12]. Dies gemahnt an den Turmbau zu Babel, aber auch an den hurrithischen Kumarbi und an seinen Ullikummi, mit dessen Hilfe er die Himmelsstadt Kummiya vernichten wollte. Andere Völker erinnern sich ähnlicher Vorgänge: Bei den Azteken war es der Riese Quinam, der einst die Erde beherrscht hatte und nun nicht gewillt war, sie kampflos den neuen Göttern zu überlassen[139]; bei den Indern die Rakshasas, die Vishnu in seiner siebenten Inkarnation als Rama samt ihrem König Ravana erschlug[260]. Die Melanesier erzählen von ihrem Kulturbringer Suganainoni, wie er unter Rauch und Feuer einst zum Himmel aufgestiegen sei, um droben Krieg gegen die Götter zu führen; und außerdem gibt es im gleichen Kulturkreis eine Araha-Mythe, derzufolge „Riesen vor Zeiten eine gigantische Treppe bauten, um in den Himmel zu gelangen; die Treppe brach jedoch zusammen und tötete viele[221]“.

Diese Kämpfe zogen sich über viele Generationen hin. Gelegentlich wurden die ihre Äcker pflügenden, ihre Herden hütenden Menschen durch die schwarzen „Fledermäuse" der unteren Welt Xibalba, durch dunkelrote „Donnervögel" oder vielköpfige, fliegende Schlangendrachen vom Typ des Typhon aufgeschreckt. Nur andeutungsweise erfuhren sie, was der Grund solcher kriegerischer Auseinandersetzungen zwischen den Göttern sei, und deuteten nach ihrer beschränkten Einsicht die Ereignisse auf eigene Weise. So bildeten sich schon in damaliger Zeit poetische Mythen, die dem wahren Sachverhalt nur so weit entsprachen, als ihre Erzähler selbst noch Augenzeugen der Vorgänge gewesen waren.

In Ägypten erzälte man: „Schon im Mutterschoß, nämlich auf einer der anderen Welten draußen im dunklen Raum, verliebten die Geschwister Isis und Osiris sich ineinander und zeugten Horus. Danach kamen sie mit den anderen Göttern herab auf die Erde. Isis brachte den Menschen Weizen und Gerste, Osiris die Hacke und den Pflug." Man sagt auch, er habe als erster die Stiere vor den Pflug gespannt, habe den Menschen Gesetz und Recht, eine Religion und eine bürgerliche Ordnung gegeben, zunächst im Niltal, dann auf der übrigen Erde.

Sein Bruder Seth, der hier häufig mit dem Typhon verwechselt wird, neidet ihm Erfolg und Macht, sucht ihn zu verderben. Isis indes vereitelt alle seine Anschläge. Da verband sich Seth mit zweiundsiebzig Spießgesellen gegen Osiris. Er veranstaltete ein Fest und ließ einen prächtigen, nach den Maßen des Osiris heimlich gefertigten „Kasten" hereintragen, der dem gehören sollte, dessen Körper ihn ganz ausfülle. Keiner der Anwesenden paßte hinein, ausgenommen Osiris. Kaum lag er darin, so schlugen die Verschwörer den Deckel zu, umgossen das Behältnis mit Blei und ließen es den Nil hinab durch die Tanitische Mündung, die seitdem als verflucht gilt, ins Meer treiben.

Den Mord an Osiris betrauerte das ganze Land. Isis, die sich zur Tatzeit in Chemmis aufhielt, schnitt sich, als sie davon erfuhr, das Haar vom Kopf, zog schwarze Kleider an und begann, begleitet vom „hundsköpfigen Anubis", einem Sohn des Seth und der Nephtis, nach dem Leichnam ihres Gemahls zu suchen. Inzwischen war der Kasten bei Byblos an den Strand getrieben und hatte durch die ihm innewohnende Kraft eine Erikastaude, die ihn völlig umrankte, zu einem gewaltigen Stamm heranwachsen lassen. Malkandros, König der Phoiniker, sah diesen „Stamm", ließ ihn fällen und als „Säule" in seinen Palast setzen. Hiervon erhielt Isis durch Anubis und durch die heiligen „Vögel“ Kunde. In Magdgestalt hockte sie sich vor den Toren von Byblos an einen Brunnen. Die Königin der Phoiniker wurde auf sie aufmerksam, lud sie in den Palast und vertraute der Fremden die Pflege ihres vor kurzem geborenen Sohnes Maneros an.

Isis legte das Kind eines Nachts ins Feuer, um es damit von allen irdischen Schlacken zu reinigen. Als die Mutter sie dabei überraschte und schier außer sich geriet, entdeckte sich ihr Isis unter „Blitz und Donner“ als Göttin, sprengte die Säule mit einem Schlag und begann ihren Gemahl, dessen Sarg hierbei zum Vorschein gekommen war, mit solcher Leidenschaft zu beklagen, daß das Königskind Maneros vor Angst und Schrecken starb. Isis brachte den Sarg nach Buto, wo ihr Sohn Horus erzogen wurde, und stellte ihn dort in einen Wald. Der Leichnam wurde jedoch von Seth entdeckt, der ihn in vierzehn Stücke zerhackte und diese Teile in den Strom warf. Dreizehn Stücke fand Isis wieder, nur das vierzehnte nicht, das männliche Glied. Da ersetzte sie es durch ein Stück „Sykomorenholz“, womit sie den Phallus stiftete, ließ den Leichnam nach Philae bringen, wo er begraben wurde und so diesen Ort zum großen Friedhof des ägyptischen Volkes heiligte[29].

Man schrieb also den Streit der Götter begreiflichen menschlichen Leidenschaften zu. Als dann nach der Katastrophe und ihrem Verschwinden Jahrhunderte oder gar Jahrtausende dahingegangen waren, vermochte der Mensch jene Überlieferungen nicht mehr zu verstehen. Osiris, dessen Name „Sitz des Auges“ bedeutet, was sich auf seine Fähigkeit, „alle Dinge zu sehen“, bezieht, wurde ebenso zum Symbol wie sein Sohn, der „Horus des Horizontes“. Während nun aber die Benennung Osiris bis in unsere Tage rätselhaft blieb, denn wer vermochte sich unter einem „im Himmelsraum schwebenden Auge“ etwas vorzustellen, machte man Horus zum Sinnbild der Sonne und erklärte seinen Namen damit, daß „die Sonne über dem Horizont zu erscheinen“ pflege. Eine ziemlich weit hergeholte Deutung, berücksichtigt man, daß Horus ja ein Pilot gewesen war, Kommandeur der Luftwaffe, Welthüter gegen die Titanen[32].

Herangewachsen, habe Horus den Mord an seinem Vater zu rächen gesucht, behauptet die Sage. Allein, gemessen an den damaligen Verhältnissen auf der Erde, scheint dies eher eine volkstümliche Deutung der verzweifelten Kämpfe zu sein, bei denen es, wie man aus den Mythen anderer Völker ersieht, nicht so sehr um persönliche

Angelegenheiten ging, sondern um die Herrschaft auf unserem Planeten. Vor dem Tribunal der Götterversammlung wurde diese Herrschaft dem Horus zugesprochen. Doch bedeutet das wenig. Nach wie vor hinderten und bedrohten Flugzeuge des Seth – denn es wird nicht nur Typhon gegeben haben – die friedliche Entwicklungstätigkeit der Götter. Die schwankende, schwächliche Haltung des Weltenherrn, der weder dem Horus, noch dem Seth die Erde überlassen mag, forderte immer neue Gewalttaten auf beiden Seiten heraus. Unter dem Gerank phantasievoller Mythen und Legenden zeichnet sich die politische Tatsache ab, daß Horus am Ende infolge der Unterstützung seitens der Titanen – was durch den Urteilsspruch seines Vaters Osiris, des Totenrichters in einer unteren Welt, symbolhaft angedeutet wird – de facto Herr dieser Erde wurde[192].

Ganz anders, jedoch einleuchtender, erscheint der Sachverhalt in den griechischen Überlieferungen, die größtenteils von Pelaskern und Karern entlehnt wurden. Hier ist Typhon eindeutig eine mit Wind, Flammen und „betäubendem Rauch" assoziierte Maschine, deren meilenlange, mit „züngelnden Schlangenköpfen" verglichene „Arme" Tod, Vernichtung und Feuersbrünste hervorriefen. Typhon galt als der „Atem des Seth". „Fürchterliches Dunkelrot war seine Leibesfarbe. Er ist der neidische, böse Bruder, der die feuerschnaubenden Ochsen durch die Wüste treibt, der verzehrende, alles schrumpfend machende Feuermann[53]." Ferner wird er als „Verfinsterer der Sonne" bezeichnet und die Wüste als eine „Aushauchung des Typhon[339]".

Als er den Olymp angriff, versteckten sich die Götter in unterirdischen Schutzbunkern oder flüchteten Hals über Kopf nach Ägypten. Athene bekämpfte ihn so lange, bis Zeus mit seiner Blitzwaffe zur Stelle war. Beschädigt, unter kreischendem Geräusch, floh Typhon zum Kasios, jenem Berg im Norden Syriens, der auch im hurrithischen Ullikummi-Epos als Landeplatz für die Götter eine Rolle spielt. Hier fand ein heftiger Luftkampf statt. Zeus wird besiegt, gerät in Gefangenschaft. Verzweifelt und ratlos sind die Götter. Doch Hermes und Pan schleichen sich durch die Reihen der Feinde und befreien ihn[64]. Zeus kehrt zum Olymp zurück, besteigt seinen von „vier geflügelten Pferden" gezogenen Wagen, eine viermotorige Kampfmaschine, ereilt Typhon am Berge Haimos in Tharakien und verfolgt ihn mit seinen Blitzen. Typhon schießt mit „riesigen Felsbrocken" zurück, wird aber durch seine eigenen Geschosse furchtbar zugerichtet und flieht nach Sizilien; hier stürzt er über dem Ätna ab und geht in Flammen auf[64].

Unbeugsamen Mutes sind die Götter; sie halten stand. Keine Partei kann durch die andere von der Erde vertrieben werden. Den Vedas zufolge jagt Indra, gleich dem Odin germanischer Sagen, auf seinem „mit falben Rossen bespannten Wagen" an der Spitze der Maruts, der Sturmgötter, durch die Lüfte, bekämpft die Daityas und Asuren, vernichtet die Feinde seiner erdgeborenen Schützlinge[51].

Und dann, „während des Krieges zwischen Ahura Mazda und Ahriman", so wird im persischen Bundahishn, dem zu Anfang des Mittelalters verfaßten Buch von der Urschöpfung[191], erzählt, „erschien der Stern Tistar – der Sirius, glaubte man damals – in schrecklichem Glanze über der Erde; er verwandelte sich in einen Mann, einen Stier, ein Roß und schickte sich an, die Erde in Regenfluten zu ertränken, weil sie damals mit schädlichen Geschöpfen bevölkert war. Mit jedem seiner Körper regnete Tistar zehn Tage lang. Und als er in seiner ersten Gestalt geregnet hatte, mit Tropfen, so groß wie eine Untertasse, da stieg das Wasser mannshoch auf der Erde, und alle schädlichen Geschöpfe mußten sterben. Dann kam ein glühender Wind vom Himmel und fegte das Wasser hinweg. Zum zweiten Male ließ Tistar sich zur Erde nieder, wiederum regnete es. Nun aber warf sich ihm der Dämon Apaosha in Gestalt eines schwarzen Pferdes entgegen, um ihn von seinem Vorhaben abzuhalten. Lange tobte der Kampf in den Lüften; und nur durch die geheimnisvollen Kräfte, mit denen Ahura Mazda den Tistar versehen hatte, wurde ihm der Sieg zuteil. Tistar erschlug den Apaosha mit Hilfe des Blitzfeuers, das er wie eine Keule handhabte, und ebenso auch den Dämon Cpendshagra, der Apaosha begleitet hatte. Der Besiegte stieß bei seinem Fall ein fürchterliches Gebrüll aus. Tistar aber ließ es von neuem regnen, und dann erhob sich ein großer Wind, der trieb das Wasser in drei Tagen fort."

Zu gleicher Zeit begann überall auf der Erde und in den Lüften ein erbittertes Ringen. Im Kalewala[41] wird erzählt, wie der „Flammenvogel", nicht anders als bei den Thai, mit einem Riesenfisch, dem „Wasserhund", einem Schnell- oder U-Boot, kämpft. Seine Flügel strahlen Flammen aus. Feuer sprüht aus seinen Augen. Wolken wogen; Lüfte brausen. Der Himmel verschiebt sich. Die Hörner des Mondes brechen.

Die Perser schreiben Ahura Mazda, nicht den Titanen, das

Erscheinen eines Himmelskörpers in Nähe der Erde zu. Aber die alten Erzähler, der Verfasser des Bundahishn, oder spätere Abschreiber und Übersetzer mögen sich geirrt haben, denn die viel älteren Dokumente der Sumerer, das um 3000 v. Chr. niedergeschriebene Gilgamesh-Epos etwa, wissen es anders. Zur Zeit seiner schriftlichen Fixierung war jener Mythos schon wenigstens siebentausend Jahre alt, eine kaum vorstellbare Zeitspanne, innerhalb derer er mancherlei Wandlungen durchgemacht haben wird. Dennoch wirkt die Schilderung der Geschehnisse so lebendig wie ein moderner Katastrophenbericht. Aus dem kurzen Prolog des Gilgamesh-Epos oder auch aus den babylonischen Texten erfahren wir, wie der Drache von Kur, der flammenumsprühte „Himmelsberg", über der Erde erscheint, wie Ninurta, der Sohn Enlils, ihn angreift und gezwungen wird, „zu fliehen wie ein Vogel", was den kosmonautischen Charakter des Unternehmens andeutet, wie es ihm aber gelingt, den Himmelsberg zu vernichten; hieraus entsteht eine große Flut, in der alles Land versinkt.

Nach einer späteren, erst 1934 aufgefundenen und von Kramer rekonstruierten Darstellung war es Inanna, die den Drachen erledigte: „Den langen Speer werde ich gegen ihn schleudern; das Wurfholz, die Waffe, richte ich gegen ihn. Alle Wasser werde ich ausglühen. Gleich einem durch An verfluchten Ort wird er nimmermehr auferstehen[7]."

Asuren, Titanen, Riesen, die Bewohner der unteren Welten, wenden sich gegen die Götter, bedrohen Erde und Menschheit mit verheerender Feuersglut. So auch hier die Dämonen der Tiamat, die Scharen von Kur. Mit zornigen Vorwürfen wendet sich An gegen die Friedensbrecher: „Gegen die Residenz der Götter wütet er; mit Furcht und Schrecken hat er die Häuser der Anunnaki erfüllt, hat Angst verbreitet über das ganze Land. Den Himmelsberg mit seiner schrecklichen Flammenglut hat er gegen die Erde gelenkt[7]."

Ninurtas Kampf gegen die Himmelsschlange. Sumerisches Rollsiegelbild, 2. oder 1. Jahrtausend v. Chr.

Was hat sich hier zugetragen? Aus den wenigen Sätzen formt sich doch ein überwältigendes Bild: Die Drachen – das sind die Raumschiffe des Kur – greifen das Gestirn der Götter an, verwüsten die Erde durch Feuerstürme. War der „Himmelsberg“ wirklich ein flammender Planetoid, der sich der Erde näherte, sie mit seiner Glut zu versengen, in Wasserfluten zu ertränken drohte, und war er mit Absicht auf diese Bahn gebracht, so hatten die Titanen damit endlich das Mittel entdeckt, die Götter von der Erde zu vertreiben. Die Titanen kannten besser als alle anderen die Gesetze der Himmelsmechanik, wußten sie anzuwenden, wie sich aus dem Bau der Tripura ergibt, hielten diese besetzt und beherrschten daher die Verkehrsrouten im Weltenraum. Zwar vermochten sich die auf der Erde belagerten jungen Götter mit Hilfe der Menschen notdürftig zu ernähren, doch mit den unzureichenden Hilfsmitteln, die ihnen hier zur Verfügung standen, Raumschiffe zu bauen und einen interplanetarischen Krieg zu führen, das vermochten sie nicht.

Wäinämöinen, der Held des Kalewala, begibt sich deshalb in die untere Welt, in das dunkle Reich Tuonis, um den Sampo, die Zaubermühle, ein Raumschiff, zu rauben; es steht in einer Höhle, die durch neun eiserne Tore und durch einen Zaun aus eisernen Speeren, die ein „unsichtbares Feuer“ bergen, gesichert ist. Beim ersten Mal gelingt sein Vorhaben nicht. Er wird gefangen. Doch kann er in Gestalt eines eisernen „Wurmes“ – es handelt sich ja um die Welt der Nagas, jener Wolkenschlangen, die Flugzeuge sind – durch das „kupferne Netz“, das Tuonis Reich umgibt, entschlüpfen. Das nächste Mal fängt er es klüger an: Er schläfert die Wächter ein durch seinen wundersamen Gesang, sticht sie dann mit dem Schlafdorn, damit sie so bald nicht erwachen. Der Sampo ist sein[41].

Was den „Schlafdorn“ betrifft, diese Injektionsspritze der Götter, die ein Licht auf ihre medizinischen Fähigkeiten wirft, so wird er auch in der germanischen Sage erwähnt. Brunhilde, eine Walküre, kam mit acht anderen Schwanenjungfrauen von Asgard zur Erde. Hier legten sie ihre Federkleider ab. Diese stahl König Agnar, vergrub sie unter einer Eiche, wie es im gleichen Falle der melanesische Quat getan hat, und zwang die Walküren so, ihm im Krieg gegen Hjalmgunnar beizustehen. Odin, ergrimmt hierüber, stach Brunhild mit einem Schlafdorn und sperrte sie in eine von Flammen umloderte Burg, aus der sie dann Sigurd, der Held des Nibelungenliedes, befreite, indem er mit seinem Roß über den feurigen Wall setzte[145].

Viel poetischer, damit aber auch verschlüsselter, wird der gleiche Vorgang in den Puranas geschildert. Die „Wesen der Finsternis", die Panis, haben sich der „Kühe" bemächtigt, die den Göttern gehören und „den Weg nach Svar öffnen", zu den oberen Welten. Wir erinnern uns der „Kuh des Rê", die ja ebenfalls in dieser Funktion, als Raumschiff, erscheint. Indra gelingt es mit Hilfe der Hündin Saramâ, die befestigte Höhle zu entdecken, die Kette der Wachtposten zu durchbrechen, die Panis zu besiegen, und nun „führt er die Kühe in einem göttlichen Morgenrot nach oben[65]". Eine andere Fassung der Geschichte bietet die Erklärung für das Entstehen Vrtras, des Versperrenden. Tvashtri, auch Wiswas Karma genannt, Asure und Baumeister der Götter, hatte einen dreiköpfigen Sohn Trishiras. Diese Vielköpfigkeit wurde von späteren Philosophen allegorisch gedeutet; wir jedoch haben so vieles über mehrköpfige Ungeheuer und ihren Charakter als Flugzeuge in Erfahrung gebracht, daß es uns schwerfällt, in jenem „Sohne" Tvashtris ein Wesen von Fleisch und Blut zu sehen. Indra, beunruhigt über die wachsende Macht des Trishiras, streckte diesen mit seinem Blitz zu Boden; doch im Tode noch verbreitete der Zerstörte eine strahlende Helligkeit. Aus Zorn über die Vernichtung seines „Sohnes" ließ Tvashtri Vrtra entstehen, unseren alten Bekannten Ophion, die Midgardschlange[65].

Der Stern Tistar, den Apaosha nicht zerstören kann, der glühende Himmelsberg oder Drache von Kur, den Inanna sprengt, jener schnaubende Himmelsstier, den Mithras, der nackte Gott mit dem Löwenkopf, tötet – was könnten diese Erscheinungen anderes gewesen sein als eben ein Planetoid, ein S-Mond, um mit dem Freiburger Gelehrten Ludwig Zehnder[340] zu reden. Jedenfalls ein Himmelskörper, der vom Schwerefeld der Erde eingefangen oder absichtlich auf sie gelenkt, unseren Planeten mit völliger Vernichtung bedrohte?

Die Götter taten, was bei der NASA für einen ähnlichen Fall längst eingeplant ist, sie flogen den Himmelskörper an und sprengten ihn. Während Inanna und Ninurta durch den Mythos nur sehr unbestimmt mit Astronautik und Astrophysik in Beziehung gesetzt werden, ist bei Tvashtri, dem Chefingenieur der Götter, gerade das Gegenteil der Fall. Von ihm wurde gesagt, er habe den Himmel eingerichtet, den Planeten ihre Bahnen angewiesen, die Sonne „behobelt", als sie gar zu heiß die Erde beschien. Wer wäre also besser geeignet gewesen, ein so gefahrvolles Unternehmen durchzuführen? Er löste diese Aufgabe, und als Ergebnis entstand Vrtra, das Versperrende, der Trümmerring[27].

Die Bühne verdüstert sich. Dunkel wird die Welt; tief senkt sich schwarzes Gewölk auf Midgard hinab. Giftnebel machen das Atmen zur Qual. Die Erde erbebt. Stürme brausen über Länder und Meere hin, glühend heiß, alles versengend. Steine prasseln zu Boden. Schlammregen fällt. Raubtieren gleich fallen die Menschen einander an. Meineid und Ehebruch, Mord, Totschlag, Brandstiftungen, Hungersnöte und Plünderungen lassen das Dasein zur Hölle werden. „Beilalter, Schwertalter, wo Schilde klaffen . . . Windzeit, Wolfszeit, eh' die Welt zerstürzt", heißt es im Völuspa, dem Lied der Seherin[116].

Ein Zeitalter geht zu Ende. Von Entsetzen erfaßt, sehen die Menschen sich einer Katastrophe unvorstellbaren Ausmaßes gegenüber. Fest prägen sich ihrem Gedächtnis einzelne Bilder ein; den Zusammenhang aber erfassen wohl nur wenige unter ihnen. Beim glosenden Herdfeuer in finnischen Birkenhütten wird, wenn der nächtliche Sturm um die Ecken heult, noch heute von der „Jagd auf den großen Hirsch" erzählt, vom „Zauberelch" oder vom „Geisterren", und wie es einst über den ganzen Himmel floh, die Steppen mit seinem glühenden Atem verbrannte, Wälder in Flammen aufgehen ließ, Menschen und Tiere tötete, bis es dem Pfeil eines göttlichen Jägers erlag[197]. Man hat darin die Schilderung astronomischer Vorgänge am Himmel zu erkennen geglaubt; allein, wie hätten die fernen Sterne derartige Verwüstungen auf der Erde anzurichten vermocht? Hingegen stimmt dieses Bild vom Ren oder Hirsch mit dem vom mithräischen Himmelsstier durchaus überein. Die Himmelsschlange wiederum, doppelköpfig, siebenmal um den Leib der Erde gewunden, das ist der alte Ophion, den Menschen noch unvergessen aus den Tagen des Goldenen Zeitalters. Auf altägyptischen Fresken, etwa in Heliopolis, sieht man die den Himmel überspannende Weltenschlange Apophis dargestellt, wie sie der Sonnengott Rê, in seinem „rotgoldenen Wagen" den Himmelsraum durcheilend, verzweifelt bekämpft. Keine Versinnbildlichung kosmischer oder meteorologischer Vorgänge, sondern ein Tatsachenbericht. So ist in einem Naos, einer Papyrusschrift aus dem Tempel Lel Arish in Unterägypten, ein Kampf der Urgötter Shu und Geb gegen Apophis geschildert, woraus sich erweist, daß man es hier nicht mit einem „Sonnenmythos" zu tun hat[24].

Als Ahi Budhuya, die fußlose Himmelsschlange, lagert dieses

Phänomen auf den Gipfeln der Berge, „an den Wolkenquellen", womit eindeutig ausgesagt wird, daß es sich bei ihm nicht um Wolken handelt, sondern um den Verbündeten, um ein Geschöpf Vrtras, der, im Awesta[14] Vrtraha genannt, die Vegetation zerstört, den Weltraum versperrt und die Gewässer des Himmels wie der Erde verdampfen läßt.

Bei Maya, Tolteken und Chibcha galt, wie bei den Chinesen der zweiköpfige Drachen Tien-she, die doppelhäuptige Himmelsschlange als Symbol der Zerstörung, der Krankheit, des Todes. Ein Kultbild der Mochica im Lindenmuseum zu Stuttgart sowie auch Vasenmalereien aus dem gleichen andinen Kulturbereich zeigen sie beim Verschlingen von Menschenherzen[69].

Die Irokesen erzählen im Awenhai-Mythos von dem „Feuerdrachen mit dem glänzenden, weißen Leib", auf den des Mädchens Gemahl so eifersüchtig wurde, weil dieser Drache im Verein mit dem Nordlicht den ganzen Himmelsraum beherrscht haben soll[39]. Bei Colla und Aymara, den Bewohnern der peruanischen Andenregion, sind auch gegenwärtig noch Verfinsterungen von Sonne oder Mond Anlaß zu höchstem Entsetzen, wähnen die Indios doch, jene Gestirne würden von einem mythischen „Puma" oder gar von der Himmelsschlange selbst verschlungen. Schon bei den Präinka wurde der Blitz als Schlange dargestellt[42].

Düster ist es auf der Erde. Heiße oder kalte Winde, verheerende Orkane brechen jählings los, zerstören, was Götter und Menschen seit Generationen geschaffen haben. Sonne und Mond verschwinden hinter schwarzem Gewölk, aus dem beständig grauer Staub niederrieselt. Viele Menschen erkranken an Aussatz, werden hinfällig, schwach, sterben; so wird es von den Thai, den Colla, den Aymara bezeugt. Selten einmal erscheint noch für Augenblicke die Sonne, bleich, mit fahlem Schein; sie müsse, so meinen die Azteken, zwischen den beiden Köpfen der Himmelsschlange hindurch. Doch schon sind ihr jene unheimlichen Wesen oder Flugkörper auf der Spur, die bei den Colla und Aymara „Himmelspuma", bei den Germanen „Himmelswölfe" heißen. Manchmal erblicken die Menschen, haben sie sich ins Freie gewagt, den Regenbogen, die Cinvad- oder Bifröstbrücke, jenen „Weg der Götter", der sich ins Nichts, ins Leere wölbt. Dann heben sie bittend die gefalteten Hände, wie es auf Chimuvasen zu sehen ist, oder sie werfen sich zu Boden, verbergen das Gesicht in den Armen. Die Götter erscheinen ihnen furchtbarer denn je.

Thor will die Midgardschlange vernichten und schleudert den Hammer Mjölnir nach ihr. Die Menschen hören die Detonationen, sobald er trifft und riesige Löcher in das Gebilde reißt. Zeus schleudert seine Blitze; so auch der hurrithische Gewittergott gegen die Himmelsschlange Illuyanka[160]; und nicht anders Vishnu, dessen niemals fehlende Wurfscheibe Chakra den Wurm in Stücke reißt. Dem Kalewala nach ist es Louhi, der böse Gott des Nordens, ein Titan, der sich der Sonne und des Mondes bemächtigt. Eisige Winde reißen das Feuer vom Herd. Wölfe heulen. Finsternis. Flammen versprühen am Himmel. Das ist Akko, der unter Donnergetöse mit seiner „goldenen Wiege" durch die Lüfte fährt. Nie zuvor waren die Götter so groß in den Augen der Irdischen; sie scheinen keinerlei Furcht zu kennen. Ilmarinen, der göttliche Schmied, schmiedet einen künstlichen Mond, der die Erde erleuchten soll, schafft ihn mit Hilfe einer zum Himmel aufsteigenden „Tanne" empor. Doch das Werk mißlingt. Der Mond bleibt droben, aber er leuchtet nicht[41].

Jetzt sind die Götter tödlich bedroht; der nächste Augenblick mag ihnen wie Erde und Menschheit die totale Vernichtung bringen. Verblendet durch ihre scheinbare Überlegenheit, trunken vor Übermut, finden sich die Titanen zum Frieden nicht mehr bereit. Alles oder nichts, lautet ihre Forderung. Das ist der totale Krieg. Nun endlich entschließt sich der Weltenherr zum Vernichtungskampf gegen sie. Brahma selbst führt seinen „goldenen Wagen" gegen Tripura; Vishnu auf dem „Vogel" Garuda und die anderen „Luftwandler" Agni und Soma bilden den „Pfeil", eine Flugformation.

Lange und überaus heftig tobt die Schlacht. Vishnu, in Gestalt eines „Mannlöwen", zerreißt den Anführer der Asuren, Hiranyakasipu, ihn, dem Brahma einst versprochen hatte, weder Menschen noch Götter dürften ihn töten. Viele Asuren fallen. Garuda, von „leuchtenden Pfeilen" getroffen, die Brust vom „Speer" eines Asuren durchbohrt, taumelt in der Luft, sinkt besinnungslos zur Erde nieder. Drunten warten schon die Asuren auf ihn. Vishnu wird überwältigt, gerät in Gefangenschaft; auch Shiva, ja selbst Brahma, kommen in arge Bedrängnis. Brahmas goldener Wagen vermindert die Fahrt und hält.

Bebend vor Furcht, mit stockendem Atem, schauen die Menschen dem Ringen zwischen Titanen und Göttern zu. Was wird, wenn die Götter unterliegen? Kann das Leben auf der Erde dann fortbestehen? Muß nicht alles – Recht, Ordnung, Sicherheit für Leib und Gut –

vergehen? Immer fürchterlicher wüten die Kämpfenden. Kohlschwarze Wolken verdüstern den Himmelsraum, verbergen die Sonne, den Mond, die Sterne. Grelle Blitze zucken von Horizont zu Horizont. Ohrenbetäubend, pausenlos dröhnen Donnerschläge. Tausende von Meteoren oder anderen schrecklichen Himmelserscheinungen jagen einander, prasseln vernichtend auf die Erde nieder. Götterwagen, aus der Bahn geschleudert, rasen am Himmel auf und ab. Die Menschen, gepackt von namenloser Angst, wähnen das Weltende nahe[341].

Vishnu gelingt es, sich zu befreien. Steil steigt Garuda mit ihm auf. Und hier zeigt Vishnu sich, die Wolkenmassen beiseite schiebend, obschon vom Gifte Kalakuta geschwärzt, im Glanze seiner Herrlichkeit, begrüßt von den Siegesrufen der Götter. Waffenruhe tritt ein. Erleichtert atmen die Menschen auf; ihre Seher verkünden mit lauter Stimme den Frieden. Nur Asuren und Daityas sind zutiefst bestürzt.

Da greift ihr Fürst Kalameni aufs neue zu den Waffen; wie rasend dringt er auf Vishnu ein, schleudert seine „blitzesprühende Keule" gegen ihn, so daß Garuda schwankt. Vishnu jedoch trifft den Gegner mit Chakra, der „aus dem Glanz der Sonne verfertigten Wurfscheibe, die eine diamantene Nabe mit tausend Speichen hat, wie zehntausend Sonnenfeuer lodert" und sich, dem Willen ihres Eigentümers gehorchend und stets in seine Hand zurückkehrend, durch den Raum bewegt. Kalanemi, durch den Schlag der Scheibe gelähmt, wird von Garuda zu Fall gebracht. Die Asuren fliehen. Viele ihrer Wolkenschlangen stürzen brennend zur Erde nieder[342].

Nun wenden die Götter sich gegen Tripura. Flammenstrahlen zucken vernichtend aus Shivas „drittem Auge". Mit der Gewalt des verzehrenden Feuerstrahles, der auch Parvati, die Göttin der Liebenden, Shivas Gemahlin, in Asche verwandelt, durchbricht er sieben Höllen, trocknet sieben Meere aus, zerstört die drei Raumstationen[343]. Sie gehen in Flammen auf, zerfallen zu Staub. Der ganze Himmelsraum wird durch die Hitze ausgeglüht. Die drei oberen Welten Bhur, Bhuvas und Svar seien erhalten geblieben, heißt es im Matsyapurana[324], das der Erde nähere Gestirn Mahar zwar auch, doch ist es unbetretbar geworden, vom Strahle Shivas zu Schlacke verbrannt. Drei untere Welten, die Patalas, Heimstatt der Wolkenschlangen, mit ihren Hunderten von Hallen, Türmen, Palästen, Tempeln und Fabriken, wurden vom Feuer verschlungen, in Rauch erstickt, zertrümmert, zermalmt durch die Geschosse der Götter.

So schildert auch Kalidasa, Indiens größter Dichter, der um 500 n. Chr. lebte, den Tarakamayakampf[344]. Indra und Vishnu greifen die höllische Wolkenschlange an[345]. Sie brechen die Waffenruhe, nicht anders als später Thor beim Kampf gegen die Reif- und Feuerriesen[116]. Wir sehen die Handelnden als scharfgezeichnete Gestalten vor dem gewaltigen, grausig-düsteren Hintergrund einer nächtlichen Luftschlacht: Indra, der verwundet wird; er heißt auch Purandara, „Zerstörer der Festungen"; Vishnu, jung, schön, das Gesicht vom Gifte chemischer Kampfmittel bläulich verfärbt, aber trotzdem glänzend, in königlicher Kleidung, die Edelsteinkrone auf dem Haupt, auf der Brust das „Juwel" Kaustubha; Shiva, auch er „Zerstörer der Welten" genannt, mit bleichem Gesicht, verwirrtem Haar.

Eine apokalyptische Vision? Ein realistischer Kriegsbericht?

Das erstere sicherlich nicht! Die Erfahrung lehrt, daß der Mensch sich das Unbekannte, also auch die Zukunft, nicht vorzustellen vermag; so sind denn auch sogenannte Visionen ihrem Wesen nach eher Erinnerungen. Hier, freilich, Erinnerungen an eine Vergangenheit, die bei uns erst in der Zukunft liegt. Der Kriegsgrund ist einleuchtend: Die Götter wollen, sie müssen ganz einfach die ihnen von den Titanen auferlegte Blockade brechen. Es gelingt ihnen zwar – Asuren und Daityas sind von den oberen Welten verjagt – aber drei der unteren Welten vernichtet: drei Planeten gleich dem unsrigen, mit ihren Pflanzen, Tieren, Menschen, mit ihrer langen Geschichte, ihrer wahrscheinlich hohen, eigenartigen Kultur, Millionen Frauen mit ihrer Liebe, Millionen Kinder mit ihren Erwartungen und Freuden, Millionen Männer mit ihren Hoffnungen, Wünschen und Träumen. Zu denken, daß dies unserer Welt, dem Planeten Erde, auch jeden Tag bestimmt sein kann, obendrein aus ganz ähnlichen Gründen! Es lohnt sich schon, über die Mythen nachzudenken.

Einzelne Aussagen wirken bestürzend gegenwartsnah. Das ist der von den drei „Vögeln" gebildete „Pfeil", eine Flugformation, wie sie auch heute beim Angriff bevorzugt wird. Da sind die „leuchtenden Pfeile", von denen der Falke Garuda getroffen wurde. Das kennen wir doch? Und was könnte das Niedertaumeln des Garuda anderes gewesen sein als eine Notlandung? Bisweilen verließen einige der metallenen Vögel die Schlacht, um das Lebenswasser aus dem Teich zu trinken, den der Asure Maya angelegt hatte. Andere stürzten, getroffen von den leuchtenden Pfeilen der Nagas, brennend zur Erde und zerschellten[244].

Und dann wäre da auch noch jenes Gestirn unfern der Erde, das durch den „Strahl aus Shivas drittem Auge" zu Schlacke wurde: es hieß Mahar. Ohne Zweifel war es der Mond oder jedenfalls doch „ein Mond", denn seit jenen Geschehnissen sind annähernd 12 000 Jahre vergangen, und die Konstellationen der Gestirne im Raum mögen sich geändert haben. Parvati galt als mit dem Monde verbunden; sie war die Göttin der Liebe, der Mond das Gestirn der Liebenden. Im parsischen Mythos hieß er Mah und steht während des Vernichtungskrieges zwischen den guten und den bösen Geistern dem Bahman bei, dem Anführer der sieben Amshaspands, jener höchsten Paladine des Ahura Mazda, die auf sein Geheiß Universum und Erde erschaffen haben, so lehrte es Zoroaster[346]. Wir erinnern uns aber: Die Polynesier sagten, der Mond sei ein schönes Land; viele ihrer Vorfahren hätten es besucht, weil droben die Götter wohnten, was ja auch von den Thai und anderen Völkern behauptet wird; die heilige Feige, der Ao-Baum, der dort neben vielen nützlichen Pflanzen wild gedeihe, sei durch „Vögel" zur Erde herabgebracht worden[49].

Jim Lovell, einer der drei Männer, die mit der Raumkapsel Apollo 8 am 21. Dezember 1968 zum ersten Mal – oder zum ersten Mal wieder – das Schwerefeld der Erde verließen und zum Mond flogen, stellte hingegen fest: „Es ist im wesentlichen grau, keine Farbe; sieht aus wie Gips oder etwa wie gräulicher Streusand . . ." Sein Bordkamerad Bill Anders: „Einige Krater sehen aus, wie mit der Spitzhacke in Beton geschlagen . . ." Frank Bormans Resümee in der Live-Sendung am Heiligen Abend 1968: „Eine gewaltige, einsame, abschreckende Ausdehnung von Nichts. Es sieht aus wie Wolken über Wolken aus Bimsstein. Auf jeden Fall erscheint es wenig einladend als Ort zum Leben und Arbeiten[28]".

Woher wußten die Sänger der Vedas, die Purana-Erzähler, daß dieses Gestirn aus Schlacke besteht, daß es ist, was es ist, ein ausgebrannter, ausgeglühter Himmelskörper? Woher wußten Polynesier und Thai, Inder und Eskimos, daß der Mond für die Raumfahrt der Götter von Bedeutung gewesen sei, so wie er es im Jahre 2000 vielleicht wieder sein wird, denn schon beabsichtigen Russen wie Amerikaner sowohl Startplätze für weiter ausgreifende Raumflüge als auch Beobachtungsstationen und Kraftwerke auf ihm einzurichten. Man macht sich ferner Gedanken darüber, wie er mit einer geeigneten Atmosphäre und auch dem zum Leben notwendigen Pflanzenwuchs zu versehen sei.

Und wenn es sich bei unserem heutigen Mond nun wirklich um Mahar handelt, um jenes Gestirn, das beim Tarakamayakampf so übel zugerichtet wurde – könnten dann dort nicht noch, wenn auch nur geringe Spuren einer früheren Besiedlung zu finden sein? Auch stellt sich angesichts seiner zernarbten, von Kratern durchlöcherten Oberfläche dann die Frage: Welche Kräfte sind da am Werk gewesen? Was hätte man sich unter dem Ausdruck „Strahl aus Shivas drittem Auge" vorzustellen? Atombomben? Laserstrahlen? Oder kannten die Götter noch andere Kräfte der Natur und haben sich diese dienstbar zu machen gewußt?

Wie auch immer, der Sieg über die Asuren nützte ihnen nichts. Ohne Mithilfe der „grauen Männer" sahen sie sich außerstande, einen geregelten Raumverkehr durchzuführen. Zwar hatten die Titanen eine schwere Niederlage erlitten, doch geschlagen waren sie keineswegs. Im Gegenteil, jetzt erst begann der totale Krieg!

Die Not der Götter

Der Himmel ist versperrt. Vrtra, der doppelköpfige Drache, die schreckliche Himmelsschlange, beherrscht den Weltenraum, verfinstert die Erde. Blitze zucken unter schwefelfarbenen Wolken hin. Staub, todbringender Staub, senkt sich in Schleiern auf welkende Wälder, verdorrende Wiesen, verlassene Äcker. Das Vieh verreckt auf der Weide; Häuser und Hütten der Menschen zerfallen. Das Wasser in Flüssen und Seen ist verseucht. Massen toter Fische, an die Ufer gespült, verpesten mit ihrem Fäulnisgestank die Luft. Kinder und Greise sterben als erste; man fragt nicht, wer sie begräbt. Viele von jenen, die sich aus Höhlen und Bunkern hinausgewagt haben, um Nahrung zu suchen, werden von niederprasselnden Meteoriten erschlagen.

Unnütz stehen die „Säulen" der Götter da, verlieren den goldenen Glanz; ihre Seiten bedecken sich mit Grünspan und braunem Rost. Nicht länger steigen sie zum Himmel auf, um beladen mit guten Dingen von fernen Welten auf die Erde zurückzukehren. Nidhöggr, der Drache der unteren Welt, nage an den Wurzeln des Lebensbaumes, raunen die Germanen sich zu. Aber Odin wird ihn bei der letzten Abrechnung zerschmettern[347]. Die Wirklichkeit ist prosaischer. Das Magnetfeld um die Erde ist gestört; die Beobachtungsstationen, das „Auge des Horus" etwa, sind außer Betrieb gesetzt. Sämtliche Routen im Weltenraum werden von den Titanen kontrolliert.

Wie bei Sumerern, Indern, Chinesen, so hängt auch nach Meinung der Germanen das Fortbestehen allen irdischen Lebens vom Besitz der goldenen Schicksalstafeln ab. Doch die sind fort. Drei Riesenmädchen haben sie geraubt[348]. Noch finden die Götter Kraft, sich gegen die Titanen zu wehren; aber das Ende ist abzusehen. In pausenlosen Einsätzen werden die „Luftwandler" und ihre Piloten verbraucht. Die Menschen begreifen wohl kaum, was geschieht. Soviel aber wissen sie, daß die Erde zur belagerten Festung geworden ist, daß es um Sein oder Nichtsein ihrer Götter geht. Die Germanen stehen in bewährter Treue zu Odin und Thor. Andere Völker verwünschen die Erdengötter. Auf

Madagaskar erinnert man sich, daß Andrianamboatena, Herr der Erde, Schuld an den Zuständen trug, denn er ließ „seine Krieger zum Himmel aufsteigen", um diesen zu erstürmen, aber „der Himmel hüllte die Erde in finstere Wolken ein, bewarf sie mit einem Hagel von Felsen und Steinen[113]". Die Mikronesier auf den Karolinen wissen ein wenig mehr; sie sagen, die Mächte des Himmels und die der Finsternis hätten sich verbunden, die Erde zu zerstören, die Menschen zu töten, denn diese seien samt ihren Göttern so reich und so mächtig geworden, daß es Aluelop, der Herr der oberen Welten, nicht länger habe dulden können[349].

Die Götter, nunmehr völlig auf die Erde angewiesen, wurden nach und nach von lähmender Untergangsstimmung erfaßt. Alles erschien ihnen hoffnungslos. Die Luft dieses Planeten, ohnehin wenig zuträglich für sie, verschlechterte sich mit jedem Tag und machte ihnen das Atmen zur Pein. Nicht nur das Licht schloß Vrtra von der Erde aus, sondern auch die Strahlungen und Lebensströme aus dem Weltenraum. Die Temperatur stieg bis zur Unerträglichkeit. Bisweilen rauschten heftige Regengüssc aus den durcheinanderwogenden, von Blitzen zerrissenen Wolken herab. Und wenn die Menschen zu Tausenden Hungers starben, so machte sich der Mangel bei den Göttern erst recht bemerkbar, denn sie hatten sich zwar bis zu einem gewissen Grade an irdische Nahrung gewöhnt, an Milch, Honig, Obst und Korn, doch ganz ohne die Lebensmittel ihrer Heimat, ohne den „Lebenstrank", vermochten sie auf die Dauer nicht auszukommen.

Ein Zufall ist es daher nicht, wenn ihnen die „goldenen Äpfel" der Idun von den Riesen geraubt wurden, geschah doch ein Gleiches mit dem „Lebenselixier" der Göttin Hsi-wang-mu. Hier läßt sich der Zeitpunkt einigermaßen bestimmen, denn Huang-ti, der erste Statthalter der Götter in China, war es, dem seine Frau Ch'ang-i das Lebenselixier stahl und damit zum Mond entwich[40]. Dies muß sich wohl vor dem Tarakamayakampf und vor der Verwüstung jenes Gestirnes ereignet haben. Ohne diese Nahrung jedoch, die „Götterspeise", das Nektar und Ambrosia, der sie Gesundheit, Kraft, Energie, ein längeres Leben als das der Erdenmenschen und somit ein größeres Wissen dankten, verfielen sie bald in träge Untätigkeit.

Und hätten sie auch eine Weile darauf zu verzichten vermocht, die irdischen Lebensmittel reichten längst nicht mehr aus; auch waren sie schon fast ungenießbar geworden, unschmackhaft, vergiftet durch und durch; sie trugen die Keime des Todes in sich. Nicht länger stieg

Opferrauch von den Altären. Die Menschen vergaßen, den Göttern zu dienen; dachten sie aber daran, so geschah es mit Grimm, denn all ihr Elend schrieben sie ihnen zu. Sie vergaßen, daß es die Götter gewesen waren, die sie der Nacht und Not einer unwürdigen Existenz entrissen hatten.

Schlimmer als dies, es begann an Waffen und Gerät zu mangeln. In den Berichten über den Tarakamayakampf hören wir noch von den „goldroten Wagen" Shivas und Indras, von den „metallenen Vögeln" Garuda und Saudamini, von Vishnus strahlender Chakra, von seiner fliegenden Keule Kaudomaki, welche dem Blitzschwert Chrysaor entspricht, von Vayus Wunderwaffe Astra, die der Asure Agastya geschaffen hat. Groß wie ein Berg, besaß sie Flügel und eine Spitze aus Feuer und Sonnenglanz. Vayu konnte sie weit über Länder und Meere senden, damit sie ein Schiff, eine Stadt, selbst eine ganze Provinz zerstöre[260]. Nun aber verschwinden diese Dinge aus den Erzählungen.

Jenes goldrote Metall, über das wir so vieles vernommen haben, muß für die Technik der Götter von höchster Bedeutung gewesen sein. Von älteren Chronisten wird es für gewöhnlich „Erz" genannt, dann wieder „Gold" oder „Bronze", im mittelmeerischen Raum bisweilen auch „Eisen". Nichts dieser Art kann es gewesen sein, denn solche Metalle werden nebenher auch erwähnt, bei der Beschreibung der Tripura etwa. Die alten Griechen oder vielmehr ihre Vorgänger, die Pelasger und Karer, kannten es als „Oreichalkos"; Wälle und Dächer der atlantischen Königsstadt Poseidonis sollen aus diesem sogenannten „Bergerz" bestanden haben[256]. Vergleicht man nun alle hierauf bezüglichen Aussagen miteinander, so bleibt zuletzt nur der Schluß, dies rätselhafte Metall sei nicht irdischer Herkunft gewesen. Hatten es die Götter aber eingeführt, dann erklärt sich sein Verschwinden durch die Belagerung. Allem Vernehmen nach wußten die Götter über die Bodenschätze der Erde genau Bescheid; doch mag es ihnen an Zeit und Fachleuten gefehlt haben, um die vorhandenen Erzlager in größerem Ausmaße zu erschließen und mit Hilfe der Menschen eine leistungsstarke Industrie aufzubauen, denn hierzu mußte ja zunächst einmal die Ernährungsgrundlage geschaffen werden.

Wie lange die einzelnen Phasen des Krieges oder der Krieg überhaupt gedauert haben, ersieht man aus den Überlieferungen nicht. Die Genealogien der Götter, wie die der menschlichen Herrscher, sind fragwürdig. Hinzu kommt die seltsame Behauptung der Mythen, die Menschen hätten damals länger gelebt, die Götter sehr lange, und deshalb hätten sie mehrere Generationen von Menschen überdauert. Henoch soll 365 Jahre alt geworden sein[55]. Unglaublich – ist man versucht zu sagen. Aber dann fällt uns ein, daß mit der Höhe der Zivilisation auch die Lebenserwartung des einzelnen beständig zunimmt, daß die Götter und mit ihnen bevorzugte Menschen sich auf andere Weise ernährten als der gewöhnliche Sterbliche, daß sie unter ganz anderen, allen Aussagen nach viel günstigeren Bedingungen herangewachsen waren. Vergleicht man das Leben des Menschen mit dem anderer Geschöpfe, so wird ohne weiteres klar, daß er sich zwar weitgehend der biologischen Umwelt auf Erden angepaßt hat, sein jetziger Zustand aber wie diese nicht für alle Bereiche des Kosmos Gültigkeit haben kann. Wir wissen, die Dauer des Lebens hängt von den Verbrennungsvorgängen beim Grundumsatz des Körpers ab und somit weitgehend von der Ernährungsweise und von der eingeatmeten Luft.

Jedenfalls glichen sich die Götter im Laufe der Zeit den Daseinsbedingungen auf der Erde an. Sie übertrafen die Erdgeborenen auch jetzt noch an Kraft, an Erfindungsreichtum, an Intelligenz; doch benutzten sie wie diese nun Schwert und Schild, Lanze, Helm, Keule, Axt. Geraten sie in schwierige Situationen, so vermissen wir Aigis, Thyrsosstab, Tarnkappe, das Blitzschwert Chrysaor bei ihnen. An den Menschen hingegen fällt auf: Sie bewegen sich freier; sie lassen sich von den Göttern nichts mehr befehlen. Manchmal wenden sie sich sogar gegen sie.

Merkwürdigerweise scheint dieses Schwinden ihrer technischen Überlegenheit von den Philologen kaum bemerkt worden zu sein; man findet in Werken über die Götter keine Hinweise darauf. Von den kurzlebigen Menschen damaliger Zeiten wurde es wohl kaum wahrgenommen, aber die allgemeine Einstellung gegenüber den Göttern änderte sich. Die Götter herrschen nicht länger absolut. Sogar ihre Kriege führen sie nun mit Hilfe menschlicher Parteigänger, wie das ferne Echo jenes mythischen Atlanterzuges gegen Hellas anzudeuten scheint oder die Eroberung von Lanka durch das Heer des Affenkönigs Hanuman.

Die ganze verwickelte, episodenreiche Geschichte der Schicksale Ramas, Sitas, Ravanas und Hanumans nachzuzeichnen, fehlt es hier an Raum, zumal Walmiki, der Dichter des Ramayana, in etwa ein Zeitgenosse Homers, so wie dieser Mythen und Erinnerungen aus verschiedenen Schichten und Zeiten übernommen und seiner Kon-

Auch die Spinne, deren technische Funktion aus den Mythen erhellt, befindet sich unter den Bodenzeichnungen von Nazca. Ihre Größenverhältnisse und die Präzision ihrer Ausführung machen es unwahrscheinlich, daß sie irgendwelchen primitiven totemistischen Kulten gedient habe, da sie nur aus größerer Höhe zu erkennen ist. (Foto: Maria Reiche, Stuttgart und Peru)

Machu Picchú, eine geheimnisvolle Bergfeste am Ucayali in Peru, wird fälschlich den Inka zugeschrieben. Diese haben jedoch nur die vorhandenen kyklopischen Grundmauern aus unbekannter Vorzeit als Fundamente für ihre eigenen Bauten benutzt. (Foto: Ullstein Bilderdienst, Berlin)

zeption willkürlich eingeordnet hat. Auf solche Weise ist ein großartiges Epos, gleich der Ilias oder der Odyssee, entstanden, das in den Einzelheiten gewiß recht aufschlußreich, in seiner Gesamtheit aber ohne Wert für die Erhellung urzeitlicher Vorgänge ist. Ein Gleiches gilt für die Werke Homers. Zum Beispiel: Troja hat existiert, die achaiischen Helden haben – wahrscheinlich – gelebt, und Taten der geschilderten Art wurden von ihnen vollbracht; Waffen, Geräte, Kleider, wie in der Ilias beschrieben, hat es gegeben, auch sind die Götter leiblich in Erscheinung getreten; doch das alles nicht zur selben Zeit und am gleichen Ort, sondern mit großen zeitlichen und räumlichen Abständen. Nicht anders verhält es sich mit dem Ramayana[260].

Gewisse Episoden darin verdienen jedoch unsere Aufmerksamkeit, Einsatz und Wirkungsweise von Vayus Wunderwaffe Astra zum Beispiel. Im Ramayana wird sie zu einem „magischen Pfeil", mit der Kraft unzähliger Götter erfüllt. Als das Affenheer Hanumans die Ramabrücke Ramasetu vom indischen Festland nach Ceylon hinüber gebaut und die einst von Wiswas Karma errichtete Stadt Lanka eingeschlossen hat, um die von den Rakshasas oder Daityas gefangene Sita, Ramas Gemahlin, zu befreien, kommt es zu einem Zweikampf zwischen Rama und Ravana. Zuvor war Hanuman nach Lanka hineingeflogen, hatte die Festungswerke erkundet, die Stadt in Brand gesteckt. Schwarze Rauchwolken wogen über Dächern und Türmen. Blitze durchzucken den Himmel. Alle Dinge erscheinen in fahles Licht getaucht. Rama wird zweimal von dem Asuren Indrajit verwundet; aber der treue Hanuman fliegt zum fernen Kailāsa und holt das „magische Kraut" herbei, die Göttersalbe, welche Rama im Handumdrehen heilt. Dann schießt er den „magischen Pfeil" gegen Ravana ab. Die Wirkung ist katastrophal. Ein Blitz, „stärker als die Glut von hunderttausend Sonnen", tötet nicht nur den Fürsten der Rakshasas, er legt auch die ganze Stadt in Trümmer, verwandelt Titanen und Menschen in Staub. Dies Feuer bewirkte, daß den Überlebenden die Haare vom Kopf, die Nägel von den Fingern fielen, daß sich das Gefieder der Vögel bleichte, ihre Krallen rot färbten. Die Krieger, Freund und Feind, warfen sich in Flüsse und Seen, um der Glut zu entrinnen; sie reinigten sich, ihre Kleider, alles, was sie berühren mußten, doch es half ihnen wenig. Die Gewässer verdampften; und wer dem Feuer entkommen war, starb doch später unter furchtbaren Qualen[260].

Ähnliche Aussagen über Strahlenschäden und Mutationen finden sich im Mahabharata, in den uraltes Sagengut enthaltenden Dramen des Bhavabhuti, im dschainistischen Mahaviracarita und im Dronaparvan. Die Thai in China wissen ebenso davon zu erzählen wie in Peru die Colla und Aymara oder der Popol Vuh, das Buch des Rates der Maya Quiché, und der Chilam Balam, die Chronik der Orakelpriester von Chozumél, in Mittelamerika. Die durch Feuersglut verglasten steinernen Bauwerke aus nebelhafter Vorzeit im Tal des Todes, am Rio Gila, am Rio San Juan sowie auch in Frankreich[350] geben den Archäologen noch immer Rätsel auf. Das beste Beispiel aber bietet die allbekannte, in ihrer wahren Bedeutung jedoch noch längst nicht erfaßte Geschichte von Sodom und Gomorrha im Alten Testament. Durch Jahrtausende mündlich überliefert, auf diesem langen Wege vielfach abgewandelt, ist sie eine klare Aussage für den, der die Katastrophe von Hiroshima und Nagasaki kennt.

Zwei „Engel", Boten des höchsten Gottes, kamen zu Lot, und er bückte sich tief, um sie nicht ansehen zu müssen, da er sie einlud, in sein Haus zu treten. Wie es scheint, waren aber die meisten Bewohner Sodoms auf seiten der Erdengötter, denn ein Haufen wütenden Volkes zog vor das Haus des Lot und forderte ihn auf, seine Gäste herauszugeben. Es kam zum Handgemenge, obwohl Lot der rasenden Menge seine beiden noch jungfräulichen Töchter überliefern wollte. Offenbar verfügten die Götterboten über wirksame Nahkampfwaffen, Tränengasbomben oder dergleichen, denn die Angreifer wurden „mit Blindheit geschlagen", vermochten die Tür nicht mehr zu finden, und so zogen sie am Ende ab.

Noch vor dem Morgengrauen wurden Lot und die Seinen von den Engeln aus der Stadt geführt. Ihnen wurde geboten, sich ja nicht umzuschauen, vielmehr die Augen geschlossen zu halten und so schnell wie möglich Schutz in den benachbarten Bergen zu suchen. Nachdem sie weit genug geflüchtet waren, „ließ der Herr Feuer und Schwefel regnen vom Himmel herab auf Sodom und Gomorrha; und kehrte die Städte um und die ganze Gegend, und alle Einwohner der Städte und was auf dem Lande war. Und Lots Weib sah hinter sich und ward zur Salzsäule." Anderen Tages betrachtete Lot den Schauplatz der Katastrophe, „und siehe, da ging ein Rauch auf vom Lande wie ein Rauch vom Ofen", und alle Städte, ja, das ganze Land ringsumher, waren auf viele Meilen hin zur unbewohnbaren Wüste geworden[351].

Unseren Eltern, die nichts von Kernspaltung und Atombomben

ahnten, galt diese Erzählung noch als Wundermär. Heute hingegen erscheint der Bericht weder wundersam noch märchenhaft, sondern von bestürzender Realität.

„Als die Atombomben über Hiroshima und Nagasaki explodierten, war es, als seien flammende Bruchstücke aus dem Inneren eines der heißesten Sterne, dreimal so heiß wie die Temperatur im Mittelpunkt der Sonne, auf die Erde geschleudert worden . . . Im Tale brannten mehrere Bauernhäuser, und der Wald jenseits des Tales stand in Flammen. Über der Stadt erhoben sich Rauchwolken. Man geht kilometerweit durch eine vollständig verlassene, vergessene und verödete Wüste zerbrochener Ziegel und rostigen Eisenblechs. Im Zentrum der Stadt stehen nur noch die Gerippe der Betonbauten, ihr Inneres ist völlig zerstört[352]." Und auch die Menschen zerfielen zu Asche; sie verbrannten, oder sie starben an den tödlichen Strahlungen, die von dem radioaktiven Staub ausgingen.

An der biblischen Erzählung von Sodom und Gomorrha ist viel herumgerätselt worden. Die Mutmaßungen reichten von der Annahme eines Meteoriteneinschlages bis zu der Behauptung, es handle sich bei ihr nur um eine erzieherische Allegorie. Dabei ist klar gesagt, daß es zwei Parteien in Sodom gab, daß ein Luftangriff bevorstand, der die Stadt völlig vernichten sollte. Und auch die Einzelheiten der Schilderung, etwa: daß der Atomblitz auf weite Entfernung hin tödlich sei, daß er die sich ihm aussetzenden Körper zu Asche oder, was dasselbe ist, zu Salz werden lasse, sowie auch die Bemerkung über den Rauch, der noch am folgenden Tag aus den Trümmern aufgestiegen und daß das Land hinfort nicht mehr bewohnbar gewesen sei.

Da nun die Mythen nicht einen chronologischen Ablauf der Geschehnisse wiedergeben, ist aus ihnen zwar zu entnehmen, was geschah, nicht aber, in welchem Zusammenhang und in welcher Reihenfolge es sich ereignete. Was diesen Punkt betrifft, sind wir gänzlich auf Mutmaßungen oder Intuitionen angewiesen, solange nicht eine Entdeckung, hier oder auf einem fremden Gestirn, gelingt, die Licht in das Dunkel bringt.

Wir kennen die Gründe für den Haß Lokis auf Asen und Riesen nicht, wir spüren jedoch seine untergründige, treibende Kraft in der Bosheit und Arglist, mit der dieser göttliche Mirabeau die feindlichen Vettern gegeneinander aufhetzt. Kühl weht es uns an, wenn wir vom Skalden des Thrymliedes hören, wie dieser glänzend gleißnerische

Diplomat die Wege ebnet, die Weichen stellt, wie er sich das „Federkleid“ der Freyja ausborgt und nach Riesenheim fliegt, zu Thrym, der den Hammer Thors gestohlen hat. Thrym, offenbar durch seinen Gast ermutigt, gesteht dreist:

> Verhohlen hab' ich den Hammer Thors,
> unter der Erde wohl acht Meilen.
> Wieder heimwärts holt niemand ihn,
> führt man als Frau mir Freyja nicht her[116].

Den stolzen Göttern bleibt nur die List, ein schnöder Betrug, und am Ende Mord. Nicht länger sind sie groß, gut, übermächtig; die feige Gangstertat zeichnet sie. Alle Hoheit ist von ihnen genommen. Im Hintergrund reibt sich, unbekümmert um das eigene Geschick, der Bösewicht Loki schadenfroh die Hände.

Nur einer unter den Göttern verfällt ihm nicht, Baldr, Odins und der Frigga Sohn, der schönste, gütigste und edelste der Asen. Er ist furchtlos, gerecht. Das Böse, der Schmutz, Ehrgeiz, Neid, Habsucht, Ruhmbegier, all das, was Menschen wie Götter zu argen Taten treibt, kann ihn nicht berühren. Klarer als seine Gefährten erkennt er die falsche Konzeption ihres Handelns. Auf dem Höhepunkt des Erfolges, nach dem Sieg über die Riesen, den die anderen Götter in hybrischem Übermut durch zügellose Gelage feiern, quälen ihn schlimme Träume. Die Erde gefällt ihm nicht; er fühlt, daß er nicht hierhergehört, empfindet die Ungerechtigkeit gegenüber den Riesen oder Titanen.

Odin, über den Trübsinn des sonst so heiteren Sohnes erschreckt, sucht Rat bei den Nornen im Urabgrund. Hier wird ihm ein pythischer Spruch zuteil: Das Schicksal habe Baldrs Tod bestimmt, um ihn vor Schlimmerem zu bewahren.

„Was,“ fragt sich Odin, „könnte wohl ärger sein als der Tod?“ Er, der Alleswissende, Allessehende, begreift es nicht. Und auch Frigga erfaßt nicht, was die Nornen hatten sagen wollen; alle Dinge im Himmel und auf Erden läßt sie schwören, daß keiner und keines dem Baldr schaden werde, nur eines vergißt sie, den unbedeutenden Mistelzweig. Loki vergaß ihn nicht. Als Baldr in seinem Palast Breidablick zu Asgrad ein Fest gibt und, seiner Unverletzlichkeit gewiß, zum Spaß mit Pfeilen auf sich schießen läßt, drückt Loki dem blinden Hödur, Baldrs Bruder, einen zum Pfeil verarbeiteten Mistelzweig in die Hand. Von ihm durchbohrt, stürzt Baldr entseelt zu Boden. Die Erde Asgards ist heilig und rein, kein Blut darf sie schänden; selbst ein Mörder findet eine Freistatt hier. So entgeht Loki zunächst, hohnvoll lachend, der Rache der Götter.

Heimdall, von dem es heißt, er sei der Ahnherr aller Götter und Menschen gewesen, hochgewachsen, schön von Angesicht, mit „goldenen Zähnen", ist der einzige, der sich durch Loki nicht verblenden läßt. Er hat Loki durchschaut; er als einziger weiß, daß die Asen sich und ihr Werk in Frage stellen, wenn sie mit ihrem erbittertsten Feind paktieren. Vielleicht ahnt er den Untergang voraus, denn unermüdlich ist er in Erfüllung seiner Pflicht als Wächter der Bifröstbrücke, der „Pforte der Götter". Auf sein Betreiben wird Loki ergriffen und, gleich Prometheus an Felsen gekettet, dem niederträufelnden Gift der Himmelsschlange ausgesetzt, beschirmt nur von Sigyn, seinem treuen Weib[348].

Im Kalewala ist es Leminkäinen, der ebenfalls seinen Tod von der Hand eines blinden Mörders findet. Man hat in solchen Sagen Symbole des Kampfes zwischen Frühling und Winter, auf höherer geistiger Ebene das Ringen von Licht und Dunkel, Gut und Böse, sehen wollen. Allein, da diese Prinzipien ohnehin Natur und Menschenseele beherrschen, erscheint es glaubhafter, daß die Ereignisse tatsächlich stattgefunden haben und ihnen erst später ein tieferer Sinn unterlegt worden ist, zumal keiner der Beteiligten, Baldr ausgenommen, als absolut gut oder absolut böse erscheint. Der gleiche Vorgang spiegelt sich zudem in den Erinnerungen anderer Völker auf die unterschiedlichste Weise wider.

So war es auf der Neuen Hebriden Insel Malekula der Kampf des melanesischen Kulturbringers Ambat gegen seinen „Bruder" Awirara, einen menschenfressenden Riesen vom Typ des Loki[48]. Um was es im Grunde geht, wird völlig klar aus der Geschichte des Dschamsid, jenes noch heute unter den Völkern Vorderasiens berühmten, halbgöttlichen persischen Königs der Urzeit, der – historisch nicht zu belegen – uns nur aus dem Awesta und anderen Sagen bekannt geworden ist.

Ursprünglich hieß dieser mythische Herrscher Dscham; erst später wurde ihm, seines „schimmernden" Aussehens wegen, der Name Sid, das heißt „Sonne", beigegeben. Sein Wirken unter den Menschen läßt sich mit dem des Thot oder Hermes vergleichen. Er gab den Iranern ein Gesetz, das sogenannte „zweite" der Urgesetze, das ihm durch

Hom, den „Lebensbaum", zugekommen sein soll; auch vermittelte er ihnen mancherlei Kenntnisse auf den Gebieten der Musik, der Medizin, der Architektur und der Astronomie. Man rühmt ihm nach, er habe die Natur und den Nutzen aller Pflanzen sowie auch die Geheimnisse der Chemie ergründet, habe die in der Erde verborgenen Schätze aufgespürt und den Weinbau erfunden. Er lebte tausend Jahre, von denen er siebenhundert regierte; diese Periode galt den alten Persern als das „Goldene Zeitalter", in dem es weder Kriege, noch Seuchen, noch Hungersnöte gegeben hat.

Während seiner Herrschaft geschah es, daß Ahura Mazda den Lebensbaum Hom, den „Baum der Erkenntnis", zu neuem Leben erweckte[29]. Dieser Lebensbaum entspricht den „redenden Säulen", in deren Gestalt Thot oder Hermes bei den Ägyptern abgebildet wurde, und die man als Ursache jeglichen Gedeihens betrachtete, weil sie die Verbindung zwischen Himmel und Erde herstellten.

Gegen Ende seiner langen, glückhaften Regierungszeit verfiel er jedoch, durch Ahriman, den Widersacher des Weltenherrn, verlockt, in frevlerischen Stolz, und es verlangte ihn, den Göttern gleich zu sein. Da brach das Strafgericht über ihn und über sein Reich herein. Zohak, seiner Schwester Sohn, riß die Macht an sich; er vertrieb seinen Oheim, tötete Murdas, Dschamsids tugendhaften Vater, und verführte die Menschen, die sich bisher, dem Willen der Götter gehorchend, nur von Milch und Früchten ernährt hatten, zum Fleischessen. Verwirrung, Gesetzlosigkeit, Aufruhr, Mordtaten, Brandstiftungen, das waren die Folgen. Viele Menschen flüchteten in die Ebenen hinab. Niemand war von nun an seines Lebens oder seines Besitzes sicher. Handel und Wandel kamen zum Erliegen. Die Felder verödeten; das Vieh verdarb. Tausend Jahre währte Zohaks Schrekkensregiment; dann wurde er von Feridun, einem Fürsten aus Dschamsids Geschlecht, in einer Höhle des Berges Demawend eingeschlossen, und die lange, schreckliche Nacht nahm ein Ende[304].

Die Erzählung zeichnet ein Bild des Zustandes auf Erden, da alle Ordnung zerbrach, die Menschen vor dem düsteren Hintergrund des von Vrtra umlagerten Himmels teilnahmen an den Kämpfen der Götter, dies oftmals, ohne zu wissen, um was es denn eigentlich ging. Götter sowohl als auch Titanen suchten sich die Mithilfe der Menschen zu sichern. Tohil, der Lichtbringer im Popol Vuh, und seine Anhänger werden von den Göttern der Erde durch alle Lande gejagt. Sie beschwören ihre erdgeborenen Verbündeten: „Setzet uns nicht den Blicken der Stämme aus, wenn wir ob ihrer Reden und Taten erzürnt sind. Laßt uns nicht in deren Hände fallen. Gebt uns die Tiere des Feldes und des Waldes. Erweiset uns auch die Gunst eures eigenen Blutes. Die Felle der Tiere aber behaltet, hütet sie, denn mit ihnen werdet ihr täuschen können; eingehüllt in deren Felle werdet ihr euch, uns gleich, vor den Stämmen zeigen. Wenn sie fragen: ‚Wo ist Tohil?', dann zeigt euch im Hirschgewand vor ihnen. Aber verratet euch nicht, denn eurer harren noch viele Aufgaben. Das Naß ihres Blutes sei euer Trank. Vor uns sollen sie erscheinen, uns sollen sie umarmen, unser sollen sie sein. So sprachen Tohil, Avilix und Hacavitz[17]".

In ihren „Hirschverkleidungen" hielten sie sich droben auf den Bergen verborgen. „Um ihre Hütten kümmerten sie sich nicht. Durch die Berge streiften sie. Larven der Pferdefliegen aßen sie, Wespenlarven, Bienenlarven. Gute Kost, guten Trank kannten sie nicht. Niemand wußte die Wege zu ihren Verstecken. Und Weiber sah man nie mit ihnen." Aber ihre Verfolger „wußten gut, daß jene sich als Menschen verleugneten. Daß sie eine List gebrauchten. Was sie wollten, war mehr als Angst einjagen[17]."

Durch Luzifer, sagt man, sei der Tod auf die Erde gekommen, durch Ahriman, durch Tezcatlipoca, durch Tohil, kurz – durch alle jene Antagonisten der Erdengötter. Loki veranlaßte Baldrs Tod. Zohak führte ein mörderisches Regiment. Tezcatlipoca, der den milden Quetzalcoatl besiegt und vertreibt, fordert blutige Opfer von seinen Anhängern, nicht anders Tohil. Tohils Gefolgsleute, nur gering an Zahl, zogen sich auf den mythischen Berg Hacavitz zurück, dessen Gipfel sie mit Felsblöcken und Palisaden schwer befestigten. Von dieser Warte aus raubten sie Menschen, um diese den Göttern zu opfern, bis die umwohnenden Stämme sich zusammenrotteten und zum Angriff auf den Berg der Götter übergingen. Aber „Tohil wußte alles". Er versenkte die feindlichen Krieger in Schlaf. „Alle zusammen lagen sie schlafend auf dem Weg; von nichts wußten sie mehr". Tohil gab seinen Kriegern „Bienen und Wespen", und als die feindlichen Stämme heranrückten, wurden sie von dichten Schwärmen dieser Insekten angegriffen und in die Flucht gejagt[17].

Man mag diese und ähnliche Episoden für Phantasieprodukte primitiver Indianer halten, sofern man den Hintergrund nicht berücksichtigt, vor dem sie sich abgespielt haben sollen. Allein, dies Versenken in Schlaf, der Bau jener Festung auf dem Berggipfel, die Bemerkung, daß Tohil die metallenen Waffen der Feinde „zerfließen" ließ, all das paßt doch zu gut in das allgemeine Bild vom Götterkrieg, als daß es nicht nachdenklich stimmen müßte. Jene „Bienen" und „Wespen" können auch ganz etwas anderes gewesen sein, denn wie viele Bienenvölker gehören wohl dazu, um zwangzigtausend grimmige, nach dem Blut ihrer Gegner dürstende Krieger zu vertreiben? Auch hörten wir zuvor, daß die Götter über chemische Kampfstoffe verfügten.

Und nun fällt unser Blick auf die gewaltigen polygonalen Mauern rätselhafter Burgen, wie sie über alle Länder der Erde hin verstreut liegen. Mykenai und Tiryns wurden bereits genannt, und ebenso wurde erwähnt, daß unanfechtbare Beweise für die Urheberschaft der Achaier nicht vorliegen. Plan und Ausführung dieser Bauten verraten Kenntnisse, die Massen des Materials erforderten technische Mittel, wie man sie bei den Völkern, denen sie zugeschrieben werden, nach den vorliegenden Funden nicht voraussetzen darf. Dies gilt für die große Pyramide von Gizeh ebenso wie für die angeblichen Achaierburgen, für Tiahuanaco, Machu Picchu und für den Falkenfelsen Sacsahuaman.

Welcher zwingenden Notwendigkeit verdanken sie ihre Existenz? Wo hatten die Erbauer ihre Kenntnisse erworben, woher die Arbeitskräfte genommen? Und welcher technischen Mittel haben sie sich bedient? Diesen wichtigen Fragen wird in einschlägigen Fachbüchern geflissentlich ausgewichen. Während sich bei späteren Bauten die architektonische Entwicklung zumeist lückenlos nachweisen läßt, stehen die urzeitlichen Burgen unvermittelt, isoliert in der Zeit. Vorläufer, Ansätze, Versuche finden sich nirgends. Die Kunst, mit der sie errichtet wurden, steht in augenfälligem Gegensatz zur Primitivität der Mittel, die gewaltige Masse des bewegten und bearbeiteten Materials in keinem Verhältnis zur möglichen Dichte der Bevölkerung. Überhaupt wollen sich diese Bauwerke, so wie sie uns großartig, unsagbar fremd vor Augen stehen, ganz und gar nicht in das Bild einer Menschheit fügen, die nach Meinung der Vorgeschichtsforscher und Archäologen nur in lockeren Sippen- oder Stammesverbänden organisiert gewesen war und mit steinernen Beilen, hölzernen Speeren und Schwertern, bestenfalls mit Pfeil und Bogen zu kämpfen pflegte.

Die Sache sieht anders aus, wenn wir die Mythen zu Rate ziehen. Eine Gruppe der Götter wurde von der anderen verfolgt, heißt es da; auf beiden Seiten kämpften Menschen mit. Die Verfolgten hatten ungewöhnliche technische und architektonische Kenntnisse, doch verfügten sie nicht über die notwendigen Hilfsmittel; es mangelte ihnen an Arbeitskräften und an Zeit. Sie mußten improvisieren.

Der Sacsahuaman, ein gigantisches, aus riesigen Andesitblöcken von oft mehr als sechs Metern Höhe in fünf Stockwerken auf einem steilen Felsen oberhalb Cuzcos errichtetes Bollwerk, soll angeblich von dem achten Inka Huiracotsa geschaffen worden sein, um Angriffe der wilden Chanca abzuwehren. Zweifellos handelt es sich hierbei um eine Verwechslung ähnlicher Art, wie wir sie bei Herakles oder Quetzalcoatl festgestellt haben, denn die Inka waren darauf bedacht gewesen, im Bewußtsein des Volkes alle Erinnerungen an die Urzeit auszulöschen. Und so mag sich jener Inka nicht nur den Namen Huiracotsa beigelegt, sondern wohl auch dessen Taten und Werke zugeschrieben haben. In späteren Zeiten, lange nach der Flut, wurde auf den kyklopischen Grundmauern weitergebaut[163], nach menschlichen Maßstäben freilich, so wie es die Umstände eben erforderten.

So auch in Tiahuanaco und Machu Picchu, überall, wo man kyklopische Bauwerke findet. Während die heutigen Bewohner der Andenregion nicht mehr wissen, wer jene Bauten errichtet hat – der Inkaprinz Checko, ein hervorragender Kenner der Traditionen seines Volkes, äußerte dem Vizekönig Toledo gegenüber, diese Mauern seien „schon immer dagewesen" – erinnern sich die Washoe am Tahoe See in der nordamerikanischen Sierra Nevada genau, daß es fremde, hellhäutige Eroberer gewesen seien, die einen gewaltigen Turm auf der Insel inmitten des Sees errichteten, „bevor das Feuer vom Himmel fiel[218]". Von ihnen wird also auch gleich ein verständlicher Grund für den Bau derartiger Festungswerke mit angegegeben.

Versetzen wir uns einmal in die Lage eines der damals lebenden Menschen. Er kannte die Sonne nicht mehr, nicht den Mond, nicht die Sterne. Über seinem Haupte zog der Strom des Trümmergesteins dahin, umwogt von schwarzem oder schwefligem Gewölk, von giftigen Dämpfen, stinkenden Gasen, aus denen bald Eissplitter und faustgroße Hagelschlossen herabregneten, bald Schlammfluten, dann wieder Schauer von kleineren und größeren Meteoriten. Die Luft war warm, gesättigt mit Feuchtigkeit, bedrückend. Im halben Dämmerlicht suchten hungernde Menschen nach Nahrung auf der verheerten Erde, erschlugen einander, fraßen einander. Angst und Verzweiflung beherrschten ihr Leben. Wer nicht Hungers starb oder einer Seuche erlag, mußte fürchten, ermordet und beraubt zu werden; wer das geringste besaß, war seines Lebens nicht sicher. Die hallenden, klirrenden Donnerschläge immer aufs neue sich zusammenbrauender Gewitter betäubten das Ohr. Selbst die Götter, einst die hochverehrten Hüter des Friedens und der Ordnung, waren zu gefürchteten Feinden geworden; Leben und Zukunft der Menschen bedrohten sie. Mit geballten Fäusten, voll ohnmächtigen Grimms, starrten die Erdgeborenen zum Himmel empor, wo Donnervögel und Wolkenschlangen sich erbitterte Schlachten lieferten. Die Menschen ahnten es, fühlten es: Etwas Ungeheuerliches wuchs gegen sie herauf. Was würde geschehen? Wie würde es geschehen und wann? Keiner vermochte sich das vorzustellen.

Die Götter wußten es.

Yima, als Yima Kshaeta, der „Leuchtende", wahrscheinlich mit Dschamsid identisch, war einer der Urkönige vor der Flut. Ahura Mazda hatte ihn mit der Herrschaft über die Menschen betraut, hatte ihm als Insignien seines Amtes einen „goldenen Sporn" und einen großen „goldenen Ring" gegeben. Lange regierte er glücklich, hielt die Menschen zur Arbeit und Ordnung an, zwang sie Frieden zu halten, setzte ihnen Maß und Recht. Da sie sich mehrten, so daß der einzelne bald keinen Raum mehr zum Leben fand, beschlossen die Götter, einen Teil der Menschheit zu vernichten. Nur die Besten ihrer Art sollten erhalten bleiben. Über diesen Plan wird Yima durch Ahura Mazda in Kenntnis gesetzt. Ein „Gehege", die Burg Vara, solle er bauen, befiehlt ihm Ahura Mazda, groß genug, um je ein Paar jeder Art von Geschöpfen darin aufzunehmen sowie auch die Samen aller Pflanzen, die es auf Erden gibt. Yima gehorcht[191].

Wo diese Burg Vara, deren Bauplan Ahura Mazda selbst entworfen haben soll, zu suchen wäre, geht aus den Überlieferungen nicht hervor. Keine der im Iran entdeckten Ruinen ist groß genug oder entspricht auch sonst den Anforderungen, die man an ein solches Bauwerk stellen muß. Einzelheiten der Sage deuten auf hohe Gebirge und weite Steppen, denn nicht von einer drohenden Flut ist die Rede, sondern von Feuerstürmen und langewährender, eisiger Wintersnacht. Man erfährt auch nicht, wie es in der Burg Vara ausgesehen hat, noch wie es ihren Bewohnern gelang, die Katastrophe zu überstehen. Es scheint jedoch so, als ob es sich um eine unterirdische Anlage gehandelt habe.

Irgendwo an der Nordgrenze Afghanistans soll es, nach einer durch tibetanische Lamapriester überlieferten Legende, ein ausgedehntes Labyrinth von Tunneln, Gängen, Kammern, Hallen und Sälen in den

Tiefen der Erde geben, „Agharti“ genannt. In ihm hätten sich, heißt es, Reste einer antediluvianischen Menschheit erhalten, die noch rechtzeitig von einem versinkenden Kontinent geflüchtet sei. Auch solle dies geheimnisvolle Höhlensystem mit anderen ähnlichen in weit entfernten Erdgegenden in Verbindung stehen. Das unterirdische Reich Agharti „erstreckt sich über alle unterirdischen Gänge der Welt. Ich hörte, wie ein gelehrter Lama aus China dem Bogdo Khan erzählte, daß auch die unterirdischen Höhlen in Amerika von der ehemaligen Bevölkerung jenes verschwundenen Kontinentes bewohnt seien[353]“.

Unzählige Mythen aus aller Welt bekunden ähnliches. Doch woher hatte jener Lama, den Ferdinand Ossendowski anführt, Kenntnis davon? Höhlen spielen in den Überlieferungen der Völker eine bedeutende Rolle. Shen-nung, der göttliche Landmann der Chinesen, trat ebenso aus einer Höhle hervor, wie dies in Peru von den Kulturbringern Mama Occlo und Manko Capak berichtet wird. In Erinnerung an schreckliche Katastrophen – das Erscheinen des „Himmelsstieres“, die Flut, den Finbulwinter und die Feuerstürme – wurden die Stieropfer des Mithrasdienstes, eines uralten vorzoroastrischen Kultes, zumeist am Eingang heiliger Höhlen vollzogen[354].

Überall in Amerika hört man von Höhlen reden, deren einige sich tief und weit unter der Erde hinziehen sollen, ohne daß man den Eingang kennt. Andere wieder sind zugänglich, und man schreibt ihr Entstehen der Tätigkeit verschollener Völker zu. Schon im Jahre 1526 n. Chr. berichtete Pater Martyr de Anghierra über alte Grotten in den Bergen von Guanaminto auf Haiti[355]. „In diesen Bergen, wie auch auf den Nachbarinseln, gibt es weiträumige, künstlich ausgehauene Grotten, mit Skulpturen geschmückt, und mit je einer Stele zu beiden Seiten des Einganges, wie man sie auch in Asien findet“, schreibt Brasseur de Boubourg[356], und spielt damit auf ähnliche Ausdrucksformen des Mithraskultes an. Diese Aussagen werden durch den amerikanischen Archäologen Nau[357] ergänzt: „Da gibt es tiefe, in den Fels gemeißelte Gänge und Höhlen sowie Mauern aus Trockenziegeln von außerordentlicher Länge, und mächtige Erdwälle. Eine andere, kulturell viel höher stehende Rasse muß dieses Land in ferner Vorzeit bewohnt haben. Woher kommen diese Baukünstler? Waren es Ureinwohner?“

Selbst einer breiteren Öffentlichkeit bekannt sind jene tief in den glatten Fels gekerbten Zeichen und Pfeile an den Wänden des

Colorado Cannon in Arizona, die man nur bei einem ganz bestimmten Einfallswinkel der Sonnenstrahlen wahrzunehmen vermag. Die dort beheimateten Indianer behaupten nun, es handle sich um Hinweise auf geheime, ungeheuer große Höhlen, „in denen sich Götter und Menschen geborgen hätten, als der Himmel auf die Erde gefallen sei[358]."

Mit Vorbehalt aufzunehmen, keinesfalls jedoch ohne Prüfung von der Hand zu weisen, sind jene Überlieferungen von ungeheuren Tunneln oder Stollen in den Bergen von Peru, über die Madame Blavatskaya[359] zu berichten weiß, sie seien mit den spurlos verschwundenen Schätzen der Inka gefüllt, und von denen sie sogar eine Karte in ihrem Besitz gehabt haben will. Sollten diese Höhlen tatsächlich vorhanden und nicht nur ein Phantasieprodukt sein, so wurden sie gewiß nicht während der historisch und archäologisch überschaubaren Inkaperiode hergestellt, sondern stammen aus urältester Zeit. Um Hohlräume von dem behaupteten Ausmaß zu schaffen, hätte eine große Menge von Arbeitskräften mobilisiert, untergebracht, verpflegt und bekleidet werden müssen; ein Unternehmen, wie es nur durch die dringendste Notwendigkeit gerechtfertigt erscheint. Kein Hinweis auf das eine oder das andere findet sich in den Chroniken der Inka-Dynastie.

Dennoch wollen die Erzählungen über solche Höhlen kein Ende nehmen. Der Sohn des Kaziken Astorpilco, ein Nachkomme der Inka, vertraute Alexander von Humboldt unter dem Siegel der Verschwiegenheit an, es gebe solche unterirdischen Schatzgewölbe in der Tat, doch seien ihre Zugänge nur wenigen bekannt, und nicht das geringste dürfe ihnen entnommen werden. Der große Gelehrte bemerkte hierzu: „Solche goldenen Träume und Phantasien gründen sich auf Erinnerungen und Traditionen der Vorzeit[360]."

Der einzige Zweck, den derartige, künstlich aus dem Fels geschlagene Grotten und Höhlen gehabt haben können, ist der von Schutzräumen. Ein religiöser Sinn wurde ihnen erst viel später unterlegt, nachdem der eigentliche Anlaß für ihren Bau nahezu vergessen, die Götter aus der realen Welt verschwunden und nach und nach ins Transzendentale erhoben worden waren. Blicken wir uns auf der Erde um, so finden wir eine erstaunliche Menge rätselhafter Werke dieser Art – im Jaila-Gebirge der Krim etwa die uralte Höhlenstadt Tschufut-Kale, die einst Tausenden von Menschen Schutz geboten hat. Schutz gegen was? Der ganze Berg ist wie ein

Termitenstock von zahllosen Zellen und Gängen durchlöchert. Zu diesem Ort, der als eine urzeitliche Mysterienstätte gilt, gelangt man nur unter einiger Mühe; der letzte Teil des Weges muß zu Fuß zurückgelegt werden. Keine Spur von Vegetation weit und breit scheint die Anlage einer menschlichen Siedlung an dieser Stelle zu rechtfertigen; so kann es sich bei den Höhlen von Tschufut-Kale nur um eine Zufluchtsstätte gehandelt haben. Flucht wovor? Was mochte urzeitliche Menschen veranlaßt haben, Zuflucht unter der Erde zu suchen? Tartaren, Avaren, Chazaren, Ostgoten und die nordiranischen, arischen Alanen haben hier zeitweise während der letzten zwei vorchristlichen Jahrtausende gehaust, vor ihnen die Juden, woran noch der Name des Ortes „Tal Josaphat" erinnert, und vor den Juden die Asen – nicht das Göttergeschlecht, mit dem dieses Volk so häufig verwechselt wird –, deren Ursitze zu Füßen des Kaukasus am Asowschen Meer gelegen haben. Aber noch immer ist Tschufut-Kale ein Rätsel; über die Erbauer der geheimnisvollen Höhlenstadt wissen wir nichts.

Nun ist aber Tschufut-Kale durchaus kein Einzelfall. In der innerasiatischen Taklamakam-Wüste gibt es uralte unterirdische Städte, die einer noch weitgehend unbekannten, auf 2000 v. Chr. datierten Kultur zugeschrieben werden[361]. Und erst seit der Jahrhundertwende wissen wir einiges über das vom Sande begrabene Königreich Khotan und die Höhlen der „Tausend Buddhas" im Altya-Tagh-Gebirge, die Sir Aurel Stein 1906 entdeckte[362]. Ein wenig länger bekannt sind die gewaltigen, von Menschenhand ausgehauenen Höhlen in Kaschmir, wie auch die Höhlenstadt Bamiam in Ariana, die auch Vami-Nagari, die „schöne Stadt", heißt, und deren ungeheure Gewölbe und Grottentempel sich mit denen Thebens in Ägypten vergleichen lassen.

Den uralten Wunderbauten Griechenlands und Ägyptens stehen die geheimnisvollen, zwanzig Meter breiten und zwölf Meter hohen Tunnel nicht nach, die, ausgekleidet mit gewaltigen Steinquadern, sich bis zu neunzig Meter weit und vermutlich sogar noch viel weiter in einer bisher ermittelten Gesamtlänge von achtzehn Kilometern unter dem Njassa-See in Ostafrika erstrecken. Zeitlich festzulegen vermochte der Leiter einer englischen Forschungsgruppe, Professor C. J. Simson, die Entstehung dieses gigantischen Werkes noch nicht. Die dortigen Eingeborenen erzählen jedoch, in grauer Vorzeit habe ein aus Ägypten gekommener Fürst an der engsten, ungefähr fünfundfünfzig Kilometer breiten Stelle des Sees einen Tunnel von einem Ufer zum anderen, zwischen den heutigen Dörfern Rifu und Maguire, graben lassen, aus welchem Grunde, das sei unbekannt[363].

Ein ebenfalls ungelöstes Rätsel stellt das sogenannte Hypogäum auf Malta, nur wenige Kilometer südlich von La Valetta, dar. Dieses ungeheure Höhenlabyrinth, das sich drei Stockwerke tief in die Erde erstreckt und dessen Entstehung man in das 17. Jahrhundert v. Chr. verlegt, obwohl es überzeugende Beweise für die Berechtigung einer solchen Datierung nicht gibt und die in den Höhlen vorgefundenen Relikte ebensowohl aus einer späteren wie aus einer früheren Zeit stammen können, wurde 1902 durch Zufall beim Bau einer Straße entdeckt[364].

Im Jahre 1797 berichtete der kolumbianische Gelehrte Francisco José de Caldas über die erstaunliche Kultur von San Augustin mit ihren hundertzwanzig monolithischen Monumenten und den vielen unterirdischen, runden oder eliptischen Kammern, deren sanft geneigte Einstiegtunnel zu künstlich geebneten, auf Bergeshöhen gelegenen Terrassen hinaufführen. Die Ursprünge dieser Kultur sind auch heute noch rätselhaft; auf jeden Fall ist sie ungemein alt[42].

An der Malabarküste, unweit von Bombay, erblickt der staunende Reisende die Wunderwerke von Ellora, riesige Höhlentempel, in den gewachsenen Granit gehauen, mit phantastischen Skulpturen aller Art; Tausende von Reliefs, mit unglaublichem Fleiß gearbeitet, stellen das Leben Shivas dar. Die künstlichen Höhlen sind, in drei Stockwerken übereinander angeordnet, oft an die zwölf bis fünfzehn Meter hoch; ihre Decken werden durch stehengelassene Pilaster gestützt. Diese Dschaina-Höhlentempel sollen aus dem 4. bis 10. Jahrhundert stammen[365], aber auch hier stimmen, wie so oft, Wissenschaft und Mythos nicht überein. Während die wissenschaftliche Datierung auf dem Vergleich der Stilelemente dieser Skulpturen mit anderen bereits sicher fixierten Bildwerken beruht, was aber über das Entstehungsalter der Höhlen selbst nichts aussagt, behauptet das Volk, die Pandus, jene fünf Göttersöhne, die den berühmten Krieg mit den Kurus führten, hätten sich, nachdem sie besiegt worden waren, in das Gebirge von Ellora zurückgezogen; und während der „langen Nacht", einer licht- und sonnenlosen, schrecklichen Zeit, sei dieses Riesenwerk von ihnen vollendet worden[106].

Im Yima-Mythos sowohl als auch in den meisten anderen Höhlengeschichten kommt zum Ausdruck, daß solche Werke geschaffen wurden, um einer vom Himmel her drohenden Gefahr zu begegnen. Die Götter, oder doch einige unter ihnen, bemühten sich, so viele Menschen, wie irgend möglich, vor der nahenden Katastrophe zu bewahren, über deren Charakter sie sich offenbar im klaren waren.

Zutiefst entmutigt, infolge von Luft- und Nahrungsmangel körperlich in schlechter Verfassung, brachten sie es dennoch fertig, ein riesiges, weltumspannendes Evakuierungsprogramm in die Wege zu leiten und durchzuführen. Entsprechend den Besonderheiten eines Gebietes, ließen sie Schutzbunker, in Tiahuanaco sogar innerhalb der Häuser, bauen, Beobachtungstürme errichten, an den Osthängen der Gebirge Stollen sprengen, denn, wie es scheint, wußten sie, aus welcher Himmelsrichtung die Gefahr zu erwarten sei[134]; auch schufen sie unterirdische Anlagen, in denen eine größere Zahl von Menschen, Vorräte aller Art, Maschinen, Geräte, Waffen, untergebracht werden konnten; so in Arizona, Peru, Afghanistan.

Nicht genug damit, beauftragten sie in den Tiefländern vertrauenswürdige, zur Führung befähigte Persönlichkeiten, große, seetüchtige Schiffe zu bauen, und stellten ihnen Konstruktionspläne zur Verfügung. Fachleute, die in neuerer Zeit die auf hohen Gebirgen

Himmelsschlange und betender Krieger. Chimu-Vase (Lindenmuseum, Stuttgart).

gefundenen Schiffsreste untersuchten, wollen eine relative Gleichförmigkeit der Bauweisen festgestellt haben.

Hält man sich die Szenerie vor Augen, in der ein so gigantischer, umfassender Organisationsplan durchgeführt wurde, den Zustand, in dem sich Götter und Menschen wahrscheinlich befanden; bedenkt man, daß die Götter obendrein Krieg zu führen, die pausenlosen Angriffe der Titanen abzuwehren hatten, so finden wir in den Jahrtausenden der bekannten Menschheitsgeschichte nichts, was sich dem an die Seite stellen ließe. Überall in den Niederungen wurden, dem Befehl der Götter gehorchend, Seeschiffe auf Kiel gelegt, in Mesopotamien, am Indus, am Ganges, am Hoang-ho, an den Küsten Mexikos, in Sibirien, in Hellas, an den Gestaden des heutigen Pazifik, in Nordamerika und in Brasilien.

Jene alte Behauptung, die biblische „Sintflut sei nur ein lokales Ereignis in Mesopotamien" gewesen, ist allein schon durch die Menge gleichlautender Aussagen, ihre weltweite Verbreitung sowie auch durch die Tatsache widerlegt, daß Schiffsreste auf hohen Gebirgen gefunden wurden, dennoch kann man diesen Satz nach wie vor in einschlägigen „Standardwerken" lesen. Aus den Mythen sowohl als auch aus geologischen Befunden geht unbezweifelbar hervor, daß es sich bei all den Fluten, an die sich die Völker erinnern, um eine kosmische Katastrophe von unerhörten Ausmaßen gehandelt haben muß. Und wenn sich das Ereignis bis heute nicht einwandfrei datieren ließ, wenn es verwirrende Widersprüche, zeitliche Unstimmigkeiten in den Überlieferungen gibt, so mag das eher an der Unzulänglichkeit der bisherigen Forschung, an der mangelhaften Koordination der einzelnen Disziplinen liegen als daran, daß es keine Beweise für jenes urzeitliche Geschehen gibt.

Die Götter wußten jedenfalls, in welcher Form das Unheil über Erde und Menschheit hereinbrechen werde. Einige von ihnen trafen Vorbereitungen, sich selbst in Sicherheit zu bringen; andere aber waren nicht gesonnen, die ihnen anvertrauten Menschen im Stich zu lassen. In Not und Untergang wuchsen sie weit über sich selbst hinaus. Ea richtet einen letzten, leidenschaftlichen Appell an die Götter der oberen und der unteren Welten:

„Warum vernichtet ihr die Menschen? Bringen sie den Göttern keine Opfer dar? Wenn ihr die Menschheit vernichtet, wird niemand mehr für die Götter sorgen, wird niemand mehr ihnen Opferbrote noch Trankopfer darbringen. Dahin wird es kommen, daß der Gott des Gewitters, der mächtige Herr von Kummiya, selbst wird die Hand an den Pflug legen müssen, daß Ishtar und Hepat das Getreide selbst werden mahlen müssen."

Und nun wird auch klar, von wem der Krieg gegen die Erdengötter im Grunde ausgeht, denn zornig fügt Ea hinzu: „Warum nur willst du den Menschen Böses tun? Bringen sie dir nicht mit Freuden ihre Opfer in deinem Tempel dar, o Kumarbi, Vater der Götter[160]?"

Das Kataklysma

„Da aber der Herr sah, daß der Menschen Bosheit groß war auf Erden und alles Dichten und Trachten ihres Herzens nur böse war immerdar, da reute es ihn, daß er die Menschen gemacht hatte auf Erden, und es bekümmerte ihn in seinem Herzen. Und er sprach: ‚Ich will die Menschen, die ich geschaffen habe, vertilgen von der Erde, vom Menschen an bis auf das Vieh und bis auf das Gewürm und bis auf die Vögel unter dem Himmel, denn es reut mich, daß ich sie gemacht habe[330].‘ “

Von weit her, aus nebelhafter Vergangenheit, hallt hier das Echo eines Geschehens nach, von dem einst die ganze Menschheit betroffen wurde. Doch schwingen in dem Klang falsche Töne mit, die ungerechtfertigte Begründung der Flutkatastrophe durch die „Schlechtigkeit der Menschen“, so wie sie bei zahlreichen Völkern überliefert ist, bei Babyloniern, Persern, Griechen, Andamanesen, Kolh, Litauern, Australiern, Melanesiern, Polynesiern, Algonkin, Mandanen, Washoe, Aruaken, Karaiben und Makusi[366].

Diese – spätzeitlichere – Ausdeutung entspricht nur bis zu einem gewissen Grade den Tatsachen. Es ist wahr, die Menschen waren außer Rand und Band geraten. Die lange Belagerung der Erde mit all ihren Folgeerscheinungen, das Schwinden der Autorität der Götter, das Fehlen jeglicher Existenzgrundlagen, die fortwährende Konfrontierung mit Not und Tod, all das hatte Verhältnisse entstehen lassen, unter denen jede Art von Verbrechen möglich war und straflos blieb.

Von Anbeginn hatte das Problem für die Götter darin bestanden, wie man die Menschen einesteils belehren, bilden und solcherart zu besonders wertvollen Hilfskräften erziehen, andernteils aber gefügig erhalten könne; ein Problem, wie es bisher noch jede Kolonialmacht zu lösen hatte, und keine hat es gelöst. Denn „Wissen ist Macht“, und Macht duldet keinen Zwang. Die gleiche Problematik lag dem Verhältnis zwischen Göttern und Titanen, zwischen den Erdengöttern und dem Himmelsherrn zugrunde, und sie letzten Endes war die Ursache des Krieges.

Die Ostpomo hielten Flut und Feuersturm für ein Strafgericht, hervorgerufen durch Marumba, den Boten des „Großen Geistes", weil die Menschen der Urzeit böse und grausam geworden waren, sich erlaubten, gleich den Göttern zu fliegen, und ihnen nicht länger Gehorsam und Demut entgegenbrachten[149]. „Die Menschheit zu vernichten, dies ist das Urteil der Götterversammlung", warnt Enlil den Ziusudra, König von Schuruppak, den Noah der Sumerer[301]. Aber Henoch sieht die Gründe klarer, in der Verführung der Menschen durch die „Engel", das sind die mit dem Kolonisationswerk auf der Erde betrauten Götter[55]. Einige Völker erkannten die Ursache des Unheils in den Streitigkeiten der Götter untereinander, in der Eifersucht zwischen ihnen und den Titanen: die Algonkin, die Sumerer, die Inder und die Germanen.

Der germanischen Überlieferung zufolge brachten Hochmut, Anmaßung, Überheblichkeit, Verachtung der Rechtsgrundsätze, Mißbrauch der Wissenschaften sowie ihre durch Wohlleben und Nichtstun entstandene Nachlässigkeit den Asen Niederlage und Untergang. Mit List und Gewalt hatten sie den Titanen die Erde entwunden; so groß ihre Verdienste um die Entwicklung von Erde und Menscheit auch immer sein mochten, alles, was sie getan, war auf Unrecht gegründet. Die Erfahrung lehrt, daß die Geschehnisse in sich selbst ihre Gerechtigkeit zu tragen pflegen, was die Griechen „moira" nennen. „Zum Richtstuhl gingen die Rater alle, heilige Götter, und hielten Rat, ob Zins die Asen zahlen sollten oder alle Götter Opfer haben[116]." Und in einem der folgenden Verse des Völuspa heißt es: „Zum Richtstuhl gingen die Rater alle, heilige Götter, und hielten Rat, wer ganz die Luft mit Gift erfüllt . . ."

Bevor noch der Kampf entschieden ist, wird darüber gerechtet, wer die Atmosphäre der Erde vergiftet habe. Im Völuspa sowohl als auch im Chilam Balam und im Matsyapurana ist von Giftwolken die Rede, die verheerend über die Länder ziehen, Mensch und Tier qualvoll ersticken lassen, die Tatkraft der Götter lähmen. An drei weit voneinander entfernten Orten unseres Planeten bezeugt, kann es sich bei dieser Erscheinung nicht nur um lokale Katastrophen gehandelt haben. Und stehen nicht in den Schreckenskammern unseres Jahrhunderts schon wieder die Reagenzgläser mit Viruskulturen bereit, die, im Kopf einer einzigen Fernrakete ans Ziel gebracht, ganze Völker auszurotten vermögen, ohne daß es einen Schutz dagegen durch Antitoxine gibt? Werden nicht auch gegenwärtig wieder Kampfgase hergestellt und gelagert, vor denen die beste Gasmaske nicht schützen kann?

Nicht länger halten sich die Parteien an Eid, Treueschwur, Vertrag. Thor schlägt zu, so wie Vishnu zuschlägt, da die Titanen den Göttern zu drohen wagen. Der Krieg, einmal entfesselt, folgt seinen eigenen Gesetzen; weder die einen noch die anderen vermögen ihn unter Kontrolle zu halten, geschweige denn durch einen Akt der Vernunft zu beenden. Die Reihenfolge der Ereignisse läßt sich freilich kaum rekonstruieren. Alles ist Wirrnis und Dunkel; hier oder dort tritt eine Person ins Licht, rollt eine Szene ab im jähen Schein eines Blitzes, dann wieder Dämmerlicht, schattenhaftes Gemenge. Windzeit ... Wolfszeit ...

Hundert Jahre lang herrschen, so wird im Matsyapurana[324] bekundet, Hitze und Dürre, infolgedessen Hungersnot, weil – so wähnen die Menschen – die heiligen Veden von den Daityas, die goldenen Schicksalstafeln von den Riesenjungfrauen geraubt worden sind. Dann, unversehens, regnen glühende Kohlen vom Himmel; vulkanische Feuer brechen aus der Erde hervor, und die Giftflammen aus dem Munde des Sankarsana verheeren das Land.

„Flüssiges Harz troff vom Himmel. Es kam Herrscher Eule, Xecotcovách, und riß die Augen aus. Die große Fledermaus Camalotz kam und riß den Kopf ab. Der reißende Jaguar Cotzbalám kam und verschlang das Fleisch. Der Tapir Tucumbalám kam auch, brach und zermalmte Knochen und Sehnen, er zerstampfte, zerrieb das Gebein[17]." Wir wissen indes, daß es sich bei diesen Kreaturen nicht um Tiere handelte, sondern um die schwarzen „Eulen" und „Fledermäuse" der unteren Welt Xibalba, um den „Mondjaguar" – ein technisches Gerät ebenso wie der „Tapir" oder bei den Sumerern auf der anderen Erdhälfte jener „Drache von Kur".

Die große Himmelsschlange, sie, „die sich selbst in den Schwanz beißt", rotierte schneller und immer schneller; tiefer senkte sie sich auf die Erdoberfläche nieder. Am Tahoe-See in der Sierra Nevada, wo die Götter auf der Insel einen gigantischen Tempel erbaut und auf ihm einen hohen Turm errichtet hatten, auf dessen Spitze ein großes Feuer brannte, verfinsterte der Himmel sich, Blitze durchzuckten ihn; die Erde bebte. Dann ging ein Regen glühenden Metalls nieder[218].

In alter Zeit, so erzählen die Kato, die in Kalifornien leben, hätten die „Wolkenschlangen" sie aus ihren Wohnsitzen hoch droben im Norden vertrieben, damals, als die erste Erde alt geworden sei und zwei Götter, Nagaitso, der „Große Wanderer", und der „Donnerer" Tsenes, einen „neuen Himmel machten", den Lauf der Gestirne änderten und Feuer auf die Berge herabfallen ließen. Tsenes, der auf einer anderen, über der unseren liegenden Erde wohnt, geriet mit Nagaitso in Streit. Es kam zum Kampf, wobei jeder von ihnen Bäume zersplitterte, Felsen zertrümmerte und „auf dem Meere wandelte". Nachdem Tsenes gesiegt, schüttete er heißes Wasser auf die Erde hinab, um das Feuer zu löschen; und die Menschen kamen aus den Höhlen, in denen sie sich versteckt hatten, hervor[149].

Da es weder Tag war, noch Nacht, wußte niemand, wie lange dieser Zustand währte, denn die Menschen hatten bald jedes Gefühl für Zeit und Dauer verloren[367]. Nun aber sandten die Götter Boten aus zu den Menschen, die sie verschonen wollten. Einer dieser „Engel" kam zu Utnapishtim oder Ziusudra, der bei den Babyloniern Xisuthros heißt, jenem zehnten König von Babylon, der kein anderer ist als der Noah der Bibel.

„Noah fand Gnade vor dem Herrn. Und Gott sprach zu Noah: ‚Mache dir einen Kasten von Tannenholz und verpiche ihn mit Pech inwendig und auswendig. Und mache ihn also: Dreihundert Ellen sei die Länge, fünfzig Ellen die Breite, dreißig Ellen die Höhe. Ein Fenster sollst du dranmachen obenan, eine Elle groß. Die Tür sollst du mitten in seine Seite setzen. Und soll drei Boden haben, einen unten, den anderen in der Mitte, den dritten in der Höhe. Denn siehe, ich will eine Sintflut mit Wasser kommen lassen auf Erden, zu verderben alles Fleisch, darin ein lebendiger Odem ist, unter dem Himmel. Alles, was auf Erden ist, soll untergehen. Aber mit dir will ich einen Bund aufrichten; und du sollst in den Kasten gehen mit deinen Söhnen, mit deinem Weibe und mit deiner Söhne Weiber. Und du sollst in den Kasten tun allerlei Tiere von allem Fleisch, je ein Paar, Männlein und Weiblein, das sie lebendig bleiben bei dir. Von den Vögeln nach ihrer Art, von dem Vieh nach seiner Art, und von allerlei Gewürm auf Erden nach seiner Art; von den allen soll je ein Paar zu dir hineingehen, daß sie lebenbleiben. Und du sollst allerlei Speise zu dir nehmen, die man ißt, und du sollst sie bei dir sammeln, daß sie dir und ihnen zur Nahrung da sei!' Und Noah tat alles, was ihm Gott geboten[368]."

Auch zu anderen Menschen, die dem allgemeinen Verfall der Sitten nicht erlegen waren, kamen die Boten der Götter, um vor der nahenden Katastrophe zu warnen, so wie sie zu Lot gekommen waren.

Diese rieten ihnen, sich entweder Zufluchtsstätten im Inneren der Erde zu schaffen oder dort, wo das Land flach war und dem Meere zu offenlag, Schiffe zu bauen. Anderen wurde geraten, sich auf hohe Berge zu flüchten, so bei den Malaien, den Dayak, Griechen, Melanesiern, Polynesiern, Algonkin, Maidu, Chibcha und Maipuri. In einigen Fällen, beispielsweise bei den Litauern, die im Schiffsbau keine Erfahrung hatten, brachten die Götter selbst Schiffe, hier als „Kasten" bezeichnet, dort als „Nußschale", vom Himmel herab, während die Küstenbewohner sich ihrer Boote bedienen sollten[366].

Bei den Taraskern in Mexiko war es der Priester Tespi, der rechtzeitig ein großes, seetüchtiges Schiff zu zimmern begann, um seine Angehörigen, deren Freunde sowie einige Haustiere vor der Vernichtung zur retten[42].

Dem Manu Satyavara, der auch Vaivasvrata hieß, wurde, weil er den als Fisch verkörperten Vishnu einst gerettet hatte, von diesem geboten: „Ein festes, mit Tauen versehenes Schiff sollst du bauen und mit den sieben Sehern besteigen. Und Samen aller Art, wie sie von den Zweimalgeborenen einst erwähnt worden sind, magst du, jeden für sich, auf das Schiff bringen lassen[369]." So wird es im Mahabharata erzählt. Dem Matsyapurana zufolge bauten aber die Götter selbst das Schiff Devanavam, welches sie der Führung des Manu anvertrauten[324].

Auch bei den Samojeden, Wogulen und Ostjaken findet man gleichlautende Überlieferungen. „Die Ähnlichkeit mit der biblischen Überlieferung ist derart frappierend, daß man sich mit Recht fragt, ob es sich hier nicht einfach um eine Übernahme von altjüdischen oder christlichen Vorstellungen handle[35]?" Während nun für den vorderasiatisch-indischen Raum eine solche Möglichkeit nicht auszuschließen ist, beweisen doch gleich- oder ähnlichlautende Aussagen in anderen Erdteilen, die sich obendrein auch noch auf örtliche, nachprüfbare Verhältnisse gründen, daß es sich bei allen Völkern um ein und dasselbe Urerlebnis handeln muß.

Überall auf der Erde war ein Teil der Menschheit eifrig damit beschäftigt, Bunker zu bauen, Stollen zu graben, Schiffe zu zimmern und Vorräte zu sammeln. Zieht man jedoch heutige Verhältnisse zum Vergleich heran, so dürfte die Mehrzahl ihrer Zeitgenossen einem solchen Beginnen mit Spott, Hohn, Feindseligkeit oder auch nur Gleichgültigkeit zugesehen haben. Die Angriffe aus dem Weltenraum steigerten sich von Stunde zu Stunde; die Abwehr der Erdengötter wurde sichtlich schwächer. Es mag sein, daß sie einen Vergeltungsschlag vorbereiteten, doch erfahren wir hierüber nichts. Pausenlos wurden ihre Stützpunkte und Waffenschmieden von den schwarzen oder dunkelroten Maschinen der unteren Welten mit Bomben belegt oder Flammenwerfern angegriffen. Es ist gar nicht so unwahrscheinlich, daß die von Plutarch wiedergegebene Behauptung der Ägypter, die Wüste Sahara sei eine „Aushauchung des Typhon[339]", auf Tatsachen beruht, denn die Götter verfügten, wie wir in den Fällen Sodom und Lanka gesehen haben, über Vernichtungswaffen, die den heutigen Kobaltbomben und Laserstrahlen nicht im geringsten nachstanden.

Es kann kein Zufall sein, daß eben jene Gebiete, von denen überliefert ist, daß die Götter dort Anlagen errichtet hätten – die Wüste Gobi, die Sahara, beide ehemals blühendes Land, Arizona sowie auch die Inselkontinente Atlantis und Rutas Mu – einer mehr oder minder vollständigen Vernichtung anheimfielen. Jählings bricht die endgültige Katastrophe über Erde und Menscheit herein.

Loki zerreißt seine Bande. Er flieht nach der unteren Welt, befreit den Fenrirwolf und auch Garm, den Höllenhund. Vereint mit dem Heer der Riesen zieht er, während die Midgardschlange sich aufbäumt und mit dem Schweife wie rasend um sich schlägt, gegen die Götter Asgards. Fjalar, der „feuerrote Hahn", ein Flugzeug, wenn wir an die Legenden der Thai vom „Sonnenhahn" oder an die dunkelrote Leibesfarbe des Typhon denken, warnt die Asen mit seinem Krähen. Heimdall stößt so mächtig ins Horn, „daß man den Ton auf der ganzen Erde hört". Die Menschen raffen ihre Habe an sich, treiben das Vieh zusammen, versuchen sich in wilder Flucht in die Höhlen oder auf die Schiffe zu retten – Szenen, die uns nicht ganz unbekannt sind.

„Schwarz wird die Sonne; die Sommer drauf; Wetter wüten ... Yggdrasils Stamm steht erzitternd, es rauscht der Baumgreis; der Riese kommt los. Alles erbebt. In der Unterwelt bricht die Bande der Blutsfreund Surts ... Hrym kommt von Osten, er hebt den Schild. Im Riesenzorn rast die Schlange. Sie schlägt die Wellen. Es schreit der Aar, Leichen reißt er. Los kommt Naglfar. Surt kommt von Süden mit sengender Glut. Von der Götter Schwert gleißt die Sonne. Riesinnen fallen; Felsen brechen; zur Hel ziehen Männer. Der Himmel birst ... Der Lande Gürtel gähnt zum Himmel; Gluten sprüht er und Gift speit er. Entgegen geht der Gott dem Wurm ... Die Sonne erlischt, das Land sinkt ins Meer. Vom Himmel stürzen die heiteren Sterne[116]."

Ein Schaudern kommt uns an, wenn wir die Worte der Seherin in uns vertrautere Bilder übertragen: Die Midgardschlange, das ist der Ring von asterischem Trümmergestein, die Überreste des zerplatzten S-Mondes, die, untermischt mit Schwaden todbringender Gase und Wolken von radioaktivem Meteoritenstaub, die Erde mit wachsender Geschwindigkeit umkreisen. Das atmosphärische Gleichgewicht ist weitgehend gestört. Glühendheiße Stürme, todeskalte Blizzards heulen abwechselnd über Länder und Meere hin.

Der interstellare Krieg ist jetzt auf seinem Höhepunkt, eine Ätherschlacht von unerhörten Ausmaßen. Loki fliegt nach Helheim, besetzt jene untere Welt. Das Lied der Seherin läßt den zeitlichen Ablauf der Geschehnisse nicht klar erkennen. Alles ist nur ein wildes Getümmel in dem zwischen der Lichtwelt und dem Urabgrund liegenden Raum, ein turbulentes Chaos mit vorüberhuschenden Gestalten, durch Schlaglichter erhellten Szenen und Episoden, die keinen Zusammenhang erkennen lassen. Odin erliegt dem Fenrirwolf, den Widar, sein Sohn, dann vernichtet; Garm ergreift ihn und sinkt mit ihm hinab in die Finsternis des Urabgrundes. Thor hingegen erscheint – wie Vishnu im Tarakamayakampf – auf dem Höhepunkt der Schlacht, umstrahlt vom Glanz seiner Macht, und wendet sich gegen die Midgardschlange:

„Der Lande Gürtel gähnt zum Himmel, Gluten sprüht er, Gift speit er; entgegen geht der Gott dem Wurm. Der Erde Schirmer (Thor) schlägt ihn voll Zorn." Und gleich wird hier ganz unmißverständlich gesagt, was dieses „Schlagen" bedeutet, welche Folgen es hat: „Weg geht er wankend vom Wurm neun Schritte, der den Kampf nicht floh!"

Warum wohl? Wenn die Midgardschlange ein Ring aus Trümmergestein war, so konnte sie nur durch eine gewaltige Sprengung beseitigt werden. Offenbar ist eine solche Sprengung vorbereitet, deshalb tritt Thor zurück. „Die Menschen müssen Midgard räumen." Das müssen sie, wenn eine solche Sprengung durchgeführt werden soll; sie müssen entweder von der Erde evakuiert werden oder sich in den vorsorglich angelegten Schutzräumen verbergen. Was wäre klarer als das? Und richtig, jetzt erfolgt die Detonation, eine gigantische Sprengung, wie sie selbst uns im Zeitalter der Kernenergie kaum vorstellbar erscheint: „Die Sonne erlischt, das Land sinkt ins Meer; vom Himmel stürzen die heiteren Sterne. Lohe umtost den Lebensernährer Yggdrasil, die Raumrakete. Hohe Hitze steigt himmelan . . ."

Verzweifelt arbeiten die Götter an ihrer Rakete, der die Welten verbindenden Yggdrasil, die unter den Stößen des Sturmes zittert. Nur eine Chance bleibt ihnen: Der Start muß gelingen, ehe die Erde zugrunde geht. Das Raumschiff indes ist alt; zu lange schon ist es außer Betrieb gesetzt. Endlich gelingt es, Yggdrasil startklar zu machen. Alle Mann an Bord! Die erste Stufe wird gezündet. Der alte, rostige Koloß erbebt. Flammen und Rauch spritzen unter seiner Basis hervor. Und nun, mit ohrenbetäubendem Donnern, Brausen und Zischen, während die von ferne zuschauenden Menschen sich zu Boden werfen, ihre Gesichter in den Armen bergen, hebt er sich vom Boden ab, steigt, langsam zunächst, dann immer schneller, zum Himmel auf und entschwindet im Getümmel der Wolken und Meteore[116].

Und dies ist der Augenblick, da, nach Aussage des Chilam Balam, „die große Schlange vom Himmel fällt", ein gewaltiger Planetoid ins Meer schlägt, nahe den Bahama-Inseln, der Augenblick, in dem die Phaiakeninsel Atlantis versinkt und eine monströse Flutwoge rings um den Erdball schäumt. Es ist – hier folgen wir Muck[370] – der 5. Juni des Jahres 8498 v. Chr.

„Niemand wußte, was kommen würde. Ein feuriger Regen fiel, Asche fiel; Felsen und Bäume fielen zu Boden, Bäume und Felsen schlugen gegeneinander. Und die große Schlange wurde vom Himmel gerissen ... Und dann fielen ihre Haut und Stücke ihrer Knochen herab auf die Erde. Und Pfeile trafen Waisen und Greise, Witwer und Witwen, die lebten und doch keine Kraft hatten zu leben. Und sie wurden am sandigen Meeresgestade begraben. Dann kamen die Wasser mit furchtbarem Schwalle. Und mit der großen Schlange fiel der Himmel herunter und das trockene Land versank[99]."

Atlantis nämlich, das Atlan der Tolteken, jener aus sechs großen Inseln bestehende Kontinent, der die Domäne des Poseidon, das Land der Phaiaken und eine der Waffenschmieden und Raumfahrtstationen der Götter gewesen war, und nun, Platon[256] zufolge, „in einer schlimmen Nacht im Abgrunde des Meeres versank."

Im Britischen Museum zu London wird der Kodex Troanus, ein Maya-Buch, aufbewahrt, aus dem Brasseur de Boubourg[356] auszugsweise folgende, von einigen Wissenschaftlern allerdings nicht anerkannte Übersetzung gibt:

„Im sechsten Jahre cans, am elften muluc des Monats zar ereigneten sich furchtbare Erdbeben und dauerten bis zum dreizehnten chuen. Das Land der Lehmhügel Mu und das Land Moud gingen zugrunde. Sie wurden zweimal erschüttert, dann verschwanden sie plötzlich in der Nacht. An vielen Stellen hob und senkte die Erdoberfläche sich beständig infolge der unterirdischen Gewalten, zuletzt vermochte sie deren Druck nicht länger standzuhalten, und viele Länder wurden durch tiefe Risse voneinander getrennt. Die beiden Länder Mu und Moud versanken mit vierundsechzigtausend Menschen im Meer. Dies geschah vor 8060 Jahren."

Die Argumente und Gegenargumente der rund vierzigtausend Bände umfassenden Atlantisliteratur anzuführen, ist hier nicht der Ort. Es genügt, auf Grund der kaum weniger zahlreichen Überlieferungen anzunehmen, daß eine solche universale Katastrophe wirklich stattgefunden habe, und zu überlegen, inwieweit sie zu den Göttern und zum Götterkrieg in Beziehung gestanden haben mag. Außerordentlich glaubwürdig erscheint noch immer die Darstellung Otto H. Mucks, weil sie alle uns bisher bekannt gewordenen Tatsachen auf den verschiedensten Wissensgebieten berücksichtigt. Dieser Atlantologe[370] behauptet, im Jahre 8498 v. Chr. sei ein Planetoid in Nähe der Bahamas ins Meer gestürzt; er habe die an dieser Stelle sehr dünne Erdkruste durchschlagen und damit eine Folge von vulkanischen Eruptionen ausgelöst, die nicht nur zum Untergang von Atlantis führten, sondern auch eine riesige Flutwelle verursachten, die mit zerstörerischer Gewalt rings um den Erdball lief.

Im Kodex Troanus ist aber auch von jenem zweiten Inselkontinent Mu oder Rutas Mu die Rede, der, dicht bewaldet, von schrecklichen Sauriern und affenartigen, menschenfressenden „Riesen", die zu fliegen vermochten, bewohnt, im Stillen Ozean gelegen haben soll. Der Missionar Schirren veröffentlichte schon um die Mitte des vorigen Jahrhunderts eine polynesische Mythe, wonach Tangaroa im Zorn einen riesigen Himmelskörper ins Meer geschleudert, damit ein großes Land zertrümmert und die ganze Erde überschwemmt habe. Nur die Berggipfel seien übriggeblieben und das seien die jetzigen Inseln[211]. Diese Sage stimmt mit Darwins Theorie über die Entstehung der ozeanischen Inselwelt überein. Auf Tahiti wird die Geschichte ähnlich erzählt[49]. Und die Bewohner Hawaiis sprechen von Hina-lii, der „Flut der zornigen Hine", denn diese habe die ganze Erde unter Wasser gesetzt und alle Menschen ertränkt bis auf zwei, die dann in einem Boot auf dem Mauna Kea gelandet seien[152].

Vala, die Seherin, führt uns im Völuspa ein atemberaubendes Bild vor Augen: Surtr, der Feuerriese, zieht brausend aus der Nacht des Universums heran, ein riesiger, rotglühender Himmelskörper, den die

Götter nicht mehr rechtzeitig vernichten können, wie noch den Stern Tistar, den Himmelsstier. So erreicht er die Erde, verursacht die große Flut und schreckliche Feuerstürme. „Die sieben Weltuntergangswolken, aus dem Schweiße Agnis, des Feuergottes der Inder, entstanden, umhüllen die Erde, versetzen die sieben Meere in Aufruhr, so daß sie sich zu einem einzigen vereinigen und alle Länder überschwemmen. Nur wenige Menschen vermögen sich in dem von den Göttern erbauten, durch Manu geführten Schiff Devanavam zu retten[324]."

Dem Kalewala zufolge fällt ein flammender Feuerball aus dem neunten Himmel herab auf die Erde; Männer, Frauen und Kinder verbrennen, Häuser und Vieh, Felder und Wälder; eine Flutwoge ertränkt die Überlebenden und löscht die Glut[41]. Die Tupi in Südamerika behaupten, von Zeit zu Zeit stürze der Mond vom Himmel und werde dann von den Göttern durch einen neuen ersetzt[166] – ein Vorgang, der von Astronomen für möglich gehalten wird, sich aber der Erfahrungswelt eines primitiven Indianers doch eigentlich entziehen dürfte. Und auch die Hurrither und Hethiter wußten noch, „daß der Mond einst vom Himmel gefallen sei[160]".

Mächtige Stöße treffen die Erde; sie wankt und schwankt, Felsen und Bäume werden gegeneinander geschleudert; Risse öffnen sich im Boden; die Sterne tanzen über den Himmel. „Und an jenen Tagen sah Noah die Erde, wie sie sich neigte und wie ihr Verderben nahe war", bekundet das Buch Henoch[55]. Man fragt sich wieso? Befand sich Noah denn nicht an Bord der Arche? Oder war die Arche nicht das, was wir darunter verstehen, sondern ein Raumschiff? Wenig später wird in demselben Werke gesagt, daß „Noah bis zu den Enden der Welt, zur Wohnung seines Großvaters Henoch" ging. Und dieser wiederum war noch vor Eintritt der Katastrophe von den Göttern „entrückt" worden nach Tilmun, dem Paradies, einer anderen Welt. Die Geschichte ist dunkel; doch sagt eine tahitianische Mythe etwas ganz ähnliches aus.

Weitere Gestirne, wie Fackeln lodernd, erscheinen am Himmel. In der Südsee werden drei beobachtet, in Persien eines, in Nordamerika wie auch in China zehn; der Göttin Hsi-ho gehörten jene Sonnen, meinen die Yao[40]. Von Grausen erfaßt, verkriechen die Menschen sich in Bunkern und Höhlen. Feuerstürme fauchen versengend über die Erde hin. Die Luft ist von giftigen Gasen erfüllt. Aber noch immer tobt der verzweifelte Kampf zwischen Donnervögeln und Wolkenschlangen im Himmelsraum. Glühende Steine prasseln herab. Flüssiges Metall tropft vom Himmel. Der Gott I, sagen die Chinesen, habe einige der Sonnen heruntergeschossen. Wieder erzittert die Erde unter einem heftigen Stoß; die Gestirne flitzen über den Himmel. Die Sonne hält inne in ihrem Lauf. Und jetzt, in dieser von betäubenden Donnerschlägen, vom Krachen und Bersten der Berge, vom Sausen glutheißer Orkane erfüllten Finsternis, erhebt sich ein Brausen.

Die Wasser der Tiefe quellen aus den sich öffnenden Spalten. Das Meer schwillt wie eine mächtige Blase. Berghohe Wogen branden über die Tiefländer hin. Küsten versinken, ganze Kontinente – Atlantis, Rutas Mu. Atlantis, so begründet es Muck, weil die Erdkruste sich infolge des Planetoideneinschlags in seiner nächsten Nachbarschaft senkt. Der Untergang von Rutas Mu bewirkte in Südamerika das Gegenteil: Der Festlandsockel der Westküste hob sich. Tiahuanaco, bis dahin Seestadt, an einer mit dem Meere verbundenen Lagune liegend, wurde um drei- bis viertausend Meter emporgetragen. Die ablaufenden Wassermassen hinterließen auf den Mesetas von Peru ebenso ihre Spuren wie am nordamerikanischen Colorado River.

Nun brechen die Feuer aus dem Inneren der Erde hervor, lodern als Riesenfanale durch die Nacht. Vulkane schleudern Massen von Asche und glühender Lava zum Himmel, die, von Stürmen fortgerissen, an anderen Orten der Erde als erstickender, alles Leben vernichtender Schlammregen niedergehen. Unzählige Geschöpfe finden in dieser langen, schrecklichen Nacht den Tod. Es sterben die Mastodonten auf dem „Feld der Riesen“ beim heutigen Bogotá. Es sterben die mächtigen Mammute und Wollnashörner, die soeben noch friedlich in den Kiefernwäldern Sibiriens geäst. Sie werden von den über sie hereinstürzenden Fluten fortgeschwemmt, in Buchten zusammengewirbelt; und ehe sie noch verwesen können, überzieht eisige Kälte diesen Teil der Erde, frieren die Kadaver ein. Der Einschlag des großen Planetoiden hat die Stellung der Erdachse verändert, damit die Lage der Pole. Erst während der letzten anderthalb Jahrhunderte wurden die gefrorenen Körper dieser Tiere wieder vom Eise freigegeben, so frisch, als seien sie soeben erst verendet, in den Mägen noch unverdaute Kiefernnadeln.

Über diese Flut berichtet ein sumerisches Fragment; es wurde 1914 erstmals von Arno Pöbel übersetzt[7]: Vor der Katastrophe habe es fünf Städte in Mesopotamien gegeben – Eridu, Badtibira, Larak, Sippar und Shuruppak. Die Flut sei von den Göttern hervorgerufen worden, um die Menschheit auszutilgen; aber einige Götter, vor allem Enki, habe dieser Entschluß gereut. Deshalb warnten sie Ziusudra; und sie rieten ihm, ein großes Schiff zu bauen. Die Teile, wo über den Bau des Fahrzeuges berichtet wird, sind leider zerstört, dann aber heißt es:

Alle Winde, von ungewöhnlicher Wildheit und Macht,
griffen auf einmal an;
die Flut raste über das Angesicht der Erde.
Nach sieben Tagen, nach sieben Nächten,
in denen die Wasser über das Land geschäumt,
das große Schiff von mächtigen Wogen umhergeworfen,
trat Utu hervor und füllte Himmel und Erde mit Licht.

Dies ist die älteste authentische Aussage über die Flut, die wir kennen. Doch auch bei anderen Völkern, am häufigsten in Amerika, blieb die Einnerung an sie lebendig. Von den athapaskischen Kato hörten wir, daß sie, gleich den Sauk und Odjibwäe, die Flut auf den Krieg der Götter und Titanen zurückführen. Fast allen indianischen Überliefe-rungen nach ist es der höchste Gott, der Weltenherr, der die Flut schickt; warum er das tut, darüber sind die Meinungen geteilt.

Am Tahoe-See ging ebenfalls ein Regen glühenden Metalls nieder. An vielen Stellen barst die Erde unter Donnergetöse. Aus den sich öffnenden Spalten zischten Flammenstrahlen hervor. Heiße Winde fielen von den Bergen her ein, versengten Menschen und Tieren die Lungen. Die Washoe erzählen[218]:

„Jene Fremden, die das riesige Bauwerk auf der Insel errichtet hatten, flüchteten sich in den Turm; unsere Väter aber ließen sie nicht hinein. Hierfür wurden sie vom Großen Geist bestraft, denn aufs neue ließ er die Sierra erbeben, erregte weitere Feuerstürme, und zuletzt sandte er eine große Flut, die alles Land ringsumher, die Insel im Tahoe-See und am Ende sogar den Tempel verschlang." Nur die Kuppel des Turmes habe noch aus den schäumenden Wogen geragt. An diesen letzten Halt geklammert, überlebten einige der Fremden die Katastrophe. „Da aber kam der Große Geist in Gestalt eines riesigen Vogels; er ging auf den tobenden Wassern nieder, ergriff die Überlebenden und schleuderte sie in eine große Höhle am östlichen Ufer des Sees, wo sie vom Wasser eingeschlossen, durch den letzten der großen Brände jedoch, der das Wasser verdampfen ließ, wieder befreit wurden."

Nachdem die in die unteren Welten vertriebenen Götter Krankheit und Tod über Fische, Vögel und Menschen gebracht, schleuderte Tangaroa voll Zorn einen großen Stein auf das Land, das damals im Stillen Ozean lag, und zerbrach es in viele Stücke. So erzählen es die Bewohner Tahitis. Eine schreckliche Überschwemmung war die Folge. Gewaltige Winde rissen alle Steine und Bäume zum Himmel empor, Menschen, Tiere, Boote, Hütten. Nur ein Mann und eine Frau blieben übrig. Von allen Tieren auf der Insel nahmen sie je ein Paar; doch nicht auf den Berg Orofena flohen sie, der war auch überschwemmt, sondern nach einem Orte Pito-hiti, der sich nicht auf dieser Erde befand. Als der Wind nachließ, fielen Bäume und Steine wieder hinunter. Auch das Menschenpaar kehrte auf die Erde zurück, baute eine unterirdische Wohnung, in der es Schutz vor Feuer und Wasserflut fand; und hier gebar die Frau Kinder und bevölkerte so die Insel von neuem[49]. Pito heißt Nabel, hiti aber Aufgang, das ganze Wort bedeutet demnach „Aufgang zum Nabel". Und was war dieser Nabel? Ein künstlicher Mond? Eine Raumstation? Hier, so scheint es, wird ein ähnlicher Vorgang beschrieben wie im Buche Henoch die Fahrt Noahs zum Ende der Welt.

Die Menschen, die sich in den Luftschutzkellern von Tiahuanaco geborgen wähnten, erlebten es, soweit sie nicht schon zuvor durch giftige Gase umgekommen waren, daß sich das Land und mit ihm die Tempelstadt höher und höher zum Himmel erhoben. Die Meeresbucht mit ihren Hafenanlagen und Schiffen wurde unter brausenden Riesenwogen begraben. Säulen und Mauern, für die Ewigkeit gefügt, wankten, zerbarsten; die steinernen Götterbilder stürzten von ihren Postamenten. Wie Papier faltete sich das Land zusammen; aus Hügeln wurden hochragende Berge, abgrundtiefe Schluchten aus den Tälern. Und als sich die Wasser verlaufen hatten, da war aus der Meeresbucht ein See geworden.

In verzweifelter Hast kletterten geängstigte Menschen die Hänge hinan, geblendet vom Schlammregen, von der Asche, die der tobende Sturm ihnen in die Gesichter schleuderte – Männer, beladen mit Hausrat, mit Nahrungsmitteln, Mütter, Kinder auf den Armen oder sie an den Händen mit sich zerrend, Greise, Kranke, halbwüchsige Knaben, jeder tragend, was ihm von seiner Habe das liebste war. Mit versagenden Kräften, in der heißen Luft um Atem ringend, einander helfend oder niedertretend, so schleppten sie sich aufwärts, gefolgt vom Brüllen der Brandung, umtost von bald eisigen, bald glühenden Winden, von Regen und Hagel gepeitscht, und über sich den von

Blitzen durchzuckten, vom Widerschein der Vulkane in düsterem Rot erglühenden Himmel, der von krachenden, klirrenden Donnerschlägen widerhallt und flammende Meteoriten zur Erde schickt.

In Guyana führte Sigoo, der gute Gott der Aruaken, nicht nur die Menschen, sondern auch Vieh aller Art auf einen hohen Berg, wo sie die Zeit der Finsternis, der Stürme und Überschwemmungen einigermaßen glücklich überstanden[42]. Vor der Katastrophe haben im Lande Kélátan auf der malaiischen Halbinsel achtzehnhundert Menschen gelebt. Eines Tages, als sie ein Fest feierten, brach die Flut über das Land herein und alle, die in den Ebenen wohnten, wurden ertränkt. Nur einige Dienstleute, die in die Berge geschickt worden waren, um Holz zu holen, entgingen dem Tod. Sonne, Mond, alle Gestirne am Himmel verschwanden hinter Massen schwarzen Gewölks. Und als das Licht endlich wiederkehrte, da gab es kein Land mehr, sondern nur einen weiten Ozean, dessen Fluten die Häuser und Tempel der Menschen bedeckten[371].

Die Theorie Otto H. Mucks[370], es habe sich bei dieser Katastrophe um einen oder um mehrere Planetoideneinschläge gehandelt, wird nicht nur durch die Mythen bestätigt, sondern auch von manchen Geologen geteilt. Der Vorgang als solcher bietet nichts Ungewöhnliches. Tatsächlich ist unser Planet ja häufiger von Meteoriten getroffen worden. Bekannt ist der gewaltige, 1200 Meter breite und 174 Meter tiefe Meteoritenkrater im Cannon Diablo von Arizona. Am 12. Februar 1947 ging, wie schon im Juni 1808, in Sibirien am Sichota Alin Gebirge, nordostwärts von Wladiwostok, ein Meteorit nieder, der eine bewaldete Fläche von dreizehn Quadratkilometern verheerte und bis zur Stunde durch seine Begleitumstände und seine Radioaktivität die Wissenschaft vor Rätsel stellt.

Um vieles rätselhafter, ja, nachgerade unheimlich, mutet die Behauptung der Mythen an, die Katastrophe sei von den Göttern absichtlich herbeigeführt worden. Auf jeden Fall wurde sie lange vorhergesagt, und Maßnahmen wurden getroffen, die beweisen, daß man sich über den Charakter des drohenden Ereignisses und über dessen Folgen – Flutwelle, Feuersturm, Verlagerung der Erdachse – durchaus im klaren war. Im Papyrus Harris, im Payrus Ipuwer sowie auch im Papyrus Eremitage, den das Museum in Leningrad aufbewahrt, wird ebenso wie in Platons Dialog Politeia ausgesagt, die Erdpole seien vertauscht, die Bahn der Erde umgekehrt worden. Im Kalewala heißt es, die Erde habe einen Stoß erhalten, wodurch das

Unterste zuoberst gekehrt worden und danach ein Weltbrand ausgebrochen sei, der einen großen Teil der Menschheit vernichtet habe[41].

In seinem Kritias Dialog schreibt Platon[256] den Zorn der Götter dem Umstand zu, daß die Bewohner von Atlantis sich der „schwarzen Magie“ ergeben, also vermutlich Chemie betrieben hätten, was angesichts der allgemeinen Kriegslage, so wie auch der Ullikummi, als tödliche Bedrohung aufgefaßt worden sein und so den entscheidenden Schlag veranlaßt haben mag. Die Azteken erzählen nämlich, der Riese Chelua habe auf dem heiligen Berg des Wassergottes Tlaloc eine Pyramide gebaut und auf ihr einen hohen „Turm“ errichtet, mit dessen Hilfe er den Himmel habe stürmen wollen. Dies erinnert sowohl an jenes Bauwerk im Tahoe-See als auch an den Ullikummi und an dessen Bestimmung. Die Belagerer der Erde müssen derartige Unternehmungen für äußerst bedrohlich gehalten haben, denn „sie zerstörten das Bauwerk durch einen riesigen Donnerkeil, die Reste aber durch einen einer Kröte ähnelnden Stein[42].“

So, wie der angebliche Meteorit des Jahres 1947 in Sibirien, waren die Einschläge der kosmischen Geschosse auch damals von radioaktiven Stahlungen begleitet. Die meisten Erdenbewohner begriffen wohl kaum, was um sie her und mit ihnen geschah; sie erfaßten die Zusammenhänge nicht.

Solange es keine Flugzeuge gab, war der Gedanke, die Götter hätten zu fliegen vermocht, unvorstellbar. Solange es keine Raumfahrt gab, galt die Idee, ein Verkehr zwischen den Gestirnen sei möglich, als Utopie. Solange die Kernspaltung nicht entdeckt worden war, ließen sich Überlieferungen, wie die von Sodom und Gomorrha oder vom Affenkrieg gegen Lanka, nicht erklären. Solange es den Laserstrahl nicht gab, wußte kein Leser des Vishnupurana, was unter dem „Strahl aus Shivas drittem Auge“ zu verstehen sei. Die heutige Menschheit hingegen ist nahe daran, die Taten und Untaten der Götter nachzuvollziehen, vielleicht gar zu übertreffen. Gegenwärtig bereitet es Wissenschaftlern und Technikern keinerlei Schwierigkeiten mehr, einen Himmelskörper unbewohnbar zu machen oder ihn in Staub zu verwandeln.

„Gebt mir einen festen Punkt im All und ich werde die Erde aus den Angeln heben“, dieser Wunsch des Archimedes scheint mit der Mondlandung in Erfüllung gegangen zu sein. Damit ziehen aber auch neue Gefahren noch kaum vorstellbaren Ausmaßes für die Erde und ihre Bewohner herauf. Der Weltraum ist mit Trümmern aller Größen angefüllt. Allein 2500 solcher Himmelskörper, größere und kleinere, wurden in dem Gebiet zwischen Jupiter und Mars gezählt. Einige von ihnen gelangen auf ihren Bahnen in unmittelbare Nähe der Erde, unter ihnen die Planetoiden Ceres und Pallas, von denen der erstere einen Durchmesser von dreihundert Kilometern hat. In Ost und West werden heute bereits Pläne geschmiedet, die es im Kriegsfalle ermöglichen sollen, einen solchen Planetoiden anzufliegen, ihn mit Hilfe eines Raketenofens auf eine von Computern errechnete Bahn und somit gegen jedes gewünschte Ziel auf der Erde zu lenken. Was würden die Folgen sein? Nichts anderes als das, was – nach Muck – im Jahre 8498 v. Chr. geschah.

Unzählige Menschen mögen ihr Heil damals auf dem Meer gesucht haben. Obwohl die Berichte über solche Rettungen häufig sind, werden sehr viele Schiffe untergegangen sein; wir wissen ja nur von jenen, die glücklich irgendwo landeten.

Im Jahre 1880 war dieses Schiff Gegenstand der Nachforschungen durch eine türkische Gelehrtenkommission. Die Bevölkerung an den Küsten des Schwarzen Meeres und rings um den Van-See herum weiß über die Arche manches zu erzählen; sie wird sogar in einigen modernen Reiseführern erwähnt[372]. Und an der Straße vom Van-See nach Tuzluca soll sogar ein Schild mit der Aufschrift „Zur Arche Noah" stehen. In der *Chicago Tribune* vom 10. August 1883 erschien eine genaue Beschreibung ihres Liegeplatzes und Zustandes. Im Mai 1947 brachte das Londoner Magazin *The modern mystic and monthly Science Review* den Bericht des russischen Offiziers Wladimir Roskowitzky, der im August 1916 bei einem Fluge über den Ararat das Wrack am Rande eines Gletschers gesichtet haben will. Von *Radio Moskau* wurde dann im August desselben Jahres die Reportage eines russischen Forscherteams gesendet, das eine sorgfältige Untersuchung der Arche durchgeführt habe. Nun meldete im August 1969 die Presse[373], eine von archäologischen Forschungsgesellschaften aus Washington und Ankara organisierte Expedition unter Leitung von Erry Crawford habe neue Hinweise auf den Liegeplatz der Arche entdeckt. Ein anderes, von dem dreiundsiebzigjährigen Amerikaner John Libi geführtes Forscherteam mußte seine Untersuchungen vor kurzem schlechten Wetters wegen vorzeitig abbrechen. Es ist jedoch nahezu sicher, daß wirklich ein Wrack auf dem Ararat liegt, nur eben nicht, ob es sich bei dem Schiff um die Arche Noah handelt.

Eine andere Arche wurde von dem Erdölgeologen Dr. Bender auf dem Djebel Al Judhi in 1200 Meter Höhe unter einer Schicht von Schwemmsand entdeckt, die Quarzstäubchen enthält und demgemäß aus dem Meere stammt. Eine Anzahl weiterer Schiffe oder Schiffsreste fand man in den Hochgebirgsregionen beider Amerika. Dies allein schon müßte die Überlieferungen von der großen Flut bestätigen, wenn man nicht annehmen will, die Menschen der Urzeit hätten Planken, Spanten und Handwerkszeug auf die eisbedeckten Gipfel des Ararat, der Rocky Mountains oder der Kordilleren hinaufgeschleppt, um dort oben zu unbegreiflichen Zwecken Schiffe zu bauen.

Das Schiff Devanavam des Manu Satyavrata wurde, nachdem es lange Zeit bei Sturm und Finsternis von turmhohen Wogen steuerlos umhergeworfen worden war, von Vishnus „goldenem Fisch mit dem Horn" in Schlepp genommen, dicht unter Land gebracht und zuletzt an einem der höchsten, noch aus dem Wasser ragenden Gipfel des Himalaja festgemacht, der aus diesem Grunde noch heute „Berg der Schiffsbindung" heißt[369].

Berge, auf denen nach der Flut Archen gelandet sein sollen, findet man überall auf der Erde. Am bekanntesten sind in Indien der Naubandhanam, bei den Leptschta der Tendung, bei den Mincopi der Wolaemi, bei den Binnas der Lulumut, auf Ceram der Nusaku; bei den Griechen sind es Parnaß, Othrys und Athos; bei den Fidschi-Insulanern nennt man als solchen den Mbengge, bei den Gesellschafts-Insulanern die Insel Taorama, bei den Loucheux den Tschaneguta, bei den Clallam den „Befestiger" in der Olympic Range, bei den Puyallop die Cascade Range, bei den Mattoal den Taylors Peak, in Mexiko den Pic de Colhuatan, in Peru den Ancasmarca, bei den Araukanern den Thegtheg und am Orinoko den Tamanaku[374].

Die Zeitangaben über die Dauer der Flut weichen allerdings beträchtlich voneinander ab. Nach Meinung der Odjibwäe währte sie alles in allem nur fünf Tage. Die Sumerer zählten sechs. In der Genesis ist von sieben Tagen die Rede, während die ältere jüdische Überlieferung den Elohisten zufolge hundertundfünfzig Tage nennt. Der Verfasser des Buches Henoch behauptet, die Flut habe ein volles Jahr gedauert, und der mexikanische Kodex Chimal Popoca weiß sogar von zweiundfünfzig Jahren, womit aber wohl die ganze schlimme Endphase gemeint sein mag[366].

Genug, der Kampf der Götter und Titanen im Weltenraum endete mit diesem Furioso, aber auch ihre Herrschaft auf Erden. Die

Himmelsschlange ist herabgefallen. Die Wolkenmassen verziehen sich; allmählich bricht das Sonnenlicht durch. Schlamm- und Ascheschichten bedecken das Land, doch schon beginnt es da und dort wieder zu grünen. Zaghaft kommen die Überlebenden aus ihren Verstecken hervor oder werden von den Göttern auf die Erde zurückgebracht. Aber wie hat sich das Gesicht unseres Planeten verändert, ebenso auch das Bild des Himmels, denn einige der dem Menschenauge so wohlvertrauten Gestirne sind verschwunden. Und nun verlassen auch Götter und Titanen ihr Wirkungsfeld.

Die „Erzväter" der Maya, Balam Quitzé, der Erzeuger, Balam Acab, Mahucutáh und Iqui Balám, nahmen Abschied von ihrem Volk: „Zu den Unsrigen kehren wir zurück. Schon erscheint Unser-Herrscher-Hirsch; am Himmel steht er. Heimkehren werden wir, unser Werk ist getan, unsere Tage haben sich erfüllt, gehen müssen wir. Haltet uns im Gedächtnis, vergeßt uns nicht. Suchet, wo ihr eure Hütten baut, sucht euch eine Bergheimat. Aber dann werdet ihr noch einmal das Land unserer Herkunft sehen!" Das war ihr Abschied. Über die Höhen des Berges Hacavitz entschwanden sie[17].

Quetzalcoatl steigt an einem unbekannten Ort der Küste Yucatans unter Rauch und Feuer zum Himmel und fliegt der aufgehenden Sonne entgegen. Huiracotsa, nachdem er Feuer und Felsen auf die wilden Bewohner Perus hatte fallen lassen, breitete, am Ufer des Stillen Ozeans angelangt, seinen Mantel aus und flog nach Westen über das Meer davon. Loki ist von Heimdall erschlagen worden; Heimdall selbst ist gefallen. Odin, schwer verwundet, wurde vom „Höllenhund" Garm in eine der unteren Welten entführt, Herakles im „goldenen Wagen" des Zeus unter Blitz und Donner in einer Wolke zum Himmel geholt. Aber sie alle verließen die Erde nicht ohne das Versprechen, dereinst wiederzukehren.

Im Chilam Balam lesen wir: „Und dann fielen die Haut und Stücke der Knochen von der Großen Schlange hier auf die Erde. Und dann verbargen sich ihre (der neun Himmelsgötter) Herzen, weil die dreizehn Götter (der Erde) ihr Herz und ihren Samen nicht zu verlassen wünschten . . . Dann zerstörten die vier Götter, die vier Bacab, alles. Und da nun die Vernichtung vollendet war, siedelten sie an jenen Stellen die gelben Männer an.

Und der erste weiße Baum erhob sich im Norden, und ein weißbrüstiger Vogel saß darauf. Und ein Regenbogen erschien als Zeichen der Zerstörung dort unten. Als der erste weiße Baum sich erhob, erhob sich auch der erste schwarze Baum, und auf ihm saß ein schwarzbrüstiger Vogel. Und der erste gelbe Baum erhob sich, und als Zeichen der Zerstörung dort unten saß auf ihm ein gelbbrüstiger Vogel. Und die Schritte der gelben Männer, jener, die gelb erscheinen, wurden gehört[99]."

Die Götter, nachdem sie alle ihre Anlagen, durch Atombomben vermutlich vom Flugzeug aus, zerstört hatten, entschwanden in jene Himmelsweiten, aus denen sie einst hervorgetreten waren, um aus der Erde ein Paradies zu machen. Noch einmal zeichneten ihre Raumschiffe, als sie sich zum Himmel erhoben, den „Weg der Götter", die Bifröst- oder Cinvadbrücke, als leuchtenden Regenbogen in das Ätherblau. Dann war der Mensch allein. Sich selbst überlassen, blieb er auf der verwüsteten Erde zurück, die von nun an sein eigen sein sollte.

Als die Arche auf dem Gipfel des Ararat gestrandet war und die Wasser sich verlaufen hatten, da – so kündet die alte Mythe – wurden Utnapishtim, sein Weib und seine Kinder sowie auch der namentlich nicht genannte Kapitän des Schiffes durch Boten des Weltenherrn in den Himmel entrückt. Die Zurückbleibenden vernahmen eine Stimme aus der Höhe, die rief: „Bleibt gut und fromm. Kehrt heim nach Babylon und grabt die verlorenen Gesetzestafeln aus dem Schlamm!"

Im Gilgamesh Epos wird erzählt, nachdem der Gott Ea dem Weltenherren Enlil bittere Vorwürfe wegen der Sintflut gemacht, „da hat Enlil das Schiff bestiegen, meine Hand gefaßt, mich einsteigen lassen, lassen einsteigen und knien mein Weib neben mir. Hat berührt unsere Stirnen, zwischen uns stehend, uns segnend: ‚Ein Menschenkind war zuvor Utnapishtim; uns Göttern gleiche fortan Utnapishtim und sein Weib. Wohnen soll Utnapishtim fern an der Ströme Mündung!' Da nahmen sie mich und ließen mich fern an der Ströme Mündung wohnen[112]."

Wir haben festgestellt, daß dem mythischen Weltbild zufolge die „Insel Tilmun, fern an der Ströme Mündung", durchaus nicht eine der Bahrein-Inseln vor der Euphrat- und Tigrismündung im Persischen Golf gewesen ist, wie einige Philologen meinen, sondern eines der freundlichen Gestirne des lichten Bezirks nahe dem Zentrum der Galaxis, wo ja tatsächlich auch die großen „Ströme des Universums" münden sollen. Ein Aufenthalt auf den Bahrein-Inseln wäre in der Tat eine schlechte Vergütung für Utnapishtims hingebungsvolle Treue gewesen, denn damals sahen sie nicht anders aus als heute auch; und welche Art Glück wäre es wohl, auf jenen einsamen, kahlen, sonnendurchglühten Klippen das „ewige Leben“ zu genießen? Aber im Buche Henoch ist ja unmißverständlich gesagt, wohin Noah, denn das ist Utnapishtim, von den Göttern entrückt wurde.

Dem Menschenwesen blieb eine verwüstete, aber fruchtbare Erde; ihm blieben die Erinnerungen an Dinge, die es nun neu zu erforschen und zu erfinden galt; ihm blieben auch die Erinnerungen an ein „Goldenes Zeitalter“ des Friedens, der Gerechtigkeit, der Lebensfreude, und es war nun an ihm, ein solches Zeitalter wiederum heraufzuführen; als größter Schatz blieb ihm die Kraft des Hoffens. Und Hoffnung durchklingt auch im Völuspa[116] das Lied, mit dem die Seherin versöhnlich und tröstend endet:

Wieder werden die wundersamen
goldenen Tafeln im Grase sich finden,
die vor Urtagen ihr eigen waren.
Unbesät werden Äcker tragen;
böses wird besser; Baldr kehrt heim;
Hödur und Baldr hausen in Walhall
froh, – und die Walgötter . . .
Wißt ihr noch mehr?

Die siebente Tafel

Nehmen wir Abschied von den Göttern ...

„Sind wir selbst Wesen von dieser Erde oder – sind wir von woanders hergekommen?“ fragte sich der amerikanische Biologe Loren Eisely erstaunt angesichts der fremdartigen Erscheinung des Menschen inmitten der irdischen Natur. Die Mythen geben eine – allerdings verschlüsselte – Antwort darauf. Nimmt man sie als das, was sie sind, als verblaßte Erinnerungen an einen realen Sachverhalt, so wird gar manches im Wesen und im Verhalten des Menschen klar, was sonst als unlösbares Rätsel erscheinen muß.

Nach der Flut sank die Menschheit zunächst in einen Zustand äußerster Primitivität zurück. Die Götter waren verschwunden, die „goldenen Tafeln“, die ihre sittlichen, sozialen und religiösen Grundsätze enthielten, verloren. Der Mensch machte sich daran, wie es im Gilgamesh Epos sinnbildlich ausgedrückt ist, „die goldenen Tafeln aus dem Schlamm zu graben.“ Ihrer sieben sollten es sein. Das Bild drückt nichts anderes aus als daß ihm nun aufgetragen war, aus eigener Kraft all das zu erringen, was ihm einst als Geschenk von den Göttern zugekommen. Seiner Einsicht blieb es überlassen, ob aus der Erde eine Hölle werde oder ein Paradies.

Es scheint, als habe ihm diese gefährliche Freiheit der Entscheidung nur wenig zugesagt, denn stets, wenn die Lage schwierig wurde, richtete er den Blick zum Himmel, hoffte auf die Wiederkunft der Götter, auf ihre Hilfe, auf ihren Rat. Aber die Götter schwiegen. Betrachtet man das Entstehen und Wachsen der großen Religionen, so fällt dabei auf, daß ihre Glaubenselemente im Kern die gleichen sind. Dies mag zu der Überzeugung führen, es könnte ursprünglich nur einen Glauben gegeben haben oder besser: ein begründetes Wissen, von dem die späteren Religionssysteme nur jeweils individuell abgewandelte Ausdrucksformen sind. Verhält es sich so, dann müssen alle Glaubenskämpfe und Religionskriege, die Hekatomben von Opfern forderten, völlig sinnlos gewesen sein. Im Besitz der absoluten Wahrheit ist kein Sterblicher.

Ähnlich steht es um die Kulturen, um ihre Denkmodelle und Lebensformen. Im Grunde stellen sie mehr oder minder mißglückte Experimente dar, deren Ausgangspunkt das nur fragmentarisch überlieferte Wissen der Götter ist. Wir haben gehört, daß die Sumerer mit ihren religiösen Vorstellungen und sozialen Einrichtungen, mit ihrem reichen Mythenschatz den Grund für alle späteren mittelmeerisch-vorderasiatischen Kulturen legten, daher auch heute noch unser Denken weitgehend mitbestimmen. Aber auch sie waren nicht die ersten gewesen. Als sie um etwa 4000 v. Chr. historisch aktenkundig wurden, lagen an die sechstausend Jahre eigenständiger Entwicklung hinter ihnen, sechs Jahrtausende, während derer sicherlich vieles vergessen, manches umgewandelt und einiges an Kulturbesitz neu hinzuerworben worden war. Ein Gleiches läßt sich über Ägypter, Thai, Tolteken und Maya sagen.

Rätselhaft ist die Tatsache, daß alle bedeutenderen Kulturelemente, materielle sowohl als auch geistige, uns bei ihrem Erscheinen im Lichtkegel der Geschichte voll ausgebildet vor die Augen treten. Niemand hat – wie Wilhelm von Humboldt[123] feststellte – bisher eine Sprache im Prozeß ihres Entstehens überrascht. Im Gegenteil, bei den ältesten Sprachen, beim Sanskrit etwa, läßt sich eher die Tendenz zum Verfall beobachten. Wo und unter welchen Bedingungen könnten sie sich zu der uns bekannten Höhe herangebildet haben?

Wir wissen heute, daß die Schrift nicht von den Sumerern erfunden wurde, obwohl diese Behauptung noch immer zu lesen ist. Auch dürfte der mit so schöner Gewißheit dargestellte Werdegang von der Bilderschrift über die Keilschrift zur Linearschrift durchaus hypothetisch sein. Es scheint sich hierbei um einen parallelen Prozeß im Bereich menschlicher Kulturentwicklungen zu handeln, der sich an uns unbekannten Vorbildern orientierte.

Da in diesem Buch nur wiedergegeben wird, was die Mythen über Sachverhalte und Geschehnisse in einer noch nebelhaften Vergangenheit aussagen, hingegen aber nicht behauptet werden soll, es habe sich so und nicht anders zugetragen, erinnern wir an die Tatsache, daß ursprünglich Buchstaben und Bild- oder Schriftzeichen ausnahmslos allen Völkern als „heilig" galten und nur den Priestern verständlich gewesen sind. Jener Auffassung nach kam auch die Schrift „von den Sternen".

Nicht anders die Architektur. Zunächst wirkt der in baugeschichtlichen Werken über Ägypten dargestellte Entwicklungsgang vom

Grabhügel über die Mastaba zur Stufenpyramide außerordentlich einleuchtend. Wir haben jedoch erkannt, daß der eigentliche Sinn der Pyramiden und Stufentürme nicht der von Mausoleen oder Denkmälern gewesen ist. Alle Vorstellungen, die spätzeitlicheren Bauten zugrunde liegen, waren beim Erscheinen der Ägypter in der Geschichte bereits voll ausgereift. Wo und wann könnte das geschehen sein? Im Laufe der historisch überschaubaren Zeiten wurden die Urbilder zwar mehr und mehr verfeinert, doch ging ihr einstiger Sinngehalt dabei verloren; sie wurden zur leeren Schale. Neue, originelle Ideen kamen nicht hinzu. So steht denn die ägyptische Architektur dreier Jahrtausende, als Ganzes genommen, ebenso isoliert in der Zeit wie jene rätselhaften kyklopischen Bauten, deren Ursprung uns unbekannt ist.

Was immer man im einzelnen von mythischen Überlieferungen halten mag, sie vermitteln jedenfalls den Eindruck, daß über der Herkunft des Menschen und seinen frühen Schicksalen ein Geheimnis liegt, das es zu entschleiern gilt. Wir leben in einer Zeit, die den Menschen in allen Bereichen des Lebens neue Wege suchen läßt, zu neuen Ufern treibt. Er gibt sich nicht länger zufrieden mit dem, was über Jahrtausende hin als unerschütterliche Wahrheit galt. Wiederholt sich hier, was mit dem alten Bild vom „Baum der Erkenntnis" ausgesagt ist?

Nicht wenige Zeitgenossen halten den Griff nach den Sternen für frevelhaft. Andere meinen, die Raumfahrt sei sinnlos, solange der Mensch seine Angelegenheiten auf dieser Erde nicht befriedigend geregelt habe. Wieder andere wähnen sich auf Grund der heutigen wissenschaftlichen oder technischen Errungenschaften „den Göttern gleich". Die meisten dieser Ansichten beruhen, hier wie dort, auf Vorurteilen, Irrtümern oder auf Unkenntnis. Das Versagen der Götter und ihr Untergang wurde von den Germanen einem „Mißbrauch der Wissenschaften" zugeschrieben. Fast scheint es so, als hätten die Götter sich in einer gleichen Lage befunden wie die Menschheit jetzt; ihre Erfindungen sind schneller gewachsen als sie selbst. Wenn der Mensch nicht rechtzeitig zur Erkenntnis seiner selbst und seiner Möglichkeiten gelangt, wird sich das Geschick der Götter an ihm wiederholen.

Aus den Mythen formt sich ein universales Bild, ein Kosmos, der eine Ganzheit ist, gehorsam unveränderlichen Gesetzen, in ihm eine Vielzahl mit Menschenwesen besiedelter Welten, manche darunter mit hochentwickelten Kulturen, andere öde und leer, jedoch entwicklungsfähig, künftige Heimstätten für Bevölkerungsüberschüsse. Was aber wäre unsere Erde dann anderes als ein Vorposten, eine entlegene Insel am Rande der dichter bevölkerten Galaxis?

Verhielte es sich in Wahrheit so, dann dürfte unser Kulturniveau tief unter dem jener anderen Welten liegen. Obschon sich ein Fortschritt der menschlichen Entwicklung innerhalb der letzten Jahrtausende nicht leugnen läßt, ist er doch höchst einseitig auf Naturwissenschaften und Technik beschränkt geblieben. Während Raumschiffe nach fernen Gestirnen starten, Kernreaktoren gigantische Kräfte der Menschheit nutzbar machen, denken nicht wenige unter uns noch in den Kategorien von Troglodyten. Ein Blick in die Tagespresse muß jeden, der nachdenkt, davon überzeugen.

Staatsführer, die sich für Realisten halten, bilden sich ein, daß militärische Machtentfaltung den Frieden und die Zukunft ihrer Völker sichere. Industrielle rechnen nach wie vor mit „Menschenmaterial", „Produktionsausstoß" und mit „Absatzgebieten". Wirtschaftler denken und handeln nach den Prinzipien des persönlichen, bestenfalls völkischen Eigennutzes. In einer Zeit, da die Völker der Erde durch zahllose Beziehungen aller Art verbunden, durch Funk, Fernsehen, Presse, Verkehr in stetem Austausch miteinander begriffen sind, muß solche Selbstsucht anachronistisch erscheinen.

Nach falschen Grundsätzen denkend und handelnd, hat die „zivilisierte" Menschheit während der letzten drei Jahrtausende das Kapital, das unser Planet und seine Bewohner darstellten, sinnlos vergeudet. Viele Tierarten sind aus Gewinnsucht ausgerottet worden, zahlreiche Pflanzenarten verschwunden, die Bodenschätze nahezu erschöpft, das Erdreich ausgelaugt und verwüstet, die Atmosphäre mit Giften gesättigt, die Gewässer verschmutzt. Einer Vielzahl von Menschen, die in den Stahl- und Betonwüsten der großen Städte ein unnatürliches Leben führen, verstrickt in tausend Abhängigkeiten, ist die ihnen von der Natur ins Herz gelegte Daseinsfreude gründlich abhanden gekommen. Kurz, das Ergebnis jahrtausendelanger Mühen rechtfertigt diese nicht; der Preis war zu hoch.

Fortschritt ist, was dem Menschen dient. Auf diese einfache Formel lassen sich alle einschlägigen Probleme bringen. Was ihm jedoch dient, darüber gehen die Meinungen auseinander. Zunächst einmal müßte man den Menschen in seinem Wesen zu erkennen, seine Vergangenheit zu erhellen suchen. Man müßte herausfinden, was es mit seiner „Himmelssehnsucht“, mit seinen religiösen Vorstellungen, seinen Träumen, seinen unterschwelligen Wünschen auf sich hat, die Grundlagen seiner geistig-seelischen Existenz erforschen, denn in ihnen scheint die wahre Ursache aller Krisen, Kriege, Revolutionen, der Summe des Fehlverhaltens zu liegen. Bisher ist dies nicht geschehen. Nach wie vor bleibt man, wie nach stillschweigender Übereinkunft, im alten Geleise, beruft sich auf die alten Doktrinen, benutzt die alten Vokabeln, so daß die meisten Revolutionen gar nicht verdienen, als solche bezeichnet zu werden, – und dies, obwohl es zumindest seit der Jahrhundertwende klar vor aller Augen liegt, daß auf diesem Wege „der Mensch am Ende seiner Möglichkeiten“ angelangt ist. Daß sich heranwachsende Generationen mit diesem Status quo nicht zufrieden geben, dürfte begreiflich sein.

Nach dem Verschwinden seiner Lehrmeister, der Götter, auf sich selbst gestellt, hat der Mensch Tafel um Tafel aus dem Sand gegraben. Er hat sich Gesetze – wie etwa die des Hammurabi, des Zoroaster, des Solon, des Asoka[375] – geschaffen, die alle Möglichkeiten zu einer großartigen Entwicklung in sich bargen. Er hat fleißig den Acker bearbeitet und das Brot heilig gehalten, hat es als das betrachtet, was es ist, als Grundlage seiner Existenz. Germanen, Delawaren und Sibirier wußten noch um die Bedeutung der Wälder für das menschliche Leben; sie pflegten sich bei dem Baume zu entschuldigen, den sie fällen wollten. Mit Ehrfurcht erkannten alte Völker im Wasser ein lebenswichtiges, köstliches Gut. Durch die Götter belehrt, empfanden sie Blutvergießen als Schuld.

Nach den Richtlinien, die ihnen auf den „goldenen Tafeln“ gegeben waren, achteten sie die Persönlichkeit, die Freiheit und das Eigentum des anderen. Man darf sagen, daß diese Grundsätze bei bäuerlichen Bevölkerungen, die der Natur und ihren Gesetzen näher sind, Geltung behalten haben bis in jüngste Zeit. In den Städten hingegen wurden sie bald pervertiert. Was wir heute Sozialismus nennen, ist im Grunde nichts anderes als die unzulängliche, durch Theorien und politische Doktrinen beeinträchtigte Wiederentdeckung uralter Formeln menschlichen Gemeinschaftslebens.

Ähnliche Entwicklungen machten manche Religionen durch. Der Sinn einer religiösen Lehre kann nur die Veredelung des inneren Menschen sein. Hier hätte der Mensch nicht nur den Göttern gleich werden, er hätte sie übertreffen können. Bald jedoch wurde dieser ihr eigentlicher Sinn vergessen, in Ägypten zum Beispiel, denn dort betete man die Götter an, die zu ihren Lebzeiten niemals „heilig" gewesen waren, anstatt ihrer Lehre zu folgen, und am Ende nicht nur die Götter selbst, sondern alles, was sie einst mit Tabu belegt hatten, die Tiere, vor allem die Kühe als Symbole des Lebens. Die große Lehre vom Weltgeist, vom kosmischen Gesetz, geriet in Vergessenheit. Man verwechselte den Sinngehalt der Religion mit ihren Formen, und dabei ist es geblieben. Kein Zufall also, wenn amerikanische Soziologen vor kurzem erst feststellen mußten, daß die frömmsten Menschen zumeist auch die am wenigsten humanen sind.

„Mache dir die Erde untertan", dieses Gebot der Götter wurde weitgehend erfüllt. Der Mensch forschte, entdeckte, schuf ... Seine Erfolge wirken heute überwältigend. Die Frage ist nur: Werden sie von Dauer sein? Bleibt nicht bei allem, was erreicht wurde, das unbestimmte Gefühl: Etwas fehlt! Das Empfinden einer Illegitimität, für das man zahlreiche Gründe anzuführen weiß, jedoch keinen, der dieses Phänomen wirklich erklärt?

Nur in bezug auf sich und vom eigenen Ich aus vermochte der Mensch der Vorzeit seine Umwelt zu sehen; manche seiner Nachfahren sind über diesen Zustand nicht hinausgelangt. Gemeinsinn, das Gefühl für Verantwortlichkeit, ein umfassender Blick, das sind Errungenschaften einer höheren Kultur. Nun sind, wenig mehr als ein halbes Jahrhundert nach den ersten Flugversuchen Lilienthals und der Gebrüder Wright, Menschen auf dem Mond gelandet, ein Ereignis, das die Zukunft der Menschheit zutiefst beeinflussen wird; doch während Millionen von Zeitgenossen diesen schicksalsträchtigen Flug der Raumkapsel Apollo 11 mit atemloser Spannung auf den Fernsehschirmen verfolgten, beschwerte sich eine kaum weniger große Anzahl anderer darüber, daß die Sportsendungen deshalb ausgefallen waren, oder sie kümmerten sich überhaupt nicht darum.

Diese Scheidung der Geister ist überall zu beobachten. Manche halten die Zustände für ganz normal; sie ignorieren Vernichtungskriege gegen Vietnamesen und Indianer, Unterdrückungen ganzer Volksgruppen, Atombomben, das Ansteigen der Radioaktivität, Verschmutzung von Luft und Wasser, Vergiftung der Nahrungsmittel, Herstellung ungeeigneter Wohnbauten, die Manipulierung des Menschen in allen Lebensbereichen. Die Erde ist weit davon entfernt, der „blühende Garten" zu sein, den die Götter aus ihr zu machen gedachten. Um sich aber den Aufgaben, vor die der ins Universum vorstoßende Mensch durch die von ihm selbst geschaffenen Erfindungen unvermeidlich gestellt wird, gewachsen zu zeigen, müßte er der Weite des Alls entsprechend auch innerlich größer werden.

Die Götter, so gewaltig sie waren, versagten vor dieser Forderung, so wie die Konquistadoren des Abendlandes, als ihnen eine neue Welt zufiel, ihren historischen Auftrag verkannten und sich als elende Räuber erwiesen, wo sie wahrhaft „Götter" hätten sein können. Unter diesem Aspekt sollte man die Geschichte der menschheitlichen Entwicklung noch einmal überprüfen.

Und sie dürfte nicht erst bei Sumer und Ägypten beginnen, denn die Wurzeln heutiger Zustände reichen in viel fernere Vergangenheit zurück. Aber viele der aufschlußreichsten Dokumente sind entweder gar nicht bekannt, oder sie wurden noch nicht in eine der Weltsprachen übersetzt. Andere wieder sind so verkehrt aufgefaßt und interpretiert worden, daß sie für den Forscher wertlos sind. Ungehobene Schätze ruhen, vergessen unter dem Staub der Jahrhunderte, in den Archiven.

Für die Lösung der hier aufgezeigten Rätsel wurde wenig getan. Vorgefaßte Meinungen, bedrohte Gruppeninteressen, Bequemlichkeit des Denkens oder ganz einfach Indolenz, das sind die Hindernisse, die sich dem entgegenstellen, der sich mit dem Überkommenen, Angelernten, tausendmal Wiedergekäuten nicht abfinden mag. Es hat Zeiten gegeben, etwa die Jahre vor der großen Französischen Revolution, in denen die Luft von neuen Ideen und Vorstellungen förmlich knisterte; nicht wenige dieser Ideen haben entscheidend dazu beigetragen, daß sich die Lebensverhältnisse grundlegend änderten.

Das Weltbild der Urzeit war weiter, umfassender als unser heutiges. Wissenschaft und Technik haben indes die Voraussetzungen geschaffen, unter denen auch der heutige Mensch eine gleiche Weite der Sicht zu gewinnen vermag. Angesichts der Weite des Universums, der Größe der Aufgaben, die dem Menschen künftig gestellt werden, sinken – sollte man meinen – egoistische Interessen, Streitigkeiten zwischen Parteien oder Nationen zu schierer Bedeutungslosigkeit hinab. Während wir in den Weiten des Universums neue Lebensmöglichkeiten erschließen, sollten wir auch den Menschen neu zu entdecken suchen, den Menschen in seiner kosmischen Bezogenheit; sollten sein Wesen, seine Herkunft ergründen, denn „nur, wer seine Vergangenheit kennt, weiß auch, wohin ihn sein Weg führen wird[376]".

Nach wie vor sind die Mythen im Bewußtsein breiter Volksschichten lebendig; kaum bemerkt, wirken sie doch auf das kollektive

Denken und Verhalten ethnischer Gemeinschaften ein. Ihre Wirkung kann ebensowohl gefährlich wie auch segensreich sein. Und auf jeden Fall tragen sie dazu bei, daß wir All, Erde und Menschheit als ein Ganzes sehen, einen sicheren Standort inmitten des Kosmos gewinnen.

Francis Bacon, ein überragender Geist, der schon vor vierhundert Jahren Sturm gegen das Gestrüpp einengender Vorurteile lief und einen nicht geringen Anteil an der Befreiung des Denkens hatte, sagte mit einem suchenden Blick zum bestirnten Himmel: „Das Universum läßt sich nicht in unserem engen Verstandesbereich erfassen, wie der Mensch es bisher versucht hat; vielmehr muß der Verstand so erweitert werden und in die Ferne greifen, daß er das Bild vom Weltall so wirklich aufnimmt, wie es sich ihm darbietet[377]." Eine Renaissance des Denkens tut not. Die siebente Tafel ist noch zu finden.

Tabellen

Mythos und Wissenschaft – Versuch einer vorläufigen Einordnung

Zeit v. Chr.	Relikte			Zeitalter	Kulturformen		Pflanzen Tiere	Mythen
2.700	Harappa				Stadtbauten		feucht	Kultbauten
3.800	Negade I				Siedlungen			Stufentürme,
								Pyramiden
							Überlebende	Stadtkulturen
4.115	Sumerer						einzelne	
4.950	Fayum				Ackerbau,		Saurier?	
	Religiöse				Viehzucht,			
	Vorstellun-				Planwirtschaft,	Neolithikum	Weizen,	
	gen in				Menhire,		Gerste,	
	Hellas				Hockergrab,		Obst	
5.000	Uruk-, Obed-				Spirale und			
	Eridu-Stufe				Kugel			
5.500				Chalkolithikum	Steingeräte		Hülsenfrüchte	Entstehen von
					Metall,		Weinstock	Göttermythen,
					Kupfer		Olive	ihre künstlerische
					Impresso-			Darstellung
6.200	Nea Niko-				Keramik,			
	media				Weberei			
					Fresken			
6.500	Catal			Marasmus des	Kopfjagd,			Mythologische
	Hüyük			Mesolithikums	Verkehrsmittel			Darstellungen
	S–Anatolien,			Allgemeiner	Afrikan.			Anfänge indivi-
	Syrien,	Alluvium		Stillstand	Felsbilder,	Mesolithikum		dueller Religions-
	N–Mesopo-				Hirschschädel,			systeme
	tamien				ärmliche Kultur		Schnecken	Versiegen der
							Wild selten	natural. Kunst
9.000	Sumer			Allarød Schwankung			wärmer	Zeit der Heroen
	Ägypten			Bølling Schwankung				
10.000				Goti Glazial			sehr kalt	Klimaänderungen
					Kyklopische			Kataklysma
12.000	Lößgürtel				Bauten			lt. Platon
	Tiahuanaco				Höhlen-		Mammut	Sintfl., Feuersturm
					wohnungen,		Wolf	Fimbulwinter
					Jagdzauber,			Belagerung der Erde

Zeit v. Chr.	Relikte			Zeitalter	Kulturformen		Pflanzen Tiere	Mythen
		Diluvium – Eiszeiten von 600.000 bis 12.000	Homo sapiens (woher?)		Priester-	Jungpaläolithikum		
					häuptlinge,			
	Pyramide ?				Totenriten		Bär,	Tarakamaya-
							Rentier,	kampf;
							Hund	Himmelsschlange
							kalt	Agrarische
								Revolution beginnt
								Kämpfe zwischen
15.000	Besiedlung							Göttern und
	Amerikas				Magdalénien			Titanen
					Freilandfunde			Verteilung
					Altamira			der Erde
23.000	Ägypten			Würm III	Pebble Kultur			Verschiedene
	Capsien						wärmer	Menschenrassen
				Paudorf Schwankung				
								auf die Erde
	Cro Magnon				Solutréen			umgesiedelt
29.000	Chancelade				Höhlenwoh-			Adam
					nungen,		Hund,	Erscheinen von
					Wohngruben,		Rentier,	Sonne und Mond
	Ranis				Jagdwaffen		Fuchs,	
30.000	Sirgenshin						Mammut,	Vernichtung der
							Wollnashorn,	Urrassen und
							Wildpferd	Drachen
							kalt	
	Europide Mongolide Negroide				Aurignacien		dunkel	Ankunft der neuen
				Würm II	Soan			Menschheit
33.000	↑ ↑ ↑		Urrassen	Würm I	Moustérien	Altpaläolithikum	Rentier,	Titanensturz ?
50.000							Höhlenbär,	
							Mammut,	Trennung von
100.000	Neandertal			III. Interglazial	Oberes		Wollnashorn	Himmel und Erde
					Acheuléen		Elefant	
150.000	Steinheim			Riß-Kaltzeit	Mittleres		Tundra	3. Menschheit
	Bogotá				Acheuléen		Tod der	Absinken der Erde
					Faustkeile		Mastodonten	Erscheinen der
					Höhlen			Götter
250.000	Swanscombe			II. Interglazial	Gebrauch			2. Menschheit
					des Feuers		Säbeltiger	Riesen, Zwerge
					bekannt			Herrschaft der
350.000	Chou							Titanen
	K'outien,				Unteres			
	Indien				Acheuléen			
500.000	Heidelberg			I. Interglazial	Abbevilléen			1. Menschheit

Analoge Götterpersönlichkeiten aus verschiedenen Kulturkreisen

Diese Zusammenstellung kann nichts anderes sein als ein Versuch, denn stets sind es nur einzelne Züge der genannten Personen, die einander entsprechen, auch überschneiden sie sich häufig, was durch

Hellenischer Kreis Pelasger, Karer	Germanischer Kreis Slawen, Kelten	Vorderasiatischer Kreis Ägypter, Sum., Perser	Indischer Kreis Hindu, Wedda usw.	Ostasiatischer Kreis Chines., Jap., Thai.
Himmelsschlange: Ophion	Midgardschlange Jormungand	Apophis; Vatrahan; Ahi Budhuya; Illuyanka	Vrtra (das Versperrende)	Tien-she
Uranos (Titan)	Allvadr	Phta; An; Anu; Zurvan	Brahma Singbonga	P'an-ku
Kronos (Titan)	Ymir (Riese)	Geb (ägypt.) El; Elas (Ugarit) Kumarbi (Hurrit.)	Birma ?	Yang ? nicht als Prinzip)
Rheia (Titanin)				Yin ? (nicht als Prinzip)
Zeus	Odin (Ase) Teutates (kelt.) Swarog (slaw.)	Amon Rê (ägypt.) Hadad (aramä.) Enlil (sumer.) Ahura Mazda (pers.)	Indra	Himmelsherr (chin.) Num (wogul.)
Poseidon (pelasg.)	Niördr Heimdall Taranis (kelt.) Llyr (kelt.)	Schu (ägypt.) ? Enki (sumer.)	Varuna Bhima	Donnergott (chin.)
Hades	Bile (kelt.) Dis Pater (kelt.)	Osiris	Mitra Yama	Emma-O (jap.) Chadau (sibir.)
Eurynome Cybele Demeter Thetis Aphrodite	Dana (kelt.) Idun (germ.)	Nammu Ereshkigal Ishtar Astarte Sachmet		Hsi-wang-nu (chin.) Ot (mongol.) Sedna (eskim.)
Kare Persephone Hekate	Hel	Hathor ? (s. a. Aphrodite) Tiamat	Ma Kali Durga (viele Aspekte)	Nü-kua ?
Hephaistos	Loki Govannon (kelt.) Nonadey (litau.) Ilmarinen (finn.)	Thubalkain ?	Tvashtri Wiswas Karma	Yü (chin.)
Apollon Dionysos ?	Baldr Borvo (kelt.) Grannos (kelt.)	Horus Marduk Baal	Vishnu	
Seth (Typheus) Prometheus ?	Trojan (slaw.)	Seth Ahriman Mithras Melek T'aus	Mahesha Hiranyakashipu Bali ? Ravana ?	Kong-kong (chin.) Alignak (eskimo)
Hermes	Hermod. (germ.) Merkur (kelt.) Gwydion (kelt.) Triglaw (slow.)	Thot Takiti (hurrit.) Sin (sumer.) Ea (sumer.) ?	Agni Lingal ? Sroosha (pers.)	
Atlas (Titan)	Llyr (kelt.)	Upelluri (hurrit.) ?		
Herakles Adonis Kadmos ?	Thor Toran (kelt.) Ogenios (kelt.) Perun (slaw.)	Adam Ashabi (hurrit.) Tammuz Yima; so a. Dschamsid	Shiva Rudra Rama ? Nâbhi, letzter Manu	Donnergott (chin.) Izanagi (jap.) Erlik (Altheier)
Hebe Hipta	versch. german. Göttinnen mit analogen Zügen	Eva Hepatu (hurrit.) Hepit (mitann.) Hawwa	Sita ?	Izanami (jap.)
Hekate		Lilith (sumer.)		

die mündliche Überlieferung bewirkt sein mag, und nicht zuletzt sind zahlreiche Urkunden und Dichtungen sinnentstellend übersetzt, was zu neuen Irrtümern führt.

Ozeanischer Kreis Polynes., Melanes.	N.-Amerikanischer Kreis Algonkin, Sioux, Pueblo	S.- u. M.-Amerikan. Kreis Peru, Maya, Azteken	Afrikanischer Kreis ganz Afrika
Fe-e, Krake		Himmelsschlange bei Peruan., Maya, Azteken	
Tangaroa	Himmelsherr bekannt, doch nicht benannt und charakterisiert.	Ipalnemohuani (aztek.)	Chovum (pygm.) Thoara (Buschm.) Gomab (Damara) Zambi, Nzame (Kongo) Olorun (Juruba) Juok (Schilluk)
Rangi Nareau (mikron.) Tpereaka (mikron.)	Alter Mann Coyote		Njalik (Dinka) Obatala (Juruba) Ngai (Massai) Bahima (Bantu)
Papa (polyn.) Lamikaik (mikron.)			Odudua (Juruba)
Tane (polyn.) Nareau (mikron.) Bajame, Daramulum, Nurunderi (austr.)			Thilo (Bantu) Su (Sara) Tere (Banda) Andrianahoabo (Madag.) Zanahary (Madag.)
Tauhiri (polyn.)		Tlaloc (aztek.) Regengott, Zauberfürst	
		Xipe Totec (aztek.) Unser Herr, der Geschundene; Inti (peru.)	Nommo (Dogon) männl.
Hine (polyn.)		Omacihuatl (aztek.) Tlazolteotl Erdmutter (Peru) Bacchué (Muisca)	Neiterogob (Massai)
Mahuica (polyn.) Miru (polyn.)	Iyatiku (Pueblo) Maismutter	Omecihuatl (aztek.)	
Maui			Cagn (Buschm.) Tsui Goab (Hottent.) Sankhabi (Bantu) Tere (Banda) Rangidimaola (Madag.)
Oro (polyn.)	Mänabosho	Quetzalcoatl ? Tupan (Guarani) Bocchica (Muisca) Huiracocha (Peru)	Heitsi Eibib (Hottent.)
Tu (polyn.) Olifat (mikron.)		Tezcatlipoca (aztek.) Huitzolopochtli ?	Gauna, Gawa (Buschm.) Bingo (Kongo) Deng (Dinka) Adrianamboatena (Madag.)
Tiki (polyn.) s. a. Maui; Übergänge fließend			
		Quinam (aztek.)	
Quat (melan.) Marawa (melan.)		Mayakuagy (Huichol.) Macunaima (Karain.) Tuminikar (Guayana)	Unkulunkulu (Zulu) Kintu (Massai) Fam (Kongo) Omara (Schiluk)
		Chia (Muisca)	

Anhang

Quellen- und Literaturnachweis

1. Schlowski, Prof. J.: Die Zukunft der Menschheit, Sputnik 1/69, Stuttgart
2. AT Genesis, 1. Kap. 1–10
3. Friedrich/Killy: Literatur I, Fischer Lexikon, Frankfurt a. M. 1964
4. Lamarck, J. B. Chevalier de: Philosophie zoologique, Paris 1809
5. Darwin, Ch.: On the Origin of Species by Means of Natural Selection, vol. 1–2, 1859
6. Teilhard de Chardin, P.: Der Mensch im Kosmos, München 1959
7. Kramer, S. N.: Sumerian Mythology, Philadelphia 1944
8. Lommel, H.: Rigweda-Samhita, 1955
9. Sethe, K.: Das Ägyptische Totenbuch, 1931
10. Legge, J.: The Chinese Classics, vol. III, The Shoo King, Hongkong 1960
11. Homer: Ilias, Übertr. J. H. Voss
12. Homer: Odyssee, Übertr. J. H. Voss
13. Hesiod: Theogonie, Übertr. Th. v. Scheffer, 1947
14. Wolff, F.: Awesta, Die heiligen Bücher der Parsen, Berlin-Leipzig 1924
15. Glasenapp, H. v.: Die Literaturen Indiens, 1929
16. Brinton, D. G./Roys, R. L.: Chilam Balam, Washington 1933
17. Cordan, W.: Das Buch des Rates (Popol Vuh), Düsseldorf 1962
18. Nevermann, H. P. F. W.: Götter der Südsee, Stuttgart 1947
19. Verrill, A. H. & R.: Americas Ancient Civilizations, New York 1953
20. Heine-Geldern, R. v.: Heyerdahls Hypothesis of Polynesian Origins. A Criticism, in Geographical Journal 116/50
21. Thomson, J. G.: History of ancient Geography, Cambridge 1948
22. Marillier, L.: Du Rôle de la Psychologie dans les etudes de Mythologie comparée, Revue de l'Histoire des Religions XXXII, 1896

23. Dumézil, G.: Aspects de la Fonction guerriére chez les Indo-européens, 1959
24. Grimal, P.: Mythen der Völker, Bd. I, Fischer Bücherei, Frankfurt a. M. 1967
25. Franke, O.: Geschichte des Chinesischen Reiches, Bd. 1, Leipzig 1931
26. Riesenfeld, A.: The Megalithic Culture of Melanesia, Leiden 1950
27. Gonda, J.: Die Religionen Indiens, Stuttgart 1960
28. Puttkamer, J. v.: Apollo 8, Aufbruch ins All, München 1969
29. Creuzer, F.: Symbolik und Mythologie der alten Völker, Leipzig-Darmstadt 1819
30. Nöldeke, A.: Uruk, 5. Bericht, 1930–1940
31. Pausanias, Ausg. Hitzig/Blümer, Bd. 1, 1896/1910
32. Breasted, J. H.: Geschichte Ägyptens, 1954
33. Orphische Fragmente 60, 61, 70, 86. Hrsg. O. Kern, 1922
34. Charroux, R.: Verratene Geheimnisse, Berlin-München 1967
35. Grimal, P.: Mythen der Völker, Bd. III, Frankfurt a. M. 1967
36. Desjardins: Le Pérou avant la conquête espagnol, Paris 1858
37. Terneux-comp.: Essai sur la théogonie Mexicaine, Paris 1840
38. Polack: Manners and Customs of the New Zealanders, London 1830
39. Krickeberg, W.: Die Religionen des Alten Amerika, Stuttgart 1952
40. Eberhard, W.: Monumenta Serica, die Lokalkulturen des Südens und Ostens, Peking 1942
41. Lönnrot, E.: Kalewala, das Nationalepos der Finnen, Übertr. v. A. Schiefer, München 1922
42. Disselhoff, H. D.: Geschichte der altamerikanischen Kulturen, München 1953
43. Nansen, F.: Auf Schneeschuhen durch Grönland, 1891
44. Rynin, N. A.: Interplanetarische Kontakte, Leningrad 1932
45. Ovid: Metamorphosen, Hrsg. E. Rösch, 1952
46. Ranke-Graves, R. v.: Griechische Mythologie I/II, Hamburg 1960
47. Capell, A.: The Stratification of Afterworlds Beliefs in the New Hebrides, Folklore, March 1938 (London)
48. Deacon, A. B.: Malekula, London 1932
49. Ellis, I.: Polynesian Researches, London 1932

50. Speiser, F.: Ethnographische Materialien aus den Neuen Hebriden und den Banks Inseln, Berlin 1923
51. Waldschmidt, E.: Indien in wedischer und frühbuddhistischer Zeit, Historia Mundi II, München 1953
52. White, A. T.: Versunkene Kulturen, München 1958
53. Plutarch: De Isid. et Osirid. Hrsg. J. J. Reiske, 1–12, 1774–1782
54. Rolleston, T. W.: Myths and Legends of the Celtic Race, London 1911
55. Dillmann, A.: Das Buch Henoch, Leipzig 1853
56. Posnansky, A.: Tiahuanaco, New York 1946
57. Frankfort, H.: Cylinder Seals, London 1939
58. Bossert, H. Th.: Altkreta, Berlin 1937
59. Bittel/Naumann/Otto: Yasalikaya, Leipzig 1941
60. Jeremias, H.: Handbuch der altorientalischen Geisteskultur, 1929
61. Carl, L.: Geheimnisvoller Tefedest, Hamburg 1955
62. Hawsksworth, J.: Geschichte der Seereisen und Entdeckungen im Südmeer, vol. I–III, Übers. Schiller, Berlin 1774
63. Antiquitées Mexicaines, Paris 1834
64. Apollodores, Übers. Chr. G. Moser, 1828
65. Grimal, P.: Mythen der Völker, Bd. II, Frankfurt a. M. 1967
66. Cordan, W.: Mexiko, Düsseldorf o. J.
67. Herodot: Historien, Übers. A. Horneffer, Stuttgart 1963
68. Mallowan, M. E. L.: Excavations of Brak and Chagar Bazar, vol. IX, London 1947
69. Kutscher, G.: Chimu, eine altindianische Hochkultur, 1950
70. Jennes, D.: The Odjibwäe Indians, Ottowa (USA) 1935
71. Waterkampioen 10/68, Den Haag
72. Cassin, E.: Die altorientalischen Reiche I, Fischer Weltgeschichte Bd. 2, Frankfurt a. M. 1965
73. Humphreys, C. B.: The Southern New Hebrids, Cambridge 1926
74. Saizew, W.: Wissenschaft oder Phantasie, Sendboten aus dem Kosmos, in Sputnik 1/68 Stuttgart
75. Schminktafel der I. Dynastie, Ashmoleart Museum, Oxford
76. Lhote, H.: A la découverte des fresques du Tassili, Paris 1958
77. Rhine, J. B.: Die Reichweite des Geistes, Übers. R. Tischner, 1950
78. Platon: Der Staat, Hrsg. O. Appelt, 1950

79. Lamer, H.: Wörterbuch der Antike, Leipzig 1933
80. Lumpe, A.: Die Philosophie des Xenophanes, 1952
81. Coombe, F. E.: Island of Enchantment, London 1911
82. Ägyptische Mumiendecke, Fragment in der Sammlung Rüppel, Frankfurt a. M. (s. a. F. Creuzer: 29)
83. Gill, W. W.: Myths and Songs from the South Pacific, London 1876
84. Haber, H.: Der offene Himmel, Stuttgart 1968
85. Magnusson, E.: Odins Horse Yggdrasil, London 1895
86. Koch-Grünberg, Th.: Vom Roroima zum Orinoko, Bd. 1–5, 1928
87. Heidel, A.: The Babylonian Genesis, Chicago 1942
88. Müller, W.: Die Religionen der Waldindianer Nordamerikas, Stuttgart 1952
89. Terra, H. de: Durch Urwelten am Indus, Leipzig 1940
90. Paulson/Hultkranz/Jettmar: Die Religionen Nordeurasiens und der amerikanischen Arktis, Stuttgart 1962
91. Matsyapurana und Vayapurana in: F. E. Pargitter, Ancient Indian Historical Tradition, London 1922
92. Rigveda-Samhita, Ausg. M. Müller, Bd. 1–6, London 1874 (s. a. 8)
93. Proclus mscr. in Platonis Cratylum (s. a. F. Creuzer: 29)
94. Cerny, J.: Ancient Aegyptain Religion, London 1952
95. Hewitt, J. N. B.: Iroquoian Cosmology, Washington 1903
96. Arbousset: Tahiti et les íles adjacents 1862–1865, Paris 1867
97. Köster, H.: Symbolik des chin. Universums, Stuttgart 1958
98. Landa, Diego de: Yucatán before and after the Conquest, Übers. Gates, Baltimore 1937
99. Chilam Balam, The book of Chumayel, Hrsg. R. L. Roys, Washington 1933
100. Eicksted, E. v.: Die Forschung am Menschen, Lfg. 1–15, 1937
101. Brace, C. L.: The fate of the „classic" Neanderthals, Curr. Anthrop. 4, 3–19
102. Koenigswald, G. H. R. v.: Die Geschichte des Menschen, Berlin 1968
103. Apollonios Rhodios, Ausg. F. Stoessel, Bern 1941
104. Peterich. E.: Götter und Helden der Germanen, Olten 1955
105. Willer en Cornets de Groot: Het eiland Boeroe, Amsterdam 1858

106. Vollmer, W.: Vollständiges Wörterbuch der Mythologie aller Völker, Stuttgart 1859
107. Platon: Phaedros, cap. 25
108. Olivier, J.: Land- und Seereisen in Niederländisch-Indien 1817–1826, Weimar 1829
109. Birket-Smith, K.: Folkwanderings and Culture Drifts in northern Northamerica, Journal de la Societé des Americanistes 22/1930
110. Grey, G.: Polynesian Mythology and ancient traditional History of the New Zealand Race, London 1855
111. Platon: Phaidon, Übers. Schleiermacher/Woyte, Leipzig 1925
112. Schott, A.: Das Gilgamesh-Epos, Stuttgart 1958
113. Dammann, E.: Die Religionen Afrikas, Stuttgart 1963
114. Meinicke: Die Südseevölker und das Christentum, Prenzlau 1844
115. Hale: Ethnography and Philology, US Explor. Expedition Philadelphia 1846
116. Genzmer, F.: Die Edda, Bd. 1 und 2, Jena 1934/38
117. Gerling, E.: Die Erde elf Milliarden Jahre alt? Sputnik 7/69 Stuttgart
118. Lorenz, K.: Er redete mit dem Vieh, den Vögeln und den Fischen, Wien 1964
119. Struve, O.: Stellar Evolution, Princeton University Press 1950
120. Richter, W.: Antwort von fremden Sternen, AVZ 1965
121. Preuss, K. Th.: Der religiöse Gehalt der Mythen, 1933
122. Maringer, J.: Vorgeschichtliche Religion, Zürich-Köln 1956
123. Humboldt, W. v.: Über das vergleichende Sprachstudium in Beziehung auf die verschiedenen Epochen der Sprachentwicklung, IV. Darmstadt 1963
124. Gehlen, A.: Der Mensch, seine Natur und seine Stellung in der Welt, Bonn 1950
125. Fürer-Heimendorf, Chr. v.: Zur Urgeschichte Australiens, Anthropos 31, 1936
126. Weidenreich, F.: Apes, Giants and Man, Chicago 1946
127. Meillet/Cohen: Les langues du Monde, Paris 1924
128. Mourant, A. E.: The distribution of human blood groups, 1954
129. Heyerdahl, Th.: American Indians in the South Pacific, London 1952
130. Lauer, J. Ph.: Le problem des Pyramides d'Egypte, Paris 1948

131. Braghine, A.: Atlantis, Stuttgart 1939
132. Olympiodoros, mscr. ad Platonis Alcib. I, sowie auch bei Chrysermus ap. Plutarch. de Flumia
133. Bingham, H.: Machu Picchu, A citadell of the Inca, Oxford 1930
134. Behm, H. W.: Die Sintflut und ihre Wiederkehr, Hannover 1956
135. Lee: Memoirs of Baron Cuvier, London 1833
136. Wilkins, H. T.: Secret Cities of Old South America, London 1950
137. Darwin, Ch.: Weltreise eines Naturforschers, Stuttgart 1882
138. Dacqué, R.: Urwelt, Sage und Menschheit, München 1927
139. Krickeberg, W.: Märchen der Azteken und Inka-Peruaner, Maya und Muisca, Jena 1928
140. Hesiod: Werke und Tage, Hrsg. Wilamowitz-Moellendorff, 1928
141. Glasenapp, H. v.: Die nichtchristlichen Religionen, Fischer Lexikon, Frankfurt a. M. 1957
142. Vishnu Purana IV. Übers. E. J. Thomas, in Great Essays of all Nations, London 1923
143. Schmökel, H.: Das Land Sumer, Stuttgart 1955
144. Puech, H. C.: Le Manichéisme, son fondateur, sa doctrine, Paris 1949
145. Mogk, E.: Germanische Mythologie, Berlin-Leipzig 1913
146. Dumézil, G.: Loki, Darmstadt 1959
147. Aischylos: Der gefesselte Prometheus, Übers. L. Wolde, 1938
148. Skinner, J.: Observations of the Ethnology of the Sauk Indians, B. P. M. C. M. VI. No. 1, 1924
149. Müller, W.: Die ältesten amerikanischen Sintfluterzählungen, Diss. Univers. Bonn, 1930
150. Brauns, D.: Japanische Märchen und Sagen, Leipzig 1885
151. Eisler, K.: Weltenmacht und Himmelszelt, München 1910
152. Jarves, J.: History of the Sandwich Islands, London 1843
153. Bastian, H.: Und dann kam der Mensch, Berlin 1959
154. Jennes, D.: Eskimo Folklore, Myths and Traditions from Northern Alaska, the Mackenzie Delta and Coronatio Gulf, in: Canadian Arctic Exped. 1913–1918, vol. 13, Ottawa 1924
155. Lehtisalo, I.: Entwurf einer Mythologie der Jurak Samojeden, Memoirs de la société Finno Ougrinne 53, Helsinki 1924
156. Dahn, F.: Die Könige der Germanen, 20 Bde., hier Bd. 1 und 2, 1861–1911

157. Moerenhout: Voyage aux îles du grand Océan, Paris 1837
158. Hohenberger, A.: Die indische Flutsage und das Matsya Purana, ein Beitrag zur Vishnu-Verehrung, Leipzig 1930
159. Lüders, H.: Varuna I, Varuna und die Wasser, a. d. Nachlaß hrsg. L. Alsdorf, Göttingen 1951
160. Zimmern, H.: Die Religion der Hethiter, Leipzig 1925
161. Thalbitzer, W.: Die kultischen Gottheiten der Eskimos, Archiv für Religionswissenschaft XXVI/1928
162. Frobenius, L.: Kulturgeschichte Afrikas, 1933
163. Tschudi, J. J.: Beiträge zur Kenntnis des alten Peru, 1851
164. d'Orbigny, A. D.: Voyage dans l'Amérique méridionale, vol. 1–7, Paris 1835–1849
165. Dalberg, Fr. v.: Über Meteor Cultus der Alten, Heidelberg 1811
166. Nimuendaju/Unkel, C.: Die Sagen von der Erschaffung und Vernichtung der Welt als Grundlage der Religion der Apapocúva-Guarani, Ztschr. f. Ethnologie, Bd. 46, Berlin 1914
167. Steinen, K. v. d.: Unter Naturvölkern Zentralbrasiliens, Berlin 1894
168. Aistleitner, J.: Die mythologischen und kultischen Texte aus Râs Shamra, Budapest 1959
169. Hollis, C.: The Masai, their language and folklore, Oxford 1905
170. Mariner, J.: Tonga Islands, London 1818
171. Eliade, M.: Traité d'histoire des religions, Paris 1949
172. Lambert/Millard: Atra-hasis, The Babylonian Story of the Flood, Oxford 1969
173. Ehrenreich, P.: Die Mythen und Legenden der südamerikan. Urvölker und ihre Beziehungen zu denen Nordamerikas und der alten Welt, Ztschr. für Ethnologie, Jg. 37 suppl., Berlin 1905
174. Reclus, J. J. E.: La terre, vol. 1–2. 1842. Übers. W. Kle: Die Welt und die Menschen, 1892
175. Trimborn, H.: Die Religionen der Völkerschaften des südlichen Mittelamerika und des nördlichen und mittleren Andenraumes, Stuttgart 1946
176. Lowie, R. H.: Myths and Traditions of the Crow Indians, Anthropological Papers of the American Museum of Natural History, vol. 25, 1918
177. Krickeberg, W.: Indianermärchen aus Nordamerika, Jena 1924
178. Boas, F.: Mythology and Folk Tales of the north american Indians, Journal of American Folklore, vol. 27/1914

179. Rivers, W. H. R.: The History of Melanesian Society, Cambridge 1914
180. Taylor, R.: Te Ika A Maui oder New Zealand and its Inhabitants, London 1855
181. Cook, J.: Zweite Reise, Sammlg. der Reiseberichte XV. Berlin 1776
182. Baumann, H.: Schöpfung und Urzeit des Menschen im Mythos der afrikanischen Völker, Berlin 1936
183. Diels, H.: Fragmente der Vorsokratiker, 1925
184. Kritias: Sisyphos, in: W. Nestle: Griechische Studien, 1948
185. Jensen, A. E.: Mythos und Kult bei Naturvölkern, Wiesbaden 1951
186. Nestle, W.: Griechische Geistesgeschichte, 1944
187. Otto, W. F.: Die Götter Griechenlands, 1929
188. Diaz del Castillo, Bernal: Historia verdadera de la conquista de Nueva España, Madrid 1632
189. Prescott, W.: Der Untergang der indianischen Kultur, Wien 1934
190. Schrade, H.: Götter und Menschen Homers, Stuttgart 1952
191. West, E. W.: Grundriß der iranischen Philologie II, 1896–1907
192. Roeder, G.: Mythen und Legenden um ägyptische Gottheiten, Zürich-Stuttgart 1960
193. Maximus Confessor, Hrsg. J. P. Migne, Patrologia graecae 1–5, 1890/91
194. Harrer, H.: Sieben Jahre in Tibet, Berlin 1959
195. Olshak, B. C.: Tibet, Erde der Götter, Zürich 1960
196. Stobäus, Johannes: Ausgew. Werke 1–5, C. Wachsmuth und O. Hense, 1884–1923
197. Holmberg, U.: Sibirian Mythology, Mythology of all Races, vol. 4, New York 1964
198. Carnoy, A. J.: Iranian Mythology, New York 1904
199. Fawcett, Col. P. H.: Exploration Fawcett, London 1953
200. AVZ v. 6. 1. 1966: Entdeckung im Dschungel
201. Fontenelle, Bernard Le Bovier de: De l'Origine des Fables, Oevres III, 1752
202. Broderius, J. R.: The Giant in Germanic Tradition, Diss. Chicago 1932
203. AT. Josua 11, Vers 16/17
204. AT. 1. Samuelis 17, Vers 4–7

205. AT. Mose 1, Kap. 4, Vers 22
206. Diodorus Siculus: Werke Bd. I–V, Hrsg. Vogel/Fischer, 1888–1906
207. Jung, E.: Germanische Götter und Helden in christlicher Zeit, München-Berlin 1939
208. Bonwetsch, G. N.: Die Bücher der Geheimnisse des Henoch, Leipzig 1922
209. Petersen, E.: Das Buch von den Engeln, 1935
210. Turner, J.: Nineteen Years in Polynesia, London 1861
211. Schirren: Die Wandersagen der Neuseeländer, Riga 1856
212. Hambruch, P.: Nauru, Hamburg 1914/15
213. Kramer, S. N.: Sumerian Myths and Epic Tales, in J. B. Brichard: Ancient Near Eastern Texts relating the Old Testament, Princeton 1955
214. Reiche, M.: Mystery on the Desert. A Study of Ancient Figures and strange delineated Surfaces, seen from the Air near Nazca, Peru, Lima 1949
215. Homet, M. F.: Söhne der Sonne, Olten-Freiburg 1958
216. Kosok, P.: Das Geheimnis der Markierungen von Nazca, Natural History 3/1946
217. Shetrone, H. C.: The Moundbuilders, 1930
218. Bancroft, H.: The Native Races of the Pacific States of North America, vol. III, Leipzig 1875
219. Chalfont, W. A.: Death Valley, Stanford (Cal.) 1930
220. Plinius, P. d. Ä.: Naturalis historia, Hrsg. Detlefsen/Mayhoff, 1892–1933
221. Fox, C. E.: The Threshold of the Pacific, London 1924
222. Seabrook, W.: Adventure in Arabia, London 1928
223. Davis. J.: Maori's Mementos, Auckland 1855
224. Winternitz, M.: Die Flutsagen des Altertums und der Naturvölker, in: Mitteilungen der Anthropologischen Gesellschaft, Bd. XXXI, H. VI, Wien 1901
225. Ferguson, J. C.: Chinese Mythology, in: Mythology of all Races, vol. VIII, New York 1964
226. AT. Offenbarung Johannis, Kap. 11, Vers 19
227. Cameron, J.: Our Tropical Possessions in Malaya India, London 1865
228. Waitz/Gerland: Anthropologie der Naturvölker, Bd. I–VI, Leipzig 1865

229. Dixon, R. B.: Oceanic Mythology, New York 1922
230. AT. 1. Könige, Kap. 19, Vers 11–13
231. AT. 2. Könige, Kap. 2, Vers 1, 11
232. Doerr, E.: Bestattungsformen in Ozeanien, Anthropos XXX, 1935
233. Raingeard, P.: Hermes Psychagogué, 1935
234. Bugge, S.: Norroen Fornkvaedi (Saemudar Edda), Christiania 1867
235. Hammerbacher, H. W.: Dreitausendjährige Goldsäule, 1964
236. Hofstätter, P.: Psychologie; Fischer Lexikon, Bd. 6, Frankfurt a. M. 1957
237. Tischner, H.: Völkerkunde; Fischer Lexikon, Bd. 13, Frankfurt a. M. 1959
238. Detter, F./Heinzel, R.: Die Liederedda, Bd. 1–2, 1903
239. Tackenberg, K.: Grundlagen und Entfaltung der ältesten Hochkulturen; Historia Mundi II, München 1953
240. Quandt, W.: Orphei hymni, 1941
241. Christian, V.: Altertumskunde des Zweistromlandes, Bd. 1–2, Leipzig 1940
242. Macrobius: Somn. Scip. I, 12; Clemens Alex.: Stromat. V.; S. Porphyr.: De antro Nymph., cap. 6
243. Büdeler, W.: Monde von Menschenhand, Stuttgart 1962
244. Hillebrandt, A.: Vedische Mythologie, Breslau 1902
245. Proclus: mscr. in: Platonis Cratylum (s. a. F. Creuzer 29)
246. Anderson. P.: Is there Life on other Worlds?, New York 1963
247. Henry, T.: Ancient Tahiti, Honolulu 1928
248. Grzimek. B.: Serengeti darf nicht sterben, Berlin 1959
249. Philon von Alexandria: Werke 1–5; Ausg. Cohn/Heinemann, 1909–1929
250. Alexander, H. B.: North American Mythology, in: Mythology of all Races, vol. 10, New York 1964
251. Lehmann, F. R.: Mana, 1922
252. Trimborn, H.: Indianische Welt, Iserlohn 1948
253. Boas, F.: Das Geschöpf des sechsten Tages, Berlin 1955
254. Astruc, J.: Conjectures sur les mémoires originaux dont il paroit que Moyse s'est servi pour composer le livre de Genèse, Paris 1753
255. Ungnad, A.: Die Religion der Babylonier und Assyrer. Texte, Jena 1921

256. Platon: Timaios; Kritias, Stuttgart 1955
257. Oldenburg, H.: Die Religion des Veda, 1923
258. Peschel, O.: Geschichte des Zeitalters der Entdeckungen, Stuttgart 1858
259. Kirfel, W.: Kosmographie der Inder, Bonn-Leipzig 1920
260. Dutt, M. N.: Ramayana, vol. 1–7, Calcutta 1892/94
261. Anesaki, M.: Japanese Mythology, in: Mythology of all Races, vol. 8, New York 1964
262. Schachermeyr, F.: Poseidon und die Entstehung des griechischen Götterglaubens, Bern 1950
263. Abeghian, M.: Der armenische Volksglaube, Diss. Vlg. Jena 1899
264. Philostratos: Vit. Apollon I.; Hrsg. F. Solmsen in: Pauly/Wissowa: Real Enc. d. klass. Altertums, 1942
265. Codrington, R. H.: The Melanesians, Oxford 1891
266. Schmidt, E. F.: Persepolis, Chicago 1953
267. Rink, R.: Tales and Traditions of the Eskimo, London 1875
268. Copway, G.: The traditional History and characteristic Sketches of the Odjibway Nation, Boston 1851
269. Zerries, O.: Die Religionen der Naturvölker Südamerikas und Westindiens, Stuttgart 1961
270. Heyerdahl, Th.: Akku-Akku, Berlin 1957
271. Westerveld, W. D.: Legends of Maui, Honolulu 1910
272. Wilson: Missionsreise in das Stille Meer von 1796–1798, Berlin 1800
273. Theal, G. M.: Kaffir Folklore, London 1882
274. Aristides, tom. II, bei: Müller: Fragmenta Historicum Graecorum, Bd. IV. 1868
275. Vries, J. d.: Keltische Religion; in: Religionen der Menschheit, Bd. 18, Stuttgart 1961
276. Hertel, J.: Die Sonne und Mithra im Awesta, Leipzig 1927
277. Glauert, G.: Anthropogeographie, Fischer Lexikon Bd. 14
278. Edzard, D. O.: Das Neolithische Ägypten, Fischer Weltgesch. Bd. 2, Frankfurt a. M. 1965
279. Edzard, D. O.: Die Altbabylonische Zeit, Fischer Weltgesch. Bd. 2, Frankfurt a. M. 1965
280. Behn, F.: Vorgeschichtliche Welt, Stuttgart 1962
281. Thurneysen, R.: Die irische Helden- und Königssage, Halle 1921

282. Jonsson, F.: Snorris Königsbuch, Hrsg. F. Niedner, Jena 1922
283. Prescott, W.: Die Eroberung Perus, Wien 1924
284. Hassenstein, M.: Japanische Volksmärchen, Berlin 1911
285. Scherr, J.: Deutsche Kultur- und Sittengeschichte, Nflg, Wiesbaden 1953
286. dpa-Meldung: Expeditionstragödie am Rio Xingu v. 14. November 1965
287. Pickering, J.: Memoir on the Languages and Inhabitants of Lord North's Island, London 1838
288. AT. 1. Mose, Kap. 4, Vers 3–8
289. Theophrastus (Tyrtamos): Werke, Hrsg. F. Wimmer, Paris 1866
290. Humboldt, W. v.: Über das vergleichende Sprachstudium in Beziehung auf die verschiedenen Epochen der Sprachentwicklung, IV., Darmstadt 1963
291. Frazer, J. G.,: Totemism and Exogamy, vol. 1–4, London 1910
292. Bernegg, Sp. v.: Weltwirtschaftspflanzen I., 1929
293. Helbaek, H.: Ecological Effects of Irrigation on Ancient Mesopotamia, Iraq III., London 1960
294. Helbaek, H.: in Braidwood/Howe: Prehistoric Investigations in Iraqui-Kurdistan, Studies in Ancient Oriental Civilization, Nr. 31, Chicago 1960
295. Caton-Thompson, G.: Kharga Oasis in Prehistory, London 1952
296. Fairbridge, R. W.: New radio carbon Dates of Nile Settlement Nature, 13. Oktober 1962
297. Clark, G.: Nea Nikomedia, Ausgrabungen der Univers. Cambridge, 1963
298. Ekholm, G.: Is American Indian Culture Asiatic? Natural History Magacine, Octobre 1950 (New York)
299. Pferdekamp, W.: Die Indianerstory, München 1963
300. Naturwissenschaftliche Rundschau. Nr. 7/1964 (Stuttgart)
301. Kramer, S. N.: Sumerische literarische Texte aus Nippur, Neue Folge, Bd. III., Berlin 1961
302. Holmes, J. A.: In Primitive New Guinea, London 1924
303. Preuß, Th. K.: Die geistige Kultur der Naturvölker, Leipzig 1923
304. Malcolm: tom. I (s. a. F. Creuzer: 29)
305. Spengler, O.: Der Untergang des Abendlandes I/II, 1918/1922
306. Berve, H.: Griechische Geschichte, I/II, Freiburg Br. 1931
307. Hochstetter, v.: Neuseeland, Stuttgart 1863

308. Velikowsky, J.: Welten im Zusammenstoß, Zürich o. J.
309. Ebert, M.: Reallexikon der Vorgeschichte, 1–15, 1924/32
310. Luomola, K.: Maui of a thousand tricks, Honolulu 1949
311. Lessa, W. A.: Tales from Ulithi Atoll, Berkeley (Cal.) 1961
312. Best, E.: The Maori School of Learning, Wellington 1923
313. Bartel, T.: Grundlagen zur Entzifferung der Osterinselschrift, Hamburg 1958
314. Metroux, A.: Two Easter Islands, Ztschr. Man XXXVIII, 1938
315. Hrdlicka, A.: Early Man in South America, Washington 1914
316. Kohl, H.: Kitschi-Gami, Bremen 1859
317. Morley, S.: The Ancient Maya, Stanford Univers. Press 1946
318. Thompson, J. E. S.: The rise and fall of the Maya civilization, Univers. of Oklahoma Press 1954
319. Waddel, W. G.: Manetho and Ptolemy, Cambridge Mass. 1948
320. Velikowsky, I.: Zeitalter im Chaos, Zürich 1962
321. Eberhard, W.: Beiträge zur Astronomie der Han-Zeit, Potsdam 1933
322. Furlani, G.: Babylonien und Assyrien, in: Historia Mundi II, München 1953
323. Bhagavatapurana VIII, 24, 7–58
324. Matsyapurana, 1/11 bis 2/20
325. Ksemendra: Dasavatacarita I. 18–59
326. Padmapurana VI, 258/11–31
327. Reallexikon der Vorgeschichte, Bd. 12, 1928 (s. a. Ebert 309)
328. Radermacher, L.: Mythos und Sage bei den Griechen, Baden-Leipzig 1938
329. Platon: Werke, Ausg. F. Schleiermacher, 1950
330. AT. Genesis 1, Kap. 4
331. Rensch, B.: Biologie, Bd. II; Fischer Lexikon Nr. 28, Frankfurt a. M. 1963
332. Müller/Kuales: Die Goten, in H. Reinerth: Vorgeschichte der deutschen Stämme, 1940
333. Byd, W. C.: Genetics and the races of man, 1950
334. Homer: Apollonhymnus/317
335. AT. 1. Könige, Kap. 18, Vers 21
336. Empson, R. H. W.: The Cult of the Peacock Angel, London 1928
337. Obermann, J.: Ugaritic Mythology, London 1948
338. Philostratos: Icon. II.

339. Plutarch: Vit. Anton.
340. Zehnder, L.: Ewiger Kreislauf des Weltalls, 1914
341. Rigveda 172/13–17
342. Rigveda 178/22–54
343. Rigveda 2/5; 154/248
344. Kalidasa: Kumarasambhava Epos, Hrsg. O. Walter, 1913
345. Rigveda IV. 18/11; VIII. 89/12
346. Lommel, H.: Die Religion Zarathustras, nach dem Awesta dargestellt, 1930
347. Neckel, G./Niedner, F.: Die jüngere Edda, Thule Reihe 2, Bd. XX., Jena 1942
348. Olrik, A.: Ragnarök, Die Sage vom Weltuntergang, 1922
349. Hambruch, P.: Südseemärchen, Märchen der Weltliteratur, Jena 1921
350. Gobineau, J. A. Graf v.: Essai sur l'inégalité des races humaines, Paris 1853
351. AT. Genesis, 19. Kap.
352. Laurence, W. L.: Die Geschichte der Atombombe, München 1952
353. Ossendowski, F.: Tiere, Menschen und Götter, Frankfurt am Main 1924
354. Nyberg, H. S.: Die Religionen des alten Iran, 1938
355. Ocete, Marin: Pietro Matire de Anghierca y su Opus Epistolarum, Madrid 1943
356. Brasseur de Boubourg, Ch. E.: Histoire des Nations civilisées du Mexique et de l'Amerique, vol. I–IV, 1857–1859
357. Nau, E.: Histoire des Caziques d'Haiti, 1903
358. Arizona, A State Guide, American Guide Series, New York 1940
359. Blavatsky, H. P.: The secret doctrine, London 1888
360. Humboldt, A. v.: Vom Orinoko zum Amazonas, Wiesbaden 1959
361. French, F./Cable, M.: Through Jade Gate and Central Asia, 1903
362. Stein, H. A.: Ancient Khotan, vol. 1–2, Oxford 1907
363. Herdmenges: Labyrinth unter dem Njassa See, AVZ v. 27. Februar 1962
364. Evans, J. D.: Malta, London 1960
365. Glasenapp, H. v.: Heilige Stätten Indiens, 1928

366. Winternitz, M.: Die Flutsagen des Altertums und der Naturvölker, in: Mitteilungen der Anthropologischen Gesellschaft, Bd. XXXI, H. VI, Wien 1901
367. Offenbarung Johannis, Kap. 10, Vers 5–6
368. AT. Genesis, 6. Kap., 13–22
369. Mahabharata III, 187/2–56, Ausg. P. Ch. Roy, Kalkutta 1930
370. Muck, O. H.: Atlantis gefunden?, Stuttgart 1954
371. Skeat, W.: Fables and Folk Tales from an Eastern Forest, Cambridge 1901
372. Schröder, K.: Reiseführer Türkei, Bonn 1961
373. Überreste der Arche Noah?, AVZ v. 20. August 1969
374. Andree, R.: Die Flutsagen, Braunschweig 1891
375. Alsdorf, L.: Asokas Separatedikte von Dhauli und Jaugada, Mainz 1962
376. Wagner, R.: Nachgelassene Schriften, 1895
377. Bacon, F.: Parasene, aphorism. 4, Ausg. J. M. Robertson, 1905